신약교회 신앙과 실천을 계승한

침례교회 역사

신약교회 신앙과 실천을 계승한
침례교회 역사

2021년 9월 23일 제1판 1쇄 발행
지 은 이 김 종 식
펴 낸 이 김 만 홍
펴 낸 곳 도서출판 예지

인천광역시 서구 원당대로 840번길 21, 825-1402호
전 화 010-2393-9191
등록 2005. 5. 12. 제387-2005-00010호
ⓒ 김 종 식 2021

정가 20,000원
ISBN 978-89-93387-46-9 03230

공급처 : 하늘유통 031) 947-7777

신약교회 신앙과 실천을 계승한

침례교회 역사

김종식

예지

발 간 사

　예수 그리스도께서 세우신 신약교회의 역사(歷史)가 열두 사도와 바울 사도 그리고 초대교회 성도들로부터 시작하여 그 고고한 발자취가 오늘 한국의 성서침례교회들에까지 이어 오고 있습니다.

　진리를 온전히 따르는 길은 필연적으로 악한 마귀 사탄의 역사(役事)와 그 역사에 미혹된 숱한 반대자들의 공격을 받게 했습니다. 그 결과 신약교회의 역사는 많은 고귀한 피를 흘리게 했고, 순수한 신앙을 계승한 교회들이 배척되어 좁은 길을 가게 하여 역사의 주인공이 되지 못하게 했습니다.

　금 번에 군포성서침례교회 원로 목사이시고 한국 성서침례대학원대학교에서 믿음의 후학들을 오랜 기간 동안 가르쳤던 김종식 목사님께서 그 가르침들을 위해 참고하고 연구했던 자료들을 바탕으로 신약교회로부터 이어온 교회의 역사를 '신약교회 신앙과 실천을 계승한 침례교회 역사'라는 제목으로 책을 집필하여 그 믿음의 역사를 이어가는 징검다리 돌 한 개를 놓으셨습니다. 목사님의 헌신과 그 사명감에 찬사를 보냅니다.

　이 작은 발자취가 신약교회의 신앙을 계승하는 믿음의 교회와 그 후손들에게 자긍심을 고취(鼓吹)하고, 예수 그리스도의 신약교회로부터 이어온 자랑스러운 신앙의 진리를 계승하여 나가는 일에 작은 동기부여가 되기를 간절히 바랍니다.

2021년 9월

수리 산기슭 교회 사무실에서
군포성서침례교회 담임목사 이원철

추 천 사

주님께서 인류 구속의 역사를 다 이루시고 승천하시면서 복음을 다시 오실 때까지 온 세상에 전파하는 사역을 감당하도록 교회를 세우며, 교회에 대한 선언이요, 보장이요, 약속을 하셨습니다.

"내가 이 반석 위에 내 교회를 세우리니,
　음부의 권세가 이기지 못하리라."
(마태복음 16:18)

주님께서 제자들을 훈련하여 교회를 세우시면서 마귀가 권세 잡아 준동하는 이 세상에서 교회를 지키고 보호하여 세상을 구원하는 복음 전파의 사명을 능히 감당하도록 하시겠다고 선언하셨습니다.

금번에 출판되는 '침례교회사'는 오랫동안 성서침례교회에서 목회와 신학교에서 교수로 재직하신 김종식 목사님이 교회에 대한 주님의 약속을 믿고, 교회사의 암흑시대라 일컫는 300년대부터 1500년대를 지나 지금까지 주님께서 세우고 지켜 오신 교회의 역사를 교회사는 물론, 가톨릭의 기록과 세상 역사의 기록 속에서 발굴하고 정리하여 신약교회 신앙과 실천을 계승해온 침례교회를 중심으로 저술하였기에 교회사의 좋은 참고서라고 생각하고 추천합니다.

서남침례신학대학원(SWBTS)을 설립하신 B. H. Carroll 박사의 동생이신 저명한 교회사학자 James Milton Carrol 박사의 침례교회사의 고전인 '피 흘린 발자취'(The Trail of Blood)를 보완하여 역사적으로 증언하고, 허긴 박사가 번역하여 '침례교 발전사'로 출판한 서남침례신학대학원(SWBTS) 교수이신 Robert A. Baker 박사의 'The Baptist March in History'에서 주장한 "대적자(對敵者)들에 의해서 기록된 역사서(歷史書)에서도 충분한 자료를 찾을 수 있는" 신약교회의 신앙과 실천을 계승해온 교회들의 역사를 복원한 저술입니다.

모진 박해를 믿음으로 이기고 지금까지도 건재하여 세계 도처에 흩어져 있는 다른 이름으로 불리는 이들을 찾아 우리에게 소개하는 저술이라 더욱 귀한 자료가 될 것이라 여겨 추천합니다.

주후 2021년 초여름에

성서침례대학원대학교 1-3대 총장, 명예총장
불광동성서침례교회 담임목사 김 우 생 D. D.; Hum. D.

추 천 사

사랑하는 나의 죽마고우 김종식 목사는 한 국과 미국에서 목회하며 교회사 교수로 평생 을 보내고 지금은 은퇴한 후 그의 차남이 수 학하고 있는 달라스 신학대학원에 머물며 심 혈을 기울여 책을 집필했다니 더욱 그렇다. 그가 전에 낸 교제를 보았고, 실제로 내 강 의에 참고하는 터라 내용과 그의 실력을 익 히 알고 있는 나는 무척 기쁘고 자랑스럽다.

들국화 화사한 산골길을 걸어 처음 교회 가던 주일 아침이 생각 난다. 이웃 마을에 미국 선교사가 온다는 소식을 듣고 나를 인도 하려고 아침 일찍 산등성이를 넘어 우리 집에 와서 생전 처음 같이 교회 가는 길이었다. 그날 라서다(Dr. F. C. Lasater)선교사의 설 교를 듣고 예수님을 구주로 영접하여 하나님의 자녀가 되었다. 나 를 주님께 인도한 친구다. 초등학교 3학년에 만나 홍안의 때에 같 이 주님의 부름을 받아 한평생을 동역하며 같은 길 가는 친구여서 늘 애틋함과 감사와 그리움이 있다.

역사를 기술하는 자는 올바른 사관이 중요하고, 특히 교회사는 "신약교회 사관"으로 교회 역사를 보아야 한다. 추천사를 쓰는 본인 은 저자를 너무도 잘 알고 있기 때문에 캐롤 박사가 쓰신 "피 흘린 발자취"(Dr J. M Carrol The Trail of blood)이후 선진들의 믿음의 발자취를 찾아 역사적으로 기록한 점에서 매우 가치 있고 중요한 교회사 책이라고 생각한다.

근본주의 침례교도는 물론, 교회사를 공부하는 분들이라면 반드 시 필독하고 소장할 가치가 있다고 생각하고 권한다. 코로나 펜데 믹으로 힘든 시간을 보내며 우리는 더욱 초대교회를 그리워하게 되 었다. 초대교회를 그리워하는 마음은 성령의 역사(役事)에 그 흐름 을 맡기는 마음이기 때문이다. 교회사는 성령, 곧 그분의 역사(役 事)다. 성령께서 인도하신 교회의 역사(歷史)가 아니라면 교회사 (敎會史)가 아니다.

이 시대의 진정한 주님의 교회가 떠들썩했던 세속의 역사 속에 묻혀온 면면을 일부라도 발굴하여 세상에 내놓은 친구가 자랑스러 워 아낌없는 갈채를 보내며, 모든 그리스도인들에게 믿음의 선진들 이 어떻게 믿음을 지켜왔는지 알아보는 좋은 자료라고 믿고 자신 있게 권하는 바이다. 2021년 5월에

선지 동산, 한국 성서침례신학교에서
학장 김창환 목사

축 사

주안에서 존경하는 김종식 목사님께서 이번
에 침례교회사를 책으로 출간하시게 됨을 진
심으로 축하드립니다.

목사님께서는 저에게 복음을 전해주신 영적
아버지가 되십니다. 평소에도 침례교회사를
깊이 연구하실 뿐만 아니라 책으로 출간하여
침례교도의 신앙과 생활을 전승하시고, 문서와 강의로 많은 침례교
회 목회자와 성도들에게 신앙의 긍지를 심어주셨습니다.

이번에 기독교 역사 속에서 가려졌던 보다 더 구체적이고 진실된
침례교회사를 연구하셔서 이렇게 뜻깊은 책을 출간하게 되심을 한
국 성서침례교회 전국 목회자친교회를 대표해서 진심으로 축하드립
니다.

우리 침례교회들은 기독교 역사 속에서 고난과 핍박 중에도 성서
적 신앙을 지켜왔고, 세상과 타협하지 아니하고 초대교회로부터 전
해진 순수한 복음을 통한 영혼 구령의 사명감으로 한국교회 안에서
주춧돌과 같은 역할을 감당해 왔습니다. 거기에 발맞추어 출판된
이 책이 많은 교회들과 목회자들에게 신앙의 교훈을 고취(鼓吹)하
는데 큰 도움이 되리라 믿어 의심치 않습니다.

특히 이 시대에 침례교회 신앙과 믿음이 변질되어 혼란을 겪고 있
는 것은 침례교회 역사를 바로 인식하지 못한 결과로 사료됩니다.
부디 이 책을 통하여 교회관과 역사관이 새롭게 정돈되고 세워져서
주님께서 세우신 그리스도의 몸된 교회의 역할을 잘 감당하는 기회
가 되기를 원합니다.

다시 한번 소중한 책을 출간하심을 진심으로 축하드리며, 계속해
서 후배들을 위해 침례교회사에 대한 귀중한 역할을 감당해 나가시
길 기대합니다.

2021년 6월 1일

한국 성서침례교회 전국목회자
친교회 회장 엄대성 목사

축 사

교회의 주인이신 예수님께서 "내가 이 반석 위에 내 교회를 세우리니 음부의 권세가 이기지 못하리라"고 선언하시며 교회를 세우신 지 벌써 2천년이 지났습니다. 2천년의 세월이 흐르는 동안 주님의 교회는 권력의 시녀가 될 것을 요구하는 세상의 권력과 세상의 영광을 추구하는 사람의 교회로 변질된 교회들의 박해를 받으며 피 흘린 발걸음을 걸어야 했습니다.

세상과 타협한 교회들이 역사를 주도하면서 타협을 거부하고 진리를 지키던 주님의 교회들을 이단으로 정죄하여 진멸했고, 그들에 관한 기록도 마음대로 왜곡하고 오도하면서 자신들의 악행과 타락을 감추려 했습니다. 그 결과 대부분의 교회 역사 기록들은 왜곡된 사관을 바탕으로 기록되었고, 진리를 지키며 피 흘린 발자취를 걸어온 우리 믿음의 선진들의 역사는 화형의 잿더미 속에 묻혀버렸습니다.

적절한 때에 저의 은사이신 김종식 목사님께서 순수한 복음과 성경적인 믿음을 계승해 온 침례교도들의 역사에 관한 소중한 책을 출간하시게 된 것을 마음 깊이 축하드리며, 이 책을 통해 주님이 세우신 바로 그 교회의 소중한 역사가 독자들에게 널리 알려지기를 기도합니다.

저의 영적인 아버지이기도 하신 김종식 목사님은 저의 청년 시절에 저에게 침례교도의 신앙과 자부심을 심어주셨고, 지금까지 목회자의 길을 걸을 수 있도록 이끌어주시고 사역에도 많은 도움을 주셨습니다. 아무쪼록 이 책을 통해 지금도 주님이 맡기신 교회의 사명을 따라 복음을 전하며 영혼을 구원하는 교회들이 여전히 세계 곳곳에 있다는 것이 알려지기를 바랍니다. 그래서 지금 어딘가에서 좁고 험한 길을 걷고 있는 침례교도들에게 큰 도전과 격려가 되기를 기대합니다.

다시 한 번 귀한 책을 출간하시는 김종식 목사님의 수고와 헌신에 머리 숙여 감사드리며 축하의 글을 적어 올립니다.

2021년 6월 2일
초대교회의 길을 따라가는
대구성서침례교회 이동수 목사

목 차

저자 서문

"우리 중에 이루어진 사실(fact)에 대하여
처음부터 말씀의 목격자 되고 일군 된 자들이
전하여 준 그대로 내력을 저술하려고
붓을 든 사람이 많은지라.
그 모든 일을 근원부터 자세히 미루어 살핀
나도
데오빌로 각하에게
차례대로 써 보내는 것이 좋은 줄 알았노니
이는 각하로 그 배운 바의 확실함을
알게 하려 함이로다"
누가복음 1:1-4

예수님 당시의 역사가로 예수님의 행적과 이어 사도들의 행적을
목격한 누가가 부럽다. 누가는 마치 조선시대의 승정원의 입직 승
지와 같이 왕의 행적을 기록했던 기록자였을 뿐 아니라, 다른 이들
이 기록한 동일한 기록을 평가하여 사실을 기록하려고 힘쓴 역사가
의 정도를 걸은 분인 듯하다.

누가복음의 서두에 누가가 고백한 것처럼 탁월한 학자들의 연구
의 결실로 많은 저술들이 남아 있어서 교회사를 이해하는데 충분하
지만, 필자가 또 다시 둔필을 든 것은 역사는 항상 두 가지 내용이
있다는 사실 때문이다. 견해와 사관에 따라 한 부분을 지나치게 강
조하다가는 당시의 역사의 주체에 의해 과소평가되기 쉬운 부분이
발생한다. 그 과소평가가 심한 오판에 의하여 일어나고, 어이없게
도 가혹하게 말살되어 온 부분이 있다는 것이 역사의 현실임을 부
정할 수 없는 것이다.

또한 우리의 역사를 다른 이들의 역사연구에 의존할 수 없고, 조
상들의 역사를 신앙의 후손으로서 자랑스럽게 여기고 오늘에 남겨
두는 것이 도리라고 여기기 때문에 용렬함에 부끄러움을 무릅쓰게
된 것을 독자들께서 양해하시리라 믿고 쓰려 한다.

필자가 이런 뜻을 세우고 독학을 하던 중, 미국 리버티 대학교의
김창엽 박사님께서 내한하여 강의하신 침례교회사 강의에 크게 격
려를 받았기 때문에 필자는 스승이 알지 못하는 제자가 되었다.

다행히 필자가 신학교에 교수로 재직하는 중 우리 성서침례교회의 본산이라 할 수 있는 미국 미주리 스프링필드(Springfield, MO.)에 있는 성서침례신학대학원(Baptist Bible Graduate School)에 비록 계절제이긴 했으나 수년을 유학하며 당시 대학원장이고 저명한 침례교회사 학자이신 로버트 테리(Dr. Robert Terrery)박사의 친절한 지도를 받았고, 많은 침례교회사 자료가 소장되어 있는 대학교 도서관(Dr. G. B. Vick Memorial Library)에서 마음껏 배우고 연구할 수 있었다. 필자에게는 고기가 물을 만난 때였다.

교회사를 집필하고 유지, 보존한 주체, 즉 교회사의 붓을 쥔 주체가 가톨릭의 종교재판을 주도했던 이들이다. 그들의 판단 기준은 가톨릭의 전통과 종교회의의 획일화(Uniformity)된 제도였으므로 그들의 판단에는 편견이 있었음은 명백한 사실이다.
공정한 보도의 최소한의 요구 조건인 반론권을 거론하지 않는다 하더라도 성경이 말씀하신 바를 신앙 양심을 따라 죽음 앞에서도 타협 없이 믿었던 침례교도들을 '분리주의자'(schismatist)라고 단죄한 이들의 편에서 기록된 역사는 당연히 재구성되어야 한다는 것이 필자의 견해이다.

우리는 이제 판단의 기준을 신약성서로 하고, 사도 시대의 교회와 믿음으로 역사를 재조명하고, 그들과 같은 믿음을 지키고 유지해 온 믿음의 조상들을 찾아보고, 사도 시대부터 오늘날까지 주객이 전도된 교회사를 신약성서의 입장에서 다시 새롭게 하려 한다.

100번의 종교회의와 대제국의 권력에 의해 결정된 어떤 결의라도 성경의 한 말씀도 변경할 수 없고, 그 모든 권위라 할지라도 성경의 한 말씀의 능력을 능가하지 못한다. 그러므로 성경에서 말씀하는 진정한 교회가 교회사의 주체가 되는 것이 너무나 당연한데 우리가 접하고 있는 교회사는 신약성서의 신앙을 완강히 고수해 온 무리들이 여전히 역사의 기록 밖에 있고, 오히려 그들의 발길질로 대문 밖으로 내몰려 있는 형국이다.

본서에서는 이러한 모든 역사의 편견들을 바로잡고 교회사의 원형을 복구하려는 노력의 작은 시작으로 우선 교회사를 간결하게 정리해 보려고 한다. 많은 지류들이 있으나 원류에서 원류를 따라 흐른 역사의 강물은 사도 시대부터 흘러 오늘에 이르고 있는 것이다.

도도한 강물처럼 흐르기도 했고, 거대한 시련 앞에 지표 밑으로 들어가 비록 지하수로 흐르기도 했으나 역사의 강물은 멈춤 없이 흘러 오늘에 이르고 있다는 사실을 밝히고자 한다.

아, 미시시피! Ah, Mississippi!
기회가 되어 필자가 미국의 국토를 종단하는 중에 미시시피 강둑에 서서 생각이 많았었다.

미시시피 강 앞에 선 필자

미시시피 강이 침례교회 역사를 너무나 닮았다는 생뚱맞은 생각을 하면서 왠지 동지애가 생겨 미시시피 강 공부를 조금 해 보았다.

미국에서는 미시시피 강을 'The River'라고 칭한다. 즉, 강이라면 '미시시피'라는 뜻이다. 영어로 'The Book'이라고 했을 때 그것은 '성서'를 칭하는 것과 같은 의미인 것이다.
미국인들이 미시시피 강을 그렇게 칭하는 것은 미국의 역사와 문화에서 미시시피 강이 특별하기 때문이다. 알곤퀸(Algonquin) 인디언[1]들은 이 강을 '물의 아버지'라는 뜻인 미시시피라고 불렀단다.

미국 영토를 완전히 종단하여 흐르는 강은 미시시피 강 뿐이다. 미시시피 강은 최북단 미네소타의 작은 호수(이타스카호/Lake Itasca/

---

1) 캐나다와 미국 중부에 퍼져 살던 인디안 부족으로 지금은 온타리오 지역에 살고 있다. / 필자 주

1832년 헨리 S. 크 래프트가 미시시피 의 발원지로 확인 했다)에서 발원하 여 미국 중부를 관 통하여 많은 주의 경계를 이루며 멕 시코만 으로 흘러 들어가는 강이다.

미국 본토를 거의 종단하는 미시시피 강

주지하는 바와 같이 1776년 7월 4일 영국으로부터 독립한 미국의 영토는 동부의 13개 주였다. 그 후 1791년 버몬트 주, 1792년 켄터키 주, 1796년 테네시 주가 편입되어 미국의 영토가 되었다. 미국 독립 후 1803년 루이지애나 지역을 편입하기 전에는 미시시피 강 건너의 나라였다.

"루이지애나 매입은 당시 미국 북서부 지방 개척민들의 농작물 운반을 위해 미시시피강을 이용하려면 프랑스령인 뉴올리언스를 통과해야 했기 때문에 번거로움과 통행료 납부 등의 이유로 의회에서 1,500만 달러(지금 시세로 2억 1,900만 달러)를 상한으로 뉴올리언스를 구입하기 위해 사절단을 프랑스로 보내는 것으로부터 시작되었다."[2]

한편, 사절단을 맞이한 나폴레옹은 루이지애나를 기반으로 프랑스의 영광을 재건하기에는 미국이 너무 성장하고 있다고 판단했고, 사사건건 대립하고 있던 영국과의 싸움에서 이길 자신이 없었다. 따라서 이 땅을 영국에 빼앗기느니 싼값에 팔아 이득도 챙기고 미국의 환심도 사는 편이 낫다는 판단에 이르게 되어 1,500만 달러에 루이지애나 전체를 팔겠다는 제안을 하게 된다. 당시 루이지애나 전체의 땅이 얼마나 되는지는 아무도 몰랐다. 결국 미국은 1803년

---

2) 당시 영국과 프랑스는 식민지 경쟁을 하는 국가였고, 캐나다를 식민지로 가지고 있는 영국과 연결된 북아메리카 중부지역을 전쟁을 준비하고 있던 프랑스가 영국으로부터 지키기에는 역부족이라 판단한 나폴레옹 황제의 결단으로 루이지애나 지역 전체를 미국에 매도하게 된다. 미국은 이 일을 계기로 프랑스와 친밀한 관계가 되었고, 프랑스는 미국 독립 100주년을 기념하여 뉴욕의 자유의 여인상(statue Miss Liberty)을 축하 선물로 기증한다. 자유의 여인상의 철골 설계는 파리 에펠탑과 같은 구스타브 에펠의 작품.

프랑스로부터 2,140,000㎢가 넘는 땅을 매입했다(참고로 한반도 전체 면적 220,903㎢, 남북한 면적의 거의 10배). 지금의 루이지애나는 미국 남부의 한 주에 불과하지만 그 무렵에는 훗날 루이지애나, 미주리, 아칸소, 아이오와, 노스다코타, 사우스다코타, 네브래스카, 오클라호마 주를 포함하고, 캔자스, 콜로라도, 와이오밍, 몬태나, 미네소타 주 지역 대부분을 포함하는 상상할 수조차 없는 드넓은 땅이었다. 미국은 이를 통해 본격적인 서부 개척시대가 시작된다.

한편, 이 땅의 일부는 레드강(Red river) 분지의 교환 대가로 1818년 영국에게 할양되었다. 이 땅의 대부분은 1819년에 플로리다 매입의 대가로 스페인에게 할양되었지만, 이후 텍사스 합병과 멕시코 할양을 통해 미국이 다시 매입하였다.[3]

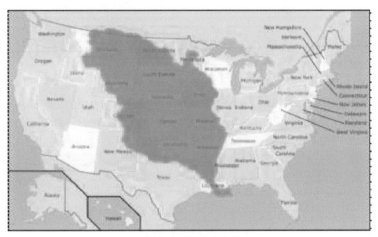

초록 부분이 루이지애나 지역

미시시피강은 한때는 미국의 국경을 이루기도 했고, 중부의 많은 주의 경계를 이루기도 했고, 많은 강을 흡수하여 한 맥을 이룬 강이다.

실상 미시시피 강(3,770km)보다 더 긴 강인 미주리 강(Missouri River/4,130 km), 담수량으로는 미 동부의 대부분의 강을 지류로 거느린 오하이오 강, 그리고 일리노이 강, 테네시 강, 미국의 카우보이들의 노래와 사랑의 애환의 배경이 된 필자가 좋아하는 홍하(red river) 등 미국의 중요한 강은 미시시피 강으로 합류한다.

---

3) 위키백과-미국의 영토 확장, https://m.blog.naver.com/kuci9

위의 강들을 미시시피 강의 한 지류로 여기는 것은 미시시피 강을 미국의 대표적인 강으로 여기기 때문인 듯하다.

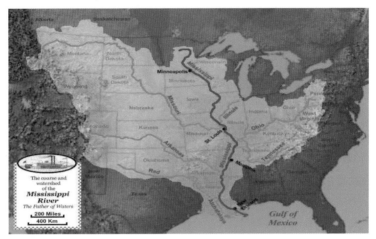

미시시피 강으로 합류한 큰 강들

수많은 호수를 만나 동화되는 듯했지만 다시 물길을 잡아 외로운 흐름을 계속하는 미시시피 강의 모습이 종교개혁 시기를 만나 많은 종교 개혁자들과 동행을 시도해 보았지만 결국 홀로 또다시 외로운 길을 걸어가는 침례교회의 역사와 너무 닮았다.

교회사에 나타나는 많은 교회들의 역사는 결국 하나님 앞에 이를 때 한 교회의 역사로 이르게 될 것이라 믿는다. 교회사의 흐름의 원류는 미시시피 강처럼 침례교회사라는 자부심을 갖는다.

미시시피 강처럼 모든 교회의 역사의 기준은 침례교회가 될 것이다. 즉, 기준을 정한다면, 침례교회의 오른편은 참교회일 것이고, 왼편은 거짓 교회일 것이다. 침례교회가 초대교회처럼 예수님께서 세우시고 교회에 약속하신 약속 위에 여전히 서 있다면 말이다.

교회사의 강은 자세히 보면 물이 아니라 피였다. 순교자들의 주검이 던져진 계곡에 흘러내린 순교자의 피가 강물이 되어 메마르려 하는 교회사의 맥을 이어갔던 것이다. 그러므로 본서의 내용은 그들의 역사의 개론이며 요약이라고 하는 것이 맞을 것이다. 이 책이 피로 지킨 신약교회의 신앙을 따라 오늘을 사는 모든 이들에게 유익이 되었으면 하는 마음으로 두 손을 모아본다.

화형의 잿더미에서 역사를 복원하며

우리는 주님께서 이 땅에 그의 몸된 교회를 세우신 후에 정치적
핍박과 이교의 침투와 초등학문의 유혹과 심지어 그리스도인이라고
불리는 변질된 기독교의 끊임없는 타협의 유혹 속에서도 그의 교회
를 온전히 지키셨고 지금도 지키시며 또한 지키실 것을 믿는다.

"내가 이 반석(Πετρα) 위에 내 교회(Εκκλησιαν)를
세우리니, 음부의 권세가 이기지 못하리라."
마16:18

기록된 역사와 자료들 속에서 화려하고 완벽하게 그들의 피 흘린
발자취가 남아 있지 못한 것은 전장에 쓴 대로 역사기록의 주체가
바로 저들을 원수로 여겨 정죄하여 자료들을 불태웠고 심지어 잔인
한 말살 정책으로 우리 믿음의 조상들을 함께 화형 시켰기 때문이
다. 그리하여 우리는 천주교의 도미니칸 교단이 주도한 종교재판이
이단이라고 화형 시킨 화형장의 잿더미 속에서, 불타버린 순교자의
유골에서 교회 역사를 찾아야 하고, 초기 로마의 핍박으로 수많은
순교자들이 수장당한 티베르 강에서 역사를 찾아야 한다.

(영문)Restoring History from the Ashes of the Burn Pit

We believe that once our Lord has established his church,
which is his body, that he has kept and will continue to keep his
church in the face of political oppression, heresy, worldly
scholarship, and the temptations of compromise from those who
even call themselves Christians.

"On this rock, I will build my church,
and the gates of Hades will not overcome it." - Matt. 16:18-
The reason why we do not have the record of those that have
bled for their faith in the recorded history is because the main
authority behind those writing history has regarded them as
enemies. Not only have they eradicated the evidence, but they
have also burned our ancestors of faith through their cruel policies
of elimination. Therefore, we must seek and find our church
history from the bones of those that the Dominicans of the
Roman Catholic Church have burned at the stake, and also from
those that have died from immersion into the Tiber River during
the persecutions of early Rome.

또한 이슬람교에 빼앗긴 예루살렘 실지(失地)를 회복하려고 일어났으나 실패한 십자군들이 머리를 돌려 자신들의 종교 권력에 복종하지 않는 이들을 잔멸하는 군대로 변해서 행한 그들의 잔혹한 진멸의 현장인 몽세퀴르와 알비 십자군4)의 전사자들의 시체 더미 속에서 역사를 찾아내어 밝혀야 한다. 그들의 역사의 기록은 이단이라고 분류된 무리들 속에서 찾아야 한다. 오히려 세속 사가들의 기록에서 더 정직한 기록을 찾을 수 있는 것이 안타까울 뿐이다.

1521년 보름스회의에서 마틴 루터를 파문했으나, 전쟁으로 1526년 Speyer회의에서 보름스 결의를 유보했다가 1529년 제2차 Speyer회의에서 최종 파문을 결의하니 극렬 저항하는 사람들에게 '저항자'(Protestant)라고 선언해 '프로테스탄트'라는 용어가 생기게 되었다.
이때 퀼른 대주교는 선제후로서 대주교이면서 영지를 독립적으로 통치하는 공작(Duke)이었던 헤르만 5세, 폰 비트(재위 1515-1546)였다. 그는 회의 결과를 당시 황제였던 Charles V.5)에게 보낸 침례교도들에 대한 보고서에서 "재 침례교도들은 스스로 '진정한 그리스도인'이라고 부르고, 역사와 법률이 증명해 주듯이 천 년 이상 그들의 선조들이 지켜왔던 대로 살았으나 수백 년 전부터 정죄를 당해 왔고, 관습법으로 금지되었다"고 호의적으로 보았다.
후에 퀼른6) 대주교 폰 비트도 대주교 직과 선제후 직을 사임하고 개신교로 개종했다.

서남침례신학 대학원(Southwestern Theological Seminary) 교회사 교수였던 로버트 베이커(Robert A. Baker)는 그의 저서에서 "일반적으로 그들의 대적자(對敵者)들에 의해서 기록된 역사서(歷史書)라 할지라도 몇 페이지를 장식하기에는 충분한 숫자를 가지고 있었던 것이다. 기록되어 있는 약간의 역사와 또 그것을 쓴 교회 지도자들의 편견을 살펴볼 때 어느 기록이든 간에 그 전부가 강압적인

---

4) 교황 인노센시오 3세(Innocentius PP. III, 제176대 교황 재위 1198년 1월 8일 ~ 1216년 7월 16일)는 카타리파를 이단으로 규정하는 칙서를 반포하여 십자군의 결성을 촉구하였다. 알비 십자군은 피에르 드 카스티니오를 사령관으로 하여 카타리파의 중심지인 랑그도크지역을 공격하였다. 이로 인하여 약 200,000명 ~ 1,000,000명의 사람들이 십자군에 의해 학살되었다. 알비 십자군의 결성은 또한 도미니코회의 설립과 종교재판의 계기가 되었다. (위키피아 알비 십자군)

5) Karl V; (독) Charles V; (프) Carlo V, (1500년 - 1558년 9월 21일)는 1519년부터 신성로마제국 황제였으며, 12개국의 왕과 3개 영지의 공작.

6) 독일의 대도시로 BC38년 아그리파가 세운 독일 대주교좌 성당이 있다.

우격다짐과 자기류(自己類)의 정통(正統)의 틀에서 빚어진 종교적 이의(異意)의 산물(産物)인 데는 놀라지 않을 수 없다. "[7]고 탄식했다. 우리는 침례교도라고 일반적으로 불리고 있으나 마이크로페디아(Macropaedia/ 특별한 항목을 선정하여 자세히 기록한 브리테니카 사전의 부록: 필자 주)에 의할 것 같으면 오늘날 침례교라 불리는 교회들 중에 또 다른 어떤 침례교도들의 믿음을 소개하고 있는데 그 내용을 원문대로 인용하면(Macropaedia 2권 P. 713)

"Some Baptist lay stress upon having no human founder,
no human authority, and no human creed."
(또 어떤 침례교도들은 인간 창설자가 없으며,
인간적 권위를 믿지 않으며, 사람이 만든 신조를 인정하지 않는다.)

"Some Baptists believe that there has been an unbroken
succession of Baptist churches from the days of John
the Baptist and the Apostles of Christ."
(어떤 침례교도들은 그들의 교회가 침례요한과
사도 시대로부터 끊어지지 않고 계승된 것으로 믿는다.)

천주교가 주도하여 쓴 역사서에는 침례교도들을 '분리주의자'(Schismatist)라 부르지만 그들이 하나님으로부터 분리한 분리주의자가 아니라 교회가 부패하여 성경으로부터 멀어져갈 때 진리를 위해 그 자리에 완강히 서서 여전히 하나님의 말씀을 고수하던 자들이었다. 그들은 타협과 위협에도 굴하지 않고 말씀 안에 머물러 있었던 하나님의 작은 무리들이요, 남은 자(remnant)들이었다. 분리(separation)는 역사 속에서 간단(間斷)없는 정화와 순수함을 유지하시려는 하나님의 역사(役事)가 교회사 속에서도 계속된 것이라 할 수 있다. 노아의 방주의 섭리나 아브람을 이방인의 땅에서 불러내신 일, 남왕국 유다의 포로와 귀환 등은 순전함을 지키려는 하나님의 섭리로 믿는다.

침례교회의 역사에 대한 편견
거의 일생을 침례 교회사를 공부하면서 교회사 공부를 미리 하신 분들의 많은 글들을 읽으면 공통된 내용을 두 가지로 요약할 수 있었다.

---

7) Baker, Robert A. The Baptist March in History
   허긴 역, 침례교 발전사 P. 48

1. 국가 권력을 손에 쥔 교회가 성서를 붙잡고 살겠다는 그리스도인을 자기류의 정통이라는 이름과 기준으로 회유하고 핍박하고, 심지어 잔혹하게 몰살시킨 역사는 그들의 거대한 권력 앞에 묻히고 덮여 버린 터 위에 세워져 흘러왔다는 사실이다.

2. 심지어 몬타니스트의 광신적인 종말론이나 신령주의, 사도 적 예언들 같은 부정적인 부분만으로 종말론적 광신자, 신령주의자라고 혹평하는 것은 몬타니스트들의 잘못된 부분만으로 그들을 평가하는 편견인 듯하다. 필자도 이어서 쓰게 된 몬타니스트 항목에서 밝히겠지만 로마의 퇴폐한 사회 풍조에 쉽게 물들어 가는 교회의 직진을 막아선 역할은 인정해야 할 것이다. 물론 그들의 노력이 로마 풍조에 물들어 가는 교회를 건져 내지 못했다 하더라도 "너희는 이 세대를 본받지 말고"라고 하신 말씀을 아는 자들로서 그냥 방관할 수만은 없지 않았겠는가? 심지어 교회가 국가 권력으로 무장했을 때 본의 아니게 신앙을 제압하려는 부당한 국가 권력을 거부한 것으로 무정부주의자라는 혹평은 누가 했겠는가? 불문가지(不問可知)인 것을….

「재 침례교도의 역사」를 저술한 사우스 웨스턴 침례신학교의 윌리엄 에스텝(William R. Estep)교수도 말하기를 재 침례교도들은 완전한 오해와 고의적인 오도에 의해 철저히 무시되어 왔으며, 거의 모든 역사가들로부터 멸시를 받아왔다고 말했다.

해롤드 벤더(Harold S. Bender/미국 교회사학회 회장 역임)의 '재 침례교도의 비전'(The Anabaptist Vision)이라는 취임 연설은 미국 교회에 던졌던 충격적인 연설이자 논문의 제목이 되었다. 벤더는 그동안 개신교의 역사 속에 종교개혁이 어떻게 다시 복음의 본질에서 벗어나게 되었는지 설명하면서 신실한 신앙의 본질을 지키려는 신실한 제자들을 위한 재 침례신앙의 비전을 제시한다. "역사의 편견 속에서도 여전한 신앙을 지켜 오늘에 이른 우리는 이제 역사를 통해 만나는 그들과 우리는 얼마나 일치하고, 얼마나 다른가? 그들과 우리 중 어느 모습이 보다 성경적 원형인가? 그들로부터 우리가 시급히 배울 점은 무엇인가?"

필자가 서두에 쓴 데로 한때는 미시시피 강의 동부가 미국이었다. 그 강처럼 하나님의 참교회의 기준의 강이 있다면 우리는 예수님께서 피로 값 주고 사신 교회의 기준의 이편에 있는가, 건너편에 있는가?

침례교회의 여러 계승 설들
(The Successionist Theories)

침례교회가 사도 시대로부터 시작된 신약교회를 계승한 교회라는 견해에는 일치하지만 일치된 견해에 대해서도 약간의 차이가 있는데 소개해 보면 다음과 같다.

1. 계승 설(The Successionist Theory)

(1) 사도 계승 설

이는 사도의 권위의 전승을 말하는 것이 아니라 사도 시대로부터 사역자의 안수의 연속성을 말하며 사도로부터 지금까지 사역자들의 안수가 계승되어 오늘에 이른다는 설이다.

(2) 침례 계승 설

성서적인 합당한 침례의 계승을 주장하는 계승설. 침례요한부터 오늘날까지 끊어지지 않은 침례의 연속을 주장하는 설이다.

(3) 교회 계승 설

예루살렘 교회로부터 시작된 교회의 계승을 말한다. 교회의 참된 표를 간직한 채 지금까지 계승되었다고 주장하는 설이다. 교회가 교회를 낳고, 그 교회가 또 다른 교회를 낳아 오늘날의 교회까지 계승되었다고 보는 설이다. 이런 주장도 가능하지만, 필자가 서론에서 미시시피 강을 소개하면서 가끔은 강물이 지표면을 흐르지 못해서 지하로 흐르다가 수량이 많아지면 다시 지표면으로 흘러 강의 모습을 보이며 명맥을 유지한 것처럼 안수, 침례, 교회 계승설은 더 깊은 내면의 역사라고 볼 수 있는 부분이다.
하나님께서는 아시려나???

2. 신앙 계승 설(The Spiritual Kinship Theory)

침례의 연속, 안수의 연속, 개교회의 연속을 증명하기는 어렵지만 초대교회의 신앙을 완강히 지키는 무리들이 시대와 역사를 통하여 그 신앙을 계승해 왔다는 설이다. 위에서 언급한 여러 계승설이 다른 것처럼 보이지만, 그 주장이 무엇이든지 사도시대의 원시 교회(Primitive Church)로부터 장구한 계보를 통하여 그 신앙이 오늘날까지 계승되어왔다는 침례교의 신약교회 계승을 주장하는 데는 일치하고 있다.

신앙 계승 설에 동의하지 못하는 분들은 역사의 흐름을 표면적이고 현상적인 면으로 보기 때문일 것이다. 지하로 흐르는 물줄기를 발견하지 못하면 그 강이 다시 표면으로 흐를 때 다른 강으로 보기 쉬운 것과 같은 이치일 것이다.

신앙의 계승은 스스로도 그들이 누구의 신앙을 계승했는지 모르는 자연 발생적인 듯하다. 9세기경 터키 지방에서 한 권의 성경을 얻어서 그 성경을 읽는 중에 거듭난 형제에 의해 시작된 파울리시안들이 온 세계에 복음을 전하기 위해 로마까지 갔을 때, 그때까지 로마에서 핍박 가운데 신앙을 지키고 있던 '카타리파'라고 불리던 사람들이 3세기경의 노바티안들의 신앙과 일치가 되어 로마 사람들도(~을, 파울리시안을?) 같은 카타리파로 여긴 것은 바로 영적 계승은(Kinship Succession) 성령께서 주님의 교회를 지키시고 보존하시는 일이시기 때문이다.

'신앙 계승 설'(spiritual kinship theory)은 우리말로 번역하면 신앙 혹은 영적인 혈통의 계승이라고 번역하는 것이 타당하다. 영어권의 혈통은 피부색으로 규명하기 때문에 혈통을 같은 피부색(Skin)으로 쓰지만 우리나라를 포함한 동양권에서는 혈통을 가계를 잇는 족보로 나타낸다. 신앙 계승설은 신앙을 혈통으로 보아 같은 신앙을 가진 개인과 무리들에 의해 신앙이 계승되어 오늘날까지 이른 것을 말한다.

필자도 정통 침례교회는 초대교회로부터 신앙 계승에 의해 오늘에 이르렀다는 데 동의한다. 필자의 신앙의 혈관에도 초대교회와 같은 신앙의 피가 흐르는 후손으로 신앙의 철이 들면서부터 조상들의 행적을 찾아 복원하려는 작은 노력을 기울이며 살아왔다.

신앙 계승설은 피의 역사(History)를 넘어 하나님께서 당신의 교회를 유지 보존하신 두 가지 하나님의 역사(Work)에 의해 하나님이 교회를 오늘날까지 유지 보존하셨다고 고백하는 신앙의 고백이기도 하다.

첫째, 우리는 하나님께서 선언하신 "내가 이 반석 위에 내 교회를 세우리니 음부의 권세가 이기지 못하리라"(마16:18)는 말씀을 믿는 사람들이다. 로마의 잔혹한 핍박 속에서도 하나님의 교회는 건재했고, 로마의 핍박이 끝나면서 시작된 종교의 암흑시대에 가톨릭의 갖은 핍박 속에서도 하나님은 당신의 교회를 지키셨다.

구약의 종교 암흑시대라 할 수 있는 북 왕국 이스라엘의 아합왕 시대, 왕후 이세벨이 왕권으로 바알 신을 숭배하는 바알 교를 국교화하였을 때 여호와 신앙을 지키며 우상에 빠져있는 사마리아 백성들을 위해 남겨 두신 하나님의 선지자 엘리야의 처절한 투쟁의 역사는 익히 알려져 있으나 하나님께서 감추어 놓으셨다는 바알에게 무릎 꿇지 않았던 7,000명의 하나님의 사람들은 어떤 사람들이며, 그 상황에서 어떻게 신앙을 지키며 살았을까? 그들과 같은 신앙과 실천(doctrine & practice)으로 살았던 엘리야의 삶을 볼 때 그들의 신앙과 삶을 미루어 짐작해 볼 수 있을 것 같다.

주님은 약속을 지키시고 그 예언을 성취하신다. 전국이 바알 교로 가득하고 야훼 신앙을 지키는 사람들은 잔멸을 당하여 표면적으로는 엘리야 한 사람밖에 남지 않았을 때 엘리야가 "… 주의 단을 헐며 칼로 주의 선지자들을 죽였음이오며 오직 나만 남았거늘 저희가 내 생명을 찾아 취하려 하나이다."(왕상19:14)라고 '대중 속에 남은 소수자'(the Minority in the Majority)로 탄식할 때, "내가 이스라엘 가운데 7,000인을 남기리니 다 무릎을 바알에게 꿇지 아니하고 다 그 입을 바알에게 맞추지 아니한 자니라."(왕상19:18)고 '남은 자'(remnants)의 비밀을 알려 주셨다. 하나님은 야훼 신앙을 지키는 다수를 감추시고 지키시므로 그 신실하심을 증명하셨다.

구약시대나 교회시대나 암흑시대는 국가가 정치적인 이유로 자행한 핍박은 물론, 국가 권력으로 무장한 변질된 종교의 타협과 회유, 마귀의 도구인 살인을 포함한 잔혹한 핍박의 시대를 말하는 것이다. 우리는 초기 로마의 핍박의 시대를 암흑시대라 하지 않고 AD. 312년 밀라노 칙령(Edict of Milan) 이후 국가 권력으로 무장한 변질된 교회의 핍박의 시대를 '교회의 암흑시대'라 한다.

주님이 몸 된 교회를 이 땅에 세우신 이후 "내가 이 반석 위에 내 교회를 세우리니, 음부의 권세가 이기지 못하리라"(마16:18) 하신 선언에는 교회에 대한 보장을 약속하신 부분도 있다. 즉 '음부의 권세가 이기지 못하리라' 하신 말씀이다. 무엇이 음부의 권세일까?

결론적으로 말하면 주님의 '몸인 교회'의 본질(essence; in substance) 즉, 변할 수 없는 변하면 그 실체의 의미가 완전히 손상되는 부분을 변질시키려는 시도, 혹은 그런 힘이 '음부의 권세'라고 할 수 있다. 교회 역사를 통해 너무나 명백한 '음부의 권세'의 준동을 보아왔고, 그들의 칼날에 주님의 몸된 교회의 본질을 지키려는 이들이 무수한 피를 흘려왔던 것은 주지(周知)의 사실이다.

교회의 암흑시대에도 주님은 당신의 몸된 교회를 감추시고 지키시고 보호하셨다가 드러내셨다. 그 무리들이 바로 침례교회(Baptist)인 것이다. Southwestern Baptist Seminary의 교회사 교수인 Robert A.

Baker 교수의 책 제목, 'The Baptist march in histoy/ 침례교회가 교회사에 등장하다'의 의미는 침례교회가 시작되었다는 의미가 아니라 밟히고 묻혔던 침례교회가 교회 역사의 지표면으로 흐르기 시작했다는 뜻으로 이해한다.

둘째, 성경 말씀을 접한 영혼들이 성령님의 비췸(Illuminate)[8]을 통해 같은 믿음을 갖게 되어 언제든지 누구든지 어디에 있었든지 (Whenever, Whoever, Wherever) 같은 믿음으로 새 생명을 얻어 하나님의 자녀가 되고, 전도하여 둘 이상이 모이면 교회를 이루면서 명멸(明滅)을 거듭하며 오늘에 이르게 된 것이다.

하나님의 말씀을 받은 사람들이 로마에서 카르타고에서 터키지방에서 프랑스에서 일어났고, 서로 모르는 지역에서 살다가 수 세기후에 만나 보니 같은 믿음 같은 신앙의 혈통인 성도들인 것이 증명되었다. 사람들이 전제(專制)된 교육을 통해 오도되기 전, 순수한 영혼들이 하나님의 말씀을 받고 성령님께서 그 영혼을 가르치시면 결국 같은 믿음의 혈통이 된다고 믿을 수밖에 없는 축복된 일들이 필자의 목회 현장에서 증명되고 있다.
교회와 성경에 대한 사전 지식이 전혀 없는 초신자들이 스스로 말씀을 공부하게 되면 신통하게도 누가 가르친 것보다 더 정확하게 하나님의 말씀을 이해하고 같은 믿음의 고백을 하는 것을 듣고는 같은 선생에게 배운 제자가 같은 지식을 갖는 것은 당연하다는 생각을 했다. 우리의 선생님은 성령님이 아니신가!

헬라시대 이후 고국을 떠나 유랑하기 시작한 유대 디아스포라들이 세계 곳곳에 흩어져 민족과 나라에 스며들어 살았지만 그들이 혈통과 신앙을 지키며 살다가 1948년 유대나라가 재 건국되면서 전 세계에서 살아 있다는 숨소리조차 내지 못하고 살고 있던 유대인들의 귀국은 과거 유대인들의 포로와 이주와 귀환의 되풀이된 역사 중에서도 가장 감격적인 사건이 아닐 수 없다.
침례교의 역사도 유대인들의 역사와 유사한 면을 가지고 있다. 로마의 핍박을 피해 카타콤으로 들어갔던 크리스천들이 밀라노 칙령으로 교회 지도자들은 황금마차를 탔지만 침례교도들은 그들의

---

8) 성경의 기록은 하나님의 1회적 역사인 영감(Deopeustos)으로 완성된 것이고, 성경을 비추어 깨닫게 하시는 성령님의 역사는 조명(Illuminate)이라고 할 수 있다. 즉, 조명은 저자들에게 영감을 통해 기록케 하신 성령께서 독자들에게 직접 성경을 가르쳐 깨닫게 하시는 역사를 말한다.

적이 되어 다시 카타콤으로 숨어들게 되었고, 장구한 역사를 지내
오면서 죽은 듯 살아나며, 꺼진 듯 다시 빛을 비추며 종교의 암흑
시대를 지나고 종교개혁 시대의 여명을 맞았으나 실상 침례교도들
에게는 아직 아침은 아니었다. 지금 우리가 사는 오늘, 여러분은
침례교회의 아침이 왔다고 믿으시는지?

이러한 견해를 가진 학자들은

1) 토머스 크로스비(Thomas Crosby)
   영국 침례교 역사(The History of the English Baptists)의 저자.

2) 오차아드(G. H. Orchard)
   외국 침례교 역사(A Concise History of Foreign Baptists)저자.

3) 크램프(J. M. Cramp)
   1868, 침례교 역사(A Baptist History : From the Foundation of
   the Christian Church to the Close of the Eighteenth Century)
   저자. 노바 스코티아의 아카디아 대학교수(Acadia College in
   Nova Scotia, 카나다).

4) 윌리암 케드카아트(William Cathcart)
   1881년 「침례교 백과사전」(the Baptist Encyclopaedia)의 편집인.

5) 존 크리스챤(John T. Christian)
   1922년에 두 권으로 된 (A History of the Baptists) 저술.
   뉴 올리언즈 침례교 신학교 교수.

6) 리챠드 쿠크, 데이빗 베네딕트, 토마스 알미테지, 알버트 뉴
   만, 월터 라우션부쉬.

이들은 신약교회의 표를 완강히 지키며 전자에서 말한 침례교의
신앙을 따라 사는 사람들로 사도시대의 초대 교회 - 터튤리안의 분
파 - 노바티안 - 도나터스, 파울리시안 - 보고밀 - 알비젼시스 -
왈덴시안 - 화란, 독일, 스위스와 영국의 재 침례교도들로 이어지
는 계승을 주장하고 있다.

3. 영국 재 침례교 후예 설

그러나 몇몇 침례교 학자들 중에는 영국 분리주의자 후예설을 침례교의 기원으로 보는 학자도 있다. 즉 "침례교의 기원을 1641년으로 잡아야 한다. 이 1641년은 런던의 사우드 워크에 있는 제이콥 교회(Jacob church at Southwark, London)에서 탈퇴하여 나온 소수의 영국 분리주의자들이 성서적인 침례 행습이 물속에 잠기는 것임을 확신함으로써 그들에 의하여 영국에서 침례(immersion)에 대한 혁신이 다시 일어난 해였다. "9)고 주장하나 이 일은 영국에서 일어난 지엽적인 사건에 불과하다고 할 수 있다. 이 역사적 기록은 정수영 목사가 번역한 '재 침례교도의 역사(Southwestern Baptist Theological Seminary 교회사 교수 William R. Estep 저, The Anabaptist Story)에 잘 기록되어 있어서 오늘날의 침례교회의 역사의 기록으로서 이것보다 더 확실한 기록은 없다.

그러나 역사는 기록에 의해서만 증명되는 것은 아니다. 존재로 증명하는 것이다. 하나님이 사람을 창조하셨다는 사실을 믿는다면 창조의 증명은 지금 내가 여기, 존재한다는 것이다. 창조 이후 지금까지의 역사를 알지 못하고 증명하지 못한다 할지라도 내가 곧 창조의 증거인 것이다.

필자의 예를 들어보면, 저는 우리나라 옛 왕국의 시조의 72세손이다. 족보에 세대를 기록한 것을 보았지만 불효막심하게도 100% 믿어지지 않는 부분이 있다. 다행히 중시조의 족보로부터는 거의 정확함을 유지했다. 중시조로부터는 미거(未擧)하기 짝이 없는 22세손이다. 오랜 세월 동안 기록과 유지에 충실하지 못해서 다소 불확실한 부분이 있어도 시조가 실존했다는 증명은 72세손인 필자가 있다는 것이다. 개천절 노래 한 구절이 문득 생각난다.

"우리가 나무라면 뿌리가 있고,
우리가 물이라면 새암이 있다"(새암/ 샘물의 옛 이름)

우리가 누구인가?
우리는 예수님 당신이 스스로 반석이 되셔서 그 위에 베드로같이 예수님을 구세주로 고백하는 사람들로 세운 교회, 우리도 같은 믿음, 같은 구원, 같은 침례를 받고 같은 소망을 가지고 이 세상을 사는 순례자들이다. 순례길 가는 동안 주님께서 친히 목자 되셔서 교회라는 우리(牛李)를 만드시고 우리들을 지키시고 인도하신다. 그 교회(the Church), 지금 우리가 섬기는 교회가 그 교회 아닌가?

---

9) 침례교회사. P. 23.

영국과 종교개혁시대에 일어난 재 침례 운동이 침례교회의 시작이라고 한다면, 주님께 받은 교회의 대 사명인 구령(Soul winning) 침례(Baptism) 양육(discipleship)을 받은 대로 감당해 오던 무리들은 누구란 말인가?

재 침례교도라는 용어는 초대교회의 성도들을 조롱하여 불렀던 그리스도인(Christian)이라는 말처럼 교회가 변질되어갈 때 완강하게 말씀대로 살던 그리스도인들에게 국가 권력과 합세한 교회가 정죄하기 위해 불렀던 또 다른 이름이었다.

교회사의 이른 시기 이미 재 침례 문제가 얼마나 교회를 시끄럽게 했는지, 가톨릭이 감당할 수 없는 세력으로 확장되고 있었는지 아는가? 로마가 법령으로 재 침례를 소탕하려 했겠는가? 왜, 재 침례가 생길 수밖에 없었는가? 침례의식을 구원의 조건으로 변질시키고, 유아침례를 도입했기 때문이 아닌가?

로마 법전에 명기된 재 침례

초기 교회사에 나타난 재 침례교도에 대해 알아본다.
380년 2월 27일 반포된 데오도시우스 1세의 칙령(The Edict of Thessalonica) 교회를 가톨릭(christianorum catholicorum)으로 칭하고 312년 선포한 밀라노 칙령에 이어 국교로 재 천명했다[10].

이후, 데오도시우스 1세의 손자 데오도시우스 2세가 집대성한 로마 법전(codex of theodosius)[11]을 반포하고 경국대전이 되었다.

로마 법전에 나타난 재 침례교도
(iterati baptismatis et Codex Theodosianus)

16장 (종교에 관하여)
   16: 1조 0항 가톨릭 교회를 국교로 정한다.
   16: 1조 1항 가톨릭 교회의 신앙
   16: 1조 2항 가톨릭 교회 외는 교회로 승인 받지 못하고 가톨릭 교회를 따르지 않은 이단자들은 황제의 명으로 처벌한다.
   16: 5조 2항 로마에서 시작된 노바티안(Novatian)에 대한 처벌.
   16: 6조 3항 재 침례 자들(edictum. Rebaptizantium)대한 조항.
   16: 6조 4항 4세기경 가톨릭 교회를 두렵게 했던 도나티스트(quos donatistas vocant/도나티스트라 불리는 사람들)의 재 침례(iterati baptismatis)와 재 침례를 행하는 이들은

---

10) Christianity the state religion of the Roman Empire
11) 429년 3월 26일 반포, 438년 2월 15일 출판된 로마 법전.

이단(haeresis)이며 가톨릭 교회에서 사형에 해당하는 분리주의자(schismatist)라는 죄목으로 처벌한다는 내용들이 있다.

로마 법전 16장 6조는 재 침례의 금지 법령과 처벌에 관한 조항으로 되어있다. 다시 정리해 보면

VI NE SANCTUM BAPTISMA ITERETUR
6조 재 침례의 금지령

VI. 1
Impp. Valentinianus et Valens aa. ad Iulianum[12] proconsulem Africae. Antistitem, qui sanctitatem baptismi illicita usurpatione
6조 1항 아프리카의 줄리안의 불법 침례에 대하여

VI. 2
alio rursus baptismate non purificant sed incestant, lavacri nomine polluentes. Eos igitur auctoritas tua erroribus miseris iubebit absistere ecclesiis quas contra fidem retinent, restitutis catholicae.
6조 2항 가톨릭에서 받은 세례 이외 재 침례(rursus baptismate)는
       불법, 가톨릭에 반하는 집회, 출판의 금지.

VI. 3
Impppp(세 황제) : Arcadius, Honorius et Theodosius aaa,
edictum. Rebaptizantium non patimur devios errores.
6조 3항 재 침례(Rebaptizantium)를 금지 한 공동 세 황제 칙령

율리우스 시저(Imperator Julius Caesar)가 시도하여 시작된 삼두 정치(Politica dei tricipiti)이후에 두 명의 황제가 자기의 통치영역을 둘로 나눈 뒤에 수하에 또 한 명의 통치자를 세워 통치하던 시대로 황제가 자기 영역에 세운 통치자를 황제(imperatore)와 구분해서 부제(Caesar)라 했는데, 어떤 기록에는 모두 황제라 불러서 혼란을 야기하기도 한다. 이들이 알력으로 반란과 제압하려는 전쟁이 가끔 있었다. 콘스탄틴 황제가 일으킨 전쟁이 바로 황제 간의 알력으로

---

12) 《Contra Iulianum》 율리아누스 반박: 어거스틴의 저술로 아프리카 지역 도나티안 감독인 율리아누스(Julianum)에 대한 반박

일으킨 전쟁이었다. 이 전쟁을 시작하면서 기독교 관용령(Edict of Milan)을 반포했다. (콘스탄틴 황제와 밀라노 칙령 난에서 설명을 추가하려 한다.)

노바티안에 이어 도나티스트들이 행하던 재 침례를 금지하기 위한 강력한 칙령이 반포되었다. 데오도시우스 황제와 가톨릭은 재 침례를 몇 가지 단어로 표현했는데,

16장 6조 제목에는 BAPTISMA ITERETUR(반복침례),
      6조 1항에는 baptismi illicita   (불법 침례),
      6조 2항에는 rursus baptismate (다시 침례)
      6조 3항에는 Rebaptizantium   (재 침례)로 최초의 재 침례라는 라틴어 단어가 법령에 표시되어 법률적으로 재 침례는 불법이며, 가톨릭 성례로는 무효임을 천명했다.

이때는 우리의 믿음의 선조들이신 도나티스트가 북아프리카 누미디아, 카르타고에서 시작되어 북아프리카뿐 아니라 가톨릭에 큰 위협을 느낄 만한 세력으로 확장되고 있었다.

왜 예루살렘에서 교회가 핍박을 받게 되었고, 죄목은 무엇인가?
"너희가 너희 교(didache/doctrine)를 예루살렘에 가득하게 하니"
왜 그렇게 국가 권력과 가톨릭이 재 침례파들을 잔멸하려 했을까?
더 자세하고 확실한 역사는 도나티스트 항목에서 서술하려 한다.

가톨릭이 구원의 과정으로 성례로 정한 유아세례와 세례를 주교들에게 받은 후에 예수님을 구세주로 믿어 구원 받은 성도들에게 성경에서 가르치는 대로 침례를 베푸는 신앙과 실천이 로마법에 의해 이단으로 정죄 되었다. 교회가 로마의 박해를 받던 시대에는 '그리스도인'이 사형에 해당하는 죄가 된 것처럼 교회와 국가가 결탁한 이후에는 최초로 재 침례(Rebaptizantium/Anabaptism)를 행하는 이들이 범죄자가 되는 시대가 시작된 것이다.
놀랄 일은 아니다.
이때는 가톨릭 교회(christianorum catholicorum)가 무력으로 무장하지 못해서 로마의 법률에 의해 국가와 함께 재 침례교도들을 핍박했지만 후에 교황제도가 확립되고 교권이 국가의 권력을 능가한 후에는 가톨릭이 직접 재 침례파를 이단으로 정죄하고 처참한 살육을 자행하는 역사가 가톨릭의 어두운 역사가 되었다.

사람들은 오해하더라도 우리는 오해하지 말아야 할 것이 있다. 가톨릭은 자신이 사도 베드로의 사도 권과 예수님께서 세우신 교회를 유일하게 계승했다고 주장하지만 침례교도들은 사도권은 계승되는 것이 아니라 사도들에게서 완료되었고, 예수님께서 세우신 교회는 성경에서 가르치는 진리를 그대로 믿고 순종하는 교회가 영적으로 계승된 것이라고 믿는다.

침례교회가 가톨릭의 교리의 이단성에 항변하는 것이 아니다. 성경이 가르치는 진리에서 스스럼없이 곁길로 가는 그들에게 동의할 수 없고, 그들과 함께 할 수 없고, 그들을 따를 수 없다고 주장하는 것이다. 침례교도들이 그렇게 할 수 있는 자유는 신앙 양심의 자유에 있고, 그들이 성경이 아닌 교황이 주도하는 종교회의에서 새로 만들어낸 교리에 대해 아니라고 말하다가 핍박과 죽임을 당했기 때문에 저항(Protestants)하는 것이다.
수없이 많은 그리스도인들이 다 아니라고 말하진 못했을 것이라고 생각한다. 핍박에 이기지 못하고 목숨의 위협이 두려워 눈물을 머금고 신앙을 버리거나 자신은 그리스도인이 아니라고 한 사람들이 얼마나 많았으랴….

필자의 이야기를 하나 해 보면 군대 입대할 때 나는 군 복무에 계산도 안 되는 날이 19일이나 있다. 전에는 입대해도 군번을 받아서 훈련을 시작하기 전에 수용연대라는 곳에서 신체검사 후, 군복으로 갈아입고 지급 받은 군 관물을 따블백에 넣고 보무도 당당하게 훈련소로 행진해 들어가면 자랑스러운 군 생활이 시작된다. 즉 군복무 1일이 되는 것이다.
그런데 필자는 징집영장에 친절하게도 직군(군 보직 표시)이 확정되어서 나왔다. '군종'이었다. 하나님께 감사드리고 발걸음도 가볍게 군에 입대했는데 이상하게도 수용연대에서 훈련소로 부르지 않고 8월의 무더위에 그냥 썩고 있었다. 한 주간, 두 주간….
수용연대 교회에는 대위 계급의 군목이 계셨다. 필자가 수용연대에서 썩고 있을 때, 무슨 일인지 군목이 부족해서 수용연대는 군종병이 예배를 인도했는데 내 평생에 군종이면서 그렇게 설교하기를 싫어하는 사람은 처음 봤다. 어디서 신상을 털었는지, 선량하게 생긴 군종 병이 나를 찾아와서 나를 보고 대뜸 '목사님'이란다. 나중에 알고 보니 자기가 군종 병이라고 한다면 나는 목사라도 지나친 호칭이 아니었다.

그날부터 연대 교회에서 주일, 수요예배 설교를 하면서 훈련소 입대를 기다리며 지내는데 어느 금요일, 그날도 훈련소 입대는 마감돼서 또 다음 월요일을 기대하며 하릴없이 멍하니 있는데 연대 방송으로 급히 사람을 찾았다.

"목사님, 목사님은 지금 바로 연대 교회로 와 주시기 바랍니다."
설마 나를 찾으랴 했지만 방송 목소리가 군종병 목소리라 올라가 봤더니 무슨 서류를 들고 반갑게 맞아 주었다.

내용인즉 직군이 같은 '장정'(수용연대에서 훈련 대기하는 반민, 반군인 자) 일개 소대는 돼야지 훈련에 투입하는데, 아직까지 군종 직군 받은 장정은 천주교 신부 출신 하나, 승복을 입고 다녀서 알고 있는 한 사람뿐이었단다. 특명이 내려왔는데 오늘 중으로 군종 직군으로 1개 소대를 편성해서 내일 중으로 훈련 투입하라는 것이었다. 어떻게 선발해야 할지 발등에 불이 떨어져 연대장 이하 모두 나만 쳐다보고 있었다. 즉시 연대 방송으로 필자가 방송을 했다.

"무더위에 훈련 투입을 기다리시는 장정 여러분, 다음에 해당되시는 분은 지금 즉시 연대 교회로 모이기 바랍니다. 불교 천주교는 성직자, 기독교는 신학대학 졸업생, 재학생, 주일학교 교사들."

30분도 되기 전에 약 200명의 장정이 모였다. 다행히 불교, 천주교는 두 명뿐이었고, 나머지는 기독교인들이었다. 나름 군대에서도 절대로 신앙을 지키겠다는 장정들이었다. 나와 담당 군목, 군종병은 심사에 심사를 거듭해서 가장 믿음이 좋다는 장정들로 36명을 선발하여 1개 소대를 편성했다. 다음날 오후에 입대 예배를 드리며 신앙을 잘 지키며 모범적인 군 생활을 하자는 다짐을 하고 보무도 당당하게 '정병 육성의 요람 제2훈련소' 25연대 5중대에 입소했다.

무더위가 절정인 8월 7일 토요일 훈련소의 첫날 밤에 무슨 일이 있었는지… 다음날 아침 필자가 중대본부에 가서 당직사관에게 신고를 하고, 중대본부 앞에서 전달 사항을 알렸다.

"주일 예배에 참석하기 원하는 훈련병은 중대본부 앞으로 집합!"
천주교 신부, 불교 승려를 제외하고 34명의 형제들이 뛰어나오며 반갑게 인사하리라 기대했는데… 슬픈 결론은 수차례 전달에도 나를 포함해서 예수님의 열두 제자들 중에 변화산에 동행한 제자들 숫자 만큼만 집합을 했다. 당직사관에게 부끄럽고, 하늘을 우러러 눈물이 났다. 세 명의 훈련병과 함께 훈련소 교회를 향하면서 만든 설교가 '외로운 십자가'였다.

결론은 아직 이르다.
하나님의 은혜로 그들이 다시 돌아와서 훈련 막바지에는 중대원

중에 90여 명이 교회를 같이 다녔다. 그때쯤 주일날에는 중대장님도 필자에게 "목사, 오늘은 군가 연습할 수 있나?"라고 물어보곤 하셨다.

박해와 위협 중에 신앙을 버린 그리스도인들을 변절자라고 돌을 던지지는 말자는 말씀이다. 그들 중에 한사람이라도 참 잘했다라고 할 사람이 있지 않았겠는가? 후에 회개하고 돌아온 사람도, 괴로워하며 고개 숙이고 부끄러운 마음을 감추고 살았을 사람들, 그들도 형제로 대해야 하지 않을까….

로마 법전에 처벌 대상이었던 노바티안과 도나티안, 우리의 자랑스러운 믿음의 선조들에 대해서 각론에서 좀 더 자세히 설명하려 한다. 영국 재 침례교회가 침례교회의 시작이라고 한다면 420년경 로마 법전이 이단으로 규정한 재 침례를 베풀던 이들은 누구인가, 침례교도들이 아니라고 부정할 수 있는가?
주님께서 온전한 교회를 세우시고 지키신다고 하셨으니 그 누구에겐가 계승되었기 때문에 내가 시작하지도 않은 그 교회를 오늘날에 접할 수 있지 않았는가?

대륙을 건너고 대양을 건너고, 시간이 흐르고 세대를 지나고 세기를 건너며, 예수님께서 전한 말씀을 직접 들은 사도들처럼 똑같은 말씀을 듣고, 그들처럼 똑같은 믿음으로 똑같은 구원을 받은 것이 성령의 온전한 보존이 아니라면 변화 많은 세상에서 교회의 계승이 가능할 수 있었으랴….

필자가 어느 날 그 복음을 듣고 구원 받은 그때의 감격이 샘물처럼 솟아나 내 인생을 오늘까지 적셔온다. 필자는 유교의 전통을 지키는 자부심으로 배고파도 자랑스러워하는 동네인 안동 도산서원 앞마을에서 태어났다. 학교에서 돌아오는 놀이터가 도산서원 마당이었다.
선친께서 일제 강점기에 징용으로 일본 어떤 탄광에서 8년이나 일하시다가 해방을 맞으셨다. 6.25 이후 한국에서는 광산 붐이 불었고, 마침 고향 분이 탄광 사업을 하면서 필자의 아버지도 기술자로 일하게 되었다. 그래서 필자는 강원도 영월의 한 탄광으로 주변이 800m 준령으로 쌓여 하늘이 손바닥만 한 동네로 이사를 했다. 높은 산에 둘러 막혀 해가 늦게 뜨는 동네라 어떤 글에는 해가 게으른 동네라고 하지만 실상 나는 800m 고지에 자리 잡은 동네에 살고 있어서 아침 해가 부지런한 동네에 살았다. 아침에 학교 갈 때 산 위에 서면 발아래 운해가 가득하고 운해 사이로 보이는 산봉우리들은 바다의 섬과 같았다.

광부가 자식을 낳으면 손자까지 검게 태어난다는 탄광촌에서 고맙게도 필자는 어느 목사님이 시작한 기독교 중학교를 다녔지만 믿음과는 전혀 관계가 없었다. 어느 여름날 학교에서 돌아오다가 극장도 있고, 우체국도 있는 탄광촌 마을 광장에 처음 보는 차량 한 대가 있었다. 차라고는 가끔 오는 마이크로 버스와 광업소 소장 지프차와 서무과장의 업무용 차량이 전부인 동네에 웬 미제차가…. 지금도 생생한 그 날의 기억이 사진처럼 남아 있다. 잘생긴 미국 남자 두 분과 그들의 아들 같은 두 백인 소년이 미제차를 타고 와서 주변을 두리번거리고 있었다.

그다음 날이 학교의 주간 예배 시간이었는데 그분들이 강사로 오셨다. 한 분이 설교를 하셨는데 호기심에 모처럼 예배에 참석했다가 들리지 않던 설교가 귀에 들어오게 되어 경청을 했다. 설교 내용은 '핍박자 사울이 다메섹 도상에서 어떻게 예수님을 믿고 하나님의 사도가 되었는가?'라는 시골 학생들에게는 대담한 도전이었다. 돌이켜보니 측량할 수 없는 성령의 역사였다. 사울이 회심하는 설교를 들으며 필자도 같이 회심하고, 나도 모르게 눈물을 흘리고 있었다. 그렇게 몰래 구원을 받았다.

친절하게도 설교자가 설교 후 질문을 받았다. 모두들 처음 보는 미국 사람들이라 말도 못하고 있는데, 웬 용기, 필자가 손을 번쩍 들었다. 그리고 나도 모르게 의외의 질문이 불쑥 튀어나왔다.

"선교사님 저도 사울처럼 예수님을 믿으면, 사울처럼 훌륭한 설교자가 될 수 있습니까?"

지금 생각해도 당돌하고 내가 말한 것 같지 않은 질문을 하고 말았다. 아차, 실수? 지금 생각하니 실수가 아니었고, 성령님께서 입에 주신대로 말해버린 것이었다. 돌아온 친절한 답변,

"물론, 학생은 더 훌륭한 설교자가 될 수 있습니다."

그 설교자는 몇 년 전에 한국 선교사로 오신 배수길(Jack Baskin) 목사님이셨고, 당시 통역은 김우생 전도사였다. 일행들은 나의 사역에 아버지와 목사가 되어 주신 라서다(F. C. Lasater) 목사님과 그분들의 두 아들 스티브 베스킨과 후에 한국 선교사로 수고하신 바비 라서다(Baby Lasater)였다. 1966년 9월의 어느 날이었다.

그날 그 예배에는 평생 친구와 동역자가 된 학교의 악동이었던 김현규 목사와 김창환 목사가 같이 있었다. 그들도 필자와 같이 가까운 경상도 고향 지역에서 살다가 강원도 탄광촌에 처박히듯 살았

지만 이 기간은 하나님의 부르심을 기다리는 과정이 아니었나 생각한다. 하나님의 신묘(神妙)하신 역사였다. 하나님께서 강원도 산골짜기 탄광촌에 살고 있던 어린 소년들을 찾아와 주신 것이었다. 경북 안동, 도산에 살던 한 소년이 강원도 첩첩산중에 숨겨지다시피 살고 있었는데 하나님은 이 소년들을 찾으러 누구를 보내셨는가?

대양을 건너서 한국에 오신 선교사님들이 어떻게 강원도 산 구석에 복음을 들고 왔을까? 필자는 그렇게 큰 하나님의 역사가 나를 위해 특별히 설계되었다고 믿는 자긍심이 있다.

이렇게 복음은 대양과 세기를 통해 계승되어왔고, 복음으로 거듭난 성도들에 의해 세워진 교회는 스스로 성령의 인큐베이터 안에서 자라며, 선교의 여정에서 만난 동일한 교회들이 있는 것을 보면서 '우리만 있는 것이 아니었구나!' 하고 스스로 놀라지 않았을까?

오래전에 유명한 브라질 아마존 밀림 지역에서 선교하셨던 벤 임피 (Van Impe) 선교사[13]의 선교 경험담이 지금도 생생하다. 밀림 지역을 찾아가 보면 다른 세계의 존재를 전혀 알지 못하는 부족이 이 세상에는 자기들만 있는 줄 알고 살고 있는데, 고립된 부족도 신기하게 속죄일에 마을에서 한 사람을 선별하여 마을 사람들이 회초리로 자기가 지은 죄를 대신해서 벌을 받아야 한다고 때리는 속죄에 대한 부족 종교를 가지고 있다는 보고를 들은 적이 있다.

많은 침례교회의 무리들이 그렇게 한 사람이 구원받고, 그의 전도를 받은 사람들로 교회를 이루고, 성경에 기록된 모범을 따라 신앙생활을 했다는 기록은 어쩌면 침례교회의 교회사라 할 수 있다. 타 교단 중심의 교회사학자들이 초대교회 – 천주교회 – 개신교를 교회 역사의 본류로 보는 교회 사관은 가톨릭의 역사를 하나님의 교회의 주류로 보는 사관이라 할 수 있다.

---

13) Jack Leo Van Impe(1931년 2월 9일 - 2020년 1월 18일)는 미국의 텔레비전 방송 설교자로 종말론적 논평인 주간 TV 시리즈 Jack Van Impe Presents로 유명하다. 그는 "Walking Bible"로 불렸다. 필자가 그분을 만났을 때 성경의 3,000구절 이상을 외우고 있다고 했다.

신약교회 신앙 계승설 New Testament Church Spiritual Kinship Theory	재 침례교 후예설 English Separatist descent
Apostolic Church ↓ Montanists(터키 중부) ↓ Novatian(로마) ↓ Donatian(북 아프리카) ↓ Paulician(아르메니아) ↓ Bogomilian(불가리아) ↓ Albigensian(프랑스 남부) ↓ Waldensian(프랑스 중부) Valdese ↓ Jan Huss & Moravian(체코) ↓ Nether land Ana-Baptist Menonite ↓ Swiss Ana-Baptist ↓ England Baptist ↓ American Baptists	Apostolic Church ↓ Primitive Church ↓ Roman Catholic ↓ ↓ ↓ ↓ ↓ ↓ ↓ ↓ ↓ ↓ ↓ Church of England ↓ ↓ General Particular Baptist Baptist (1609) (1638) ↓ American Baptist

이 도표는 이 책을 다 읽으신 후에 스스로 판단하시기 바랍니다.

제 1 장   초 대 교 회
(Primitive Church)

우리는 신약성경에서 예루살렘 교회와 그 후 안디옥 교회와 이방 교회가 여러 가지 면에서 약간의 차이가 있었던 것을 볼 수 있다. 예루살렘 교회는 모든 일을 전폐하고 모이고, 예배하고, 재산을 공유하고, 전도하는 그리스도인의 생활로 축제와 같았다. 그것은 아마 임박한 재림에 대한 믿음 때문에 장기적인 계획이 없었던 것 같다. 그러나 핍박 후 흩어진 무리들과 선교활동에 의해 세워진 교회들은 교회의 틀을 갖추고 조직이 되고 행정을 세워가는 것을 서신서에서 쉽게 볼 수 있다.

이런 중에 교회는 사도 시대부터 침투해 오는 유대교의 율법주의, 그리스 철학에서 파생된 영지주의, 로마의 향락적 사회에서 오는 세속주의의 부단한 타협의 위험 속에서도 신약성서가 가르치는 교훈을 따라 교회는 그 순수성을 지키며 예루살렘에서 시작하여, 사마리아(행 8:), 시리아(행 11:), 소아시아(행 13:), 그리스(행 16:), 로마 - 이집트로, 로마 군사의 진군보다 더 빠르게 전 세계에 뻗어나갔다. 그리하여 1세기가 다 가기도 전에 교회는 로마제국의 거의 모든 영토에 골고루 퍼져 힘차게 자라고 있었다.

We can see that there indeed were differences in the New Testament among the Jerusalem Church, and later Antioch Church, and other churches in different facets. The life in the Jerusalem Church was like that of a festival, where their Christian lives included laying behind everything to gather to worship, sharing their wealth, and evangelizing. This is probably because of an expectation that Christ would come back soon, thus, leading to a lack of a long-term, strategic plan. But we can see that those churches established by Christians in the diaspora and through evangelism after the initial persecution to the Jerusalem Church started setting up church frameworks and administrations in the epistles.

In the midst of the temptations coming from the Jewish legalism, Gnosticism of Greek philosophy, and the Roman secularism, the Church has kept the pure faith according to the New Testament. The Church began from Jerusalem, spread to Samaria (Acts 8), Syria (Acts 11), Asia Minor (Acts 13), Greece (Acts 16), Rome, and to most of all the territories of the empire by the end of 1st century, at a faster pace to that of marching Roman soldiers.

1. 초대교회의 발전

(1) 선교의 물결

기독교의 선교는 자의적인 경우도 있지만 하나님의 오묘한 섭리에 의해서 타의적으로 전개된 적도 있었고, 핍박과 수난을 통하여 전파된 적도 있었다. 마치 백합이 바람에 흔들릴 때 그 향기가 더 멀리 퍼지고, 호수에 돌이 던져져야 파문이 이는 것과 같다.

1) 제 1 물결

첫 번째 선교의 물결은 스데반의 순교로 시작된 핍박으로 교회가 흩어져서 복음을 전파하게 된 것이 최초의 선교의 물결이 되었다 (행8:). 사도행전에 초반부 기록은 초대교회가 시작되어 핍박으로 흩어지는 과정이 밀려가는 선교의 물결이 되었다.

2) 제 2 물결

제2의 선교의 물결은 바울에 의하여 거대한 파문을 일으켰다. 안디옥교회에서 파송의 절차로 선교 사역을 시작한 바나바와 바울의 1차 해외 선교로 시작된 선교의 물결은 아시아를 지나 보스포러스 해협(posphorus strait)을 건너 유럽으로 건너가 마케도니아와 그리스까지 건너갔고, 바울 사도가 로마로 건너갔고, 지금의 조지아 지역인 달마디아까지 퍼져갔다. 바울 사도는 로마 시민으로서 풍부한 지식과 뜨거운 열정을 가지고 당시 로마의 대로를 따라 모든 지역에 복음을 전파했다.

3) 제 3 물결

오순절에 행한 베드로의 설교가 의외의 선교의 물결을 일으킨 것을 볼 수 있다. 당시 많은 지역에서 모인 디아스포라들이 베드로의 설교를 듣고 각기 자기 동네로 돌아가 복음을 전하여 교회를 세운 것이다.

(2) 디아스포라가 선교에 끼친 간접 유익

"당시 팔레스타인 밖의 유대인 수는 약 5백만에 달했는데 기독교 선교에 이 흩어진 유대인들이 중요한 역할을 하였다. 바울을 비롯한 기독교 초기의 전도자들은 이르는 도시마다 이들 유대인 회당을 선교의 거점으로 활용하였다. 회당에 모이는 유대인이나 개종자, 경건한 이방인들이 복음의 이해를 훨씬 쉽게 하는 역할을 했다. 그들은 규칙적으로 예배를 드리고 있었고, 구약성서의 내용을 잘 알고 있었으며, 하나님 개념과 메시야 사상을 이해하였기 때문에 그들이 받아들이려고만 한다면 복음의 이해와 전파는 훨씬 쉬웠던 것이다."[14]

(3) 로마제국이 선교에 준 유익

1) 로마의 잘 닦여진 도로를 통하여 안전하고 편리하게 통행하며 복음을 전했다.

2) 그리하여 교회들이 대로(大路)상에 있던 도시에 차례로 세워진 것을 볼 수 있다. 즉, 계시록의 일곱 교회는 서로 연락되는 주요 도로상에 있었다.

3) 단일화폐 - 어디에 가든지 쉽게 통용되고 선교헌금의 자유로운 송금이 가능했다. 바울이 로마 감옥에 있을 때도 빌립보 교회에서 에바브로디도 편에 헌금을 보내고(빌4:8), 예루살렘에 기근이 있을 때 이방교회들이 헌금하여 보내기도 했다.

4) 통일된 언어 - 당시 로마제국이 다스리던 지역은 헬라어가 보편적으로 쓰이는 국제어가 되어 어디에 가든지 쉽게 의사 표현을 할 수가 있어서 복음전파에 언어장애가 없었다. 이러한 유익은 로마가 복음을 나르는 우체부의 우편 가방과 같이 쓰여 급속도로 퍼지게 했다.

(4) 초대교회의 수적 증가

우리는 신약성경에서 예루살렘 교회의 부흥과 로마의 거의 모든 도시에 복음이 전파된 괄목할 만한 성장을 볼 수 있다.

1) 예루살렘

당시 예루살렘의 인구는 여러 견해들이 있으나 당시 로마제국 전체 인구가 7,500만 정도였던 점을 들어 예루살렘 인구를 추측해 볼 수 있다. 윌리암 스미스(William Smith)는 요세푸스(Josephus)가 AD. 70년의 인구를 120만으로 추산하지만 대단히 과장된 것으로 기껏해야 6만, 7만이 넘지 아니하였으리라 생각했다.

---

14) 초기 기독교의 역사적 배경, P. 200.

타키투스(Tacitus)는 70년 예루살렘 인구를 약 60만으로 보았다. 마스터만(Masterman)[15]은 당시 인구를 약 25만으로 잡았다. 사도행전 6장이 예루살렘 교회의 절정이라고 보고 이때의 예루살렘 교회의 그리스도인은 25,000명쯤이라고 렌스키(Lenski)는 말한다.

"유대인 중 수만 명(μυριδες)"(행21:20)

렌스키는 스데반이 죽을 때 이미 25,000명의 그리스도인이 있었으니 바울이 마지막 예루살렘 방문 시에 수만 명의 그리스도인이 있었던 것은 놀라운 일이 아니라고 한다. 당시의 예루살렘 인구를 25만 명으로 본다면 25,000명은 10분의 1 즉, 10%에 해당된다.

그들로 인하여 예루살렘은 소란스러웠고 "너희 교를 예루살렘에 가득하게 하니"라고 소리쳤다. 그 복음은 사마리아와 그 주변에 전파되어 많은 도시가 그리스도께 돌아왔다.

2) 안디옥

시리아에서의 두 큰 교회는 다메섹과 안디옥이었다. 행 9장에서 다메섹에 있는 교회를 핍박하기 위해 올라가던 사울이 주님을 만나 거듭난 후에 안디옥교회에서 선교사로 파송되는 것은 주님의 역사가 빚어낸 오묘한 작품이 아닌가!

안디옥은 큰 도시로 로마제국에서 세 번째로 큰 도시였다. 렌스키와 헤스팅스(Hastings)에 의하면 50만의 인구를 가진 도시였다고 한다. 행11:19-21에 보면 핍박을 인하여 많은 그리스도인들이 베니게와 구브로와 안디옥에 갔다고 언급하고 있다.

행11:21에서는 "수다한 사람이 믿었다"고 했고,

행11:26절에서는 "바나바와 사울이 큰 무리를 가르쳤다"고 한 것을 볼 때, 안디옥 교회가 수적으로 큰 성장이 있었음을 보여주고 있다. 안디옥은 곧 기독교 세계의 제2의 도시가 되었으며 세계선교를 여는 중요한 교회가 되었다.

당시의 안디옥교회에 대한 클레멘트 서신의 기록에 의하면

"베드로가 안디옥에 있을 때, 1만 명이 넘는 사람이 7일 내로 침례(번역본에는 세례이나, 원문에는 '침례'[16]를

---

15) Masterman, Ernest William Gurney(1867-1943)

16) "more than ten thousand men were <u>baptized</u> within seven days and thereupon "Theophilus, who was more exalted than all the men of power in that city, with all eagerness of desire consecrated the great palace of

받았으며, 이어 그 도시의 권세 있는 자들보다 더 높은 지위에 있는 데오빌로가 간절한 소원을 가지고 교회의 이름으로 그의 큰 저택을 헌납하였다. 그리고 사도 베드로를 위해 의자를 그곳에 두고 온 무리가 그의 말을 들으려고 모였다."[17] 라는 기록을 볼 수 있다.

3) 로마

기본(Gibbon)의 추산으로는 당시 로마 인구는 120만 명이며, 호온(Horn)은 약 100만, 하스팅스(Hostings)는 200만 명은 되었으리라고 한다. 로마교회의 시작은 미상이지만 대략 그 시작을 다음과 같이 보고 있다. 즉, 오순절에 베드로의 설교를 듣고 신자가 된 로마에서 온 사람들이 돌아가서 세웠다는 설과 이주민, 여행자, 혹은 상인들이 세웠다는 설, 그러나 하르낙은 로마교회가 초기 사도시대에 무명의 선교사에 의해 세워졌다고 하나, 그 무명의 선교사란 당시의 상황으로 볼 때 복음을 들은 사람들이 로마로 돌아와서 교회를 세운 것이라 볼 수 있다.

필손과 라이트(Filson & Wright)의 "당시 로마교회는 대부분 유대인이었다."[18]는 말을 참조해 본다면 베드로의 오순절 설교를 듣고 곧바로 돌아간 디아스포라에 의해 세워진 것이라 할 수 있다. AD 49년경 글라우디오(Claudius AD 41-54) 황제가 로마에서 일어난 유대인들의 소동 때문에 유대인들을 로마로부터 일시 추방한 것이 아마 유대 그리스도인들과 유대인들 사이에서 있었음직한 회당 분규 사건이 그 이유 중 하나였을 수 있다. 유대인 아굴라와 브리스길라도 이때 로마로부터 고린도로 이주하게 되었다(행 18:2). AD. 55년경 고린도에서 바울이 로마에 보낸 편지에 기록하기를 "너희 믿음이 온 세상에 전파됨이라"(롬1:8)고 한 것을 볼 때 로마교회가 당시 상당히 성장해 있었음을 알 수 있다.

"로마교회는 로마제국의 수도에 위치해 있으면서 이미 황제의 권속을 회원으로 받아 스스로 세계의 수도의 교회로 생각하고, 확실

---

his house under the name of a church, and a chair was placed in it for the Apostle Peter by all the people; and the whole multitude assembled daily to hear the word." Finegan, Jack. Light from the Ancient Past. Princeton University Press, 1946.
17) 초대교회 100년 성장 사, P. 35.
18) 초대교회 100년 성장 사, P. 38.

히 여타 기독교 세계의 존경도 받았다."[19]라는 말과 바울이 로마 감옥에서 빌립보에 보낸 편지에서 "가이사집 사람 중 몇 명"(빌 4:22)의 문안을 전한 것은 로마 황제의 가족이나 친척 혹은 왕궁의 고관들이 이미 로마교회의 회원이었음을 암시한다.

"도미티아누스 황제(81-96)는 그의 통치 말기에 많은 로마 귀족들을 사형에 처하거나 추방할 것을 선언하였다. 처형된 자들 가운데 황제 자신의 사촌이자 콘술(집정관)이었던 플라비우스 클레멘스와 전직 콘술이었던 아킬리우스 글라브리오가 끼어 있었고, 플라비우스의 아내 도미틸라는 추방되었다. 이 세 사람이 그리스도인으로서 고난 받았음은 거의 확실하다."[20]

AD. 64년에 네로가 로마 대화재의 방화자로 그리스도인들을 지목하여 로마 사람들의 노기를 쉽게 호도할 수 있었던 것을 볼 때 당시 로마교회는 사람들에게 잘 알려질 만큼 상당한 교회로 자라 있었던 것을 보여준다. 네로의 박해 시 보여준 그리스도인들의 믿음과 용기로 당시 세계의 모든 그리스도인들에게 큰 모범이 되어 결국 모두 로마교회를 존중하게 되었고, 이러한 일련의 사건이 로마교회가 기독교 세계에 점점 그 위치를 잡아가는 계기가 되었다.

이그나티우스(Ignatius)는 AD. 115년 로마교회를 "로마인 지역의 가장 으뜸가는 교회이며, '사랑의 선도자'라고 불렀다"[21]. 로마의 클레멘트와 로마 역사가인 타키투스(Tacitus)는 네로의 박해 시 그리스도인의 수는 "큰 무리"(ingens multitutlo Christionorum)라고 했고 베텐손(Bettenson), 슐츠(Schultze) 등도 당시 로마교회를 "큰 무리"라고 증언하고 있다.

"대 로마제국 수도로서의 권위와 힘을 배경으로 한 로마교회는 네로 박해의 상처에도 불구하고 힘차게 발전하여 기원 100년경에는 기독교 세계에서 가장 큰 공동체로 성장하였다"[22]는 증언이 있다.

초대교회는 예루살렘, 안디옥, 로마를 중심으로 그 인근 지역에서 활화산 같은 열정으로 폭발적인 성장을 계속하고 있었으며 모든 성

---

19) 초대교회 100년 성장 사, P. 39
20) 기독교 대 백과사전, P. 23.
21) 초대교회 100년 성장 사, P. 39.
22) 초기 기독교의 역사적 배경, P. 202.

도들은 철저한 전도인의 삶을 살았던 것이다. 그리하여 AD 250년 경에는 혹독한 핍박과 모진 시련을 겪으면서도 당시 로마제국 전체의 인구가 7,500만일 때 전 인구의 최고 12%까지 되었다. 즉 850만여 명의 그리스도인들이 로마제국에 퍼져 있었다는 예상이다.

당시 그리스도인들의 피난처였던 로마에서 가까운 카타콤을 발굴한 결과, 당시 그리스도인들의 수를 대략 짐작할 수 있다. 로마에서 가까운 카타콤의 통로는 직선으로 가정하면 550마일이나 뻗어있고, 면적으로는 615에이커나 되는 엄청난 규모였다고 추정한다. 요셉 프리(Joseph Free)는 "카타콤에는 거의 2백만 개의 무덤이 있다"[23]고 추산한다. 이러한 계산을 통하여 당시 로마와 인근에만 40만에서 17만 5천 명의 그리스도인이 있었다는 사실을 보여준다. 로마 인구의 평균 5분의 1이 그리스도인이었다. 로마를 중심으로 한 지역에도 이미 여러 지역에 교회가 있었음을 보여주는 근거들이 있다.

행28:13-14 바울이 '보디올'에 상륙했는데 거기서 "형제들을 만났다"고 했다. 보디올은 오늘날 나폴리에서 가까운 부데올리라는 곳이다. 그곳에도 그리스도인들이 살고 있었다는 뜻이다. 뿐만 아니라 폼페이와 헤르클라네움 지역 발굴에서 두루마리와 AD. 79년의 연대가 새겨진 십자가가 발견되었다. 즉, 그 지역에도 그리스도인들이 있었다는 사실을 증명하는 것이다. 우리는 지도를 통해 당시 초대교회가 AD 100년 이전에 얼마나 넓은 지역에 퍼져 있었는가를 볼 수 있다.

AD. 100년경에 벌써 유대, 갈릴리, 사마리아, 다메섹, 안디옥, 길리기아, 본도, 갑바도기아, 비두니아, 소아시아, 마케도니아, 그리스, 로마, 갈리아, 이집트 등지로 퍼져 나갔다.

---

23) 초대교회 100년 성장사, P. 43.

2. 초대교회와 유대교와의 관계

유대교와 기독교는 가장 깊은 연관성을 가지고 있는데도 불구하고 양자 간은 조화되지 못한 것을 볼 수 있다. 성서적으로 말하면 유대교는 구약을 중심으로 하고, 기독교는 신약을 중심으로 한다면 상호 연계성이 유지되고 계승되어야 하는 것이 당연하다 할 것이다. 즉, 고치와 나방과 같은 관계라 할 수 있다. 이러함에도 불구하고 기독교의 초기 역사는 유대교의 핍박으로부터 그 시련이 시작되었다. 유대교가 기독교를 핍박한 것은 유대교가 이미 하나님의 말씀을 따르는 순수 구약 종교가 아니라 인본적인 요소로 변질되어 한낱 종교로 전락했기 때문이었다.

"예수시대의 유대교는 구약성서의 종교와는 판이한 형태로 발전되어 독특한 율법주의 종교가 되었다. 그들의 모든 관심은 율법을 힘써 성취하는 일에 집중되었는데 그 가운데는 성별된 율례의 체계와 장로들의 구전도 포함되어 있었다. 이와 같은 여건에서 율법을 해석하는 자들이 영향력을 갖게 되었고, 유대교는 내적 경건과 도덕적 진실을 상실한 형식주의적 종교가 되어있었다."[24]고 당시의 유대교를 평하는 글도 있다.

종교가 인위적으로 변질될 때 얼마나 무서운 결과를 가져오는가를 유대교가 기독교를 박해하는 데서 볼 수 있음에도 아이러니하게도 중세 천주교는 동일한 전철을 밟았다고 할 수 있다.

(1) 유대교와의 관계

초창기에 이방인들은 기독교를 유대교의 하나의 종파로 보았고 유대교의 한 개혁적인 종교라고 여겼다. 이 문제로 논쟁이 있었으나 행 15장에서 교회는 공식적으로 유대교에서 유래됐지만 유대 율법과 관습을 탈피한 새로운 교회로 유대교와의 분명한 차별성을 드러냄으로 유대교의 큰 반감을 사게 되었고, 결국은 유대교의 큰 박해를 받게 된 것이다.

초기 기독교는 유대교와 불가분의 관계적인 면을 가지고 있었다. 예수님께서는 물론 사도들도 성전예배를 계속했고, 유대교의 전통을 지키며 이를 어느 정도 병행하였다. 바울도 이방에 다니며 선

---

24) 초기 기독교의 역사적 배경, P. 186.

교 활동을 할 때 유대교 회당을 중심으로 전도 활동을 하며 유대교의 계율을 따랐다. 그것이 유대인을 전도하려는 의도에서 뿐만 아니라 그들이 유대교를 전면으로 거부할 수 없었던 것은 유대교와 기독교의 성서적 입장에서의 연계성을 인정하지 않을 수 없었기 때문이다. 심지어 유대 그리스도인들은 이방인들이 그리스도인이 된 후에는 할례를 받고 유대교 율법을 지키는 것을 당연하게 여겼다(행15:1).

구약성경의 규례들은 율법이기도 했지만 유대인들에게는 관습이고, 생활양식이었다. 아마 유대 그리스도인들이 유대인 총회에서 공식적으로 축출될 때까지 안식일과 주일을 병행했을 것으로 여겨진다. 바울 사도가 선교 여행을 마치고 마지막으로 예루살렘 교회를 방문했을 때, 예루살렘 교회 야고보와 장로들이 예루살렘 교회에 퍼진 바울 사도에 대한 소문, "이방에 있는 모든 유대인을 가르치되, 모세를 배반하고 아들들에게 할례를 하지 말고, 또 규례를 지키지 말라"(행21:21) 때문에 상당한 곤란에 처했던 것을 알 수 있다.
이방인들인 우리가 들을 때 거듭난 그리스도인이 율법에서 해방되었고, 더 이상 규례를 지킬 것이 아닌 새로운 계명을 따라 사는 것이 당연한 것이지만 유대 그리스도인들은 아직 거기까지 이르지 못한 듯했다. 초대 유대 그리스도인들은 여전히 성전예배와 주일예배를 병행하며 신앙생활을 했다는 사실을 염두에 두고 유대 그리스도인들의 생활을 이해해야 한다.

(2) 박해의 시작

AD. 32-33년 스데반의 순교 사건은 유대교가 기독교를 박해한 공식 기록이다. 이 일로 예루살렘 교회 성도들은 대부분이 유대와 사마리아 지역으로 흩어지는 결과를 가져오게 되었다(행 8:1). "순교의 피는 '씨'다"라고 외친 터툴리안의 말과 같이 스데반의 순교의 피는 씨가 되어 오히려 인근 지역으로 복음이 확산되는 결과를 가져옴으로 '1차 박해 = 1차 선교'라는 공식이 세워졌다.

AD. 41년 헤롯 아그립바 1세(Herod Agrippa I)는 통치권을 물려받고 유대인의 호감을 사려고 AD 42-43 베드로와 야고보를 잡아서 야고보를 칼로 죽였다. AD. 62-63년경 로마 총독의 공백 기간에 안나스 제사장 가문의 마지막 제사장인 대제사장 안나스(Ananus)가 예루살렘 교회 지도자인 예수님의 형제 야고보를 살해하고 다른 그리스도인들도 유죄 판결하여 죽였다. "그 후 예루살렘 교회는 예수님의 사촌 시므온에 의해 지도되었다"[25] 이외에도 우리는 사도행전에서 유대인들이 사도 바울이 가는 곳마다 따라다니며 복음전파를 방해하고 무리를 선동한 것을 본다(행14:19, 17:13, 18:12).

(3) 예루살렘 멸망이 가져온 영향

AD. 70년에 있었던 예루살렘 멸망은 유대뿐만 아니라 초대 기독교에도 큰 영향을 미쳤다. AD. 60년 초기부터 유대인들 중 특히 열심당이 중심이 되어 로마제국에 대항하여 반란을 도모했다. 유대 그리스도인들은 이와 같은 거족적 반란에 대하여 가담하든지 안 하든지 양자택일을 할 수밖에 없었다. 결국 그리스도인들은 무력을 동원한 반란을 반대하는 사람들 편에 서게 되었다. 그리스도인들은 무력항쟁에 동의할 수 없었고, 결국 AD 66년 요단강 건너 Pella라는 이방 도시로 이주하여 예루살렘 멸망 뒤까지 머물러 있었다. 이 일로 유대 그리스도인들은 동족으로부터 진정한 유대인으로 대접받지 못했고, AD. 84년 팔레스타인의 유대 지도자들은 그리스도인은 유대인이라 할지라도 유대인 총회와 회당 참여를 금했다.

1) 기독교가 이방 종교화되었다.

기독교는 구약에 뿌리를 둔 교회로 유대인 출신의 구세주, 유대인 출신의 사도들, 유대인에 의해 기록된 성서(신약)도 다 이방인의 것이 되고 말았고, 기독교도 유대교에서 볼 때 한낱 이방 종교에 불과하게 되어 유대인 전도가 더욱 어렵게 되어 오늘에 이르게 되었다. 이 사건 후에 유대인들은 회당예배의 기도문에 기독교에 대한 저주를 삽입했다[26].

AD. 132년 시몬 바르 코크바(Bar kokhba/별의 아들)의 반란[27] 때도 유대 그리스도인들은 동참하지 않으므로 유대인들의 증오와 박해를 받았다. 하드리안(Hadrian) 황제가 예루살렘을 로마 도시로

---

25) 초기 기독교의 역사적 배경, P. 193.
26) ibid, P. 192 "나사렛 사람들과 이단들은 한 순간에 멸망 받게 하시고 생명책에서 그들을 지워버리시고 의인들과 함께 그들의 이름이 기록 되지 않게 하소서"
27) 132-135년 로마에 대항한 이스라엘의 최후의 전쟁으로 패하여 58만 명의 유대인이 죽고 진멸되어 유대 독립까지 팔레스타인의 땅이 되었다.

재건했을 때[28] 예루살렘에 교회가 재건되고 이방인이 예루살렘 교회의 새 감독이 되었다. 그 후 기독교는 유대교와 완전히 단절하게 되었다.

2) 기독교 중심이 예루살렘 교회에서 이방 교회로 옮기게 되었다.

기독교가 반란을 피하여 예루살렘에서 거주지를 옮길 때 기독교의 가시적 중심이요, 단합의 상징으로서 예루살렘 교회의 종말을 고한 것이다. 예루살렘 교회는 선교의 중심지였으며, 모든 이방인 교회의 모체이며 영적으로 지도력을 가지고 있었다. 그러므로 바울은 예루살렘 교회가 기근으로 곤핍할 때 이방교회는 마땅히 돕도록 권고 했다. 이는 영적인 도움을 받은 자는 육신적 필요로 공급하라는 원리에 따른 것이었다(행15:25-27).

그러나 유대 반란 사건 이후 예루살렘 교회는 영향력을 상실하고, 기독교 중심교회는 안디옥, 로마로 옮겼으며, 곧 알렉산드리아, 카르타고 등지의 지중해 연안에 유대교와 상관없이 초 민족적 세계선교를 지향하는 교회로 발전하게 되었다.

이 모든 일들은 하나님의 세계선교를 위한 섭리로 보아야 할 것이다. 회고(懷古)적이고, 보수적이고, 배타적인 유대인 중심의 교회가 세계선교에 얼마나 능동적일 수 있었겠는가?

---

28) 초기 기독교의 역사적 배경, PP. 234-235

3. 회당예배와 초대교회의 예배

본서에서는 초대교회의 교리, 행정 등은 다루지 않고, 예배와 생활을 간략하게 다루고자 한다. 당시의 예배의 모습은 신약성서에 나타난 것 외에는 별로 근거를 찾기가 힘들다.

행 2장에서 말씀한 대로 그들은 모이기를 힘쓰고, 떡을 떼며, 말씀을 듣고, 찬미하고, 기도하기를 힘쓰며, 어디에 있든지 전도하기를 힘썼다.

그들은 안식 후 첫날에 모였다고 여러 곳에서 나타났는데(행 20:7), 이것은 초기 예루살렘 교회는 대부분 유대인 그리스도인이었기 때문에 유대교와 병행하여 안식일에는 성전예배도 계속하며 유대교 전통을 따라 생활을 했고, 그리스도인으로서 예수님이 부활하신 날을 기념하여 안식 후 첫날 모여 그리스도인의 삶을 살았기 때문이다. 바울 사도 역시 빌립보에서 안식일에 기도하기 위해 강가에 나가다가 루디아 일행을 만나기도 했다. 초기 예루살렘 중심의 유대 그리스도인들의 특별한 형편을 이해하며 대해야 한다.

그리스도인들 중에 안식일을 고수해야 한다는 이들이 주일은 로마 태양의 제일(祭日, 태양신에게 제사하는 날/sunday)에 예배한다고 비난하지만 태양의 제일은 로마에서 정한 날이다. 하지만 그리스도인들은 로마를 알기도 전에 안식 후 첫날, 즉 예수께서 부활하신 날을 기념하여 모여 예배하며 교제했기 때문에 그리스도인들이 로마의 태양 제일(Sunday)에 예배한다는 말은 그리스도인들의 예배의 기원에 대해 알지 못한 비난으로 실로 유감이다.

초대교회(예루살렘 교회)의 예배의 형태는 예배 후 교제 중심에서 교육 중심으로 변했다. 예루살렘 교회는 교제 중심으로 볼 수 있으나 안디옥 교회는 바울과 바나바가 일 년간 큰 무리를 가르친 것을 볼 때 상당한 교육이 있었던 것이라 할 수 있겠다. 물론 구약성서에 상당한 지식을 가지고 있던 대부분의 유대인으로 구성된 예루살렘 교회와 성경에 대해 특별한 지식이 없는 이방인들로 구성된 안디옥 교회와는 상황의 차이를 인정해야 할 것이다.

전도 활동도 지역 전도에서 세계선교로 발전하게 되었다. 예루살렘 교회는 교회의 큰 사명인 세계선교를 생각하지 못했고, 선교를 위해 이방지역으로 나가는 것은 선민의식이 남아있는 당시 유대 그리스도인들에게는 어려운 일이었다.

베드로가 욥바에 있던 백부장에게 가는 것도 주님의 특별한 계시를 통하여 고무를 받은 뒤에 간 것을 볼 때 당시의 유대인 그리스도인이 이방인에게 접근하기가 어려웠던 형편을 알 수 있다. 그래서 스데반의 순교의 일로 흩어진 무리들은 유대인들이 많이 거주하는 지역에 유대인 전도를 목적으로 나갔다. 흩어진 무리들 중에 이방인들에게 전도를 시도한 이들도 실상 헬라파 유대인들이라고 하는 학자들도 있다.

초대교회 예배와 생활에 대하여는 최초의 신약교회 신앙을 지키려고 정통교회에서 분리한 터툴리안의 변증서에서 좀 더 자세한 것을 알 수 있다. 초대교회 예배는 하나님의 섭리 가운데 선교와 예배를 용이하게 한 회당예배와 제도가 큰 도움이 되었고, 큰 영향을 끼쳤다.

회당은 초기 사도들의 선교 활동의 근거지로 활용되었다. 예루살렘 멸망과 AD. 132년 바르 코크바(Bar kokhba)의 반란에 유대 그리스도인들이 동참하지 않으므로 완전히 유대인의 총회에서 축출되기 전까지는 회당예배와 성전예배를 겸하였다(행2:46, 5:42, 9:20 ; 눅24:53 ; 행13:5, 14:1, 17:10, 17, 18:4, 19).

회당과 교회(Synagogue and Ecclesia)

회당은 성전과 교회, 구약과 신약의 고리 역할을 하도록 하신 하나님의 역사로 볼 수 있다. 즉, 회당예배를 하면서 성전을 바라보는 유대인들에게 회당예배를 하면서 교회를 접할 때의 충격을 최소화하는 충격 완화 과정이라 할 수 있다. Philip Schaff는 바벨론 포로시대부터 회당예배가 있었다고 추정했다.[29] 회당에 관한 역사는 디아스포라(διασπρα)와 관계가 있는바 교회를 세우고 세계선교를 위하여 역사하신 하나님의 오묘하신 섭리로 볼 때 하나님의 완전하심을 찬양하지 않을 수 없다.

(1) 회당예배

회당예배는 디아스포라들에 의해 성전예배가 불가능한 상황에서 지역에 세워진 유대인들의 종교와 교육의 중심으로 조직되고 유지

---

29) The synagogue, It date probably from the age of the captivity and Azra. It was the local centre of the religious and social iife of the Jews, as the Temple of Jerusalem was the centre of their national life. It was school as well as a church, and nursery and guardian of all that is peculiar in this peculiar people.

되었던 기관이었다. 회당장이라는 관리인이 있었고, 안식일에는 성경 강론과 예배가 있었으나 히브리어 성경을 읽을 수 있는 랍비가 상주하지 않았기 때문에 바울 사도는 당연히 랍비 자격으로 회당에 가면 성경을 강론할 수 있었기 때문에 성경에서 예수는 그리스도라고 전파할 수 있었다. 물론 청중들은 당황하기도 하고, 받아드리기도 하고 배척을 받기도 했지만 성전예배와 교회 예배의 중간 과정이 되었다고 할 수 있다.

　회당예배에는 네 가지 중요한 요소가 있었다.
　　① 성경 봉독
　　② 시편 낭송
　　③ 기도
　　④ 강론
　이와 같은 예배의 요소들이 초대 유대 기독교 예배에 도입되었으며, 회당을 근거로 시작된 거의 모든 지역에서 유사한 형태의 예배가 드려졌다.

(2) 회당예배와 차이

　초기에는 회당에서 예배를 함께 드릴 수 있었으나 곧 양자는 함께 할 수 없는 요소들을 가지고 있음을 발견하게 되었는데 즉, 성전예배(회당예배 포함)가 하나님의 거룩하심과 메시아의 오심을 기다리는 예배라면, 기독교 예배는 나사렛 예수가 육신을 입고 오신 메시아이시며, 그의 죽으심과 부활을 통하여 구원의 계획이 완성되었기 때문에 그를 경배하고 찬양하는 예배였다.
　결정적 관심사는 예수 그리스도를 하나님의 아들이시요 인간의 유일한 구세주로 인식하는 것이었다. 그리스도인들도 구약성경을 사용하였으나 그들은 나사렛 예수께서 구약에서 제시하신 메시아라는 사실과 그가 그 성경의 많은 말씀과 초월적인 의미를 이루셨다는 것을 알았다. 초대교회 예배가 유대인의 회당예배와 더불어 계속 되었지만 신앙 때문에 계속 함께할 수는 없었던 것이었다. 최초의 분리주의자는 에베소에서 회당에서 분란을 더 이상 원치 않고 따로 나와 두란노 서원에서 모이기 시작한 바울 사도인가?

(3) 초대교회의 예배

　유대 그리스도인들은 상당 기간 성전이나 회당에서 예배를 드

렸으며, 유대인으로서 규례들을 지키고 있었다.

그러나 기독교 예배의 특징이라 할 수 있는 주의 만찬을 위해서 그들은 또 다른 날 모였는데 그 날이 바로 안식 후 첫날이었다.

회당(synagoga)과 교회(Ecclesia)

안식 후 첫날 모인 모임의 유래는 분명하지 않으나 가장 초기부터 그리스도인들은 안식 후 첫날에 모인 것은 예수 그리스도의 부활하신 날을 기념한 것이며, 예수께서 부활하신 후 그들에게 나타내신 날도 주로 안식 후 첫날이었기 때문에 자연스럽게 제자들이 안식 후 첫날에 모였던 것이지 로마의 태양의 날과는 상관이 없었다. 로마인들의 일요일(Sunday/ 태양의 祭日)과 같은 날이지만 그리스도인은 예수님이 부활하신 날이다. 일요일(Sunday)이라는 단어보다 주일(Lord's day)이라는 단어를 쓰시기를 권장한다.

위 그림에서 두루마리를 든 사람은 회당을 상징하고, 책을 펴든 사람은 교회를 상징한다. 두루마리를 든 사람이 질문하면 책을 펴든 사람이 설명해 주는 상이다. 또 다른 상에는 회당을 상징하는 여인은 눈을 가리고 있고, 교회를 상징하는 여인은 그를 인도하는 모양을 하고 있다.

회당은 유대 역사에서 필연적으로 나타난 성전과 교회의 중간 현상이었다. 세계 각처에 있던 회당은 오히려 기독교 선교의 거점이 되었고, 유대인이었던 사도들이 선교 여행 중 당연히 동참했고, 바울 사도 같이 히브리어 원전을 읽을 수 있는 랍비는 회당에서 설교할 수 있는 자격을 백분 활용해서 구약성경에서 오시리라고 한 메시아가 바로 나사렛 예수라고 전할 수 있었던 것이다.

초대교회의 예배에 대한 기록 몇 가지를 살펴보자.

1) 순교자 저스틴(Justin Martyr)의 기록

"태양의 날(주일)에 도시에 사는 사람들이나 시골에 사는 사람들이 한곳에 모여서 사도들의 실록이나 선지자들의 기록을 시간이 허락되는 한도 안에서 낭독하였다. 그리고 읽는 자가 읽기를 끝내면 사회자가 구구절절이 가르치고 인용된 좋은 모범을 본받으라고 격려하였다.

그 후에 모두 일어나 기도를 드렸다. 마지막으로 기도가 끝나자 떡과 포도즙과 물을 들여와서 사회자가 기도와 감사를 있는 힘을 다하여 드렸다. 사람들은 아멘이라고 화답하고, 떡과 즙을 분배를 하는데 축복된 요소의 각자의 몫을 나누고 출석하지 아니한 교인들에게는 집사의 봉사에 의하여 보내어졌다."

2) 가이우스 폴리니(Gaius Plini)의 증언

폴리니는 비두니아의 총독(AD. 111-113)으로 그가 그리스도인의 예배에 대하여 조사하여 당시의 황제였던 트라얀(Trajan)[30]에게 보낸 보고서를 통해 그 당시의 사회적인 평가를 볼 수 있다.

"그들의 잘못, 혹은 오류의 본질은 그들이 어느 일정한 날 날이 밝기 전에 모여서 그리스도라는 신에게 응답의 찬양을 낭송하는 습관을 가지고 있다는 데 있습니다."

"어떠한 범죄도 저지르지 않고 절도나 강도, 간음 등을 삼가하겠다고 서약함으로 굳게 결속되어 있어서 자신들의 약속을 어기거나 기부금을 요청받을 때 거절하는 일이 없습니다."

"이 일을 행할 때 그들은 헤어졌다가 식사를 위하여 다시 모이는 습관을 가지고 있지만 통상적인 일이어서 해롭지는 않습니다. 그들은 당신의 명령을 따라 집단 형성을 금한 나의 포고가 발표된 이래로 그러한 일조차도 그만두었다고 말했습니다."

---

30) 로마의 오현제(다섯 명군), 그가 내린 법령 "그리스도인이 아니면 아무리 극악한 범죄자라 할지라도 극형을 받지 않는다." 당시에는 사형은 오직 그리스도인이라는 죄목에만 해당되었다.

폴리니는 그리스도인들을 심문하는 과정에서 그리스도인들의 죄가 죽을 만한 죄가 아니라는 것을 간파하고, 인도적으로 몇 번의 기회를 주면서 회유했지만 심지어 자신의 하인들까지도 죽음의 길을 가는 것을 보고 황제에게 다시 질문했다. "그들이 단지 미친 믿음을 가진 자들인데 죽여야 합니까?"

당시 로마는 모든 민족의 종교를 인정하는 '팍스 로마나(Pax Romana) 시대였는데, 그리스도인만은 사형에 해당하는 죄라니….

3) 디다케 (9장-10장)

"성찬식 때에는 다음과 같이 감사하라.

첫째로 잔에 관해서는 :

"우리의 아버지시여, 당신의 종 다윗의 거룩한 포도주를 인하여 감사하나이다. 당신은 그것을 당신의 종 예수를 통하여 우리에게 알게 하셨나이다. 당신께 영원토록 영광이 있을지어다."

그다음에 떼어낸 떡에 관해서는:

"우리의 아버지시여, 당신의 종 예수를 통하여 우리에게 알게 하신 생명과 지식을 인하여 감사하나이다. 이 떼어 낸 빵이 곳곳에 흩어졌다가 다시 모였을 때는 하나가 되었듯이 당신의 교회도 지구상 구석구석으로 부터 모여서 당신의 왕국을 이루게 하소서. 예수 그리스도를 통한 영광과 권세가 영원토록 당신 것입니다."

잔과 떡을 취한 후에는 다음과 같이 감사하라:

"오 거룩하신 아버지여, 당신이 우리 마음속에 심어주신 당신의 거룩한 이름을 인하여, 그리고 당신의 종 예수를 통하여 당신이 우리에게 알게 하신 지식과 믿음과 영생을 인하여 당신께 감사하나이다. 당신께 영원토록 영광이 있을지어다."

"오, 주여, 당신의 교회를 기억하소서. 당신의 교회를 모든 악으로부터 건지시고 당신의 사랑으로 완전케 하시며, 성결케 된 당신의 교회를 사방으로부터 불러모아 당신께서 예비하신 당신의 왕국에 이르게 하소서."

"권세와 영광이 영원토록 당신 것이기 때문입니다."

"은혜가 임하며 이 세상은 지나가게 하소서."

"다윗의 하나님께 호산나!"

"아무든지 거룩하거든 계속 나아가게 하고 거룩하지 못 하거든 회개하게 하라. 마라나타(Maranatha)!"

"아멘."

(4) 초대교회 예배의 특징

초대교회의 예배에 관한 극히 단편적인 것들을 살펴볼 때 초대교회 예배의 특징은 다음과 같았음을 알 수 있다. 초대교회는 회당예배와 비슷한 면이 있었다. 혹자는 교회가 회당예배를 모방했다고 말하기도 하지만, 전술(前述)한 것처럼 하나님께서 성전예배와 교회예배를 위해 회당이라는 고리를 만드셨다는 하나님의 점진적인 역사의 관점에서 보시면 좋겠다.

① 주의 만찬(Lord's supper) : 주의 만찬은 초기에는 애찬과 겸하였으나 애찬의 폐단이 고린도 교회에서 심각하게 대두됨으로 차차 폐지되고 주의 만찬의 본 모습을 찾게 된 것 같다.

② 설교 : 초대교회의 예배의 중심은 사도들의 교훈을 듣는 것이었다. 말씀으로 경계하고 경책하고 권하는 설교가 예배의 중요한 부분이 되었다.

③ 친교 : 초대교회는 유무상통(有無相通)하여 가진 자는 못 가진 형제의 필요를 돌보며, 애찬을 나눌 때도 먼저 나누어 모두 기쁨으로 음식을 먹으며 친교 했다. 서로 나누는 것은 진정한 친교의 참모습이라고 할 수 있다. 오늘날 많은 사람이 예배를 손상시키는 것은 다른 신자들과 진정한 친교의 결핍이다. 특별히 전혀 모르는 사람들 사이에 앉아 예배하는 큰 교회에 이것이 결핍되기 쉽다.

④ 기도 : 딤전2:1에서는 교회 집회에 있어서 기도를 예배의 중요한 부분으로 말하고 있다.

⑤ 찬송 : 초대교회 예배에서 찬송은 성도들이 하나님께 드리는 거룩한 봉헌이었다(엡5:19, 골3:16, 고전14:26). 구약 성전예배는 찬송하는 전문직이 있었으나 교회 예배는 감사와 은총에 대한 찬송이

도입되었다. 아마, 초기 유대 그리스도인의 찬송은 시편을 낭송하는 것으로 찬송을 대신했을 수 있으나 곧 신앙의 고백으로 드리는 신령한 노래들이 불려졌을 것이다. 찬송은 구원받은 성도들의 자연적인 발로인 것은 우리 구원받은 성도들이 증인들일 것이다.

⑥ 헌금 : 기독교 예배의 특징은 자의적으로 드리는 헌금이었다. 각자는 이득을 얻은 대로 저축하였다가 매주 첫날에 능력껏 기쁨으로 즐겨 드리도록 가르치고 있다. 헌금에 대한 구체적인 가르침은 성경에 있다(고전 16:1-2). 사도행전 5장에서는 잘못된 헌금의 실례를 보여주기도 한다.

초대교회의 예배를 요약한 기록은 저스틴(Justin)의 글에서도 볼 수 있다.

① 성서 읽기 : 일요일이라고 불리는 날에 우리는 도시나 그 교외에 사는 모든 사람들이 모이는 일반 집회를 가지고, 시간이 있는 한 사도들의 언행록과 예언서를 읽었다.

② 사회자의 권고 설교 : 다음에 그 읽는 사람이 다 읽었을 때 집회의 사회자는 말로 훈계하고, 그와 같은 덕행을 본받도록 모든 사람들을 권고한다.

③ 기도 : 다음에 우리는 다 같이 일어서서 기도를 드린다. 그리고 우리가 앞서 말했듯이 우리의 기도가 끝난 뒤에 떡과 포도주와 물이 등장한다.

④ 회중의 감사와 아멘 : 이와 같이 사회하는 사람은 최선을 다하여 기도와 감사를 드리고 회중은 "아멘"으로써 그들의 동의를 표한다.

⑤ 떡과 포도즙의 분배 : 성찬의 음식을 나누어서 참석한 사람들이 다 먹고 마시고 불참한 사람들에게는 집사들이 가져다준다.

⑥ 가난한 사람들을 위한 헌납 : 부한 사람들은 자기가 원하는 대로 무엇이나 헌납하고 그 헌납은 사회자의 관리 아래에 둔다. 사회자는 이것으로써 고아와 미망인 그리고 질병과 그 밖의 어떤 이

유 때문에 도움이 필요한 사람들과 나그네를 돕는다. 요약하여 말하면 그는 도움이 필요한 모든 사람들을 보살핀다.

초대교회 예배는 전술한 바와 같은 특징을 예배의 내용에 포함하고 있으나 고정된 형식은 아니었다. 개 교회마다 비슷했으나 일치하지는 않았다. 즉, 성령의 인도하심을 철저히 의지했고, 예배는 인도자와 회중이 함께 드리는 공동체적인 행사였다.

제 2 장 박해의 시작
(The Beginning of Persecution)

"무릇 그리스도 예수 안에서
경건하게 살고자 하는 사람은
핍박을 받으리라."
(디모데후서 3:12)

이 말씀은 모든 그리스도인이 핍박을 받는다는 말씀이 아니라, 경건하게 살고자 하는 그리스도인이 핍박을 받는다는 말씀이라고 해석된다. 우리의 시대, 우리의 사회가 과연 말씀을 따라 경건하게 살고자 할 때 핍박이 없을까?

기독교 역사는 박해와 수난을 극복하는 '피의 역사'요 그 길은 '피 흘림의 발자취'였다. '순교자의 피는 복음의 씨'라는 확신 속에 담대하게 나서는 순교와 핍박의 역사는 또한 복음 전파와 확장의 역사였다. (본문 중에서)

"In fact,
everyone who wants to live a godly life in Christ Jesus
will be persecuted."
- 2 Timothy 3:12 -

This passage is not saying that every Christian will be persecuted, but it rather means that those who try to live godly lives will be persecuted. Can we surely say that there will be no persecutions when this current generation, this current society try to live godly lives according to God's word?

The Christian history has been a history of blood and its way was the trail of blood, through persecutions and oppressions. Our Christian history was that of spreading the gospel against the persecutions and martyrdom, believing in the phrase, "the blood of a martyr is the seed of the gospel." - excerpt from this book

박해는 공중의 권세 잡은 자가 주관하는 세상에서 하나님의 뜻대로 살려는 이들에게는 필연적으로 만나는 것이다. 이러한 상황은 시대와 환경에 관계없이 계속되는 것이다. 이 시대, 우리가 사는 자유 민주주의 사회에서 그리스도인이 신앙 때문에 부당한 핍박을 당하지는 않는다. 지금은 누구도 우리의 신앙 때문에 생명을 요구하지 않으며, 권리를 몰수당하지는 않는다. 그렇다면 이 시대는 핍박이 사라진 완전한 그리스도의 승리의 시대이며, 그리스도인들의 세상이란 말인가?

그러나 이 말씀을 음미해 보자.

"무릇 그리스도 예수 안에서 경건하게 살고자 하는 사람은 핍박을 받으리라"(딤후 3:12).

이 말씀은 모든 그리스도인이 핍박을 받는다는 말씀이 아니라, 경건하게 살고자 하는 그리스도인이 핍박을 받는다는 말씀이라고 해석된다. 우리의 시대, 우리의 사회가 과연 말씀을 따라 경건하게 살고자 할 때 핍박이 없을까? 기독교회사는 핍박과 수난의 역사이며 '피의 역사'요 '피 흘림의 발자취'였다. '피는 씨'라는 처절하기까지 한 순교와 핍박의 역사는 또한 성장과 확장을 계속해 왔다.

수난의 역사를 통하여 우리에게 주어진 것 두 가지 확실한 결과가 있다. 첫째, 핍박과 압제에 눌리는 듯했으나 흘러내린 빗물이 지하수가 되어 온 땅에 흐르는 것과 같이 복음의 확장이 지속적으로 계속되었다는 것과 둘째로, 핍박을 통하여 성도들의 신앙이 정결하게 연단되었다는 것이다.

핍박의 역사는 끝이 없다!

마치 태양이 이 지구상에서 지지 않는 것과 같다.

핍박자도 역사 속에서 다양하게 나타난다. 친구가, 가족이, 같은 민족이, 같은 그리스도인이라는 사람들이, 이교도가, 세상 정부가…

초기 기독교의 박해는 사실, 같은 믿음의 유대교의 박해였다. 하나님께서 그만큼 자세하고 구체적으로 구약에서 약속하신 '메시아'에 대해 말씀하셨고 오시면 영접하라 하셨는데….

다음은 타 종교의 핍박을 받았다.

지역과 민족의 종교가 뿌리내린 지역에서 새로운 종교를 전하는 것처럼 보이는 사도들이 환영받기는 어려웠을 것은 자명하다. 초기 사도들 중 특히 이방지역에 복음을 전한 사도 바울은 이방 종교의 핍박을 많이 받았다. 에베소에서는 자신들의 신, 아데미[31]를 빙자하여 사람들을 선동하여 핍박을 했으나(행19:24) 기실 자신들의 재산상의 이익을 지키려는 의도에서였다. 그러나 기독교 역사에서 큰 박해는 로마제국의 박해이다.

1. 박해의 이유

(1) 정치적인 면

가장 중요한 이유 중 하나는 황제 숭배에 대한 그리스도인들의 거부였다. 로마에서는 최초로 줄리어스 시저(Julius Caesar)가 사후에 신격화되었다. 이 일은 아우구스투스가 양부(養父) 시저를 신격화시킴으로 자신이 신의 아들이라 불리려는 시도였다. 그가 죽자 원로원은 그에게 신적 존경을 돌리기로 결정하고, 신전이 건축되고 예배가 시작되었다. 이렇게 시작되어 국가종교로 발전하였고, 심지어 도미티안(Domitian AD. 81-96)은 자신을 주와 하나님(Dominus de Deus)으로 선포하고 황제 숭배를 강요했다.

(2) 사회적인 면

당시 로마의 사회적 구조와 풍요가 노예제도에 기인하고 있었는데 노예제도에 대한 그리스도인들의 비난이 귀족 사회 구조를 원하는 지배계급의 미움을 사는 결과를 가져왔고, 타락된 오락과 극장 등의 출입을 하지 않고 성별된 생활을 유지하는 그리스도인들의 유별난 생활이 저들과 충돌하게 했다. 그리스도인들의 성별된 생활은 가끔 반사회적으로 치부되기도 하고 핍박의 원인이 되기도 한다. 로마의 퇴폐적인 생활과 풍습을 책망하고 도전한 우리의 믿음의 선조들이 바로 노바티안들이다.

(3) 종교적인 면

당시 로마제국은 여러 나라와 여러 민족을 통합한 제국이었기

---

31) 킬벨레(Kylbele), 서부 아나톨리아에서 이오니아 문명과 함께 아데미로 이름이 바뀌었고 땅의 풍요와 가슴에 유방이 24개가 달린 다산의 여신. 에베소 사람들이 열정적으로 숭배했다. 5월 여신의 축제날이 되면 24명의 흰옷을 입은 여 사제들이 앞에 서고, 뒤에는 자신의 고환을 아데미 여신에게 바친 남자 사제들이 여신의 호위병처럼 뒤따른다.

때문에 모든 민족의 종교를 수용하여 로마 광장에 모든 신들을 안치하고 예배할 수 있는 만신(滿身)전(Pantheon)을 건축하고 기독교도들에게도 너희 신을 만신 전에 안치하고 다른 신들과 같이 예배하도록 했는데….

기독교는 하나님만을 섬기고 다른 종교의 신들은 우상으로 간주했기 때문에 저들과 타협하지 않으므로 그리스도인들은 '신들의 평화(Pax Deorum)'를 깨는 무리들이고, 신들과 평화하지 않아서 로마 사회가 입는 재해에도 그리스도인들이 책임이 있다고 단죄하여 박해했다. 당시 로마의 기성종교인 이교도들이 집단적으로 박해를 요구한 것은 역사적 사실이다.

**로마가 모든 민족의 종교를
수용하기 위해 세운 만신 전(Pantheon)**

다신교 국가인 로마제국에서 특정 신이 아니라 모든 신에게 바치는 신전으로 건축되었다. 그에 맞춰서 이름 또한 그리스어로 '모든(παν)' + '신(Θεος)'이라는 뜻으로 지었다.

로마 사람들이 이해하지 못한 것이 있다면 '유대인들은 왜 다른 신들과 평화하지 못하는가?' 하는 문제였다. 반대로 유대인들이 로마인들을 이해하지 못하는 것은 '어떻게 다른 신들과 평화할 수 있는가?'였다. 이 세기의 의문에 답할 수 있는가?

이러한 정치적, 사회적, 종교적 이유로 말미암은 핍박에 대해 터툴리안은 강력히 항변했는데 그 내용은 다른 장에서 소개하기로 하겠다.

2. 로마의 박해자

로마의 박해는 많은 책에서 소상히 다루고 있기 때문에 본서에서는 혹독한 박해자의 이름만 열거하고자 한다. 많은 교회사 학자들은 이때의 박해를 불같은 박해로 보고, 로마의 10대 박해를 계시록 2:10의 10일간의 환난으로 해석하지만 침례교회사에서 볼 때 이 박해는 시작에 불과했다.

1) 네로(Nero Domitius)

그는 로마에서 기독교 박해의 막을 연 장본인 이다. AD. 64년 7월 로마의 대화재의 누명을 그리스도인들에게 씌워 박해했다. 이 때 사도 바울도 로마에서 순교를 당한다.

2) 도미티안(Domitian 81-96 AD)

황제 숭배로 인하여 많은 그리스도인들이 핍박을 받았다. 그는 유대교와 기독교를 구분하지 않았으며, 심지어 예루살렘 성전 세를 황제에게 바치도록 명했다. 이때 사도 요한이 밧모섬으로 유배를 갔다. 예루살렘 교회의 지도자 시므온(Simeon)이 십자가에 달려 순교했다.

3) 트라얀(Trajan 98-117 AD)

많은 그리스도인들이 원형극장에서 맹수에 의해 처형되었다.

4) 하드리안(Hadrian 117-137 AD)

5) 안토니우스 피우스(Antonius Pius 137-161 AD)
폴리갑(Polycap)의 순교.

6) 마르쿠스 아우렐리우스(Marcus Aurelius 161-180 AD)
저스틴의 순교.

7) 셉티무스 세베리우스(Septimus Severius 193-211 AD)
안디옥의 클레멘트, 이레니우스 등의 순교. 32)

8) 데시우스(Decius 249-251 AD)
오리겐의 투옥, 키프리안의 추방.

---

32) 초기 기독교의 역사적 배경, P. 243.

(9) 발레리안(Valerian 253-260 AD)

(10) 디오클레티안(Diocletian 303-311 AD)

로마의 10대 박해는 교회사학자들이 많이, 그리고 상세히 다른 부분이라 간략하게 정리한다.

수 세기 동안의 핍박이 계속되는 가운데 수를 헤아릴 수 없는 그리스도인들이 순교를 당했으며, 생명을 유지하고 있는 그리스도인들도 순교적인 삶을 영위하고 있었다. 그 후로는 체포 구금된 그리스도인들도 순교자라고 불리기도 했는데 그것은 두 가지 확실한 근거 때문이었다.
첫째는, 그들이 어떠한 위협과 고난에도 결코 신앙을 포기하지 않을 것이며,
둘째는, 결국 그들은 기꺼이 순교의 길을 가게 될 것이기 때문이다. 이러한 현상은 핍박이 계속되는 동안 극히 몇몇 경우만을 제외하고 계속되었으며, 황제가 바뀌어 기독교의 박해를 멈춘 몇몇 황제들의 통치 기간 동안 극히 잠깐 박해의 폭풍이 쉬곤 했다.

하나님께서 그 날들을 감하여 능히 견디게 하신 것이다. 역사적으로 훌륭한 통치자로 기록된 황제라 할지라도 그리스도인을 핍박하는 일과는 전혀 별개였다. 예를 들면 마르쿠스 아우렐리우스(Marcus Aurelius)와 같은 인물이다. 그는 로마제국의 가장 훌륭한 명군으로 기록 되어 있지만 그리스도인에 대한 박해자로서도 유명하다. 그 명상록에는 "죽을 자로서 자신을 생각하라"는 유명한 말을 남기고 있지만 과연 죽을 준비를 하는 사람의 참된 자세가 어떠해야 하는지를 알고 있었다면 하나님께로 돌아오지 않았겠는가?

반대로 그의 아들이었으며 '왕좌에 앉은 검투사'라는 별명을 가진 난폭하고 싸우기를 좋아하는 황제였던 코모두스(Commodus 180-192)제위 시에는 핍박이 없었다. 그는 종교적인 면에서는 관심이 없었기 때문이기도 했다. 종교적인 면에 관심이 없는 통치자의 통치 시기가 아이러니하게도 종교의 자유가 보장된 예는 많다. 로마의 핍박은 교회의 순결을 유지하게 했고, 강렬하게 전도하게 하여 성장을 가속화시켰다.

3. 박해가 가져온 결과

박해의 와류 속에 교회는 많은 상처를 입었지만 다른 면에서 유익한 결과를 가져온 것도 많았다.

(1) 긍정적인 면

로마 최초의 박해자인 네로 황제의 박해와 불같은 시련에도 믿음을 굳게 지킨 로마 그리스도인들의 신앙을 위한 투쟁의 아름다운 소식이 기독교 세계에 퍼져 나갈 때 타 지방의 그리스도인들에게는 귀감이 되었고, 로마 교회가 당시 세계에 퍼져 있던 교회들의 지도적 교회로 자리매김되는 계기가 되었다. 뿐만 아니라 교회는 신앙적으로 일곱 번 연단된 금보다 더 귀한 믿음과 전도의 열정을 유지하게 하는 힘이 되었다.

핍박을 통하여 흩어진 무리들에 의하여 그리스도는 급속히 전 세계로 퍼져 나가게 되어 초기 기독교의 괄목할 만한 성장이 핍박의 와중에 있었다. 박해에 의연히 투쟁하며 약한 자 같으나 강하여 결국은 기독교를 멸절시키려고 세계를 정복했던 로마의 힘이 동원 되었지만 오히려 그리스도인들의 신앙으로 로마가 정복되는 결과를 가져왔다. 핍박 중에 터툴리안은 외치기를 "만약 로마에서 그리스도인들이 다 나가면 로마는 텅 비게 될 것이다" 라고 한 말은 전혀 근거 없는 말이 아니었다. 결국 로마는 기독교를 국교로 받아들이게 되었다.

이 사건을 역사가들은 기독교의 대승리라고 말하지만 그것은 기독교의 본질을 올바로 이해하지 못한 소치라 아니할 수 없다. 우리의 싸움은 나라를 정복하는 것이 아니라 죽어 가는 한 영혼을 주님께로 인도하여 구원받게 하는 영적 승리를 위한 것이기 때문이다. 또한 기독교가 국교가 된 것이 주님의 교회로서 더 이상 남아있지 않겠다는 선언이라고 볼 때 승리가 아니라 적들을 향해 무장해제를 한 결과를 가져온 것에 불과한 것이다.

과연 교회가 세상과 연합해서 세상을 구원할 수 있겠는가?
방주 속에 물이 가득 찬다면 어떻게 물 위에 떠 있겠는가?

(2) 부정적인 면

박해의 와중에 하나님의 놀라운 은혜를 보게 되지만 부정적인 면도 있었고, 그 결과 교회는 혼란과 분쟁이 있게 되었다. 박해 중에 가장 슬픈 일은 변절자들이 생기게 된 것이다. 특히 지도자들의 변절과 타협은 교회에 큰 논쟁을 가져왔다. 그 결과 교회는 교리적인 변질과 타협을 하게 되었고, 결국 교회가 분리되는 비극을 가져오게 되었다.

로마의 박해를 멈췄다고 박해가 끝났는가?
로마와 타협하는 자들에게 국한된 현상일 뿐이다.
여담으로, 어떤 이들이 모여서 대담을 하는 중에 질문을 했단다.
세상에서 제일 무서운 것이 무엇인가.
호랑이,
독수리,
칼,
도둑이라고 말했다.
마지막 사람이 조용히 "독수리 날개를 단 호랑이가 칼을 입에 문 도둑"이라 했다.
로마의 핍박 시대, 핍박하는 로마가 무서운가?
로마의 무력을 동원한 변질된 기독교의 핍박이 더 잔혹할까?

4. 콘스탄틴 황제와 밀라노 칙령

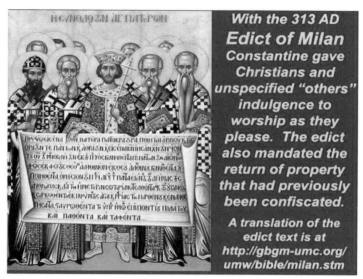

With the 313 AD **Edict of Milan** Constantine gave Christians and unspecified "others" indulgence to worship as they please. The edict also mandated the return of property that had previously been confiscated.

A translation of the edict text is at http://gbgm-umc.org/umw/bible/milan.stm

내용) 기독교도 다른 종교와 차별하지 않으며 압류된 교회 재산은 반환한다.

우리 그리스도인의 생활을 사도바울은 자신의 삶을 회고하면서 그 여정을 딤후4:7에서 "내가 선한 싸움을 싸우고 나의 달려갈 길을 마치고 믿음을 지켰으니"라고 표현하고 있다. 그리스도인의 삶은 비진리에 대해 분연히 일어나는 거룩한 호전성이 있어야 함을 보여준다. 진리에 대한 열망은 불의를 단호히 거부하는 것이다.

사랑의 사도였던 사도 요한을 생각해 보자.

그는 예수님 가장 가까이에 있으면서 주님을 깊이 배우고 닮아 그의 본래 성품이었던 성급하고 출세 지향적인 성격이 변하여 '사랑의 사도'라 불리게 되었다. 그는 고령임에도 불구하고 에베소 교회의 목사로 오랫동안 많은 수난을 당하면서도 꾸준히 사역을 감당했다. 기록에 의하면 그분은 예수님의 육신의 어머니인 마리아를 에베소에 모시고 가서 돌보아드렸다고 한다.

요한 서신에 가득한 단어 사랑, 진리, 생명이다. 그러나 이단에 대해서는 가장 단호하게 배격하는 서신서 또한 요한 서신이라는 사실은 무엇을 의미하는가? 진리와 사랑에 대한 열정은 불의에 대한 거룩한 분노를 수반하는 것이다. 일화에 의하면 에베소에 유명한 목욕장[33]이 있었는데 하루는 사도 요한이 욕장에서 목욕을 하고 있는데 당시 그노시스 이단의 괴수였던 케린투스[34]가 욕장에 들어오는 것을 보고 "나는 이단들과는 같이 목욕할 수 없다"고 일갈하고 욕장을 나왔다는 일화는 유명하다. 진리에 대한 열정, 불의에 대한 호전성, 그것은 음과 양, 빛과 그늘의 양면과 같은 것이다.

모든 조직에는 두 가지 상반되는 노력이 계속된다. 그 하나는 발전을 목적으로 시도하는 도전이고, 또 다른 하나는 꼭 지켜야 할 원형을 보존하려는 완강한 방어 사이에서 계속되는 긴장 관계다. 교회도 시대와 환경의 격랑을 넘으면서 필연적으로 변화를 위한 끊임없는 도전과 원형을 지키려는 응전으로 계속되어왔다.

구약 역사를 돌아볼 때, 이는 이스라엘 백성을 선민으로 선택하시고 그 민족을 통하여 이 땅에 메시아를 보내어 구속 사역을 완성하시기 위한 하나님의 섭리의 역사였다.
하나님께서는 이스라엘 민족이 순수한 혈통과 신앙으로 유지되기를 원하셔서 이방인과 혼인을 막으셨고, 그 일을 위한 섭리는 분리를 통하여 완성하셨음을 볼 수 있다. 아브라함의 부르심은 세상에서 분리하여 하나님 편에 서게 하신 것이요, 성막을 통하여 이스라엘을 성별 되게 보전하신 것이라든지….

역사의 소용돌이 속에서 이스라엘을 지키신 방법은 세상으로부터 분리, 타민족으로부터의 분리를 통해서 이루셨다. 하나님은 하나님의 백성들이 세상과 타협하지 않고 하나님께 성별 되기를 원하신다. 하나님의 교회도 하나님께 성별 되어 말씀을 통하여 세상을 구원하시기를 기뻐하신다. 분리 외에 완전한 정화 방법은 없었고, 하나님은 완전한 방법을 쓰셨다.

교회사 속에서 나타난 투쟁은 세속화되어가는 교회를 개혁하려는 시도가 아니라 신약교회의 모범을 따라 온전한 교회의 원형을 지키

---

33) 에베소의 삼대 건축물, 극장, 아데미 신전, 3,000명 수용하는 목욕장.
34) Cerinthus: gnisticism의 창시자, 사도 요한과 동시대 인물, 신적 예수는 십자가에 달릴 때 떠나서 고난을 받지 않았다. 참 하나님은 사람일 수 없고, 참 사람은 하나님일 수 없다는 이원론.

려는 노력이었고, 그 방법은 분리를 통하여 완성되어 왔던 것이다. 성서에서 말씀하는 화목, 화평, 관용, 용서 등의 용어는 한 가지 큰 전제를 바탕에 둔 것이라는 사실을 간과해서는 안 된다. 그것은 신앙의 동질성이다. 같은 신앙의 바탕 안에서는 용납해야 한다. 신앙의 타협을 통하여 이룬 어떤 성취도 하나님 앞에서는 무익한 것이며 악행이다.

교회는 짧은 기간이 지나는 동안 예상치 못한 변질들이 많은 부분에서 생겨났다. 쉽게 무너진 이유는 혹독한 박해와 아직도 성경이 미완성 상태였고, 그리고 성경을 체계적으로 배운 지도자의 결여 때문이 아니었나 생각한다. 그러나 이 모든 약점이 다 보완된 시대라 하더라도 변화 속에 감추어진 변질의 도전은 항상 존재하는 것이다. 변질은 당연히 원형을 지키려는 투쟁을 불러오게 된다. 이러한 노력은 일찍부터 있었는데 그것은 사도들의 시대가 다 끝나기도 전에 교회는 성경의 교훈을 떠나 서서히 변질되고 있었기 때문이다.

콘스탄틴 황제의 등장

로마제국은 디오클레티안(Diocletian 284-305)의 기막힌 정책에 의하여 분할되어 통치되었는데 그것은 상호 견제를 위한 그의 아이디어에서 나온 것이다. 제국의 황제 속주들을 동서로 분할하여 두 명의 황제가 통치했고, 황제를 보필하는 부제(副祭)가 있었는데 부제는 계급제도로 진급하도록 된 제도였다.

황제를 아우구스투스(Augustus), 부제를 카이사르(Caesar)라 했다. 디오클레티안은 황제로서 임명권과 법률 제정권을 행사했으나 막시미아누스와 제국을 양분하여 통치하였고, 황제들은 그들의 관할 지역을 부제와 분할 통치를 해서 실상 사분(四分) 통치가 형성되었다. 당시의 사분 통치는 다음과 같이 시작되었다.

황제	디오클레티안	=	동방 지역
부제	갈렐리우스(Galerius)	=	다뉴브 지역
황제	막시미아누스(Maximian)	=	이탈리아와 아프리카
부제	콘스탄티누스(Constantius	=	갈리아와 브리타니아

그들은 스스로 수호신을 정하고 신들의 양자로 자칭하기도 했는데 디오클레티안은 유피테르를, 막시미아누스는 헤라클레스를 수호신으로 정했다.

사분(四分) 통치의 혼란

전술한 대로 로마는 절대 권력이 집중된 왕정을 극도로 경계했고, 이 제도를 막기 위해 여러 정치제도를 고안해서 실행한 것이 원로원 제도로 오늘날 의회주의였다. 원로원은 귀족들로 구성된 것으로 오늘날의 의회주의와는 다르지만 그래도 헬라 문화를 받아들이면서 상당히 선진화된 정치제도였다고 할 수 있다.

그러나 인간의 권력욕은 절대 권력의 욕구에 있는 것이다. 실제로 1, 2차의 삼두정치는 원로원 제도를 약화시키고, 집정관이 권력을 독점하려는 음모로 시작된 제도였다. 2차 삼두정치의 끝에는 다른 동반자 집정관이었던 두 명을 이긴, 옥타비아누스에게 원로원이 준 칭호인 '아우구스투스'라는 칭호는 결국 로마 '황제/Augustus'의 칭호가 되었다.

이러한 디오클레티안의 사분(四分)통치의 정책은 오래가지 못했다. 300년경 디오클레티안과 막시미아누스 황제의 20년 통치 기념식이 끝나고 막시미아누스는 원치 않음에도 자신과 함께 퇴위하고 두 카이사르가 임명되었다. 디오클레티안은 자신의 카이사르였던 갈렐리우스의 친구인 세베루스와 막시미아누스 다이아를 새 카이사르로 임명했다. 이 정책은 상당한 모험과 의도가 내포된 것이었다.

그 첫 번째는 전임 카이사르가 다 장성한 아들이 있어 세습되리라고 기대했는데 당사자는 물론 백성들의 기대에 반하는 것이었고, 두 번째는 자신과 자신의 카이사르인 갈렐리우스의 두 친구들을 후임 카이사르로 임명함으로 또 다른 황제인 콘스탄티누스의 입지를 불리하게 만든 것이었다. 이것은 디오클레티안이 퇴위하면서 자신의 체계를 확고히 하려는 의도에서 시행된 것이라 할 수 있다. 정황으로 보아 콘스탄티누스의 입지는 어렵게 되었다. 뿐만 아니라 디오클레티안의 행정개혁은 속주들을 나누고 황제들은 자신의 통치 구역에 거주하게 함으로 로마가 수도로서의 위상이 약화되었다.

권력 투쟁

콘스탄티누스가 306년 에보라쿰에서 죽은 후 그의 군대는 규율을 어기고 콘스탄티누스의 아들을 아우구스투스로 선포했다. 이 일로 로마에서는 전임 황제였던 막시미아누스의 아들인 막센티우스가 스스로 황제를 칭하고, 카이사르 중 한 명이었던 세베루스를 제거했

다. 이런 와중에 한때는 로마제국 내에 7명의 황제(부제 포함)가 있었는데 정리해 보면,

막시미아누스: 전임 황제로 자칭 황제가 된 막센티우스의 아버지
갈레리우스: 디오클라티안의 카이사르 출신으로, 후임 황제
콘스탄틴: 콘스탄티누스의 아들로 군대의 추대로 황제
막센티우스: 로마에서 자칭 황제로 즉위한 인물
막시미아누스 다이아: 2차 사분(四分) 통치 시 임명된 카이사르
리키니우스: 갈렐리우스가 콘스탄틴에 대립하여 임명한 황제
도미티우스 알렉산더: 아프리카에서 스스로 황제가 된 인물

독자들도 혼란스럽지요, 로마제국은 더 혼란스러웠답니다.
로마판 춘추전국시대는 세월이 지나면서 정리가 되기 시작했다.
310년 막시미아누스는 사위인 콘스탄티누스에 의해 살해되고
311년 도마티우스 알렉산더는 막센티우스의 수비대에 살해되고
311년 갈렐리우스는 병으로 사망함으로
311년 후반에는 4명의 황제가 남게 되었다. 서방에는 콘스탄틴과 막센티우스, 동방에는 리키니우스와 막시미아누스 다이아가 그 4명이었다.

콘스탄틴의 로마 통일

312년경 콘스탄틴은 갈리아인들로 구성된 그의 강력한 군대를 이끌고 로마 평정을 위해 진격하여 로마 근교의 다리인 밀비우스 다리(Pons Mulvius) [35]에서 로마의 자칭 황제인 막센티우스를 격파하여 한 명의 정적을 처리했다.

콘스탄틴은 자신을 대립하여 갈렐리우스가 임명한 황제인 리키우스와 협정을 체결하고 동맹을 맺어 한 명 남은 황제인 막시미아누스 다이아를 고립시켰다. 이 협정이 바로 기독교를 관용한 밀란(밀라노)의 칙령(Edict of Milan)이다.

313년에는 콘스탄틴과 동맹을 맺은 리키니우스의 공격으로 아드리아노 폴리스에서 막시미아누스 다이아는 전쟁 중에 병사했다. 두 명의 정적이 처리되었다.

---

35) 밀비우스 다리(Pons Mulvius)는 불타는 십자가를 보고 "너는 이것으로 말미암아 이기리라"는 음성을 듣고 군사들의 방패에 기호로 새기게 한 곳.

이제 로마는 리키니우스와 콘스탄틴의 나라가 되었고, 둘은 동맹 관계를 유지했을 뿐 아니라 리키니우스는 콘스탄틴의 누이와 결혼하여 친족이 되기도 했다. 그 후 권력다툼이 일어나 324년 리키니우스는 그의 아들과 함께 처형되었다. 나머지 한 명의 정적도 마저 처리되었다.

기독교에 관용령을 내린 콘스탄틴은 그의 매제(妹弟)와 조카를 처형함으로 로마를 통일하여 디오클레티안에 의한 4분 분할 통치는 막을 내리고 로마제국의 황제가 되었다. 그렇게 로마가 지키려 했던 공화정은 결국 콘스탄틴에 의해 다시 황제국이 되었다.

기독교 관용령은 명백한 콘스탄틴의 정치적인 결정이었다. 그러나 이 사건에 대한 견해는 지금도 양분된다. 로마가 기독교를 핍박했으나 기독교가 로마를 정복했다는 승리의 견해와 기독교가 로마의 권력과 야합한 교회의 조종(弔鐘/a knell)이 울린 사건이라는 견해이다.
모든 것이 처음부터 잘못되기야 하겠나 자기도 모르게 한 걸음씩 곁길로 가다 보니 그리된 것을…
타산지석(他山之石)으로 삼고, 자신을 경계해야 할 것은 편리한 문명의 바람이 부는 시대를 살면서 더욱 옷깃을 여밀지라.

제3장 초기 교회의 변질
(The Degeneration of the Early Church)

예수 그리스도 이후 침례교회는 성경에 나타난 초대교회와 마찬가지로 조직적인 연계는 되어있지 않았으나 역사를 통해 정리해 볼 때 모든 시대와 모든 세계에서 끊어지지 않은 연결과 분포를 볼 수 있다. 진리를 위한 투쟁의 역사는 불행스럽게도 무신론(atheism)이나 불신의 세계에 대한 것이 아니라 변질 되어가는 교회에 대한 정화(Purity)운동이 되었다.

침례교회는 개혁주의자가 아니다. 남의 교회에서 자신이 믿는 신앙으로 개혁하려는 개혁주의자가 아니다. 논쟁하지 않고 그들을 떠나 믿지 않는 이들에게 복음을 전하는 일에 에너지를 소모한다.

가톨릭을 떠나 자신의 신앙대로 살려는 자들을 분리주의자라고 싸움을 걸어오고, 권력으로 죽이지만 같이 죽이지 못하니 스스로 약자가 되는 것이다. 예수님은 부당한 권력에 의해 십자가를 지셨는데, 우리야···. (본문 중에서)

After the ascension of Jesus Christ, we do not see a formal, organizational link among the Baptist churches, similar to those of the early churches. However, as we glean from history, we find out that there are connections within these churches throughout different generations and geo-locations. A history of fighting for truth was, unfortunately, not against atheism or the unbelief, but it became a movement for purity within the churches, which were slowly departing away from the truth.

The Baptists are not the same as the Protestants. The Baptists did not try to reform the church dominated by others. They do not argue against the ills of the established church, but rather depart it and spend their energy on spreading the gospel to others.

The established church may oppress and kill those that try to depart from them and keep their faith. The established church may call them separatists, but it cannot kill them all, and this act of oppression shows which one is actually weaker. Jesus himself took up the cross against the unjust authorities, so how much should we do so? - excerpt from the main body

1. 교리의 변질

신약성경 본문을 통해 보면 이미 많은 변질된 신앙의 침투가 있었으나 사도들이 완강한 저항으로 교회의 순수성을 지켜 왔다. 하지만 곧이어 이미 많은 부분에서 잘못된 교훈이 침투하고 있었다. 그 당시의 교회는 유대의 율법주의와 헬라의 영지주의, 로마의 세속주의 영향이 교회에까지 스며들어 교리적으로 변질되고 있었다. A. D. 200년경 교회는 벌써 여러 가지 교리적 이탈이 있었는데 그 중에 현저한 것이 침례와 주의 만찬 등에서 나타나고 있었다.

(1) 침례

침례는 디다케에서 이미 상당히 변질된 모습으로 나타난다. "아버지와 아들과 성령의 이름으로 흐르는 강에서 침례를 주라. 흐르는 강이 없으면 다른 곳에서 침례를 베풀라. 그리고 찬물에서 침례를 받을 수 없으면 더운물에서 받아라. 그러나 둘 다 없으면 아버지와 아들과 성령의 이름으로 세 번 머리 위에 물을 부으라." (디다케 7장, AD. 100-150년)

디다케가 쓰여질 당시에는 침례(Immerse)였던 것으로 추정된다. 침례는 방법이 변경되기 전에 의미가 먼저 변경되었으니, 저스틴 (Justin Martyr)은 "침례는 구원을 완성시킨다"고 주장함으로 침례가 구원의 조건으로 변경되었다. 구원받으려면 침례를 꼭 받아야 하는데 침례를 베풀 수 없는 부득이한 경우 때문에 침례의 방법이 변경된 듯하다. 즉, 병든 자나 노약자, 물이 없는 경우[36] 소량의 물을 몸에 부어 적심(적수례/pouring)으로 침례를 가름하기도 하고, 세 번 머리에 뿌리는 세례(springle)로 변경된 듯하다. 디다케에서 이미 침례의 방법에 대한 타협이 시도되었다.

"침례는 신생이며, 중생을 가져온다"고 이레니우스(Irenaeus)는 말한 바 있다. 이렇게 해서 사람들은 침례를 받을 때 물에 신생의 능력이 있는 것으로 여기게 되었다. 놀라운 것은 이들이 사도시대 바로 다음 세대들이라는 점이다. 물론 이런 방법이 보편적으로 통용된 것은 아니고 거의 4세기까지 침수례가 지속되었다. 그리스어가

---

36) 에티오피아 내시가 예수님을 믿고 침례를 받기 원했지만, 물 있는 곳에 이르러서야 침례를 받음.

통용되던 콘스탄티노플을 중심으로 한 동방지역에서는 그리스어 속에 있는 의미를 알고 있었기 때문에 침수례는 지속되었다.

(2) 주의 만찬

물질적인 미신이 주의 만찬에 적용되어 변질되기 시작했다. 이그나티우스(Ignatius, AD. 112)는 "떡과 포도주는 불사(不死)의 약"이라 했고, 곧 사제의 축사로 그리스도께서 다시 희생되어 실제로 피와 살이 된다고 믿었으며, 이름까지도 미사(Mass/제사)로 변경되었다. 라테란 공의회에서 정식으로 가톨릭 교리로 채택되었다.

(3) 성직자 지위의 변질

하나님의 은혜는 침례와 주의 만찬(Sacraments)을 통해서 오고, 이러한 성례전은 감독이 맡고 있기 때문에 오직 감독에 의해서 집행될 때만 효력이 있다고 주장하기 시작했다. 주후 250년 이전에 카르타고의 감독인 키프리안(Bishop Cyprian of Carthage)은 성례전을 통하여 감독이 구원을 지배하므로 감독이 없는 교회는 있을 수 없고, 감독이 있는 곳에 교회가 있다고 했다. 그는 또한 "어머니로서의 교회 안에 있지 않으면 아버지로서의 하나님을 가질 수가 없다"[37]고 했다. 키프리안의 이런 가르침은 만일 사람이 감독과 연결되어 있지 않으면 구원을 받을 수 없다는 결론으로 이끌려는 것이었다. 그 후 주교가 곧 교회라는 교리가 성립되었다.

3세기가 다 가기 전에 이미 교회가 하나의 구원의 기관으로 변질되어 가고 있었다. 왜냐하면 교회는 침례와 성만찬(미사)이라고 하는 소위 '구원의 성례전'을 소유하고 집행할 수 있는 기관이었기 때문이었다. 그러나 실상 이러한 논리의 발전은 변질된 감독에게 권위를 부여하기 위한 것이었다.

누가 성례전을 주관하였는가? 오직 감독만이 성례전을 집행하거나 혹은 권위를 부여할 수 있다는 사상으로 발전하게 된 것이다. 그 결과 "감독이 있는 곳에 교회가 있고, 감독이 없는 곳에는 교회가 없다".[38] 라는 결론에 도달하게 된 것이다.

---

37) Robert A. Baker, (허긴 역) 침례교 발전사, P. 33
38) Ibid, P. 41

(4) 교회회의(Synod), 대주교(The Metropolitan Bishop)

당시 여러 중심 도시의 감독은 대주교로 추대되고 감독들의 우두머리가 되었다. 325년 콘스탄틴 황제에 의해 안디옥, 알렉산드리아, 로마 대주교는 모든 교회들 위에 권위를 가진다고 가결했다. 451년 로마 대주교가 교황이 된 후에 콘스탄티노플과 예루살렘이 추가되었다.

지금 한국의 천주교는 아직도 그때 정한 다섯 교구의 한 교구인 로마교구이며, 그들의 이름은 로마 천주교회(Roman Catholic Church)이다. 교황은 로마교회의 대주교이며, 전체 천주교회를 주관하는 사도 베드로의 사도권을 계승한 목자로 지칭하는 것이다.

후에 자세히 설명하겠지만 알렉산드리아 중심의 이집트 지역의 교회는 콥트교회(The Coptic Church)가 되었고, 콘스탄티노플 중심의 교회는 그리스 정교회(the Greek Orthodox Church)가 되었으나 예루살렘 교구와 안디옥 교구는 이슬람 세력에 의해 멸실 되었다.

(5) 로마의 박해

네로의 박해로 시작된 로마제국 내의 그리스도인들에 대한 잔혹한 박해로 기독교는 불시험을 당했다. 믿음이 불로 연단을 받아 정금 같이 되는 결과를 가져오기도 했으나 연약한 믿음은 불시험 가운데서 변절하고 타협하여 교회의 변질을 가져오는 결과로 나타나기도 했다. 지도자들 중에 많은 변절자가 발생하여 환난 후 교회가 분리되는 원인이 되기도 했고, 불같은 박해와 시련을 통해 신앙이 연단을 받아 순전히 하나님 중심의 삶을 살게 하는 귀한 결과를 얻어 탈 세속, 재림 대망의 신앙으로 무장하게 했다.

박해 중에도 전도하는 삶을 살게 하여 핍박 중에도 꾸준히 그리스도인들이 증가하고 있었다. 또한 '순교자의 피는 복음의 씨'가 되어 복음은 멀리 넓게 퍼져 나갔다.
그러나 안타깝게도 핍박을 받으며 고통당하던 그리스도인들이 다른 이들을 핍박하는 법을 자신도 모르게 배우게 되었다. 그리하여 권세를 잡게 되었을 때 자신들의 신앙에 동조하지 않는다고 잔혹하게 핍박하는 악을 행한 것이다.

2. 교황제도의 발흥

하나님의 불변의 질서는 '큰 자는 섬기는 자'이며, "다스리는 자는 섬기는 자와 같을지니라."(눅22:26)는 하나님의 말씀처럼 진정 큰 자는 '섬기는 자'이다. 그러나 불행하게도 당시의 교회 지도자들은 큰 자로 대접받기를 원했다. 박해의 시대가 끝나고 로마의 국교가 되어 교회 감독이 존귀한 직이 되기 시작하여 그 결과 마침내 교황의 직분이 생겼다. 교황제도의 발흥은 신앙적인 문제뿐만 아니라 정치적인 이유도 간접적 영향을 끼쳤는데 로마의 수도가 콘스탄티노플(Constantinople)로 옮겨지고, 로마는 태수에 의해 통치됨으로 정치적인 면에서도 로마감독의 역할은 황제가 있는 콘스탄티노플(비쟌틴) 감독보다는 커질 수밖에 없었다.

325년 니케아 회의에서 재미있는 일이 일어났는데 그것은 로마, 알렉산드리아, 안디옥의 세 감독을 다른 지역 감독들보다 높은 칭호인 대감독(Patriachs)라는 칭호를 주기로 결정했다고 전술(前述)했는데, 실상은 로마감독의 독단적 우위를 부인하고 다른 지역 감독들과 동일시하려는 시도였던 것이다. 그 결과 로마의 감독은 다른 감독들과 동일시되는 것을 거부하기 위해 이 칭호를 거절했다. 로마교회는 제국의 수도로 핍박 시에도 중심적인 교회의 역할을 감당했고, 네로의 박해부터 시작된 박해에 믿음의 아름다운 승리를 보여줌으로 로마교회의 위상은 다른 교회보다 심정적으로 우위에 서 있었던 것은 현실이었다.

로마교회 감독이 교황으로 발전하게 된 근거는 다음과 같다.

1) 베드로 사도가 로마 감독이었다는 설의 대두

사실 AD 170년경부터 베드로는 로마의 첫 감독이었다는 전설이 돌았고, 키프리안, 이레니우스 같은 유력 지도자들에 의해 로마 감독의 우위가 주장되었다.

로마 감독 다마서스(Damasus I 366-384 AD)에 의해 로마 감독은 사도 베드로의 계승을 주장했다. 이러한 여세에 편승하여 로마의 감독 다마서스 1세(Damasus I 366-384)는 처음으로 그의 감독의 위는 '사도적 전승(Apostolic succession)'을 이어받은 것임을 공포하였다. 그는 비서인 제롬(Jerome)에게 라틴어로 성서 번역(The

Vulgate Translation)을 명령했고, 베드로의 후계자인 로마감독 위에 교회가 세워짐을 그 번역에 반영시키도록 했다.

2) 로마감독이 외부의 침입에서 로마를 지킨 일

콘스탄티노플에 천도한 황제는 로마 북쪽에 있는 아드리아해의 도시 라벤나(lavenna)의 태수를 통하여 이탈리아를 통치하였으나 미약하여 북쪽으로부터 침입하는 적들을 방어한 것은 당시의 로마감독이었다. 훈(Hun)족과 반달(Vandal)족의 침략으로 로마가 위기에 처할 때, 황제들은 군대로 막는데 실패했으나 로마의 감독 레오 1세(Leo I)가 아틸라(Attlia, 452)와 젠세릭(Genseric, 455)을 외교적 수완으로 타일러 로마시를 전화(戰禍)에서 구출할 수 있었다.

3) 콘스탄틴의 허락서(Donation of Constantine)

유명한 두 개의 위조문서라고 불리기도 하는데 그 내용에는 비쟌틴으로 옮기면서 콘스탄틴 대제가 로마감독에게 금관을 쓸 수 있는 특권을 포함하여 이탈리아 내에서 광범한 특권을 부여해 주었다는 허락서가 나와 로마 감독들이 국가나 교회에서 모든 권세를 행사할 수 있는 근거를 제공하였다.

4) 선교를 통한 교세의 확장

로마교회는 선교사를 파송하여 교회를 세우고, 로마감독은 대리목사를 파송하여 지방 감독으로 임명하고, 또한 권위의 상징인 영대(Pallium)를 하사하므로 선교사역으로 세워진 지방교회들이 로마교회의 권위에 복종하고 로마교회를 모범으로 따르게 되어 로마교회가 자연스럽게 다른 교회보다 우위에 서게 되었다.

그들의 선교활동의 결과로 496년에는 프랑크족(The Franks)의 지도자인 크로비스(Clovis)가 로마감독을 따르게 되었고, 그레고리 1세(Gregory I)는 어거스틴(Augustine)을 영국에 보내 선교활동을 하게 했다.[39] 그 후 영국도 로마감독의 통치에 들어오게 되었다.

5) 이슬람의 발흥

곧 교회는 로마와 콘스탄티노플로 대립하게 되었고, 안디옥, 알

---

39) 김의환 저, 기독교회사, P. 170.

렉산드리아는 콘스탄티노플을 따랐으나 이슬람에 의해 안디옥과 알렉산드리아 등 소아시아가 이슬람화됨으로 자연스럽게 콘스탄티노플은 그 힘을 잃게 되었다. 이런 과정을 통해 로마교회 감독은 교회의 최고의 지도자가 되었으며, 그레고리 1세(Gregory I, 590 - 604)는 '로마교회의 감독은 사도 베드로의 권위를 계승한 교황이며, 그리스도의 대리자'라고 주장했다. 그레고리 1세는 교회음악에도 많은 공적을 남긴 교황이었다.

예수 그리스도 이후 침례교회는 성경에 나타난 초대교회와 마찬가지로 조직적인 연계는 되지 않았으나 역사를 통하여 정리해 볼 때 모든 시간과 모든 세계에 끊어지지 않은 그 연결과 분포를 볼 수 있다. 진리를 위한 투쟁의 역사는 불행스럽게도 무신론(atheism)이나 불신의 세계에 대한 것이 아니라 변질되어 가는 교회에 대한 정화(Purity)운동이 되었다. 침례교회는 개혁주의자가 아니다. 남의 교회에 들어가서 자신이 믿는 신앙으로 개혁하는 개혁주의자가 아니다. 논쟁하지 않고 그들을 떠나 믿지 않는 이들에게 복음을 전하는 일에 에너지를 소모한다. 핍박자들이 그들을 떠나 자신의 신앙대로 살려는 자들을 분리주의자라고 싸움을 걸어오고 권력으로 죽이지만 같이 죽이지 못하니 스스로 약자가 되는 것이다. 예수님은 부당한 권력에 의해 십자가를 지셨는데, 우리야….
그 결과 재 침례교도들은 왕성한 열정으로 순수한 복음을 불신세계에 전하는 일로 발전해 갔다. 이러한 운동이 일어나는 과정에서 무서운 현상은 기독교라는 이름으로 행한 잔악한 박해였던 것이다.

교회의 역사는 박해의 역사였으며, 투쟁의 역사인 것은 주지의 사실이다. 예수님 당시에는 유대교의 박해가 있었고, 사도시대 이후에는 로마의 박해가 있었다. 로마의 박해를 생각하면 응당 원형극장과 맹수들에 찢기는 그리스도인들을 연상하게 된다. 계시록 2:10 "너희가 십일 동안 환난을 받으리라"에 해당하는 로마의 10대 박해로 많은 그리스도인들이 순교의 길을 갔다.

물론 로마 황제들이 다 박해자였던 것은 아니었다. 네로는 로마에서 칼로 그리스도인을 박해한 최초의 황제였으며, 도미티아누스도 네로처럼 잔인했다. 그러나 티베리우스 가이사는 그의 시대에 세상에 오신 그리스도를 로마의 신들 중에 넣기를 원했던 황제였다. 하드

리아누스, 베스파시아누스, 피우스, 베루스도 그리스도인에게 호의
적이었으나 로마는 그리스도인들을 잔혹하게 박해했다. 카르타고에
서는 그리스도인들 중에 여자들은 '사자'(ad leonem)에게가 아니라
'포주'(ad lenonem)에게 넘긴다는 소리도 있었다.

   힐라리아누스(제위 202-203)의 박해 시에는 그리스도인들에게는
묘지를 허락하지 않았다(Areae non sint!). 잔인한 박해에 대항하
여 그리스도의 투사인 터툴리안은 총독에게 묵직한 공격을 했다.
        "우리는 당신의 잔인성과 싸우고 있습니다.
         그러나 우리의 무기는 박해자들을 위해
         기도하는 것과 원수를 사랑하는 것입니다."
   계시록에서 말씀하신 "너희가 십 일 동안 환난을 받으리라"(계2:10)
는 말씀이 과연 로마의 박해만을 말씀하신 것인가? 이 말씀을 로마
의 10대 박해라고 해석하는 것은 교회를 천주교라는 신앙의 산물이
라고 주장하는 것에 지나지 않는다.

   로마가 핍박을 멈춤으로 교회의 핍박은 끝났는가. "무릇 경건하게
살려는 자는 핍박을 받는다"는 말씀은 누구에게 적용되는 말씀인
가? 로마의 박해가 끝났을 때 박해도 끝났다면 크고도 두꺼운 책인
'순교자의 거울'(MARTYRS MIRROR) 40)은 왜 출판되었을까?

   '순교자의 거울'을 쓴 저자의 표지 제목을 원문대로 실어 본다.
   "Who Baptized Only Upon Confession of Faith, and Who
Suffered and Died for the Testimony of Jesus, Saviour, From the
time of Christ to the Year AD. 1660."
   "오직 믿음을 고백하고 침례를 받은 이들이 예수님이 구세주라는
간증 때문에 그리스도 때부터 1960년까지 순교한 사람들"

   이 제목에서 순교 당한 사람들은 유아 세례를 거부하고 믿음을
고백하는 신자의 침례(The Believer's Baptism)를 받고, 예수는 그
리스도라 고백하는 신앙을 목숨를 바쳐 지킨 순교자들이 기록이다.
저자는 유아세례 논쟁이 한창이던 시대임에도 많은 교회 지도자들

---

40) Thieleman J. van Braght, The Story of Christan Martyrdom From the
    Time of Christ to AD. 1660. Herald Press, 1990, Scottdale, PA.

도 성인(成人/adult)이 되어서 침례를 받았다는 조항을 두어 유아세
례를 거부했다는 점을 강조하고 있다.

어거스틴의 어머니 모니카
"Monica, the mother of Augustine, was baptized in adult years,
though she was born of Christian parents" 어거스틴의 어머니 모니
카도 믿는 부모님에게서 자랐지만 성인이 되어서 침례를 받았다.

암브로스
"Ambrose was baptized in adult years, at milan. though his
parents Christian" 밀라노 감독이었던 암브로스도 성인이 된 뒤 그
리스도인인 그의 부모에게 침례를 받았다,

크리소스톰
"John Chrysostom, was suffered by his parents, though they
were Christian, to remain unbaptized, not receiving baptism until
he was twenty-one years old. Also, his views respecting baptism,"
초기 교회의 최고의 설교자, 크리소스톰도 믿는 부모에게 시달리면
서도 21살이 되어서 침례를 받았다.

제롬(Jerome)은 믿는 집안에서 자랐지만, 31살에 침례를 받았다.
암브로스, 크리스스톰, 제롬, 어거스틴은 천주교에서 네 개의 큰
별이라고 칭송하는 인물들이다.

박해의 역사 속에 가장 잔인한 핍박은 후대에 행해진 교회라는
이름 아래 다른 그리스도인에 대한 핍박이었다는 사실을 간과해서
는 안 될 것이다. 역사상 어떤 핍박도 그들이 행한 잔인한 핍박에
는 비교될 수 없었다. 세상 권세로 무장한 교회가 거대한 군대를
동원하여 모든 공격 대상을 진멸하는 것이었다. 이 끔찍한 악행을
통해 그들의 실체가 무엇인가를 스스로 드러낸 것이다. 불행하게도
교회는 여러 가지 충돌에 빗나가기 시작했다. 그러나 그 결과 진리
를 사랑하는 그리스도인들에 의해 바르게 하는 운동이 지속적으로
일어나게 되는 것은 당연한 결과이며, 이는 진리의 속성상 자연적
인 현상이다. 초기에 일어났던 한 무리들이 있었는데 그 무리들이
바로 "몬타니스트" 들이었다.

제 4 장 초기 교회회복 운동
(The Beginning of the Restoration for the Church)

불행하게도 교회는 여러 가지 외부의 충돌에 빗나가기 시작했다. 그러나 그 결과 진리를 사랑하는 그리스도인들에 의해 주님께서 교회를 세우시고 신약성경을 교범으로 주셨는데, 그 교범을 받은 그리스도인들의 신약교회 회복 운동이 지속적으로 일어나게 되는 것은 당연한 결과이며, 이는 진리의 속성상 자연적인 현상이다.

복음을 전파하여 영혼을 구원하라는 교회의 대 사명을 잃어버려서 맛을 잃어버린 소금 같은 교회를 대신해서 주님께서 일으키신 말씀에 충성하는 신실한 종들이 어두운 밤하늘에 별들처럼 반짝이기 시작하는데, 바로 소아시아에서 몬타니스트(Montanist), 북아프리카에서 터툴리안(Tertullianus), 로마에서 노바티안(Novatians), 그리고 가톨릭이 구원의 조건으로 베푸는 유아세례를 거부하고 신자의 침례를 주장하며 일어난 도나티스트(Donatists)들이다.

Unfortunately, the church started to bend in response to different, external forces. But because of this, God has edified the church and gave the New Testament to those that love the truth. The fact that these Christians led the way in restoring the New Testament churches became the obvious result and this is a natural phenomenon according to the properties of the truth.

In order to carry out the church's commission to preach the Word and to save souls, in the face of those churches that have lost their prerogatives like the salt that has lost its flavor, some sincere Christians began to rise and shine like the stars in the dark skies. These were the Montanists in Asia Minor, Tertullianus in north Africa, and the Novatians of Rome. and the Donatists who Protestant to infant baptism as a condition of salvation by Catholics and insist ana-baptism for the baptism of believers.

1. 몬타니스트(Montanist)

이들이 교회사 속에 끼친 영향은 많은 오류에도 불구하고 경직되어가고 교권화되어 직진하는 교회에 제동을 거는 역할을 감당했음을 부인할 수 없을 것이다.

그 이름은 지도자였던 몬타누스(Montanus)에 의해 불렸다. 그 후에 여러 이름으로 불리기도 했는데 당시 기독교 세계는 그들을 브루기아 이단(η κατα φρυγαS 'αιρεσιS)이라는 의미로 '카타 프리지우스'라라 불렀다.

(1) 지도자 : 몬타누스(Montanus)

그는 터키 중앙 브루기아 지방의 한 마을인 아르다바우(Ardabu)에서 출생한 사람으로 2세기 이후 그 지방의 여러 비문에 그의 이름이 있는 것으로 볼 때 그의 사상은 많은 지역에 영향을 끼쳤다. 그는 이방 종교인 퀘벨레(Cebele "Kubileya/Kubeleya Mother")[41]의 제사장이었는데 기독교로 개종했다. 그가 무슨 동기로 그리스도인이 되었는지는 알려져 있지 않으나 그리스도인이 된 후에 엑스타시(ecstasy) 상황에서 예언을 하곤 했다. 이런 현상은 영지주의나 은사주의의 현상이었던 것으로 보인다.

타 종교에 깊이 참여했던 사람들이 그리스도인으로 거듭난 후에도 이전의 종교의 영향을 깨끗이 벗어 버리지 못하고 새로운 신앙과 혼합되는 경향을 쉽게 볼 수 있다.

특히 고린도교회의 현상이 좋은 예가 될 수 있는데, 고린도는 항구도시로 아프로디테(Aphrodite)라는 에로스 여신을 섬기고 있었다. 황홀경에 빠지는 엑스타시 현상을 중요시 했는데, 방언 현상, 문란한 성생활이 종교와 고린도 지역의 풍속이었다.

한때 신전에는 1,000명의 여 사제들이 있었는데 그들은 성생활 지도사이기도 했다. 고린도서를 통해 나타난 교회의 문제점들은 다른 교회에서는 찾아볼 수 없는 특별한 현상은 바로 고린도의 종교와 풍속이 원인이었다.

몬타누스가 브루기아 사람이라니 혹시나 하는 마음으로 사족을

---

41) 그리스 로마 신화에 따르면 아데미는 제우스와 레토에게서 난 딸로서 태양의 신 아폴로와 쌍둥이고 다산(多産)과 풍요의 신으로, 아나톨리아에서 가장 신성시 하던 신으로 처음에는 킬벨레(Kylbele)라 불렀다. 아나톨리아는 터키 전역과 아르메니아까지의 옛 지명.

달아본다. 브루기아는 바울 사도께서 2차에 걸쳐 지나가신 곳이다. "성령이 아시아에서 말씀을 전하지 못하게 하시거늘 그들이 브루기아와 갈라디아 땅으로 다녀가"(행16:6), 2차 선교여행을 마치고 안디옥으로 돌아갔다가 3차 선교여행의 시작을 2차 선교여행 길을 역으로 "얼마 있다가 떠나 갈라디아와 브루기아 땅을 차례로 다니며 모든 제자를 굳건하게 하니라"(행18:23)고 했다.

바울 사도 일행이 두 번이나 들렸고, 브루기아 지역 선교의 결과로 교회가 일찍부터 흥왕하여 제2세기 기독교 비문들이 많이 발굴되었다. 바울 선교 전부터 이 지방에 사는 유대인들이 오순절에 예루살렘에 올라와 성령 강림을 목격했다(행2:10). 소아시아 중앙에 위치한 지역으로 브루기아의 다섯 도시는 이고니엄, 라오디게아, 골로새, 히에라폴리스, 비시디아, 안디옥이다.

그곳에 교회가 남아있었고 활발하게 활동을 하고 있었으니, 몬타누스가 복음을 듣고 개종했다는 가설이 가능하지 않을까? 바울 사도가 에베소에서 2년간이나 두란노 서원을 열어 복음을 전하니 "아시아에 사는 자는 유대인이나 헬라인이나 다 주의 말씀을 듣더라"(행19:10)라고 했다. 이 사역의 결과로 바울이 복음을 전하고 교회를 세우지 않은 골로새 교회가 에바브라에 의해 세워진 것을 볼 때 브루기아 지방에서 몬타누스가 복음을 듣고 개종했을 것으로 보는 것이 자연스러울 것이다.

(2) 활동 연대

유세비우스는 AD. 172년으로 보고 있으나 새로운 분파가 일어나서 다른 이들의 주목을 받기까지는 상당한 시간이 걸리는 것을 감안할 때 에피파니우스가 주장한 AD. 157년경(어림으로 말한 예수 승천 100년 후)이 타당한 듯 하며, 157년은 몬타누스의 개종한 해로, 172년은 아시아 지역교회로부터 공식적으로 정죄 받은 해로 보는 것이 타당하다.

(3) 여 예언자들의 활동

몬타누스는 두 명의 여 예언자인 막시밀라(Maximilla)와 프리스길라(Priscilla)와 함께 활동했는데 이들은 신앙적인 이유로 남편과 결별하고 나온 여인들이다.

(4) 그들의 신앙

그들의 신앙이 성서적인 교회의 모습으로서는 결코 완전하다고는 할 수 없었고, 오히려 어떤 부분은 큰 오류가 있었던 것을 인정할 수밖에 없다. 하지만 그럼에도 불구하고 그들에게서 당시 교회의 변질에 소금의 역할을 한 부분 역시도 인정해야 할 것이다. 필자의 견해로는 그들의 전체적인 신앙은 긍정적인 면보다는 부정적인 면이 많은 것이 유감이다. 몇 가지 중요한 부분에서 성서적 도전을 받아들이는 것으로 역사적 의미를 삼아야 할 것이다.

몬타누스의 활동을 긍정적으로 평가한다면 이들이 강조한 것은 그리스도인들의 생활로 경건과 청빈을 강조하며, 당시 로마의 퇴폐적인 생활에 물들어 가던 교회에 제동을 걸어서 지연시킨 공이라고 해야 할 것이다. 한 가지 더 첨언한다면 초대교회의 절절한 재림 대망의 신앙이 흐려지는 것에 대한 과격하고 지나친 경종을 울린 것이라고 할 수 있다.

1) 예언

몬타누스와 두 여 예언자들은 환상을 보고 예언했다. 어떤 이들에 의해서 몬타누스가 자신을 보혜사(The Paraclete)라고 했다는 오해를 받고 있으나 그는 "내가 하는 말은 천사나 사자의 말이 아니요, 성부 하나님 자신의 말이다"라고 했다는 것은 하나님의 말씀을 전한다는 의미로 보아야지 보혜사와 동일시 한 것은 아니다. 당시 교회가 그들을 정죄한 것은 내용 때문이 아니라 그 예언들은 전달하는 격앙된 황홀경 상태 때문이었다.

예언의 내용은 주로 축사와 약속들, 적절한 비평들과 경고 등을 포함하고 있었다. 몬타누스는 자신이 예언자라고 하고 그를 통해서 보혜사(paraclete) 성령의 시대가 도래했으며, 선지자 몬타누스 자신과 그를 돕는 두 여인을 통하여 성령은 말씀하신다고 했다. 많은 오해와 억측에도 불구하고 그들의 예언 활동은 성경에서 그렇게 많이 넘어가지는 않았음을 보여 준다. "전체적인 역사를 통해서 볼 때 몬타누스주의는 신약성서 정경이 이미 종결되었다는 사상을 확립시켜 주었을 뿐이지 창안한 것은 아니라는 사실만은 분명한 것 같다."(기독교 대 백과사전 6권, P. 369)

2) 재림신앙

천년왕국 신앙을 가지고 있었던 무리들이었다. 임박한 종말을 예언했고, 극단적 종말론으로 심지어 연대를 예측하고 하늘로부터 내려올 예루살렘이 페푸자에 내려온다고 믿음으로 페푸자를 성지로 불렀고, 몬타니스트들은 그곳을 예루살렘이라고 부르기도 했다. 그리스도인들은 속히 세상일에서 떠나 폐푸자에 가서 종말을 기다려야 한다고 했다. 이 부분은 교회 역사를 통해 명멸된 많은 극단적 종말론자들의 처음 출현이라고 할 수 있다.

초대교회는 임박한 재림신앙으로 살았다. 그러나 시간이 지나면서 재림신앙은 희미해지고 세속에 빠져가는 교회의 모습을 경고하다가 성경 말씀을 넘어가는 과오는 핑계할 수 없을 것이다. 몬타누스와 여 예언자들은 하나님께서 자신들에게까지는 특별 계시를 주신다고 믿고 있었기 때문에 극단적 종말론에 빠진 듯했다.

3) 성별된 삶

그들은 악의적인 비평과 오해를 받았다. 지도자들의 도덕적인 비난과 심지어 갓난아기를 제물로 바치고 고기를 나누어 먹는 비밀의식을 행한다는 소문이 유포되기도 했다. 그러나 그들의 다른 면은 오히려 다른 교회들 보다 성서적이었던 것이 분명하다. 몇 가지 내용을 추론해 볼 때, 그들은 오히려 탈세속의 성결한 생활의 높은 기준을 가지고 있었는데, 재혼을 강력히 반대했던 것을 들 수 있다. 신성한 의무로서 한 번의 결혼만을 인정했다.

2세기 기독교회의 주류에서 벗어난 운동들 중 하나였던 '몬타누스(Montanus)'에 대해 웨슬리는 몬타누스가 2세기 기독 교회의 타락을 막으려 거룩함과 성결을 강조하고 가르치다 이단자로 몰렸다며 "타락한 교회의 이단 정죄는 정당화될 수 없다"고 주장했다. 웨슬리는 몬타누스의 성령 체험과 환상, 황홀경 체험 같은 주관적 · 열광주의 요소들도 긍정적으로 보고 있는데, 이는 자신의 부흥 운동과 동일한 특성을 지니고 있었기 때문으로 이를 통해 자신에 대한 영국국교회의 비난에 응전했던 것이라고 할 수 있다.

웨슬리가 몬타누스를 강변(强辯)함으로써 자신들의 메소디스트 운동이 이단 운동이 아님을 말하고 싶었던 것인데, 이는 웨슬리의 이단 해석이 자신의 정황과 처지가 진리 이해와 이단 판별에 어떤 영향을 미치는지, 문맥이 본문 해석에 무슨 영향을 미치는지를 극명하게 보여주는 것이라며 "몬타누스주의는 기독교 표준들에서 이탈한 운동이었으나(이탈한 부분은 동의할 수 없지만: 필자) 오늘날 성령주의 운동, 오순절파 운동, 은사주의 운동, 방언 운동, 기도원 운동, 신비주의 운동, 극단적 종말론 등에서 왕성하게 부활하고 있다"고 밝혔다. 〈최덕성 박사(브니엘신학대학원 총장), 한국복음주의 조직신학회 논문발표회에서〉

4) 성도의 제사장직

후대 그들의 기록에서는 그리스도인들은 다 사제들이라는 언급과 사제가 부재중일 때는 평신도도 침례를 베풀고 주의 만찬을 주도할 수 있다고 한 것을 보아 성도 제사장직을 믿은 듯하다. 우리가 생각 없이 쓰는 용어 중에 '만인 제사장직'이라는 말이 있다. 그러나 실상은 만인이 아니라 '성도의 제사장직'이다. 구원 받은 성도는 하나님에 대하여, 세상에 대하여 하나님의 제사장인 것이다.

"그들은 원시 그리스도교의 열정은 시든 채 세속화되어 가자 이에 맞서 엄격한 극기를 행했고, 신자들의 보편 사제직을 강조하여 여성의 성직도 허용했다. 예언자들과 여 예언자들의 카리스마적 권위는 원시 그리스도교의 예언과 연계되었으며, 예언적 교회가 제도적 교회에 맞섰다." 카톨릭 신문: 2003-03-09 발행〔제2338호, 13면〕

5) 재침례교도들이었다.

그들은 새로 거듭났으면 새로운 침례를 받아야 한다고 주장하였던 무리들이었다. "기독교의 새로운 형태가 아니라 예전에 있었던 기독교의 보전 형태다"라고 쉐프 허족이 말하였다. 이 말에 의한다면 그들은 '재침례파'였다는 것이 된다.

몇몇 학자들은 이들이 초대교회의 전통적 신앙을 가지고 있었다고 말하고 있으며, John T. Christian은 '신자의 침례'(Believer's Baptism)를 주장하고 유아침례를 거부했다고 기록하고 있다. [42]

물론 그 당시는 유아침례를 기성교회에서 교리(Dogma)화 하지는 않았었다. 교회의 감독 정치를 거부했다는 기록은 사실성이 인정되나 거부한 것은 당시 교회 제도일 것이다. 그 자체보다도 그들이 가지고 있었던 오류들(아무리 너그럽게 보아도 받아들일 수 없는 부분들) 속에서도 어떤 부분은 명백히 성서적 교훈을 따름으로 예언 활동이 약화되고 순화된 후대의 몬타니스트들의 신앙을 통하여 다른 이들에게 영향을 미쳐, 그들이 가지고 있었던 성서적인 교훈을 발전시켜 나가게 하는데 공헌했다고 할 수 있다.

그들의 움직임은 아시아를 거쳐 북아프리카에서 로마까지 전파되었다고 명기되어 있다. 많은 종교회의에서 여러 차례 핍박을 받았어도 그들의 선교 활동은 몇백 년에 걸쳐서 브루기아 지역을 넘어 북아프리카에까지 광범위한 지역에 퍼져 나갔으며, 핍박 속에서도 AD. 500여 년까지 지속하면서 다음 세대에 바통을 넘겼다.

---

42) John T. Christian, A History of the Baptist, I, P. 43.

"교황 인노첸시우스(이노센트) 1세(401~497년)는 몬타누스주의를 매우 적대시하였고, 이로부터 150년 뒤 황제 유스티니아누스 1세(527~565년)가 이 종파를 추종하지 못하게 법률을 제정함으로써 몬타누스주의는 동방에서도 마침내 사라졌다." 가톨릭 신문: 발행일 2003-03-09 〔제2338호, 13면〕

가톨릭 신문이 증언한 이때가 AD. 500년 후반이니 300여 년이 넘는 세월 동안 몬타누스가 시작한 성도의 경건한 생활 중심의 신앙 운동을 터툴리안이 그 맥을 이어 신학적으로 체계를 잡고 발전시켜서 신약교회의 신앙을 계승했다.

서방교회가 처음으로 몬타니스트들에게 주의를 기울였던 때가 177년인데 그해에 리용의 순교자들에게 몬타니스트 논쟁에 참여해 달라는 요청이 쇄도했었다(177년경 리용에는 그리스도를 증거했다는 이유로 많은 성도들이 투옥되었는데 그들은 사형 당할 처지에 있었으므로 순교자라고 불렸다. 당시 교회는 자신들이 감당치 못할 몬타니스트들의 논쟁에 참여해 달라고 옥중에 있는 순교자들에게 요청했다. : 필자 주). 순교자들은 교회의 화평을 위해 몬타니스트들의 파문을 철회하고, 교회 내에서 저들의 의도를 이해해 줌으로 평화적으로 해결해 줄 것을 탄원했으나 받아들여지지 않았다. 몬타니스트들의 정죄는 소아시아 지역 주교들에 의한 것이었고, 로마나 다른 지역 주교들은 관여하지 않았다. 그후에 로마의 주교로는 엘류테르스가 최초로 정죄하는 견해를 밝혔다. 몬타니스트의 운동과 신앙이 초기 몬타누스와 예언자들이 죽은 후에는 많이 순화되고 예언활동도 많이 약화 되었던 것 같다.

몬타니스트 운동의 의미는 무엇인가?
그들이 비록 과격한 종말론자이며 예언 중심으로 활동했으나, 어떤 부분에서 쓰임 받은 것은 확실하다. 마치 "큰 집에는 금 그릇과 은 그릇뿐 아니라 나무 그릇과 질그릇도 있어 귀하게 쓰는 것도 있고 천하게 쓰는 것도 있나니"(딤후2:20)라는 말씀처럼 하나님의 일에 귀한 일만 있는 것이 아니라 천한 일도 있다. 예를 들면 하나님께서 징계하실 때도 누군가 쓰여야 하지만 이런 일은 귀한 일은 아니지 않은가? 더러운 것을 청소하는데 쓰이는 걸레는 쓰고 나면 버려지게 되는 것처럼….
하나님께서 누구를 이런 일에 쓰실까? 교회사 학자들에게는 혹독한 비난을 듣지만 필자는 그래도 이들의 역할이 있었다고 믿는다. 다른 몇몇 동조하시는 저명한 학자들이 계셔서 다행이다.

그 중요한 실례로 터툴리안이 몬타니스트들을 지지하고 심지어 몬타니스트로 인해 정죄를 받기도 했다. 이 일은 교회사 속에서 중요한 계기가 되는 사건이었으며, 침례교회사 초기의 한 고리가 되어 계승하는 결과를 가져왔다.

J. M 캐롤 박사는 그의 저서「피 흘린 발자취」(Trail of blood)에서 '터툴리안을 최초의 침례교회 계승자'라고 지목하는데 터툴리안의 신앙과 생애를 연구해 볼 때 적절한 지적이라고 할 수 있겠다. 터툴리안에 대해서는 다음 장에서 다시 다루기로 하겠다.

몬타니스트의 신앙은 당시 여러 가지 이유로 인하여 발전하게 되었고, 교회의 정죄에도 불구하고 급격히 확산되어 얼마 되지 않아 소아시아를 넘어 유럽과 북아프리카까지 퍼져 나갔다. 그들의 발전의 이유로 3가지를 들고 있다. 43)
　　㉠ 임박한 종말론은 박해를 당하던 사람들에게 환영을 받았고,
　　㉡ 교회의 세속화에 회의를 느끼고 있었고,
　　㉢ 초대교회의 엄격함으로 돌아가는 것 같았기 때문이었다.

초기 몬타니즘이 남겨 준 것은 엄격한 신자의 삶, 금식, 세상으로부터의 분리, 일상생활에서 그리스도를 고백하는 것, 믿음을 위하여 고난을 기꺼이 받는 것 등이었다. 바로 이것이 터툴리안이 가입한 AD. 207년의 몬타누스 교회의 특징들이었다. 그들의 청빈한 삶과 경건한 생활은 후에 수도원 운동에 기초가 되었다고 증언하고 있다. 44)

몬타니스트들은 후대에 소아시아보다 오히려 북아프리카에 발전했는데 유명한 신학자인 터툴리안이 이 신앙에 가담하고 있었기 때문이기도 했다. 북아프리카 지방은 오히려 몬타니스트들의 중심지가 되었고, 후대에 순화된 그들의 건전한 신앙생활은 초대교회의 본래의 모습을 많이 회복하여 다음 세대에 계승 발전하게 되었다.

(5) 다음 세대에 끼친 영향
당시 아프리카 지방의 대표적 신학자인 터툴리안은 임박한 종말에 직면하여 그리스도인의 의무를 고취시킨 몬타누스주의가 '영의 활동을 북돋운다'는 사실에 매료된다.

---

43) 해리 R. 보어 저. 백성호 역. 단편 초대교회사. P. 89.
44) "몬타너스 운동은 6세기까지 유지 되었는데, 그들의 정신은 후일에 수도원 제도에서 다시 살아났다" 김의환 저, 기독교회사

207년부터 그는 새 예언의 가르침(몬타니스트)을 옹호하면서 모교회(가톨릭)를 '타락한 영혼의 교회'라고 신랄하게 비판하는 적대자로 변신하였다(칼 라너/Karl Rahner 같은 신학자가 여호와 증인으로 개종하는 것과 같은 충격적인 사건). 그는 211~217년경에 저술한 마지막 작품들에서 이 운동의 사상과 일치하는 이론을 정립하였다. 터툴리안은 과부의 재혼은 간통이라고 말하면서 이를 성령의 뜻을 거스르는 것이라 하였다. 또한 박해를 받을 때도 절대 피하지 말고, 오히려 자발적으로 순교할 것을 권하였다. "몬타누스주의는 테르툴리아누스가 사망한 뒤로는 아프리카에서 자취를 감추었으나 4세기 아프리카 교회의 도나투스주의에 영향을 미쳤다".
〔가톨릭 신문: 발행일 2003-03-09, 제2338호, 13면〕

프레드릭 파라르(Frederic Farrar)에 따르면 "몬타니스트들이 다방면에 걸쳐 초대교회의 규율과 실천 지침들을 회복하고자 순수하고도 진지한 노력을 기울였다는 사실은 지금에 이르러서야 비로소 널리 인식되기 시작했다"고 자신의 저서 「교부들의 생애」(Lives of the Fathers)[45] 중에서 언급한다.

감리교회의 창시자인 웨슬리도 영국에서 교회의 성결 운동을 하면서 몬타니스트들의 신앙생활을 방어하면서 자신의 개혁운동의 정당성을 주장했다. 옥스퍼드 대학교에서 공부한 존 웨슬리는 옥스퍼드 링컨 칼리지의 교수(fellow)가 되었으며, 1725년에는 부제가, 1728년에는 사제(장로, 목사)가 되었다. 영국 국교회인 영국 성공회 사제였던 아버지 새뮤얼 웨슬리의 교구에서 사제로 사역한 후 1729년 옥스퍼드로 돌아와 신성회(Holy Club)를 지도했다. 그리스도인의 성별된 생활을 강조하며 영국에서 활동할 때는 영국의 교도소가 텅텅 비는 영향을 끼치기도 했다는 일화는 유명하다.

"몬타니스트들의 진정한 후계자는 제3세기 노바티안(Novatian)과 제4세기 도나티스파(Donatist)였다."[46] 이 말은 초대교회 신앙의 맥이 초기에 어떻게 이어졌는가를 말해 주는 것이다.

---

45) Lives of the Fathers Vol. 1, P. 92,
"Of the Montanists we shall hear much more in the life of Tertullian. The germs of their opinions lay in the very soil of primitive Christianity, and many of those opinions, apart from the perversions and extravagances into which they were pushed were innocent and primitive."
46) E. S. 모이어 저. 곽안전, 심재원 역. 인물중심 교회사, P. 79.

2. 셉티무스 플로렌스 터툴리안
(Auintus Septimus Florens Tertullianus)

터툴리안은 실로 초기 교회의 가장 위대한 신학자요, 저술가요, 변증가였다. 그의 방대한 논문들은 혼탁해져 가던 교회에 한 줄기 광명이었고, 시원한 강가를 거니는 것 같은 청량감을 준다.

(1) 생애 (145-220)

터툴리안은 155년경 카르타고의 이교도 가정에서 출생했고, 그의 아버지는 총독 관저의 백인대장이었다. 터툴리안은 법률을 전공한 다음 변호사가 되어 로마에서 크게 활약했다. 195년경에 기독교로 개종했고, 카르타고에 머물면서 자신의 문학, 철학, 법률 등 모든 지식을 활용하여 신앙 옹호에 전념하였다.

당시의 카르타고에서 최고 상류 계층인 퓨닉 혈통에 로마식 교육('Punic blood, Roman Training')을 받은 사람이었다. 47) 어려서부터 영리하여 책 읽기를 좋아했고, 자유주의적인 희랍과 로마 교육을 받아 훌륭한 법률가가 되어 로마에서 활동하다가 AD. 190년 경에 그리스도인이 되어 다시 카르타고로 돌아왔다. 그가 그리스도인이 된 동기는 박해시대에 그리스도인들이 보여준 신앙의 지조가 그를 움직였다. 그는 그런 지조를 처음에는 고집이라고 비난하다가 마침내 그 지조를 가능케 한 신앙을 받아들여 당대 북아프리카뿐만 아니라 기독교 세계의 가장 위대한 학자와 저술가가 되었다.

그리스도인이 된 후 고향인 카르타고에서 사제와 장로로 있다가 그들로부터 이탈하여 몬타니스트를 지지하다 정죄 되었으며 그는 결국 북아프리카에서 몬타니스트들의 지도자 역할을 감당했다.

---

47) Thomas Armitage, A History of the Baptist. I, P. 174.

"그가 가입해 있는 교회의 지도자들보다 몬타누스파가 더 건전하다고 확신하자 실천면에 있어서 이완되어 있고, 교리적으로 오류가 있다고 판단한 교회를 이탈하여 우리 밖에서 죽었다."[48]

그는 믿고 있는 바를 실천하는 깨끗한 양심의 신학자였다. 제롬은 터튤리안이 중년에(199-203) 로마 성직자들의 시기와 오만불손 때문에 몬타누스파로 넘어갔다고 했다. 물론 단순히 그들의 그런 행동 때문만은 아니었을 것이다. 참된 이유는 오히려 로마에 만연했던 방탕한 삶에 대해 반대할 수밖에 없었던 그의 엄격한 교리들과 실천들이 몬타누스파를 지지하게 했을 것이다. 그 후 그는 아프리카에 있던 몬타누스파의 지도자가 되었는데, 그 때문에 5세기까지 아프리카에서는 몬타누스파가 '테르튤리아누스주의'라는 이름으로 불리기도 했다.

"옛날 가톨릭의 정통을 힘 있게 변호하여 위대한 교회 옹호가인 키프리안의 선생이었던 터튤리안이 후년에 와서 분리주의자가 되어 로마교회의 대적이 되었다는 것은 이상한 일이라 할 것이다. 그러나 그의 고상한 도덕적인 성품과 엄격한 도덕 생활을 해야 된다는 생각은 그로 하여금 계율과 규율이 해이해지고, 모든 것이 형식으로 흘러가는 교회에서 멀어지게 할 수밖에 없었다."[49]

교회 사학자 샤프는 "터튤리안은 진실로 아프리카 교회를 대표한 사람이었다"고 소개하고 있다. 제롬은 터튤리안이 천수를 다하고 220년경 죽었다고 했다.

(2) 초기 라틴 교부(Early Latin Father)

특히 그는 신학 분야에 있어서 라틴어 용어들을 정착시킨 결정적인 공로자이며, 명실공히 첫 라틴 교부이다. 그는 알렉산드리아의 오리겐, 그리고 로마의 히폴리투스와 같은 시대의 인물이다. 오리겐이 그리스 교부신학의 기초를 놓았다고 한다면 터튤리안은 라틴 교부신학의 기초를 놓았다고 할 수 있다.

터튤리안이 라틴신학 발전에 끼친 공로는 그가 최초의 라틴 신학자였으며, 뛰어난 신학 사상을 개진하였다는 점에서뿐만 아니라 많은 라틴어 신학 용어를 만들었다는 점이다. 홉프(H. Hoppe)가 지

---

48) 기독교 백과사전 15권, P. 255.
49) 인물중심 교회사. PP. 84-85.

적하고 있듯이 터툴리안은 982개의 라틴어 신조어를 만들어 냈다. 터툴리안 이전에 성경이 이미 라틴어로 번역되는 시도들이 있기는 했지만 터툴리안이 만들어낸 라틴어 신조어들은 교회 예배와 신학을 정리하기 위한 전문 용어들로서 라틴 신학 발전에 지대한 공헌을 한 것이다.

그중에 가장 중요한 신앙용어는 삼위일체(Trinitatis)라 할 수 있다. 이 때문에 그는 '교회 라틴어 창시자'라는 평가를 받고 있다. 터툴리안은 최초로 라틴 교회의 신학을 문학적인 측면에서 품위를 높여 놓았고, 그뿐만 아니라 언어학적 측면에서 라틴어 발전 자체에도 큰 공헌을 한 사실을 간과해서는 안 된다.

(3) 터툴리안과 키프리안과의 관계

터툴리안 사후 20년도 안 되어 카르타고의 주교가 된 키프리안(210-258)의 전기 작가 폰시우스의 히에로니무스가 증언하는 바에 의하면 키프리안은 매일 터툴리안의 글을 읽었으며, 그를 '스승'이라고 불렀다고 한다. 저서들에서도 터툴리안의 영향을 많이 받았지만 키프리안은 자기 저서에서 한 번도 터툴리안을 직접 언급한 일은 없다.

이것은 터툴리안이 그의 생애 후반기에 몬타니즘에 빠져 교회로부터 단죄 받았기 때문인 것으로 보이며, 키프리안 자신은 터툴리안의 신학적 중요성을 높이 평가하고 있었던 것은 확실하다. 이런 사실을 차치하고라도 터툴리안은 초기 그리스도교 라틴 문학의 시조로 평가받을 정도로 후대에 지대한 영향을 미쳤다.

키프리안은 터툴리안이 기존 교회에서 정죄한 몬타니스트들의 지도자로 자처하는 것에 실망한 나머지 오히려 교회의 권위와 감독의 권위를 강조하여 가톨릭의 기초를 놓는 일에 힘쓴 듯하다. 키프리안의 글은 온통 교회와 감독의 권위를 강조한 글로 가득하다.

키프리안의 가장 유명한 저술은「교회의 통일성에 관하여」(De unitate ecclesiae)이다. 왜냐하면 '교회 바깥에는 구원이 없다'(Salus extra ecclesiam non est)는 유명한 용어의 기원이 바로 이 작품이기 때문이다.

"교회를 어머니로 모시지 않는 자는 하나님을 아버지로 모실 수 없다. 노아의 방주 밖에 있었던 자마다 구원받을 수 없었던 것처럼 교회 밖에 머물러 있게 될 자 또한 구원받지 못할 것이다."이처럼 키프리안에게 있어서 교회의 통일성보다 더 중요한 것은 없었다. 교회의 통일성을 강조한 나머지 심지어 그는 군병들이 제비뽑은 예수님의 옷이 훼손되거나 나눠지지 않고 통째로 보존된 것을 근거로 교회가 찢어질 수 없다는 통일성을 주장하기도 했다.

더 나아가서 교회의 통일성과 보편성을 교회의 감독과 밀접하게 연결시키기도 했다. "그러므로 당신이 알아야 하는 것은 감독이 교회 안에 있다는 것과 교회가 감독 안에 있다는 것이다. 즉, 만일 감독과 함께 있지 않은 자들이 있다면 그들은 교회 안에 있지 않다는 것이다."(Unde scire debes Episcopum in Ecclesia esse, & Ecclesiam in Episcopo; & si qui cum Episcopo non sint, in Ecclesia non esse;…). 이것은 한 마디로 '감독 없이는 교회도 없다'(sine episcopo non ecclesia)는 사상인데, 후대 로마 가톨릭교회의 형성에 결정적인 영향을 준다. 키프리안의 교회론이 바로 가톨릭의 교회론의 실체인 것이다. 그리스도가 교회의 머리요, 구원받은 성도들이 교회의 몸을 이룬다는 믿음은 순진한 믿음으로 치부되는 것이다. 우리는 그런 순진한 믿음의 소유자들이다.

(4) 그 시대 로마의 상황

로마의 오현제(五賢帝)로 불리던 황제 마르쿠스 아우렐리우스의 죽음으로 로마의 황금시대는 가고, 그의 아들인 '왕좌에 앉은 검투사'로 불리는 코모두스(180-193)와 함께 철의 시대가 시작되었고, 완고한 죄인인 셉티미우스 세베루스 아래 군부 독재 정치가 로마를 지배하고 있었다. 아이러니(ironical)하게 교회의 황금시대는 로마 제국의 철의 시대와 함께 시작 되었으며, 터툴리안도 이 시대에 활동했다.

당시에는 많은 고급관리, 심지어 황후까지 그리스도인에 대한 깊은 관심을 가진 가운데 황제가 그리스도인들에게 안전권을 부여했다. 아프리카 지역에는 수천 명의 그리스도인들이 잘 조직된 교회에서 자유롭게 신앙생활을 했다. 그러나 다른 지역에서 나타난 악한 비난들이 그리스도인들에게 가해지고 박해가 시작되었다.

당시에 "그리스도인은 사회와 국가의 적이고, 근친상간을 하며, 유아를 잡아먹는다"는 그리스도인에 대한 악성 소문이 만연했다.

실상 그리스도인들의 언어와 행실에서 사회적으로 오해의 소지가 있는 몇 가지 부분이 신약성서시대부터 있었던 것이 사실이었다. 근친상간 문제만 해도 그렇다. 우리는 같은 성도를 형제, 자매라고 부른다. 그러므로 우리는 형제 자매간에 결혼하고, 형제 자매간에 동거한다. 독자들께서도 오해 없기를 바란다. 필자가 말하는 형제 자매는 같은 믿음을 가진 성도라는 뜻이다. 우리 교회 안수집사님은 손주를 여럿 봤는데도 아직도 부인을 자매라고 부른다. 그 모습을 보면서 지나가는 사람들이 어떻게 생각할까? 초대교회시대, 세상에서 그리스도인들을 근친상간하는 무리라고 오해했을 수도 있었을 것이라고 실소를 금치 못했다.

터툴리안은 카르타고의 호의적인 총독에 의해서 보호를 받다가 198년부터 박해가 시작되었고, 터툴리안도 투옥되어 고난을 당한 듯하다. 그는 몬타니스트들의 일관된 신앙의 자세처럼 박해를 피하지 않고 당당히 맞서서 싸웠다. 그는 핍박에 대하여 당당한 자세로,
　　"그리스도인들의 순교의 피는 복음의 씨다!
　　우리는 당신들의 선고 때문에 감사한다!
　　우리는 당신들에게 정죄를 받을 때
　　하나님에게서 사면을 받는다"[50] 라는 말을 남겼다.

(5) 그의 저술

그는 방대한 저술 활동을 한 신학자였다. 그의 저작을 크게 3가지로 구분하면, ① 교회를 옹호하는 변호서(Apology).
　　　　　　　　　　② 신앙을 정리한 교리서(Doctrine)
　　　　　　　　　　③ 그리스도인의 생활 지침서(Christian Life)이다.
많은 부분이 없어졌지만 아직도 31권의 저작이 남아있다. 저작들을 통하여 그의 신앙이 오늘날까지 별처럼 빛나고 있다. 교회를 향한 비난에 대한 그의 호쾌한 변증은 읽는 사람들로 하여금 속이 시원하게 하는데 그 내용의 일부를 간추려보자.

1) 로마 신에 대한 신성 모독을 한다는 비난에 대한 항변

그 신들은 오래전에 존재했던 사람들에 불과한 존재이며, 시장에서 그것들을 팔고 신상이 낡고 부서지면 그것으로 그릇을 만들고 국자를 만들지 않는가? 그러나 그리스도인들은 무엇을 숭배하는가?
"생각하라 거짓을 숭배하지 않는 자는 진리를 숭배하는 자들이다."

---

50) 로마 박해에 대한 터툴리안의 기독교 변증서 (Apologeticus, L. 13)

2) 성서에 대해서

그는 성서의 고대성을 들어 "세상의 가장 오랜 저작도 모세보다 500년 뒤의 것이다. 그러므로 앞선 것이 원인이 되는 것이 당연하다"라고 말하였다. 성서의 권위에 대래서는 "예언은 성취되는 것으로 증거가 되는데 과거에 성취되었으므로 성서의 모든 약속은 성취될 것을 믿는다"라고 했다.

3) 로마인들이 세계의 지배자가 된 것은 로마인들이 그들의 신을 숭배한 헌신의 결과라는 주장에 대해서

"로마 초기에는 어떤 형상의 신도 신전도 없었다. 오히려 종교가 발전한 것은 로마가 대제국이 된 후였다. 로마가 위대하게 된 이유는 오히려 종교가 없었기 때문이다"라고 했다.

4) 로마 황제를 모독한다는 말에 대하여

"황제를 위해 신들에게 제사하지 않는 것은 산자가 죽은 자보다 강하기 때문이다. 그렇다면 죽은 신이 황제를 보호할 수 있겠는가? 황제를 위해 제사하는 저들 속에서 반역이 있으나 사실상 그리스도인들은 황제의 안전을 위해 기도한다. 살아계신 영원한 참 하나님께 기도하는데 그 하나님은 황제가 의지하는 어떤 신보다도 더 의지할 분이시다. 그리스도인들을 통치자들의 적으로 간주한 사람들이 바로 로마의 최악의 적들이다."

5) '그러면 기독교 집단의 용무가 무엇인가?'라는 질문에 대하여

당시의 교회의 모습이 묘사되고 있다.

"우리는 공통적인 종교적 고백과 일치된 훈련과 공통적인 소망에 의해 연결된 하나의 몸이다. 우리는 함께 모여 한 목소리로 하나님께 기도한다. 하나님은 우리의 기도를 기뻐하신다. 우리는 황제들과 그들의 신하들과 권세 잡은 자들을 위해, 세계의 안녕을 위해, 평화의 시대를 위해, 종말의 지연을 위해 기도한다.

우리는 함께 모여 우리의 거룩한 성서의 말씀을 듣는다. 그리고 우리는 거룩한 말씀들에 의해 신앙을 키우고 소망을 갖게 되며, 확신을 굳히고 훈련을 강화한다. 우리의 지도자들은 고매한 인격을 갖춘 장로들로서 그들은 이 영예를 돈으로 산 것이 아니라 덕망으로 획득했다.

한 달 중 지정된 날에 연보궤에 원하는 대로 바친다. 그 돈은 잔치를 벌이거나 마시는데 쓰이는 것이 아니라 가난한 자들을 돕거나

장사지내는데, 불쌍한 고아 소년 소녀들을 돌보는데, 노인과 허약한 사람들과 파산된 사람들을 도와주는데, 하나님의 교회를 위해 광산에 유배되거나 감옥에 투옥된 자들을 도와주는데 사용된다."

6) 그리스도인들은 사회에 무용한 존재들이라는 말에 대하여

그는 "그리스도인들은 세속적이지는 않지만 세상을 떠난 고행자들이 아니라 성실한 사회인이며, 쓸모 없는 사람이라면 포주들, 뚜쟁이들, 목욕업자들, 살인자들, 죄수들, 마술사들, 점쟁이들, 점성사들 일 것인데 그들 중에서는 그리스도인들을 찾지 못할 것이다"라고 했다.

(6) 그의 신앙

샤프(Phillip Schaff)가 말한 대로 그는 근본적인 신학자이며, 초대교회의 신앙에 굳건하여 진리를 위한 열정의 사람이었다.

1) 삼위일체에 대한 신앙

그는 당시에 놀라울 만큼의 완전한 삼위일체 신앙을 가지고 있었다. 하나님의 실체이며, 질서정연한 세 인격들이 단순하게 한 하나님의 세 역할 또는 기능들을 감당한다고 주장했고, 그리스도는 하나님보다 못한 분이 아니라 완전한 인성과 완전한 신성을 가지신 분으로 우리는 그를 통해서 하나님을 예배한다고 주장했다.

2) 영혼전이론 (Traducianism)

사람의 영혼은 태어나면서 부모로부터 전이 된다고 믿었다.

3) 육체의 부활

"어떻게 분해된 물체가 다시 나타나도록 만들어질 수 있는가?"라는 질문에 "인간이 존재로 나타나기 전에 무엇이었는가?"라는 반문으로 대답한다. 터툴리안은 최후의 심판을 근거로 해서 부활을 증거하고 있다. 만약 모든 사람이 하나님 앞에서 심판을 받아야 된다면 반드시 전의 모습대로 하나님 앞에 나타나야 한다. 그러므로 영혼뿐만 아니라 몸도 복구되어야 한다. 왜냐하면 영혼은 육체가 없이는 고통을 받을 수 없기 때문이다. 이후에는 더 이상의 죽음도 부활도 없다. 우리는 지금과 동일하게 영원한 옷을 입고, 하나님과 함께 있을 것이다. 속된 자들은 불의 심판에 넘겨질 것이다. 그 불은 본질상 그들을 죽이지 않고 영원히 태울 것이다.

그는 이집트의 불사조(피닉스)를 예로 들어 '새들이 부활을 보장받고 있는데 인간이 어찌 썩어 없어지겠느냐?'고 반문했다. 그는 죽음을 육체의 죽음으로 보지 않고, '잃어버린/Lost'이라는 말은 영혼의 불멸성의 파괴를 말하는 것이 아니라 게헨나(지옥)에서의 징벌의 의미에서 잃어버리게 된다는 것이라고 주장한다. 그리스도의 말씀은 육체와 영혼의 궁극적인 소멸을 의미하지 않는다. 지옥에서 파괴를 당한다는 것은 육체와 영혼의 소멸을 말하는 것이 아니라 징벌 받음을 의미하는 것이다. 지옥의 불은 영원한 것으로 선포 되어 있고, 그것은 영원한 징벌을 위한 것이다.

4) 전(前)천년 신앙

"그러므로 현세의 종말이 끝나고 천년왕국이 끝나면 마지막 대사변과 세상의 심판을 믿었던 터툴리안은 결코 도덕적인 해이에 빠질 수 없었고 안정에 만족할 수 없었다."[51]

5) 동정녀 탄생

"동정녀 몸에서 인간의 씨로 말미암지 않고 태어나시기 전에 하나님을 인간적인 어머니 없이 자신의 아버지로 모신 분이다. 이와 같이 그가 동정녀에게서 태어나셨을 때 인간적인 아버지 없이 인간적인 어머니를 모실 수 있었다."

성경에 대한 명쾌한 이해와 깨끗한 양심으로 믿는 믿음의 선명함과 위대성은 그가 진정 우리의 믿음의 선배임을 보여주고 있다. 십자가에 못 박히신 하나님, 좋으신 하나님, 다시 부활하신 하나님이라 선언하여 당시 논리적으로 받아들여지던 그리스도의 환영설, 성부수난 불가설을 거부하며

"나는 구원받은 자로서 내 주 하나님을 부끄러워하지 않는다.
하나님의 아들은 십자가에 못 박히셨다!
나는 수치스러운 문제가 되는 것을 부끄러워하지 않는다.
하나님의 아들은 죽으셨다. 그는 장사되었고 다시 부활하셨다.
나는 그토록 어리석은 그 사실을 믿는다.
나는 하나님의 계시가 불합리하므로 믿는다."[52]고 주장 했다.

---

51) Clyde l. Manschreck, 최은수 역, 세계 교회사, P. 93.
52) Ibid P93.

(7) 몬타니스트와 터툴리안의 관계

터툴리안은 온 마음으로 몬타니스트들의 신앙을 받아들였던 것 같다. 그것은 그의 신앙에 적합한 것이었으며, 그에게 혼란스러웠던 신학적, 실제적 문제에 대한 논리적인 해결책이 되었다. 그러나 그가 접한 몬타니즘은 소아시아에서 시작된 과격한 성령 운동이 아니라 순화된 몬타니즘으로 그들의 청교도적인 엄격한 신자의 생활, 금식, 세상으로부터의 분리, 그리스도를 고백하는 것, 믿음을 위하여 고난을 기꺼이 받는 것 등이 중기 몬타니즘의 모습이었다.

터툴리안은 몬타니즘의 최선의 부분을 받아 발전시켰다. 예컨대 그는 사멸된 것을 부활시키고, 모호해진 것을 발전시켰던 것이다. 오류가 많았던 몬타니즘을 바로 잡아 초대교회의 참 모습을 복원하여 초대교회의 맥을 이은 사람이다. 터툴리안의 업적을 생각하지 않고는 몬타니즘의 의미는 우리에게 아무것도 아니었을 것이다. 몬타니즘의 오류는 버리고 그들이 가지고 있던 탈 세속, 재림 대망의 초대교회의 참 모습을 찾아내어 발전시켰던 것이다.

로마의 세속주의가 생활에 깊숙이 침투하여 그리스도인들조차도 세속에 빠진 생활을 죄로 여기지 못하는 상황에서 몬타니스트들의 성별된 생활을 통해 그리스도인들의 삶을 재조명하며 결벽증에 가까운 그리스도인들의 성별한 생활을 주장한 나머지 성도들의 타락은 구원을 잃을 수도 있다는 오류에 빠지기도 했다는 비판을 받기도 한다.

"그의 개념들 중에 어떤 난해한 문제를 수반하였어도 터툴리안은 금욕주의의 유산과 삼위일체에 대한 기본적인 골격과 그리스도의 양성(완전한 신성과 완전한 인성)을 남겼으며 교회의 제도를 계속적으로 보존시키시는 분으로 성령의 역할을 강조하였던 업적을 남겼다."[53]

---

53) Ibid. P. 95.

3. 노바티안 (Novatians)

터툴리안이 몬타니스트의 신앙을 카르타고 지방과 아프리카 지방에 전파하고 있을 때 또다시 큰 박해가 일어났다. 그것은 AD. 249년 황제가 된 데시우스(Decius)에 의한 박해였는데, 이 박해는 전임자인 필립이 그리스도인이었다는 심증을 가지고 있었던 데시우스가 필립에 대한 증오심을 가진 것이 동기가 되었다. 또 다른 동기는 기독교가 놀랍게 성장하여 교회는 가득 찬 반면 로마 신전은 텅텅 비는 데서 오는 질투심에서 비롯된 것이었다.

그의 핍박은 로마의 10대 핍박 중에 일곱 번째로 일어난 핍박이었는데 이 핍박의 소용돌이 속에서 교회는 핍박으로 인한 고난보다도 더 엄청난 시련을 겪게 되었다. 그것은 박해 시의 지도자들의 자세가 원인이 되었다. 이 핍박으로 로마 감독이었던 파비안(Fabian)이 250년 1월 20일 최초로 순교하게 되었다.[54]

파비안은 노바티아누스가 병중에 침례를 받은 사실로 많은 성직자들이 반대하는데도 불구하고 그를 장로로 안수하여 주교가 공석일 때 주교의 자리를 계승할 수 있는 관습적인 지위인 대부제(副祭, archdeacon)의 자리에 오를 수 있게 하였다. 이 일을 볼 때 파비안과 노바티아누스의 관계와 파비안의 신앙 양심이 어떠했는가를 보게 한다.

(1) 지도자 : 노바티아누스 (Novatianus)

그의 생애 중 로마의 장로가 되기까지의 기록은 잘 알려져 있지 않다. 그가 브루기아 출생이라고도 하나 그가 그리스도인 되기 전에 철학자였다는 사실은 알려져 있다. 그는 성년이 되어서 그리스도인이 되었고, 무슨 병이 있었는지 모르지만 당시 로마 감독이었던 파비안(Fabian)에 의해 병상 침례(Clinical baptism)[55]를 받았다. 그는 파비안(Fabian)에 의해 성직에 임명되어 장로로, 대 부제로 있으면서 탁월한 학문과 뛰어난 웅변술로 교계에 급격히 부상했고, 당시 로마교회에 가장 영향력 있는 장로가 되었다.

---

54) 기독교 백과사전 3권, P. 572.
55) 노바티아누스가 병중에 침례를 받았다는 것은 당시에 벌써 침례의 의미와 방법이 상당히 변질된 것을 알 수 있다.

노바티아누스를 반대하는 논문을 쓴 익명의 저자의 글에서;

"이 노바티아누스는 교회에 있을 동안에는 주님의 귀한 그릇이요 주님의 한 성전 노릇을 하였고, 다른 사람의 잘못을 자신의 잘못처럼 슬퍼하였다. 사도가 명한 바 대로 형제의 짐을 져 주는 사람이었으며, 신앙이 약한 사람은 그의 권면을 듣고 다시 힘을 얻었다"라고 노바티아누스를 평하고 있다.

파비안의 순교로 공석인 로마 주교 자리는 관습적으로 대부제가 승계하는 것이었다. 그럼에도 불구하고 노바티아누스는 그 자리를 사임하였다고 한다. AD. 251년 3월 코르넬리우스(Cornelius)가 로마의 감독으로 취임하였다.

역사학자들은 코르넬리우스가 로마 주교가 된 뒤 노바티아누스가 분파하여 대립 주교로 취임하여 그와 투쟁했다고 기록하고 있다. 그러나 역사의 주관적 관점에 의한 편견으로 로마 감독의 지위를 위한 투쟁으로 보는 것은 여러 가지 측면에서 부당하다. 가톨릭의 역사에도 노바티아누스를 대립 교황으로 소개하고 있다.

인명사전(wordrow. kr)에 소개된 노바티아누스;
"노바티아누스(Novatianus) : 로마의 신학자(200?~258?). 251년에 로마 교황 역사상 두 번째 대립 교황으로 선출되었다. 라틴어로 글을 쓴 최초의 로마 신학자이며, 그의 추종자들은 노바티아누스파를 형성하였다. 저서에 「삼위일체론(三位一體論)」이 있다."(wordrow. kr)

그는 로마의 주교 자리를 원했던 것이 아니라 로마교회에서 나와 진정한 교회를 세우기 위해 같은 믿음을 가진 성직자들과 함께 성서적 교회를 세워 가기를 원했던 것이다. 그러므로 그는 로마교회를 떠났고, 로마교회를 거부했다. 그 증거로는,

① 그가 당시 로마교회의 주교였던 파비안의 지지를 받아 주교의 자리를 관습적으로 승계할 수 있는 대부제직을 사임한 사실은 의도적으로 로마교회의 주교 자리를 계승하기를 원치 않았다는 사실을 증명한다.

주교가 공석일 때 한때 주교의 직무를 수행한 적도 있었다. 카르타고 교회에 편지를 보내어 변절자들을 취급하는 문제를 다루었다. 노바티아누스는 변절자들에 대하여 온건한 정책을 지지했다. 이 때문에 핍박 시 변절자들에 대해 너무 관용적이었다는 비판을 키프리

안에게 받기도 했지만 어떤 죄를 지었다 하더라도 회개하고 돌아오는 자들을 우리가 용서하지 않고 어쩔 건가?

② 그는 당시 로마교회에서 가장 영향력 있는 장로였다. 아무도 그의 인격과 가르침에 대하여 비난한 적이 없었고, 그를 지지한 사람들은 모두 "최초에 있었던 박해 당시에 고난을 당했던 증거자들 대부분이 그의 편에 서 주었는데 이들은 교회에서 가장 존경받은 장로들이었다."[56]

사람들이 노바티아누스를 비난한 것은 두 가지였다.
첫째, 그가 받은 병상 침례(Clinical Baptism) 때문이었지만 그것은 침례를 베푼 로마 감독 파비안 주교에 의해서 용납되고, 또 로마교회의 부제로 임명되었던 것이다.
둘째, 박해 당시 보여주었다는 용기에 대한 불신임이었다. 그러나 그러한 불신임은 대적들의 터무니없는 비판이었다. 노바티아누스를 지지하는 많은 증거자들이 있었는데 그들은 최근의 박해 시에 고난을 당했던 사람들의 대부분이며, 높은 신앙적 기준으로 산 사람들이었다.
"그 증거자들이란 노바티아누스가 자신의 신앙을 어떻게 지켰는지를 누구보다도 잘 알고 있었던 사람들로서 사실 그들은 주교들이라 할지라도 자신들이 가지고 있던 그리스도께 대한 충성심의 기준보다 더 낮은 기준을 가지고 있다는 이유로 결코 용납해 주지 않았던 철저한 신앙의 소유자들이었다."[57]

③ 노바티안 교회에 오는 사람들에게 다시 침례를 베풀었다. 그는 로마교회에서 받은 침례는 무효라고 했는데 이것은 로마교회를 타락한 교회, 또 부패한 교회라고 인정했기 때문이다.[58]

④ "나는 로마의 주교 자리를 원치 않는다"고 공언했다. 그의 인격으로 보아 어느 누구도 그의 발언이 거짓이었다고 할 수 없었다. 그는 부패한 로마 주교 자리와 권좌를 기꺼이 버리고 성서적인 교회를 세우기 위해 나왔음을 부정할 수 없고, 그가 인도했던 교회의 신앙으로 볼 때 그의 행적이 증거가 되기에 충분하다.

---

56) Ibid P. 573.
57) Ibid P. 574.
58) Amitage. I. P. 178.

그러므로 그는 부패한 교회인 로마교회에서 나왔고, 같은 믿음을 가진 지도자들과 성서적인 교회를 세워나갔던 것이다. 신앙적으로 동의할 수 없을 때 침례교인의 특징은 그들로부터 나와서 신앙적으로 거리낌 없는 교회를 세워나가는 것이 제도 안에서 개혁을 시도하는 일반 개혁자들과 다른 점이었음을 역사적 증거로 보여주고 있다. 터툴리안도 기존 교회의 직분을 포기하고 나와서 자기 길을 갔다.

그 방법이 성서적으로 타당하다. 분리(Schism, Separation)라고 쓰이는 단어는 성별이다. 소극적으로는 부패한 곳으로부터의 탈출이며, 적극적으로는 거룩함을 지향하는 투쟁이라고 할 수 있겠다. 그러므로 단순히 성서적인 침례를 베푸는 것 하나만 가지고 침례교회라고 볼 수 없으며, 주님께서 세우신 교회를 계승한 교회라고 보는 것은 아니다. 성서적인 침례를 행하는 것은 침례교회의 한 부분에 지나지 않는다. 그러므로 성서적인 침례를 베푸는 교회가 모두 역사적으로 계승된 우리의 선조라고 보지는 않으며, 이름을 같이한다고 다 우리와 같은 교회라고 볼 수 없다. 물론 그들이 베푸는 성서적인 침례 자체를 부정하는 것은 아니다.

그의 파문

그는 그해(AD. 251년) 후반기에 60명이 모인 로마교회 회의에서 공식적으로 파문당했다.

그의 저술

그는 라틴어로 많은 글을 남긴 저술가였다. 오늘날까지도 그의 저술이 남아있고 1724년에 출판되었다. 그의 논문 중에 몇 가지를 인용해 보면 특히 구약의 율법과 신약의 관계에 대하여 명료한 결론을 내리고 있다.

음식, 즉 고기에 대하여 논쟁이 있을 때 그는 "특정한 어떤 고기를 사용하는 것을 금하는 옛날의 율법이 유대인들이 무절제한 식사 행위를 막기 위해서, 그리고 그 동물들의 모양으로 나타나는바 사람 안에 있는 어떤 악을 꾸짖기 위해서 제정되었다. 그러나 그러한 모든 그림자들이 그리스도 안에서 사라져 버렸고, 이제 기독교인들은 우상 앞에 던져진 제물만을 제외하고 그 어떤 음식도 먹을 수 있다"(In De cibis Judaicis P. 572)고 설명했다.

그의 대표적인 저술들은 이단으로 정죄한 교회들조차도 거부할 수 없는 기독교의 핵심이 되었다.

① 삼위일체론(De trinitate/On the Trinity) ; 노바티아누스의 대
표적인 저술이라 할 수 있다.

② 유대 음식에 대하여(In De cibis Judaicis/Concerning Jewish
Foods) ; 단순히 음식 문제를 넘어 구약성서를 올바로 이해할 수
있는 글이다.

③ 연극, 공연에 대해서(In De spectaculis) ; 터툴리안과 같이 퇴
폐적인 공연을 피하도록 지도했다.

그의 사망

자세한 기록은 없으나 258년 발레리아누스(Valerian) 황제 제위
중인 258년경에 순교한 것으로 알려져 있다. 그의 무덤이 1932년
로마의 산 로렌조 공동묘지에서 "Novatiano … Martyri"라는 비문과
함께 발견되었다. 59)

(2) 그들의 신앙

그들은 터툴리안의 신앙을 계승 발전시켰다. 그리고 몬타니즘의
엄격한 신앙생활을 계승하여 성서적인 초대교회의 신앙생활을 회복
하였다. 당시 로마의 퇴폐적인 문화와 방종과 향락에 물들어 가던
교회 속에서 저들은 진정한 청교도들이었으며, 근본주의자들이요
성서적으로 살려는 그리스도인들이었다.

1) 삼위일체 신앙 '삼위일체 침례교도'(노바티안들의 별명)

당시 사람들은 노바티안들의 삼위일체 신앙으로 인하여 그들을
조롱하여 '삼위일체 침례교도'(Trinitarian Baptists)라고 불리기도 했
는데 한때 그들의 이름이 되기도 했다. 하나님의 교회가 세상에서
조롱거리였던 것은 초대교회 때부터 지속된 현상이었다. 조롱조로
불린 기독교의 이름에 또 하나가 추가된 기록이지만, 간과하지 말
아야할 것은 이 이름은 이방인들 세상 사람들의 조롱이 아니라, 교
회라는 이름의 무리들이 신앙이 다르다고 조롱하기 시작했다는 것
이다. 교회라는 이름으로 받을 핍박의 전조라고 할 수 있다.

---

59) Britanica, Ⅶ. P. 423. "Novatian, During the persecution of Christians from
251 to 253, he fled Rome. The assertion of the church historian Socrates (d.
c. 445) that Novatian was martyred about 258 under the Roman emperor
Valerian appears confirmed by the inscription "novatiano... martyri" found in a
cemetery near San Lorenzo, Rome, in 1932.

로마교회가 니케아 회의에서 아데나시우스가 주장한 '삼위일체 /Trinitatis'를 채택하기 80여 년 전, 아무도 말할 수 없었던 삼위일체 신앙을 확증한 노바티안들의 신앙이 교회의 조롱거리가 되었던 것은 놀라운 일이 아니다. 당시의 식자(識者)들 사이에서는 삼위일체, 동정녀 탄생, 그리스도의 십자가의 고난 등은 비합리적인 이론으로 치부하던 때였다.

니케아 교회회의(synod)에서 삼위일체 논쟁

노바티안들은 삼위일체의 신앙을 더욱 발전시켰으며, 저들은 가현론(假現論)과 그노시스주의의 철학적 사조 속에서 갈팡질팡하는 교회에 선명한 신앙을 밝힌 사람들이다. 삼위일체에 대한 노바티아누스의 저술에 대해 제롬이 '터툴리안의 축소판이며, 혹은 키프리안의 저술'이라고 하는 것이 당연한 것은 노바티아누스의 신앙은 터툴리안의 신앙을 계승한 학자였기 때문이다. 터툴리안은 누구의 신앙을 계승했을까? 바로 신약성서이다. 325년 니케아 회의에서 아데나시우스의 삼위일체 신앙논쟁이 되었을 때 황제였던 콘스탄티누스가 당시의 노바티안의 지도자였던 아케시우스(Acesius)를 불러 삼위일체 논쟁에 대해 전문가로서 충고를 부탁했다. [60] 그때 아케시우스는 아데나시우스의 교리를 지지하여 니케아 회의에서 삼위일체 신앙이 승리하는 역할을 감당했다. [61] 그리하여 아데나시우스를 중심으로 한 로마교회의 정통파들에게서 감사의 인사를 받기도 했다.

침례교회는 '교리사(敎理史)'가 따로 없다. 처음부터 신약성서가 가르친 바를 그대로 받고 믿고 따르는 사람들이기에 발전의 여지가 없었다. 신약성서가 가르친 말씀을 사람들이 발전시킬 수 있겠는가?
당시 황제가 아케시우스에게 '아데나시우스파의 신앙과 차이가 있느냐'고 물었을 때 '차이가 없다'고 대답하니, 차이도 없다면서 분파하는 노바티안 주교 아케시우스에게 "당신 사다리로 혼자서 하늘로 올라가시오"라는 황제의 조소를 받기도 했다. 황제의 조소가 이해되는 부분이 있다. 황제가 생각하기에는 삼위일체 교리가 기독교

---

60) 콘스탄틴 황제는 너무나 급히 정통 신앙과 노바티아누스 파의 모범적 도덕을 금지했다고 확신했는데, 그들에게 콘스탄티노플(Constantinople)에 교회 하나를 짓게 허용했고, 주교 아케시우스(Acesius)를 니케아 공회(synod of Nice)에 초대하여 삼위일체 신앙에 대해 자문을 구하며, "역사가들은 의심되나 나는 이유 없이 노바티안 교리(Novatian doctrine)에 애착이 간다." 했다.

61) 기독교 백과사전, 3권, P. 575.

신앙의 핵심인 듯한데 같은 신앙을 가졌다면 함께하지 왜 분리의 길을 가느냐는 뜻이었을 것이다. 한 가지 일치하는 부분이 있다고 하더라도 국가교회를 인정할 수 없었던 노타티안들의 믿음을 우리는 이해할 수 있다.

여기서 교회 연합의 문제를 생각해 보자. 당시 황제의 생각은 기독교의 사랑, 화해, 연합 등의 일반적 관념으로는 노바티안이 이해가 되지 않았을 것이고, 오히려 편협한 반 기독교적인 행태로 보이는 것이 당연했을 것이다. 분리는 세상의 윤리적 기준에 기초를 두는 것이 아니라 하나님의 말씀의 기준으로 행하는 것이 그리스도인의 올바른 윤리관이다.

노바티안이 아데나시우스의 정통파와 함께하지 않았던 이유는 명백하다. 그들은 가톨릭을 인정하고 그곳에서 개혁해 나가려던 무리들이었고, 노바티안은 가톨릭을 인정하지 않고 나온 무리들이었기 때문이다. 오늘날도 동일한 일들이 일어나고 있음을 주목해야 할 것이다.

2) 순결한 자(Purer)

침례교도의 신앙생활의 큰 주제는 재림 대망, 탈세속 생활이었다. 이 두 가지는 열정적인 전도인의 삶과 세상에 가치를 두지 않는 나그네로서의 삶을 영위하게 하는 진정한 에너지가 된다. 초대교회 성도들의 신앙이 바로 이 두 마디로 요약될 수 있었고, 터툴리안과 후기 몬타니즘이 그렇게 살았으며, 그들의 신앙을 계승한 노바티안(Novatian)의 생활이 그와 같았다. '순결한 자'는 말씀을 따라 이 세대의 사조와 유행을 떠나 성별된 삶을 사는 그들을 비웃는 말로 한 말이었다.

수년 전에 무디 성경학교 학생들이 한국에 찬양 순회 사역을 위해 왔던 적이 있었다. 그들의 복장과 태도가 참 인상적이었는데 어떤 장신구도 하지 않은 얼굴 모습과 여름인데도 팔과 무릎을 가린 옷을 입고 소박한 표정으로 찬양했다. 당시 한국 사람들에게는 다소 낯선 그들이 생각난다. 지금 그들은 어떻게 변했을까? 늘 그 후일담을 궁금해 하는 필자의 성향이 호기심을 느끼게 한다.

노바티아누스는 최초로 로마의 경기장에서 벌어지는 퇴폐적이고 폭력적인 경기에 대하여 반박하는 논문 "공연에 대하여/In De Spectaculis On"을 써서 책망하고 그리스도인들은 마땅히 관람하지 말 것을 전했다. [62]

전설에 의하면 원형극장에서 살육의 잔혹한 경기에 열광하던 로마 시민들에게 어떤 노인이 일어나서 "이 악한 살육의 경기를 멈춰라"고 일갈했을 때, 사람들은 또 하나의 코미디인 줄 알고 웃었으나 이 말이 그들의 마음을 울려 다음부터 그 경기에 서서히 흥미를 잃게 되었다고 한다. 열광하는 관중들에게 일갈한 용기 있는 그 노인이 누구였을까?

노바티안들은 성결한 생활을 통해 또 다른 별명을 받게 되었는데 그것은 '카타리'였다(Cathari: that is the pure). [63]
당시 로마와 소아시아에서는 저들을 카타리(Cathari)라고 불렀다. 경건한 생활과 청빈한 생활, 그리고 열정적인 전도열로 산 사람들을 의미하며, 다른 말로 순결한 자들이란 뜻인 'Purer'라고 불렀다. 로마 부흥기는 로마의 문란한 사회상과 쾌락을 좇아 잔인한 살육이 자행되는 원형극장의 오락이 생활이 된 로마를 향해 "이 악한 살육의 오락을 멈추라!"고 막아섰던 사람들이었다.

북아프리카에서 그 직전에 활동했던 터툴리안도 그리스도인들은 로마의 원형극장의 잔인한 오락을 경계하는 글('The Shows or De Spectaculis'/쾌락을 추구하는 공연들)을 써서 반대했다. 터툴리안은 이런 공연이나 경기는 부도덕하고 부패로 이어진다는 견해를 가지고 있었다. "터툴리안은 이런 공연들이 이교도들의 의식에서 파생되었다고 주장하며, 관중을 자극하여 '영적 동요'로 이어지기 때문에 그리스도인들이 피해야 할 일이라고 했다."[64]

'카타리' 저항하는 자들의 대명사!
후세에 청교도란 뜻의 퓨리탄(puritan)의 시조라고 볼 수 있으며, 7세기 이후 파울리시안(Paulician)들이 전도하여 로마에까지 이르렀을 때 그들을 카타리(Cathari)라고 불렀던 것은 파울리시안들의 신앙이 2세기 노바티안과 동일했기 때문이었을 것이다. 같은 주님 같은 선생이신 성령의 지도를 받으니 당연히 같을 수밖에…, 그 후로

---

62) 브리테니카 8, P. 423
63) "On account of the purity of their lives they were called the Cathari." John's 1. P. 45
64) "The Shows or De Spectaculis."also known as On the Spectacles, is a treatise by Tertullian. Written somewhere between 197-202, Tertullian's views of these public performances in the theatre are that they are immoral and lead to corruption.

1200년경 프랑스에서 일어난 알비젠시안들을 '카타리'파라고 정죄했고, 종교재판의 기록에는 천주교 이단의 대명사처럼 쓰였다.

3) 재침례교도(Anabaptist)

전술한 바와 같이 그들이 재 침례를 행함으로 최초의 재침례파 (Anabaptist)들이 되었다. 그들이 재 침례를 행한 것은 침례의 방법과 의미의 오류에서부터의 회복의 의미뿐만 아니라 그들에게 침례를 베푼 로마교회 자체를 부정했기 때문이다. (Amitage I. P. 178)

침례의 방법이 이미 상당히 변질되고 있었지만 방법보다 의미가 먼저 변질되어 갔던 것은 주지의 사실이다. 우리가 침례의 방법을 중요시 하는 것은 그 방법이 포함하고 있는 의미가 중요하다고 믿기 때문이다. 그 의미를 포함하는 방법은 침수례(Immerse) 이외에는 다른 방법이 없기 때문이며, 무엇보다 주님께서 명하신 침례의 방법과 의미가 변질될 수 없음을 확신하기 때문이다.

(3) 그들이 끼친 영향

"많은 사람들이 노바티안의 교훈을 따랐고, 로마제국에 200년 동안이나 큰 영향을 미쳤다."[65] 그리하여 가톨릭의 정통파(아테나시우스의 신앙을 동조하던 무리들)에 의해 노바티안들을 로마교회의 성직자로 임명하자는 제안을 받기도 했다. [66] 노바티안들은 이상할 정도로 내부적인 분화가 전혀 없었으며, 그들 가운데 신앙의 정절에 대한 주장에 어울리지 않은 어떠한 요소도 없었다. 그렇게 존경을 받고 교리면에서 정통한 그들에게 화해의 교섭이 이루어져 니케아 공의회가 교회 법규 제8조에서 노바티아누스파 성직자의 성직을 인정하자고까지 제안했던 것은 매우 자연스러웠다. 그러나 그들은 로마교회에서 나와 그들의 길을 가는 여전한 하나님의 순례자들이었다.

몬타니스트들과 관계

전술한 바와 같이 노바티안의 신앙은 터툴리안의 축소판이라고 평할 만큼 그들은 서로 연결되었고, 터툴리안은 후기 몬타니스트였다는 점을 미루어 몬타니즘 → 터툴리안 → 노바티안의 분명한 신앙적 계승을 볼 수 있다.

---

65) John. s 1. P. 44.
66) 기독교 백과사전. 3. P. 575.

"이 시대에 일어난 분파는 그 창설자의 이름을 따서 노바티안파 (Novatians)라고 하였는데 실상 이것은 100년 전에 시작되어 그동 안 많은 영향을 끼쳐 내려오던 몬타누스파의 연장이었던 것이다. 노바티안파는 특별한 환경에 따라 다른 세대에 일어난 한 몬타누스 파였다."[67]고 했다.

노바티안은 자신들의 신앙을 끝까지 주장하다가 파문을 당하고 분파주의자(sectarian)라는 낙인이 찍히는 것도 두려워하지 않았다. 우리는 150년 경에 소아시아에서 일어난 청교도적 신앙운동인 몬타 니스트 운동(후기의 몬타니즘)이 서아프리카 카르타고의 저명한 신 학자인 터툴리안을 일깨우고, 지중해를 건너 로마 중심에서 성서적 인 침례를 베풀며, 혼탁한 시대에 삼위일체의 확고한 신앙과 재림 대망, 탈세속의 초대교회의 사도적 신앙을 계승해 온 거룩한 신앙 의 선조들인 노바티안을 오늘에 살피며, 우리의 위치와 자세를 다 시 한번 가다듬고자 한다.

노바티안은 변질된 로마교회에서 나온 분파주의(sectarian)가 아 니라 분리주의자(Schismatist)[68]가 되었다. 분파주의와 분리주의는 후에 자세히 규명하겠지만 분파주의는 가톨릭과 교황을 인정하고 교황의 승인을 받아 특정 집단을 구성하는 것이고, 분리주의란 가 톨릭은 더 이상 교회가 아니고 교황의 대리권을 인정하지 않는 이 들을 말한다.

가톨릭이 로마의 국교가 되고, 국가 법령으로 칼을 휘두를 때인 400년 이후에 반포된 데오도시우스 황제의 로마 법전에 노바티안의 정죄에 대한 법령이 있는 것을 볼 때, AD. 5세기까지 노바티안이 로마를 중심으로 신앙의 등불을 밝혔다.
로빈슨은 이들의 신앙 운동이 결국 개혁시대 재 침례교회 운동의 때까지 지속되었다[69]고 주장하는데, 실상은 그들이 아니라 후대에

---

67) 인물중심교회사. P. 80
68) 분리주의자(Schismatist/ 후대에 가톨릭을 인정하지 않는 자들로 사형에 해당하는 죄목)
69) John's 1. P. 44. "This churches continued to flourish in many parts of Christendom for six centuries, traces a continuation of them up to Reformation and the rise of the Anabaptist movement. Great numbers followed his(Novatian)example, and all over the empire Puritan churches were constituted and flourished through two hundred succeeding year.

일어난 무리들이 신약성서의 원리를 따라 신앙과 실천으로 신앙생활을 하니, 노바티안을 아는 외부에서는 그들을 계승한 것처럼 보인 것이다.

노바티안은 로마를 중심으로 일어나 많은 무리들이 함께한 신약교회 회복 운동이었다. 그들은 로마교회를 떠나 돌아오는 그리스도인들에게 재 침례를 행한 것은 로마교회를 더 이상 교회로 인정하지 않았다는 사실을 선언한 것이다. [70]

이어서 북아프리카 누미디아 지역에서는 도나티스트(Donatist)들이 이들과 연계 없이 신약교회 회복 운동을 일으키게 된다.

출처) 삼위일체 논쟁과 니케아 공의회 신앙과 신학 : 강도현 목사

70) Thomas Armitage, History of the Baptist I, P. 178 "They refused to receive the 'lapsed' back into the Churches, and because they held the Catholics corrupt in receiving them, they re-immersed all who came to them from the Catholics, For this reason alone they were called 'Anabaptists'.

4. 도나티안(Donatian, Donatists 도나티스트)

로마교회를 거부하고 삼위일체 신앙과 그리스도의 재림과 이 땅에서 그리스도께서 문자적으로 통치하실 천년왕국(millennium)을 믿고, 신자의 침례, 거듭난 자들의 모임으로서의 교회였다. 양심의 자유와 개교회의 독립을 견지하며, 로마와 아프리카, 소아시아에서 노바티안(Novatians) 교회가 교세를 확장하고 있을 때 이제까지의 어떠한 핍박보다도 잔인한 박해의 폭풍우가 몰아닥쳤다.

디오클레시안(Diocletian)[71]의 박해였는데 디오클레시안은 집권하고 20여 년 동안 기독교에 우호적이어서 교회의 부흥기를 맞았다. 그의 부인 프리스카(Prisca)와 그의 딸 발레리아(Valeria)도 그리스도인이었고, 왕궁의 많은 고관들도 기독교인들이었다. 그러다가 그의 사위인 갈레리우스가 황제를 선동하였고, 시벨레(Cybele)를 섬기는 이교도인 그의 모친이 교회를 핍박하도록 강권하여 박해가 시작되었다는 것을 근거로 삼는다. 하지만 당시 로마 제국에 어려움이 닥치면 정치적으로 기독교를 희생양으로 삼는 경우가 많았으니….

데시우스 황제 때와 마찬가지로 이방신에게 경배하게 하고, 증명서를 발급하여 기독교인을 색출하여 핍박했다. 이런 상황에서 웃픈 일들이 있었으니 거짓 예배로 모면하려는 그리스도인들, 돈으로 증명서를 사는 그리스도인들이었다. 특히 감독이나 장로들에게는 성경을 바치도록 했고, 바쳐진 성경은 공개적으로 불태웠다.

안타깝게도 교회의 몇몇 장로와 감독들이 성경을 내어주는 배교(traditor)가 있었다. 여명이 밝아오기 직전이 가장 어두운 것과 같이 역사상 로마제국의 박해로는 마지막으로 기록된 무서운 박해였다. 로마에서만 3,000-3,500명이 순교를 당했고, 북아프리카에서는 순교자가 수만 명을 헤아렸다.

박해의 폭풍우와 처절한 살육의 화염이 지난 뒤에 남은 상처는 핍박 시에 많은 지도자들이 타협하여 목숨을 부지한 후에도 회개하기는커녕 핍박자에 의해 유지된 기득권으로 교회를 지배하려는 욕심

---

71) 디오크레티안(제위:284년부터 305년: 가이우스 아우렐리우스 발레리우스 디오클레티아누스:Gaius Aurelius Valerius Diocletianus :244.~311.) 왕비 프리스카(Prisca)와 딸 발레리아(Valeria)가 그리스도인이 되었음에도 자신의 동상을 세워 모두들 자신을 경배하도록 했다. 잔혹한 핍박이 있었으나 당시의 로마는 4분 분할통치를 했고 서부지역인 골, 스페인, 영국 등은 콘스탄티누스가 다스리고 있어서 핍박은 없었다.

때문에 교회는 분열의 소용돌이를 만나게 되었다는 것이다. 또 한 가지 비극은 핍박을 통해 그리스도인이 같은 그리스도인들을 핍박하는 법을 배웠다는 것이다.

이러한 와중에서 아프리카 누미디아에서는 주교의 선출 문제 때문에 교회 역사상 또 다른 선명한 선을 긋는 신앙 운동이 일어났다. 소아시아에서 일어난 몬타니즘 운동(150년), 카르타고에서 일어난 터툴리안(200년), 로마에서 일어난 노바티안(250년)에 이어 이번에는 아프리카 중부지역에서 정화를 위한 회복 운동이 일어났다. 이 신앙 운동은 지도자였던 도나투스(Donatus)에 의해서 불려진 이름이었다.

(1) 도나티안 발흥 계기

디오클레시안 황제의 박해가 끝나고 누미디아(Numidia)에 감독을 선출하는 문제가 원인이 되었다. 311년 캐실리안(Caecilianus)을 주교로 선출함으로 그의 자격에 문제를 제기한 많은 감독들이 반기를 들었다. 캐실리안은 핍박 시 기독교인들을 국가와 함께 박해하고,[72] 성경을 핍박자들에게 내어주어 불태우게 한 혐의를 받고 있었다(성경을 내어준 자/traditor). 물론 그는 성경을 보호하기 위해 핍박자들을 속여 쓸모없는 책들을 내어주었다고 변명하기는 했지만 캐실리안은 대다수의 감독들에게 불신임을 받았다.

뿐만 아니라 캐실리안이 카르타고 감독으로 임명되는 임직식에 펠릭스(Felix of Aptunga)라는 감독이 참석하여 안수했다. 펠릭스도 박해 시에 성경을 버린 사람이라고 비난을 받았다. 일부 사람들은 펠릭스가 안수하여 북아프리카(현재의 튀니지와 알제리에 해당) 카르타고 감독이 된 캐실리안의 감독 안수는 무효라고 선언하였다.

지역 감독이 되려면 모든 교회 장로(목사)들에게 지지를 받아야 하는데, 캐실리안은 카르타고와 누미디아 지역에서 누미디아 지역 장로들에게는 동의를 구하지 않고 강행하여 누미디아 지역 장로들에게 불신임을 받았을 뿐 아니라 지역 그리스도인들에게 반감을 사게 되었다.

그리하여 70여 명의 감독들이 모여 메죠리누스(Majorinus)를 캐실리안에 대립하여 감독으로 추대하였다. 이 일로 분쟁 중에 있는데,

---

72) 세계교회사, P. 116.

디오클레시안(Diocletian) 황제 때 몰수된 교회의 재산을 돌려주라는 콘스탄틴 황제의 명령이 내려졌고, 이 명령을 집행하려고 온 황제의 대리인이 카르타고 상황을 황제에게 보고하게 되었다.

교회 문제에 황제가 개입하여 캐실리안을 지지하여 재임명하니, 메죠리누스 측 감독들이 황제에게 항의하는 공방으로 확대되었다. 316년 11월에 최종적으로 황제가 캐실리안을 인정함으로 승복할 수 없는 메죠리누스 측 감독들을 중심으로 누미디아의 감독들과 많은 교회들이 분리하게 되었다.

(메죠리누스:Majorinus)

죄는 하나님께 회개함으로 용서받는다고 우리는 믿는다. 그러나 덕을 위해 지도자는 삶의 간증이 중요하다. 많은 사람들이 공감할 수 없는 경우라면 그들은 인도해야 하는 직분은 사양하는 것이 덕을 세우는 일이 아닐까? 분파(Schismatic)만 비난하고 성경에서 지도자의 덕목으로 강조하는 '주장하는 자세를 삼가라'는 말씀을 자기를 위해 주장한다면 아쉬운 부분이 아니겠는가? 지도자가 자기 아니면 안 된다는 독선이 사람들을 떠나게 한다는 사실을 우리는 솔로몬 아들의 미숙한 독단에서 보지 않았는가?

(2) 지도자 도나투스의 생애

메죠리누스 사후, 316년에 도나투스(Donatus Magnus of Casae Nigrae) [73]가 감독이 되어 지도자가 되었다. 317년부터 도나티안 측을 핍박하여 321년까지 갔으나 321년부터 황제가 도나티안들에게도 신앙과 예배의 자유를 주는 새 법령을 반포하여 도나티안들의 신앙생활을 보장했다. 콘스탄틴 황제는 생전에 로마교회에게 도나티안들과 화해할 것을 권하며 생애를 마쳤다.

당시 아프리카 지역에서는 교회뿐 아니라 대다수의 주민들도 도나티안들을 지지해서 이런 상황을 파악한 황제가 지혜롭게 정치적으로 해결했다는 주장이 더 설득력이 있다. 이후 도나티안들은 큰 힘을 얻어 많은 교회들이 따랐고, 330년경에는 아프리카 지역에서 270명의 감독들이 되어 아프리카를 넘어 넓은 지역으로 퍼져 나갔다.

---

73) 로마 속주로 누미디아, 지금의 알제리 중, 동부지역

도나투스는 355년 죽었다.[74]
"그의 후계자로 파메니안(Parmenianus)이 계승하여 391년 죽을 때까지 도나티안들을 이끌었다."[75] 기록에 의하면 도나투스는 대단히 '열정적이고 적극적인 지도자'로 평하고 있다.[76]

* 도나티스트(Donatists) 지도자들
  메죠리누스(Majorinus/ 311 - 15년)
  도나투스 마그누스(Donatus Magnus 316-355)
  파르메니아누스 (Parmenianus 355 - 91년)
  프리미아노 (Primianus 391 - 93년), 1차
  막시미아누스 (393 - 94년)
  프리미아노 (394 - c. 400년), 2차

(3) 그들의 신앙

당시에 불행하게도 두 큰 그룹으로 교회가 나누어져 있었던 것은 이미 전술한 바와 같다. 이것은 역사 속에 끊임없이 반복되는 충돌이며 투쟁이다. 교회의 성장 속에 스며들기 쉬운 타협과 이탈을 막으려는 하나님의 섭리가 그곳에 있으리라 믿는다. 이미 교회는 타협의 길을 가는 이들을 통해 변절자들을 용납하여 교회에 받아드리는 최초의 면죄 행위가 교회에 도입되게 했다. 이들이 말하는 교회란 이미 '감독이 교회'라는 키프리안의 교회론이 정착되어 가는 때가 아닌가? 즉, 교회(감독)가 사죄의 보속(補贖)을 정하고, 수행한 자는 감독이 면죄해 주는 것을 의미하는 것이다.

다른 한 그룹은 면죄의 은사는 교회에 주어진 적이 없고, 사죄의 은총은 오직 하나님에게만 있다는 사실을 시종일관 주장한 이들로 변절자들의 성직 수행을 거부한 사람들이다. 그들이 바로 로마에서는 노바티안이며, 아프리카에서는 키프리안의 교회론을 거부한 노바투스[77]와 캐실리안의 주교 선임을 거부한 도나티안들이다.

1) 그들은 신자(Believer's Baptism)의 침례를 믿었다.

노바티안과 같이 도나티안들도 로마교회에서 돌아오는 이들에게 재침례(Ana-Baptist)를 베풀었다. 그것은 3가지 이유에서였다.

---

74) Britanica Vol 3, P. 618.
75) Baptist Encyclopedia, P. 341.
76) Encyclopedia of World Biography Vol III, P. 408.
77) 로마의 노바티아누스와는 다른 인물, 아프리카에서 케실리안의 감독 임직을 반대하여 로마로 가서 활동한 도나티안 장로

ⓐ 거듭난 경험 없는 침례를 인정하지 않았고,
ⓑ 그들이 받은 성례[78])로서 침례를 인정하지 않았고,,
ⓒ 유아침례(Infant's Baptism)를 거부하고,
　신자의 침례(Believer's Baptism)만을 주장했기 때문이다.

침례를 집례한 자의 신앙을 문제 삼아 받은 침례를 부정한 면은
좀 지나친 면이 있다는 것이 필자의 견해다. 그러나 집례자 개인의
신앙은 신자의 침례(Believers Baptism)를 믿는다 해도 그들이 속한
집단이 침례를 구원의 성례(Sacrament of Salvation)로 믿는다면 문
제가 다르다 할 수 있겠다.

2) 유아침례(Infant's Baptism)를 거부했다.

이때까지만 해도 유아침례가 교리적으로 발전되어 가고 있는 중
이었으나 400년 이후부터는 유아침례는 교회의 교리로 도입되고 강
요되었다. 그들은 유아침례를 거부했는데 이것은 심각한 문제를 야
기하는 것이었다. 유아침례를 부정하는 것은 가톨릭의 교리 전체를
뒤흔드는 것이며, 가톨릭의 성직 전체를 부정하는 것이었다.

이후 유아침례(후에 유아세례)는 침례교회의 역사 속에 가장 큰
투쟁의 원인이 되고 지금까지 계속되는 것이다. 침례교회의 핍박의
역사는 성경의 가르침에서 이탈하는 국가교회에 대해 '예'라고 하지
않고, 강하고 단호하게 '아니요' 했기 때문이었다.

타협은 너그러움이 아니라 변질이라고 믿고, 용기 있게 타협을
거부한 사람들이었다. 오늘날 우리 중에 주님보다 더 너그러운 것
이 그리스도인의 덕성인 양 "나는 그들의 신앙에 동의하지 않으나
그들과 잘 지내고 있다"는 말을 들을 때 마음이 무겁다.

침례교회는 교리사(교리의 발전사, 혹은 변천사)가 없다. 우리가
오늘날 믿고 있는 신앙의 기본 신조들은 처음부터 믿어 왔던 움직
이지 않는 내용들이며, 역사적으로 변개됨이 없는 고백들이다.

성경의 분명한 가르침을 떠나 새로운 교리를 창안해 낼 때마다
침례교회는 새로운 핍박에 직면하곤 했던 것이 '피 흘린 발자취'
(The Blood of Trail)의 역사이다. 자기들이 만든 교리를 강요하기
위해 옛 신앙을 그대로 지켜오는 교회들을 이단이라고 핍박한 어이
없는 역사였던 것이다.

---

78) 성례(헬: μυστριον, 라: Sacramentum, 영: Sacrament) 하느님의 은혜
　　의 객관적 실재이다. 안디옥의 이냐시오는 성사를 '우리가 죽지 않고
　　예수 그리스도 안에서 영원히 살기 위해서 먹어야 하는 약(antidote),
　　즉 불멸의 약'이라고 표현했다.

㉠ 도나티안들은 공식적으로 '재침례교'(Ana-Baptist)라는
　　칭호를 어거스틴에게 받게 되었다[79].

필자가 종교개혁시대에 나타난 재침례교회가 침례교회의 시작이
라고 보는 분들을 위해 한마디 한다면 데오도시우스 2세의 로마 법
전에 이미 로마교회(이때 이미 가톨릭교회라는 용어를 쓰고 있었다)
에서 받은 침례(세례)를 다시 베푸는 재침례는 불법 침례로 규정하
고 처벌 조항을 둔 것은 로마지역의 노바티안과 북아프리카 지방의
도나티안들의 재침례를 처벌하기 위한 목적이었다는 것이다.

노바티안과 도나티안들은 이미 '재침례교회, Ana-Baptist'였다.

침례는 교회의식으로 유일무이한 중요한 의미를 가지고 있다. 그
러므로 침례는 성서의 가르침대로 유지되고 집행되어야 한다. 타협할
수 없는 침례의 신앙은 "예수는 그리스도라고 믿고 영접하여 구원을
얻는다"는 신앙을 공개적으로 고백하는 실천이 침례라고 믿기 때문
이다. 침례는 신자의 신앙생활에 첫 걸음으로 중요한 부분이기 때
문에 마귀로부터 부단한 공격과 타협의 유혹을 받는 것이기도 하다.
침례는 신자가 자신의 믿음을 사람 앞에서 공개적으로 고백하는
것이며, 믿는 바를 표현하는 첫걸음이다. 침례의 의미에 확고했던
도나티안들은 자각하지 못하는 어린아이의 침례를 거부했다.

㉡ 어거스틴은 411년 카르타고 회의에서 공식적으로 유아침례를
　　선포했다.

　　"아이는 출생 후 가능한 한 속히 침례를 받아야한다.
　　유아침례를 거부하는 자는 이단으로 정죄될 것이다."[80]

415년에 어거스틴은 92명의 사제들을 회의로 불러 선언을 하였다.
"우리가 선언하기를 새로 태어난 아기는 영생을 얻을 권리가 있으며,
어머니의 태로부터 난 아기들은 죄를 안고 더럽게 태어나기 때문에
그 원죄를 없애기 위해서 모든 아이들은 세례를 받도록 규정한다."

---

79) John's A History of Baptist 1, P. 46.
　　"Augustine makes the Donatists Anabaptists.
80) The second council of Carthage where the principles of Auguste were
supreme, Augustine was a powerful controversialist, to have charged the
Donatists directly with heresy for rejecting infant baptism, denied that
children ought to be baptized as soon as they are born.
Baptist Encyclopedia, P. 342)

ⓒ 도나티안들은 유아세례를 받은 사람이라도 거듭난 후에
다시 침례를 베풀어 '신자의 침례'가 되게 했다.

성서에서 가르치는 침례가 아닌 다른 의미와 방법으로 침례를 받
았다면 당연히 재침례를 받는 것은 성서에서 볼 수 있는 명백한 가
르침이다.

"아볼로가 고린도에 있을 때에 바울이 윗지방으로 다녀
에베소에 와서 어떤 제자들을 만나
이르되 너희가 믿을 때에 성령을 받았느냐 이르되 아니라
우리는 성령이 계심도 듣지 못하였노라.
바울이 이르되 그러면 너희가 무슨 침례를 받았느냐 대답하되
요한의 침례니라.
바울이 이르되 요한이 회개의 침례를 베풀며 백성에게 말하되
내 뒤에 오시는 이를 믿으라 하였으니 이는 곧 예수라 하거늘
그들이 듣고 주 예수의 이름으로 침례를 받으니"(행19:1-5)

필자가 개역성경을 인용하면서 세례를 침례로 고쳐 표기한 것은
원문에 따른 것이며, 누구도 침례요한이 베푼 침례가 의미는 차치
하고 '물을 뿌리는' 세례였다고는 생각지 않을 것으로 여기기 때문
에 고쳐 기록한 것이다.

이미 주님의 부르심을 받아 안식하시는 존경하는 선배 목사님,
윤환익 목사님께서 강의 중에 하신 말씀이 지금도 생생하다.
"거듭나지 못한 사람에게 침례를 베푸는 것은 마른 걸레를 물에
적셔 젖은 걸레를 만들어 놓는 행위와 다를 바 없다"고 엄하게 하
셨던 말씀이 기억난다.

요한의 침례를 받은 에베소 성도들이 거듭난 뒤에 다시 침례를
받은 것을 어거스틴이 정죄하기 위해 구분한 재침례라면 최초의 재
침례교회(Anabaptist Church)는 에베소 교회라 할 것이며, 최초의
재침례교회 목사는 사도바울일 것이다.

411년 카르타고 종교회의 가톨릭 측 좌장인 어거스틴은 유아세례
를 거부한 도나티안들을 이단으로 정죄한 강력한 주창자였다. 종교
회의에서 어린아이는 출생 후 최대한 속히 침례를 받게 하고, 이를
거부하는 자들은 이단으로 정죄하기로 결정함으로 공식적으로
'도나티안' = '재침례교회'로 분류되는 역사적 시점이 되었다.

그동안 같은 운동이 각지에서 있었지만 도나티안들과 다른 점은 터키 중부지방에서 시작된 몬타니스트, 카르타고에서 일어난 터툴리안, 로마에서 활동한 노바티안은 정죄하고 출교 당하는 정도였기 때문에 엄격하게 구분되지 않았으나 국가 법령으로 도나티안들과 노바티안은 동시에 재침례교도라는 이단으로 정죄하고 집회를 금하고 처벌하므로 완전한 분리의 길을 걷게 되었다.

411년, 가톨릭과 침례교회의 역사적 분리 시점이다.

3) 세상 정부와 교회의 분리를 주장했다.

도나티안들은 성서의 가르침을 따라 교회와 제국이 분리되어야 할 것을 강하게 주장했다. "제국이 교회와 무슨 상관이 있으며 무슨 관계란 말인가? 영혼은 자유로워야 한다."[81]고 담대히 주장했다. 양심의 자유와 신앙을 위하여 국가의 무력으로 핍박하는 어거스틴과 거대한 제국의 가톨릭에 저항(protestant)하는 신앙의 담대함을 본다. 개신교(Protestants)라고 한다면 교회 역사 속에 누가 최초의 개신교인가? 가톨릭에서 개혁해 나온 교회들은 개혁교회(Reformed Church)라고 하는 것이 바른 용어 선택이라 생각한다.

4) 감독제도(Metropolitan Bishop)를 부정했다.

그들은 각 교회의 독립교회를 믿었다. 모든 감독이 동일하며 누구도 사람이 사람을 지배할 수 없고, 교회가 교회를 지배할 수 없다고 믿었다. 한때 400명의 도나티안들의 장로(목사)가 있었고 20명의 지역 감독이 있었으나 지도를 위한 것이 아니라 상담과 협조를 위해 있었을 뿐이다.

5) 양심의 자유를 지켰다.

그들은 로마교회의 핍박에 대하여 당당히 저항했다. 그들에게는 극단적인 부분이 없었던 것은 아니지만 당시 제국의 교회로 변화하는 로마교회와 분리하여 당당히 믿음을 지키고, 기꺼이 좁고 험한 길을 피하지 않은 신앙의 고수자들이었다. (380년부터 로마교회를 '가톨릭'으로 칭하게 되었다: 필자 주)

그리스도인들은 로마의 잔혹한 박해기간 동안 생명을 바쳐 믿음을 지킨 승리자들이었다. 그러나 대부분의 그리스도인들이 콘스탄틴 황제가 선포한 기독교 관용령이 하나님께서 주신 승리인 줄 알았다

---

81) Encyclopedia Americana, Vol 9. P. 286.

는 사실이었다. 그들이 카타콤에서 나와 황금마차를 타고 로마로 향할 때 그들이 버리고 간 거친 십자가를 안고 믿음의 선조들이 갔던 외길을 간 사람들이 바로 도나티안들이었다. 주님이 오실 것을 확신하는 믿음과 천국의 소망이 없었다면 제국이 그들에게 준 영광과 환대를 티끌같이 버릴 수 있었겠는가?

어떤 역사가는 콘스탄틴의 기독교 관용령이 기독교의 승리의 종소리가 아니라 기독교의 조종(弔鐘) 소리였다고 간파했다.
> 우리는 생활 속에 스며들어 있는 세상의 낙을 당연한 듯,
> 하나님이 주신 축복이라고 오해하고 즐기며
> 순례의 길을 더디 가는 어리석은 나그네가 아닌지…
> 물질의 풍요 속, 삶의 평안 속에 파고드는 안일함은 죄!
> "화 있을진저, 너 시온에서 안일한 자,
> 사마리아 산에서 마음 든든한 자여!"(아모스6:1)

(4) 카르타고 종교회의 (Concilium Carthaginense)

카르타고 종교회의는 천주교에서 말하는 종교회의(Synod)와는 다른 성격을 띠는 회의다. 당시 북아프리카 지역은 전술한 바와 같이 기독교가 큰 영향을 미치고 있었고, 알렉산드리아 학파를 중심으로 초기에 위대한 라틴 교부들의 활동으로 신학적인 면에서도 로마와 견주었으며, 교회의 일을 처리하는 독립적인 교회 회의를 운영하고 있었다. 교문사에서 발간한 기독교 대백과사전 14권 994쪽에 나오는 카르타고 교회회의는 220년부터 20회가 넘는 회의 기록이 있다. 부활절에 돌아가면서 정기회의를 개최하기로 했으나 여의치 못해서 누미디아 지역의 카르타고에서 주로 개최되었다.

대략의 카르타고 교회회의를 정리해보면,
251년 - 키프리안이 노바티안들을 단죄하기 위해 개최되었다.
348년 - 도나투스파의 단죄를 위해 열었다.
397년 - 히포회의에서 결의된 성경 목록을 재 결의하였다.
411년 - 이 회의는 중요한 회의였지만 기록에 잘 나타나지 않는다.
이후에도 몇 번의 교회회의가 카르타고에서 있었다.

공의회(Synod)는 교황이 소집한 전체 회의를 말하기 때문에 동서 교회로 분열된 후에 열린 회의는 정교회(Orthodox Church)에서 공의회로 인정하지 않기 때문에 공식적인 공의회는 7차에 한(限)한다.

제1차 니케아 공의회(1차) (325년)
제2차 콘스탄티노플 공의회(1차) (381년)
제3차 에페소스 공의회 (431년)
제4차 칼케돈 공의회 (451년)
제5차 콘스탄티노플(2차) (553년)
제6차 콘스탄티노플(3차) (680-81년)
제7차 니케아 공의회(2차) (787년)

411년에 어거스틴이 소집한 카르타고 회의는 가톨릭교회에서 어거스틴의 위상 때문에 주목받는 회의였고, 교회의 관용령(Edict of Milan)이 내려진 후라 가톨릭은 황제의 비호를 받아 가톨릭 로마 주교는 교황이 되어가고 있었다. 밀티아데스(Miltiades/가톨릭에서는 32대 교황)에 의해 도나티안들이 카르타고의 주교로 캐실리아누스(Caecilianus)을 거부하고 분파하자, 밀티아데스는 313년에 라테란 궁(宮)에서 공의회를 열어 도나투스파를 단죄했다. 비록 단죄를 당했으나 이때까지는 최고의 징벌이 교회에서의 출교 정도였고, 도나티안들은 가톨릭에 속해야 구원 받는다고 믿지 않았기 때문에 독자적으로 활발한 활동을 했다.

어거스틴이 396년에 히포의 감독이 되었지만 자신의 교구에서조차 도나티안들이 더 우세했다.[82] 어거스틴이 도나티안들을 감당하지 못해 교회 회의도 개최할 수 없을 때 어거스틴에게는 강력한 후원자가 있었다.

마르셀리누스(Flavius Marcellinus/413년 사망)
로마 황제 호노리우스(Honorius)의 서로마 제국의 국무장관이자 호민관과 공증인(황제 비서격인 서기/notarius)이 되었다. 로마의 정치제도는 귀족으로 구성된 원로원(라틴어:Senatus), 행정부 역할을 하는 집정관(Consules ordinarii), 평민 중에서 선출되는 호민관(tribunus plebis)[83]들로 호민관은 평민으로서는 최고의 권력자인 것은 원로원의 결의나 집정관의 집행에 거부권을 행사할 수 있는

---

82) 인물로 본 초대 교회사 P. 181.
83) 호민관: 민회에서 선출되며, 평민 계급을 대표한다. 오직 평민만이 호민관으로, 선출될 수 있었다. 한 번의 선거에 10명의 호민관이 선출되었고, 신체 불가침권의 특권을 지녔으며, 민회를 통해 법률을 제정하거나 원로원의 결의에 거부권이 있었다. 또 호민관은 원로원 의원 후보 자격을 가지게 되고, 법무관 선거에 출마할 자격을 얻게 된다. 법무관으로 임명이 되면 총독으로 임명받을 수 있었기 때문에 나중에는 '군사 지휘권'까지 행사할 수 있었으므로, "호민관"의 직위는 상당한 자리였다

직책이기 때문에 옥타비아누스 아우구스투스도 집정관 직책은 사임하고 호민관과 같은 시민의 대표로서 거부권을 갖는 프린켑스(Princeps)라는 칭호를 요구해서 받았다.

마르셸리누스는 황제의 공증인(notarius)이기 때문에 그의 입회는 황제의 입회와 같은 권한을 가진 사람이었다. 어거스틴은 절친에게 부탁해 카르타고 회의를 소집하고 주재하도록 했다. 역사적인 카르타고 회의 기록은 존경하는 베네딕(David Benedict) 박사의 유작인 도나티안의 역사(History of the Donatists'[84])에서 옮겨 본다.

411년에 소집된 카르타고 교회회의, 그림: Charles-André van Loo)

1) 회의 소집

황제의 명으로 마르셸리누스(Marcellinus)가 소집한다.

2) 발언자 지정

각 진영에서는 7명의 감독으로 발언자를 지정하여 좌석은 마주

---

84) 1779년 10월 10일 코네티컷, Norwalk 출생- 1874년 12월 5일 Pawtucket에서 사망, 향년 95세. 브라운 대학교을 졸업하고, Pawtucket, RI. 침례교회의 목사로 25년간 봉직하면서 침례교 역사를 연구하는데 사명을 가지고 평생을 바쳤다. 수많은 저서 중에 History of the Danatists는 사후에 기념 판(Memorial Edition)으로 1875. 10. 5. 부인이신 Maria Benedict에 의해 출판되었다.

보게 배치한다. 각 진영은 4명의 기록자들을 지정한다. 발언은 발언자만 하고 모든 참석자는 조용히 경청한다. 각 진영은 발언자와 기록자를 감독하는 4명의 감독을 배치한다.

3) 좌장 (座長/ Chief Speaker)
    로마카톨릭 측/ 어거스틴 (Augustine)
    도나티스트 측/ 페틸리안 (Petillian)

4) 가톨릭측 발언자
    아우렐리우스 (Aurelius), 아리피우스 (Alypius),
    어거스틴 (Augustinus), 포씨디우스 (Possidius),
    빅센티우스 (Vicentius), 폴투나터스 (Fortunatus),
    폴툰티아누스 (Fortuntianus.

5) 도나티안측 발언자
    프리미아누스 (Primianus), 페틸리아누스 (Petilianus),
    에메리투스 (Emeritus), 데오다투스 (Deodatus),
    몬타누스 (Montanus), 가우덴티우스Gaudetius),
    프로바투스 (Probatus).

6) 회의 개최: 411년 6월 23-26일
    마르셀리누스 (Marcellinus)가 의장이 되고, 12명의 아프리카에 주재 (駐在)하는 황실 공무원이 배석했다. 286명의 가톨릭 측 감독과 279명의 도나티스트 측 감독이 참석했다. 화장실이 있는 회의장에서 모든 문을 닫고, 삼 일간에 걸쳐 토론을 진행했다. 이 회의 양식이 훗날 천주교의 교황 선출을 위한 회의, 콘클라베 (Conclave/ 문을 닫아 잠근다)의 시효가 된 듯하다.

7) 토론 주제
    어거스틴이 강력하게 주장하는 유아세례와 가톨릭교회 (christianorum catholicorum)가 유일한 교회라는 사실을 인정하고 가톨릭으로 돌아오라는 내용이었다.

8) 회의 결과
    이미 선포된 데오도시우스 로마 법전에 의해서 가톨릭으로 돌아오지 않으면 정죄되고 처벌을 받게 될 것으로 결정 되었으나 도나

티안 감독들은 당연한 듯 받아드리고 폐회했다. 85)

어거스틴과 도나티안 간의 대립 논쟁이 카르타고 회의의 주를 이루었고, 어거스틴의 주도로 이단으로 정죄된 도나티안들을 국가 무력으로 탄압하는 초유의 일이 시작되어서 종교의 암흑시대를 만들었다.

카르타고 회의에 대한 다른 기록을 참고해 보자
"Donatists 논란: 아프리카에서 도나티안(Donatists)과 로마교회 사이의 분쟁은 교리적일 뿐만 아니라 지역 및 사회적 긴장도 포함했습니다. 405년에 제국의 법령은 도나티안(Donatists)들을 이단자로 선언하고, 그들의 재산의 몰수를 규정했다. 410년 마르셀리누스는 '새로운 미신을 없애라'는 지시를 받고, 411년에 아프리카로 파견되어 그해 6월 초 카르타고 공의회를 주재했다. Donatists에 대한 그의 소환에서 Marcellinus는 황제의 지위(호민관과 황제의 공증인)를 비밀로 하지 않았다. 논쟁의 양측을 대표하는 주교들이 이 문제에 대해 토론했다. 황제의 대표자인 Marcellinus는 Donatists가 이단자이며, 교회를 포기하고 정통 주교와 사제의 통제하에 교회로 돌아가야 한다고 판결했다. 심판은 로마 군대에 의해 매우 엄격하게 집행되었다. 도나티즘을 이단으로 비난하는 지도자 중 한 명인 어거스틴이 그들의 처분에 항의하는 도나티스트들에 대해 행했던 박해는 너무나 피비린내 나는 일이었다. "86)

411년 카르타고 회의에 대한 국내 학자의 견해를 옮겨 본다.
대한기독교서회가 창립 120주년 기념사업의 일환으로 공모한 대한기독교서회 학술상에서 우수상을 수상하신 이현준 박사의 논문 《초기 북아프리카 교회론 연구 – 도나티스트 논쟁에 대한 역사적 재해석》 중 일부이다.
"기원후 311년, 당시 북아프리카의 가장 융성한 도시였던 카르타고의 감독 선임을 둘러싸고 북아프리카 교회는 극심한 갈등에 휩싸이게 되었다. 북아프리카 지역의 신학적 전통 및 폭넓은 대중적 지지를 기반으로 한 주류측과 수적인 열세를 해외 교회들과의 연대를 통해 극복해보려는 소수파가 대립하면서 북아프리카 교회는 카르타

---

85) The close of the judgement;
    The conference being finished, said Marcellinus, it becomes   the bishop of the Donatists, each one, to return to their homes without disgust or dissatisfaction, since it is determined by the legal power that they must either return to the one true church, or give satisfaction to the laws.
86) Wikiphedia/ Marcellinus of Carthage

고에 두 명의 주교를 배출함으로써 두 개의 교회로 나눠지게 된 것이다. 분열 이후 다수파 교회는 소수파들을 '배교자들'(traditores)이라 부르며 그 정통성을 인정하려 들지 않았고, 가톨릭을 자칭한 소수파들은 다수파를 '도나티스트들'(Donatists)이라는 경멸적인 수식어와 함께 이단자 내지는 분파주의자로 간주하였다. 1세기 동안 지속된 북아프리카 교회의 분열과 대립은 마침내 기원후 411년, 카르타고(Carthage) 종교회의에서 어거스틴이 이끄는 가톨릭교회가 반대파를 이단으로 정죄하는 데 성공함으로써 최종적인 매듭을 짓게 되었다.

그러나 역사적으로 가톨릭교회의 승리로 알려진 이 종교회의는 피상적인 승리 그 이상의 의미를 갖지는 못하였다. 이단으로 정죄 받은 이후에도 도나티스트 교회는 2세기 이상 여전히 북아프리카 지역에서 다수를 차지하였고, 철저히 고립된 채 독자생존의 길을 걷던 그들은 7세기 초 이슬람의 침공으로 쓸쓸히 역사적 종말을 맞이하였다. 그로 인해 북아프리카 지역은 오늘날까지 여전히 기독교의 불모지요 가장 왕성한 이슬람 지역 가운데 하나로 남게 되었다.

모든 역사는 승자의 역사라고 했던가? 대부분의 교회 사가들은 도나티스트 논쟁으로 알려진 북아프리카 교회분열 사건을 승자의 입장, 곧 어거스틴을 비롯한 가톨릭교회의 시각으로 접근하면서 정통과 이단이라는 교리적이고 이분법적인 해석을 답습하였다. 때문에 북아프리카에서 거의 모든 시대에 걸쳐 수적 우위에 있었던 토착적인 기독교인들은 기독교 역사에서 여전히 '도나티스트'라는 굴레 속에 고대의 전형적인 이단자 내지는 고집불통의 원리주의자, 천년왕국적 종말론자, 위험한 열광주의자, 심지어 사회 반란자로까지 묘사되고 있다.

그러나 북아프리카 도나티스트들에 대한 이러한 일방적 해석과 부정적 이미지들은 역사를 승자의 입장에서만 바라보는 편향적 시각의 산물일 뿐이다. 특히 테르툴리아누스(터툴리안/Tertullianus)와 키프리아누스(키프리안/Cyprianus)로 이어지는 북아프리카 신학 전통을 충실히 계승한 도나티스트들의 입장을 여전히 어거스틴의 시각에서 이단으로 규정하는 것은 신학적으로나 역사적으로 옳은 판단이 아니다. 정통 기독교사는 터툴리안을 서방 신학의 아버지로, 그리고 키프리안을 서방기독교(천주교) 교회론의 토대를 놓은 위대한 교부로 추앙하고 있다. 그럼에도 불구하고 그들의 사상적 후계자인 도나티스트들을 정통신앙의 이단자들로 취급하는 것은 역사적 아이러니가 아닐 수 없다."(모처럼 같은 견해를 보여주신 이현준 박사님께 감사!)

(5) 로마교회로부터 분리

411년 카르타고 회의 결과 도나티안들은 결단을 요구받았다. 유일한 교회로 자처하는 가톨릭으로 귀의하여 교황과 주교의 지도를 따를 것인가? 도나티안들의 신앙은 이단으로 정죄 되었으니 처벌을 받을 것인지? 회의 결과에 대한 도나티안들의 결정에 북아프리카 지역(카르타고, 알렉산드리아, 누미디아, 히포…) 교회는 물론 주민들도 긴장하며 기다렸을 것이다. 가톨릭(로마교회)과 지도자들, 그리고 자칭 교회의 수호자로 자리매김한 황제와 정치권…,

그러나 필자는 하늘을 쳐다보고 싶다. 교회의 대목자장이신 우리 주님은 어떻게 하라고 하실까?

도나티안들은 가톨릭을 떠나 주님께서 세우신 교회의 신앙에 머물러 있기를 원하신다고 굳게 믿고, 문밖이 바로 죽음의 길이요 형극의 길인 것을 알면서도 그들은 가톨릭을 떠나서 최초로 재 침례교회로 분리(Schismatic Ana-Baptist)하게 되었다.

터키의 변방에서 일어난 몬타니스트들은 변두리에서 일어나서 전도하며 북아프리카 지역으로 들어갔을 때, 그들의 신앙을 당대의 최고의 신학자요 지도자였던 터툴리안이 받아드려 신학적으로 체계를 세우고 로마교회에 당당히 맞설 수 있는 큰 영향력을 보였다. 같은 지역에서 일어난 도나티안들도 가톨릭이 파문했지만 그들의 믿음이 워낙 강력하고, 많은 사람들이 함께하기 때문에 가톨릭도 어쩔 수 없이 함께 지낼 수밖에 없었다. 그리고 4세기 초에는 로마교회도 로마제국의 핍박을 같이 받는 형편이었으니, 늑대 앞에서 양이나 염소나 같이 도망 다니는 같은 처지였으니….

콘스탄틴 황제가 교회 관용령을 내렸으나 기독교를 국교로 한 것이 아니다. 기독교도 이방종교와 같은 종교의 자유를 주었으나 이후에 기독교 감독들에게는 법정에서 심리와 재판권을 주는 특혜 받는 종교 정도였으며 데오도시우스 시대에 기독교를 국교로 정하기 전 중간 역할 정도였다.

콘스탄틴 황제의 기독교 관용령은 신앙적인 면보다도 정치적인 면이 강했고, 신앙적인 면에서도 교리적인 면은 중요하지 않았기 때문에 로마교회에서 불에 댄 듯 자기들의 교리에 승복하지 못하는 이들을 이단이라고 정죄했지만 국가 권력으로 제재하기보다는 평화를 유지하기 원해서 큰 처벌은 없었다. 전술한 바와 같이 로마에서 노바티안들이 교회 정화를 주장하며 로마교회와 대립하고 있을 때도 황제는 로마교회 종교회의 중에 노바티안 지도자들에게 신학적인 자문을 구하기도 했다.

이후에 발렌티니아누스 가문은 다소 중립적인 종교정책을 표방하였다. 콘스탄티누스 가문의 친기독교 정책을 거부하지는 않았지만 그것을 적극적으로 추진하지도 않았다. 비기독교와 유대교, 기독교의 다양한 분파를 허용하는 전통적인 종교 관용정책을 시행하였기 때문에 오히려 로마교회와 대립하는 노바티안이나 도나티안들도 자유롭게 자신들이 신앙을 지키며 활발하게 선교활동을 할수가 있었다.

그러나 380년 이후부터는 상황이 달라졌다. 데오도시우스 1세가 로마교회를 국교로 지정하고 기독교 신앙으로 회귀하면서 로마교회의 수호자를 자처하며 교회를 보호하기 시작했다. 테오도시우스 1세(Flavius Theodosius, 347-395)의 칙령(데살로니가 칙령)이 380년 2월 27일 반포되어 기독교를 정식으로 로마의 국교로 선포한다. 기독교를 국교로 선포한 공로를 인정하여 가톨릭에서는 그를 '테오도시우스 대제(Theodosius Great)'로 추앙한다.
이때 모든 교회가 하나이어야 한다는 '가톨릭/catholica'이란 단어가 만들어진다. 가톨릭은 보편적(하나)이란 뜻이다. 기독교의 다양성은 용인되지 않고 오직 한 교회(가톨릭/catholica)만이 인정되며, 모든 이교의 의식은 금지되었고, 교회에서 이단이라고 정죄 되면 사형에 처했다.

카르타고 회의는 이러한 로마제국과 '가톨릭/catholica'의 관계 속에서 어거스틴이 친구인 황제의 공증인이요 호민관인 마르셀리누스(Marcellinus)를 앞세워서 개최했다. 이 회의에서 도나티안들을 공식적으로 이단으로 결의하고, 국가 권력을 동원하여 핍박을 자행할수 있었던 것이다.

(6) 그들이 받은 핍박

데오도시우스 황제의 칙령(데살로니가 칙령)이 반포된 후 법령으로 이교도들은 물론, 가톨릭교회와 함께하지 않는 노바티안과 도나티안들을 이단으로 지명하고 핍박하기 시작했다. 법령상 그들의 죄목은 가톨릭의 침례를 인정하지 않고, 재침례를 시행하는 불법에 대한 처벌이었다.

"무릇 그리스도 예수 안에서 경건하게 살고자 하는 자는 박해를 받으리라"(딤후3:12).

이 말씀을 잠시 생각해 보자. 즉, 그리스도인들에 대한 핍박이 없는 사회라 할지라도 그 사회에서 경건하게 살려는 그리스도인들은 핍박을 받는다는 말이다. 당시 기독교인들은 핍박을 받는 시대는 아니었다. 그러나 도나티안들은 핍박을 받았다. 그들은 일반 그리스도인들과 같은 삶을 살았던 사람이 아니라 그리스도인들이 주관하는 사회에서 그리스도인들이라는 이들로부터 그리스도의 이름으로 핍박을 받았다.

핍박의 시작

321년부터 콘스탄틴 황제가 자기가 인정하는 카르타고 감독을 거부하고 분리하는 도나티안들은 제압하려 군대를 파견하기도 했으나 도시였던 카르타고를 제외하고는 누미디아와 인근의 시골 지역의 거의 대부분이 도나티안들의 신앙을 따르고 있었기 때문에 도나티안들의 신앙의 자유를 허락하는 유화책으로 전환했다.

A.D. 347년에 로마 황제의 사절로 온 두 명의 사절, 파울루스와 마리칼리우스(Paulus와 Marcarius)에게 "제국과 교회가 무슨 상관인가?"[87]라고 반박하며 교회와 국가의 분리를 표면화했다.

411년 카르타고 회의에서 이단으로 정죄하고 국가의 무력을 동원하여 도나티안들을 핍박하면서 가톨릭은 성전(Holy war)이라고 주장하였고, 어거스틴은 사형(死刑)의 정당성을 주장했다. 핍박 중에 도나티안의 감독이었던 페틸리안(Petillian)이 어거스틴에게 항의 서신을 보냈다.

"생각해 보라.
당신은 우리를 죽이는 일로 하나님을 섬기는가?
하나님을 섬기는 일이 우리를 죽이는 일인가?
하나님은 교수형 집행인을 그의 종으로 삼으셨는가?"[88]

이후 로마의 황제 마르키아누스(Marcianus)[89]는 도나티안들의 재산을 압수하고 지도자들을 추방했다. 그리스도인들이 교회가 보낸 군대에 의해 살해당하는 역사적 사건이 있었다.[90] 어거스틴(Augustine)

---

87) "Quid est imperatori cum ecclesia?"
88) A History of the Baptists, P. 47.
89) 마르키아누스(Flavius Marcianus, 396년-457년)비잔티움(동로마) 황제.
90) Ibid, P. 203.

은 군대를 아프리카에 보내어 도나티안들의 진압을 시도했고, 최초로 국가의 무력을 동원하여 그리스도인들을 핍박함으로 국가교회, 가톨릭을 지키려고 시도한 사람이 되었다.

415년에는 도나티안들의 집회가 금지되었다. 모든 도나티안들의 예배당은 폐쇄되고, 지도자들은 추방당하거나 처형되었다. 그러나 핍박이 신앙을 변개시킬 수 없고, 신앙으로 극복하지 못할 환난은 없는 것이다. 환난은 대해에 몰아치는 폭풍우 같지만 노련한 항해사는 폭풍우 속에서도 항해 할 수 있다. 그들은 모진 핍박 속에서도 신앙을 지켰고, 더 넓게 더 빨리 퍼져나갔던 것이다. 그들을 분리주의자(Schismatist)라 부르고, 이단으로 정죄했지만 그들은 이단이 아니었고 이단적 교리를 가르친 적이 없었다. 실상은 오염된 국가교회에서 성별되어 나온 사람들이다. 그들이 나올 수밖에 없었던 것은 하나님께서 명하셨기 때문이었다.

> "그러므로 주께서 말씀하시기를 너희는 저희 중에서
> 나와서 따로 있고 부정한 것을 만지지 말라.
> 내가 너희를 영접하여 너희에게 아버지가 되고,
> 너희는 내게 자녀가 되리라.
> 전능하신 주의 말씀이니라 하셨느니라."(고후6:17-18)

어거스틴이 군대를 동원하여 도나티안들을 죽이면서 한 변명

어거스틴은 북아프리카 교회가 겪고 있는 도나투스파 논쟁에 깊이 관여하면서 도나티안 지도자였던 파르메니아누스에게 '파르메니아누스 논박 서신'(Contra epistulam Parmeniani)을 남겼다. 그는 이 작품에서 근본적으로는 살인과 같은 사형(死刑)제를 인정하지 않지만 경우에 따라서 하나님의 권위와 국가의 권위를 모독함으로써 질서와 규정을 깨는 행위들에 대해서는 '사형제'라는 강경한 입장을 천명하였던 것이다.

어거스틴은 강력하게 국가의 지원을 요청하여 도나티안들을 처형하면서 누가복음 14장 23절에서 '강권하여 데려오라'(Cogite intrare)는 말씀을 인용했다. (말씀을 악한 일에 인용하다니…)

무섭다! 한 손에 칼을, 한 손에 코란을 들고 '둘 중 하나를 선택하라'고 강요하는 이슬람의 모습과 너무 닮았다. 그 후 300년 후에 북아프리카에 진출한 이슬람이 어거스틴에게 배웠을까?

(7) 그들이 역사에 끼친 영향

1) 당시의 영향

그들은 한 지역에 일어난 지엽적인 분파가 아니었고, 많은 감독들과 교회들이 따랐으며 국가교회에 위협적인 존재였다. 가톨릭이 군대를 동원하여 핍박할 때 도나티안들이 흘린 피가 강을 이루었으나[91] 그럼에도 불구하고 많은 감독들이 그들의 신앙을 지켰고, 당시 기독교 세계의 모든 지역에 퍼져 영향을 끼쳤다. 도나티안들은 이슬람이 점령할 때인 7세기까지 북아프리카 지역에 남아 선배들이 국가의 핍박을 받으며 신앙을 지킨 것과 같이 국가교회인 가톨릭의 박해를 받으며 신앙을 지키고 있었다.

생각해 보자. 교회가 앞장서고 군대가 뒤따르는 잔혹한 박해를 견디며, 자기 목숨 부지하기도 힘든 상황에서 여전히 복음을 전하며 300여 년을 보냈다는 사실에 놀랄 뿐이다. 만약 대원군의 기독교 박해 같은 박해가 300년 계속되었다면 어떻게 되었을까?.

어거스틴의 핍박에 대해 비판적인 글을 소개해 본다.

"도나투스파의 발전을 막았던 것 역시 유익한 길은 아니었다. 가톨릭교회는 불의를 불의로 갚는 일에 최선을 다했다. 도나투스파들과의 분쟁에 취했던 어거스틴의 태도는 무엇으로도 정당화될 수 없다."[92]

2) 현대 침례교회와의 관계

그들은 현대 침례교회의 선조들이요 뿌리였다.

"현대 재침례교는 옛적에 있었던 도나티안들과 동일하다."

"Our Modern AnaBaptists are the same as the Donatists of old."
(Osiander, Epist. Ent. 16. P 175. Wittenberg. 1607)

허만 링컨 박사(Dr. Herman Lincoln)는 "당시의 도나티스트들의 신앙이 오늘날의 침례교회의 신앙과 동일함을 증명했다. 즉, 양심의 자유, 교회와 국가와의 분리, 거듭난 자의 교회회원, 침수침례 등을 주장하고, 그 신앙을 고수하기 위하여 순교의 고난을 기꺼이 감당했다는 것이다."[93]

---

91) 세계교회사, P. 117.
92) 인물로 본 초대교회사, P. 181.
93) It is evident that the Donatists held, at some period of their history, many of the principles which are regarded as axioms by modern Baptists. In their later history, after a stern discipline of presecution, they

그들은 근본적인 신앙을 고수하기 위해 가톨릭에서 분리했다. 터툴리안, 노바티안들과 동일한 신앙으로 부패해 가는 교회가 세상을 지배할 때 사도들의 신앙을 굳게 지키고 계승해온 신앙의 선조들이다. 우리가 개혁주의자들과 다른 점이 바로 '분리'(Schis matic)'이다. 부패한 곳에서부터 나와서 따로 있고 저들과 같이하지 않으며, 세상으로 눈을 돌려 영혼을 구하는 것이다. 개혁주의자들은 그곳에 머물러 있으면서 개혁해 나가자는 것이다. 전술한 고후6:17-18 성구는 우리가 부패한 교회에서 어떻게 처신할 것인가를 명백히 보여주고 있다. 도나티안들은 초기 재침례교 역사에 선명한 깃발을 드높이 세운 분들이다. 다음의 내용을 인용하며 결론을 삼는다.

"The Donatist controversy was a conflict
between separatism and catholicism;
between ecclesiastical purism and ecclesiastical eclecticism;
between the idea of the church
as an exclusive community of regenerate-saints
and the idea of the church
as the general christendom of State and people.
It revolved around the doctrine
of the essence of the Christian church,
and, in particular, of the predicate of holiness…. "[94]

"도나티스트의 논란은
성별주의와 천주교 사이의 갈등;
순수교회와 혼합주의 사이의 갈등;
교회는 거듭난 성도들이라는 신앙과
국교로서의 기독교라는 주장 사이의 갈등이었다.
이 논란은 그리스도인의 교회 본질의 교리,
특히 거룩함에 근거한 교리를 중심으로 일어난 논쟁이었다. "

기억할 것은 노바티안들이 여전히 카타리(Chatari)라는 이단으로 정죄된 후에도 이태리 지역에서 '카타리'로 퍼져가고 있었다.

---

maintained, as cardinal truths, absolute freedom of conscience, the divorce of church and state, and a regenerate church membership. These principles, in whose defense they endured martyrdom coupled with in their uniform practice of immersion, bring them into close affinity with Baptists. (Lincoln, The Donatists. In The Baptist Review, 358, July, 1880)
94) History of the Christian Church Ⅲ, Schaff. P. 365.

부록 1. 아프리카를 변호함

서론으로 로마제국에서의 아프리카의 위상 그리고 초기 기독교에서의 아프리카의 위상을 설명할 필요가 있다고 생각하는 것은 지금의 세계 질서 속에서 아프리카의 위상 때문에 선입견을 가지고 아프리카를 대할까 하는 노파심 때문이다. 솔직히 아프리카의 오늘날의 위상은 6대주(Six Continents)에서 낙후된 대륙으로 치부하는 경향이 있는 것이 사실이 아닌가?

오해이다!
초등학교에서 배웠던 세계 4대 문화 발상지 중, 나일강 강변의 이집트 문명은 BC. 323년 알렉산더가 북아프리카 지역을 정복할 때까지 근 3000여 년 번성한 인류 문명을 이루었던 것은 차치하고, 로마시대에는 우리나라 사람들이 좋아하는 로마의 강남에 해당되는 로마의 귀중한 속주였다. 한때 로마의 황제가 천도를 생각할 정도로 위상이 높았다. 로마의 여러 속주 중에서 가장 좋은 지역이었다.

세계 역사에 등장하는 아프리카는 이집트로 대표된다. 그리스 역사가 헤로도투스는 '이집트는 나일강의 선물'이라고 표현했다. 나일강은 세계에서 긴 강 중에 하나다. 그러나 강의 수량은 미시시피강의 30% 정도 밖에 안 되는 강이 거의 비가 오지 않는 사막지대 같은 건조한 이집트에 물을 공급했고, 상류에서 실어 나른 흙은 나일 삼각주에 옥토층을 형성해 주었다.
결정적인 나일강의 선물은 강의 흐름과 바람의 방향이다. 강은 북쪽으로 흐르고, 바람은 남쪽으로 불기 때문에 배의 양방향 운행이 가능하게 했다. 하류로 갈 때는 물의 흐름에 배를 띄우고, 상류로 갈 때에는 항시 상류 쪽으로 부는 바람에 돛을 올리면 그만이었다.

상류 쪽의 강수량이 이집트의 운명을 좌우했다. 당시 기상학으로 예측 불가능한 상류의 기후에 왕이 쫓겨나고 왕국이 패망하는 일들이 자주 일어났다. 요셉이 하나님의 계시로 정확히 14년간의 기후를 예측했다는 사실은 당시 바로였던 힉소스 왕조[95]의 살리티스를 살려주는 낭보였다. 당시 애굽을 통치했던 왕조는 애굽의 북동쪽에서

---

95) 셈족 계통의 힉소스 왕조(Hyksos, 애굽 15·16·17왕조)애굽을 정복한 지 300여 년이 지난 주전 1580년경, 애굽 18왕조 아흐모세 1세(Ahmose, 주전 1584-1560년)에 의해 무너졌다.

온 셈족 계통의 힉소스 왕조(Hyksos, 애굽 15·16·17대 왕조)였다. 힉소스 왕조는 타민족에 대해 관대한 정책을 취했다.

알렉산더와 아프리카

알렉산더 사후 그의 계승자 중, 프톨레마이오스가 이집트의 프톨레마이오스 왕조를 창건하고 알렉산드리아를 수도로 삼았다. 이후 알렉산드리아는 헬레니즘 세계 최대의 도시로 성장했고, 경제적 문화적 중심지가 되었다. 한때 알렉산드리아의 인구는 백만 명에 달했다고 한다. 이집트와 팔레스타인(유다지역 포함)을 지배하는 프톨레마이오스 왕조는 이집트를 지배하면서 세계 문화사적으로 큰 업적을 남겼으니 알렉산드리아 도서관을 세운 일이다.

왕궁에서 모든 비용을 대었고, 국적 불문하고 누구든지 자유롭게 연구할 수 있도록 하는 연구 중심의 도서관이었다. 알렉산드리아 도서관과 파로스 등대가 고대 세계 7대 불가사의 중에 포함된다.

아시는 바와 같이 프톨레마이오스 왕조의 마지막 여왕인 클레오파트라는 BC. 42년에 로마의 전도유망한 장수 마르쿠스 안토니우스와 협동하였으며 3년 후 결혼하였다. 안토니우스는 옥타비아누스의 여동생과 이미 결혼한 유부남이었지만 클레오파트라의 유혹에 끝내 아내를 버리고 그녀와 연인이 되었다. 안토니우스는 클레오파트라를 사랑하여 버가모(Pergamon)를 정복하고, 버가모 도서관[96]의 장서를 약탈해서 선물했다. 이 때문에 알렉산드리아 도서관은 80만 장서를 보유하기도 했다.

아이러니하게도 알렉산드리아 도서관의 혜택을 가장 많이 받은 사람들은 그리스도인이라는 사실이다. 하나님께서 그렇게 알렉산드리아 도서관을 사용하셨다. 유대에서 추방된 유대 랍비들이 알렉산드리아 도서관 소식을 듣고, 당연히 국비로 자유롭게 연구하고 저술할 수 있는 곳 알렉산드리아 도서관으로 모일 수밖에 없었다. 거기에서 유대 랍비들이 구약 히브리어 성경을 헬라어 성경으로 번역한 70인 역(Septuagint)을 완성했다.

또 하나, 오해하는 것은 북아프리카의 인종 문제다. 아프리카는 모든 인종이 흑인들이 아니다. 북아프리카는 베르베르인들이 주

---

96) 기원전 40년경 안토니우스가 버가모(피르가몬)를 정복하고 알렉산드리아 도서관과 쌍벽을 이루던 버가모 도서관에 소장된 20만 권의 두루마리를 사랑하는 클레오파트라에게 선물했다.

(主)를 이룬다. 성경에서 야만인(롬1:14/Barbarians)이라고 칭하지만 그리스 문화권에서는 그리스인 외는 모두 야만으로 보았으니, 유대인 입장에서 말하면 이방인이라고 볼 수 있다. 아프리카는 사하라 사막을 중심으로 두 지역으로 구분된다. 사막 북쪽이 북아프리카 지역으로 지중해를 사이에 두고 유럽과 일찍부터 교류했고, 전술한 알렉산더가 정복하고 수하 장군 프톨레마이오스가 세운 이집트는 그리스 문화와 그리스 사람들이 통치한 지역이었다. 세월이 오래 지나니 북아프리카 지역은 문화적으로 그리스 문화와 그리스 사람들과 혼혈된 사람들이 보편화 되어 갔다. 검은 머리에 검은 눈동자의 서구적인 모습의 여인들, 건장한 갈색 피부의 남자들, 그들이 북아프리카인들이다. 클레오파트라는 어떤 모습이었을까?

베르베르인들은 체격이 건장하고 갈색 피부를 가진 인종으로 로마제국이 북아프리카 지역을 지배하게 됐을 때는 오랜 세월 동안 그리스 문화권에 동화된 사람들이 북아프리카 사람들이라는 사실에서 로마 사람들에게 북아프리카 지역은 매력적이었다. 로마시대에는 최고의 혈통을 북아프리카 지방 혈통인 퓨닉 혈통이었다. 웃픈 이야기지만 노예시장에서는 북아프리카 지역의 만딩고 족이 최고가로 거래되었다.

나일강 지역과 온화한 기후의 비옥한 토지는 로마 사람들의 풍요로운 식량 공급처였다. 미국의 대부분의 주는 주의 특성을 살린 별명(nick name)이 있다. 필자가 살던 뉴저지주는 '가든 스테이트(garden state)'인데, 나중에 알고 보니 '뉴욕 사람들의 채소밭'이란 의미였다. 뉴저지 사람들은 '우리 주에는 A to Z까지 다 있다'고 자랑한다. 이 말은 '없는 것 없이 다 있다'란 뜻인데, 'A'는 Apple, 'Z'는 Zucchini(애호박)까지 다 난다는 자랑이다.

로마에 있어 북아프리카 지역은 바로 뉴욕의 뉴저지와 같은 곳이었다. 북아프리카 지도: 로마시대 지도에서 보이는 아프리카는 로마의 한 주의 이름이었다. 당시는 사하라 사막 남쪽은 관심조차 없는 땅이었고, 북아프리카라는 말도 지금 우리가 하는 말일 뿐이었다. 97)

---

97) 라틴어로 리비아 지역의 원주민들을 가리키는 단어인 '아프리(Afri)'에 라틴어로 '~의 땅'을 뜻하는 접미사인 '~ica'를 붙여 '아프리의 땅'이라는 뜻의 '아프리카'라는 단어가 되었다.

초기 기독교의 중심지가 된다.

"알렉산드리아는 1세기에는 세계 최대의 디아스포라를 맞아 '유대의 플라톤'이라 불리는 철학자 필론 등이 활약하며, 헬레니즘과 헤브라이즘 사이의 학문적 교류가 일어났다. 알렉산드리아에서 유대인들은 그리스인들과 함께 유력한 공동체를 이루고 있었으며, 구약성경의 가장 중요한 번역본인 70인 역(Septuagint)이 바로 알렉산드리아에서 나왔다. 또한 기독교의 중요한 거점으로 고대 신학(神學)의 중심지 가운데 하나가 되어 교리와 신학의 연구가 가장 활발하게 이루어졌고, 알렉산드리아를 거점으로 활약한 신학자들을 아울러 '알렉산드리아 학파'로 부르며 안디옥을 거점으로 하는 '안디옥 학파'와 더불어 초기 기독교 연구에 중요한 한 축이 되었다. 초기 기독교의 유명한 아리우스와 그의 반대자 아타나시우스가 이 도시에서 활동했다. 로마제국의 기독교 공인 이후 로마, 콘스탄티노플, 안디옥, 예루살렘과 함께 알렉산드리아에는 로마제국의 총주교좌(總主敎座)가 설치되었고, 다섯 총대주교좌의 한 자리를 차지하게 된다."[98] 터툴리안, 노바투스, 키프리안, 도나투스, 어거스틴 같은 신학자들이 북아프리카 지역 사람들이다.

아프리카 지역 교회는 로마를 능가하는 교세를 가지고 있어서 별도의 교회회의를 운영하고 있을 정도로 기독교세가 강력했다.

---

98) 위키백과/ 알렉산드리아.

부록 2. 인종(the human race)

세상에 인류의 출현에 대한 분명한 근거는 성경에서 찾을 수 있다. 인류의 근원에 대한 성경의 말씀을 반박하려거든 성경만큼 정확하고 확실한 근거를 제시해야 할 것이다. 만약 다른 종교에서도 근거가 있다면 경전에 밝혔어야 할 것이다. 성경은 인류 문화사적 미답에 대한 대답(對答)이다.

인류의 출현, 다음 질문으로 인종은 어떻게 구분되었는가?
성경은 대답한다. 노아의 세 아들을 통해 인종이 확산되었다. 인종을 구분할 때 우리가 흔히 말하는 백인종, 황인종, 흑인종이라는 말이 있으나 인종은 크게 코카소이드, 몽골로이드, 니그로이드 등 세 분류로 나눈다. 우리가 백인종이라고 표현하는 사람들은 코카소이드 중에서 한 종류인 '유럽 코카소이드'이다. 코카소이드는 유럽인, 중동인, 인도인, 북아프리카인을 모두 포함한다. 인종 분류는 피부색으로 나누는 것이 아니다. 얼굴 윤곽과 모발, 혈액과 유전적 특징 등으로 구분을 한다. 그렇게 구분한 큰 세 갈래가 바로 앞서 언급한 종이다.

Mongoloid(몽골로이드)

Mongoloid is an outdated historical grouping of various people indigenous to East Asia, Central Asia, Southeast Asia, North Asia, Polynesia, and the Americas.

'몽골로이드인(人)'은 극북인(사모예드 추크치), 북부(전형적) 몽골로이드(퉁구스 몽골인 한국인 등), 중부 몽골로이드(중국인), 남부 몽골로이드(인도차이나인이라고도 한다), 인도네시아 말레이인, 일본인, 폴리네시아인(외모는 코카소이드와 닮음), 에스키모 등이다. 북아프리카 인디안 중에도 있다.

Negroid(니그로이드)

Black and dark-skinned African races. Negroid (less commonly called Congoid) is an outdated historical grouping of various people indigenous to Africa south of the area which stretched from the southern Sahara desert in the west to the African Great Lakes in the southeast, [1] but also to isolated parts of South and Southeast Asia.

니그로이드는 수단, 기니, 콩고, 남아프리카, 나일의 니그로(함인이라고도 하며 피부가 흰색인 사람도 있음), 에티오피아인, 코이산(부시먼 호텐토트), 마다가스카르(니그로이드와 인도네시아 말레이인과의 혼혈) 등이 있다. (아프리카 니그로이드는 만딩고, 부시, 니그로, 피그미족으로 구분한다.)

Caucasoid (코카소이드)

Caucasoid or Europid is an outdated grouping of human beings historically regarded as a biological taxon, which, depending on which of the historical race classifications is used, has usually included ancient and modern populations from all or parts of Europe, Western Asia, Central Asia, South Asia, North Africa, and the Horn of Africa.

코카소이드는 북유럽인, 알프스인, 지중해인, 동(東)유럽인, 디나르인, 인도, 아프간, 투르크, 남동인(아라비아인, 셈인이라고도 함), 라프(알프스인의 북방형), 드라비다인(인도 흑인), 아이누 등이 포함된다. 북아프리카에도 코카소이드들이 분포되어있는데 바로 칼타고, 누미디아, 알렉산드리아 등 지중해 연안에 사는 아프리카인들이다.

이와같이 인종을 구분하면서 색깔은 무의미하다. 우리가 흔히 아는 백인종(코카소이드) 중에도 흑인이 있고, 흑인종(니그로이드) 중에도 하얀 피부가 있다.

부록 3. 로마제국의 속주들

핑크색은 원로원 속주, 초록색은 황제 속주.
아시아와 아프리카는 로마 속주 이름이었는데, 후대에 6대륙으로
구분할 때 로마 속주 이름을 많이 차용했다.

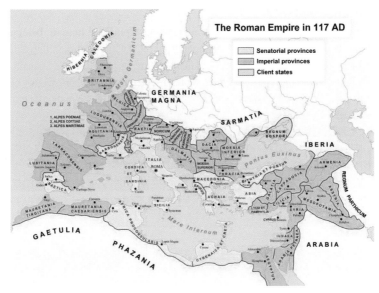

분홍색/ 원로원 속주, 초록색/ 황제 속주

유대 나라의 경우는 특별한 행정 체계로서 황제 속주인 시리아
내에 자치 구역으로 왕이 통치했으나 행정권은 황제가 파송한 총독
에게 있었다.

지도를 보면서 파악되는 로마제국의 내부 상황은 로마 주변의 중
요한 지역은 원로원 속주였고, 주변은 황제 속주였기 때문에 제국
의 영토에 대한 원로원의 개념은 황제들이 열심히 영토를 넓혀 원
로원의 속주를 보호하도록 하고, 황제의 군대를 로마에 두지 못하
게 하는 중요한 관습을 정착시켰다.

디오크레티안의 이분(二分) 통치는 다뉴브강을 기준으로 동서로
구분했기 때문에 그 후 서로마와 동로마로 고착되는 결과를 가져왔
다.

제 5 장 중세 가톨릭
(The Medieval Catholic)

"그들이 바른 길을 떠나 미혹되어
브올의 아들 발람의 길을 따르는도다."(벧후2:15)

중세시대는 발람의 길을 좇는 가톨릭의 황금시대였다.

가톨릭은 신성로마제국(Sacrum Romanum Imperium)의 옹위를 받으며, 종교재판과 십자군으로 무장한 "가장 낮은 사제라도 가장 높은 황제보다 높다"라는 말이 당시의 가톨릭의 위상을 대변한다.

"They have left the straight way and wandered off
to follow the way of Balaam son of Bezer."(2 Peter 2:15)

The medieval era was the golden time of the Roman Catholic, which followed the way of Balaam.

The Roman Catholic was under the protection of the Holy Roman Empire (Sacrum Romanum Imperium) at that time and it armed itself with the "Inquisition" and the "Crusades." The saying, "The least of the priest is higher than the highest emperor," demonstrates the stature of the Roman Catholic Church at that time.

1. 가톨릭의 변질

도나티안들은 누미디아와 아프리카 지역에서 초대교회시대 그리스도인들이 로마제국으로부터 맹렬한 핍박을 받은 것처럼 이제는 교회라는 또 다른 형태의 핍박자들에게 박해를 받으며, 신약교회의 신앙을 타협함 없이 완강히 지키고 있었다.

그 사이에 가톨릭은 점점 더 변질되어 가고 있었는데 영원한 대립과 갈등의 주제가 된 유아세례와 주의 만찬과 연옥설, 그리고 마리아 숭배와 성인(聖人) 숭배가 그 대표적 변질이라 할 수 있다.
"그들이… 브올의 아들 발람의 길을 따르는 도다"(벧후2:15).

(1) 가톨릭의 횡포

그들은 지팡이가 아니라 칼을 들고 있는 목자였다. 그들은 국가 권력과 타협하여 얻은 칼로 무수한 하나님의 사람들을 단죄했다. 신앙이 세상 권력과 타협하여 무장할 때 더 이상 교회일 수 없다는 사실을 역사를 통해 여실히 보여주고 있다. 이 때문에 침례교회는 "복음은 무장(武裝)하지 않는다"는 원리를 고수하고 있다. 침례교도들이 목숨으로 지킨 '양심의 자유'란 무력으로 자신의 신앙을 방어하지 않으며, 무력으로 다른 이들에게 신앙을 강요하지 않고, 오직 '전도의 미련한 방법'을 고수하는 사람들이다.

1) 아타나시우스의 파문

유세비우스는 아리우스를 복권시키려고 노력했고, 335년 종교회의에서 아타나시우스가 거부되자 황제는 그를 고올(Gaul) 지방으로 유배를 보냈다. 그를 따르던 자들을 핍박하고 아타나시우스의 니케아 신조는 거부되었다. 그 후 그는 네 번에 걸쳐 유배와 추방을 당하기도 했다.[99] 한때 아리우스주의가 가톨릭을 지배하고 있을 때는 노바티안과 함께 아타나시우스도 같은 핍박을 받았다.

2) 오리겐의 추방

로마감독의 동의를 얻어 이집트 종교회의는 그의 사제권을 박탈하고 추방했다.

---

99) Clyde L. Manschreck. 저 최은수 역,
　　세계 교회사, PP. 121-124, 총신대학출판부

3) 크리소스톰의 추방

그는 교회에서 사치하는 사제들을 해고시키고, 사치한 의복으로 치장한 황후에게 무례하다고 설교한 행위에 대하여 못마땅하게 여긴 황실 관계자들에 의해 403년 열린 옥크회의(Synod of Oak)에서 그를 추방시켰다. 그 이유는 황후를 위한 은으로 된 황후상(像)을 교회에 헌정하려는 의식을 거부했기 때문이다. [100]

(2) 수도원의 시작

이런 와중에 가톨릭의 한 신앙운동이 있었는데 그것은 수도원 운동이다. 수도원이 태동한 것은 크게 세 가지 상황에 기인된다.

첫째는, "야만인들에 의해 초토화된 나라의 형편과 세상과 결탁하여 하나님의 올바른 가르침으로부터 벗어난 교회의 상황으로 인해 그들은 일상의 삶 가운데서는 도저히 하나님과 동행할 수 없고, 기존 교회 안에서는 신자들과 교제할 수 없다는 결론을 내리고"[101] 은둔생활에 들어가게 되었다. 수도자들은 교회의 타락과 세속화에 대해 환멸을 느낀 반향(反響)으로 은둔생활을 하는 이들이 모여서 수도원이 생겨나기 시작했다.

둘째는, 당시 교회에 대해 느낀 점은 같으나 당면 문제에 대해 소극적으로 대한 것이 수도원의 시작이라고 볼 수 있다. 수도원의 시작은 안토니(Anthony)에 의해 300년경부터 시작되었다는 것은 정설로 되어있다. 그는 데시안(Decian)의 박해 시 이집트 코바에서 태어났다. 부자 청년에 대한 예수님의 말씀에 강한 도전을 받고, '내일 일을 염려하지 말라'는 말씀에 의지하여 누이들에게 필요한 부분만 남기고, 모두 가난한 이들에게 나누어 주고 깊은 산속으로 들어가 기도와 명상을 했다. 곧 그의 명성은 황제도 충고를 듣고자 했고, 종교회의에서도 그의 동의를 구하기도 했다. 그 후 320년에 기독교로 개종한 파코미우스가 이집트 남부에 위치한 나일강 변에 공동생활을 하는 수도원을 창립하여 독특한 공동생활을 하는 11개의 수도원을 설립했다.

기도와 명상, 노동 등의 긍정적인 면도 있었으나 육체의 학대, 금욕, 고행 등을 지나치게 강조하는 부정적인 면도 있었다. 그리스도인은 탈세속적인 삶을 추구하지만 그 의미는 세상에서 세상을 본

---

100) Ibid. P. 127.
101) 순례하는 교회, P. 57.

받지 말고 변화를 받아 그리스도의 빛으로서 이 세상에 사는 삶이지 세상을 등진 은둔생활이 아닌 점을 잊지 말아야겠다.

역사적 침례교도들은 탈 세속적인 삶을 살았으나 세상을 등진 삶을 산 것이 아니라 세상에서 성별된 삶을 살며 전도하는 삶을 살았다. 침례교도는 탈 세속 생활자이지만 수도원주의는 아니다.

셋째는, 수도원이 급격히 발달할 수 있었던 것은 많은 교황이 수도원에서 배출되었기 때문이기도 했다. 910년 프랑스 마콘(Macon)에 세워진 '클루니'(Cluny) 수도원은 세 교황(그레고리 7세, 우르반 2세, 파스칼 2세)을 배출한 영향력 있는 수도원이었다. 또 다른 이유는 십자군 원정에 출정하는 군인들이 자기의 재산을 수도원에 기증하고 떠남으로 수도원이 발전하게 되었다.

5세기경 유대 광야에는 집단 수도생활 중심이었던 '코에노비움'(Coenobium)과는 다른 '라브라'(Lavra)라는 개인적인 시간을 많이 갖게 하는 수도원이 생기기도 했다. 고행을 중심으로 수도하는 수도원 생활은 폭식(gluttony), 간음(fonication), 탐욕(avarice), 우울(dejection), 분노, 나태, 허욕, 자만 등을 여덟 가지 중대한 죄로 꼽았다. 수도원은 계속적인 발전을 가져와 13세기 중엽에는 1,800여 개가 넘는 수도원이 세워지면서 번성했다.

이러한 수도원 운동에 또 다른 영향을 준 두 사람이 있었으니 곧 도미니크(Dominic de Guzman, 1170-1221)와 프랜시스(Giovanni Francis, 1181-1226)이다. 이 두 사람은 당시 우리의 믿음의 선조들인 알비젠시안, 왈덴시안과 같은 시대의 사람들이었으나 그들은 교황의 권위를 인정하고 가톨릭의 제도권 안에서 활동했다. 하지만 알비젠시안과 왈덴시안들은 가톨릭과 교황을 인정하지 않고, 초대 교회의 회복을 시도함으로 가톨릭에게 잔혹한 핍박을 받았다.

그 후 프랜시스는 순수한 수도자의 길을 걸었으나 도미니크는 1216년 교황 이노센트 3세에 의해 수도원 허가를 받고 수도원 활동을 활발히 했다. 도미니크 수도단은 자신들의 이름을 '설교자들의 수도회(The order of Preachers)'라 지었고, 수도사들을 일류 대학에 보내 교육에 집중했다. 도미니크 자신도 교황으로부터 '교황청 교수'(Magister Palatil/the Office of the Palace)라는 직분을 받았다. 이들은 청빈과 봉사를 중히 여기며, 연구에 열심이었다. 표어는

'연구하고 전도하라'(Study and Preach)였다.

그리스도인의 삶은 변화산에 초막을 짓는 것이 아니라 세상으로 내려가는 것이 하나님의 뜻인 줄 알았다면 그들은 동굴 속으로 들어가는 대신 나와서 성서적인 교회를 세웠을 것이다. 저들의 행동에 그나마 용기를 준 것도 침례교도들이었다는 사실을 여러 곳에서 찾아볼 수 있다.

(3) 화체설 (Transfiguration)

"인간은 회개하고 세례를 받을 때에 구원을 받고, 세례 이후에 지은 죄는 회개하며 보상을 치러야 한다. 세례 받은 이후에 지은 죄를 씻는 공적과 참회에 도움이 되는 것은 성찬에 참여하는 것이다. 성찬은 주님의 희생의 반복이기 때문이다."[102] 이렇게 하여 '주의 만찬'을 성찬(the Eucharist)이라고 칭하고, 화체설[103]의 길을 터놓아 성례(聖禮) 위주의 사제주의로 흐르게 하였다.

최초에 충돌한 것은 침례의식이었다. 구원을 완성하기 위해서는 침례는 필수 조건이 되었고, 침례를 받아야 최소한 천국에 턱걸이라도 할 수 있으니…. 침례와 주의 만찬에 대해 잘못 가르침으로 사람들은 최대한으로 침례(세례)를 늦게 받아서 최대한의 죄를 씻고, 최소한의 죄만 남도록 하는 꾀를 부리기도 했다. 그 대표적인 사람이 바로 콘스탄틴 황제였다. 그는 죽기 바로 직전에 침례를 받으려고 노력했다.

정말 조심할 것은 말씀 밖으로 나가거나 앞서지 말아야 한다는 것이다. 우리가 자주 사용하는 재미있는 한 단어를 풀어 보려 한다. 신학이라는 뜻의 영어 '데오로지'(Theology)라는 단어이다. 이 단어는 두 단어의 합성어인데, 데오(Theo/하나님)과 로지(Logy/말씀), 즉 하나님과 말씀을 배우는 학문이라는 뜻이다. 이 단어에 '나'라는 'I'를 더하면 이데올로기(Ideology) 즉, 사상 관념이 된다. 자기 생

---

102) 기독 교회사 P 169.
103) 성찬(Sacramento) 주의 만찬(Lord's Supper)은 교회에 주어져 주님의 죽으심을 기념하는 귀한 의식이지만 우리는 성찬이라고 하지 않는다. 가톨릭이 의식에 '성'(Sacramento)라는 용어를 쓰게 된 것은 의식이 구원의 과정이고 도움을 주는 것으로 자리매김하면서 변질되어간 것이다. 세상에 거룩한 것은 구원 받은 성도일 뿐이다. 교회 건물도 성당이 아니고, 교회 의식(Ordinance)도 성례가 아니고, 교회 전담 사역자도 성직자가 아니다.

각을 더하면 자칫 사상과 관념론이 될 수 있다. 반대로, 데오(Theo) 즉, 하나님을 뺀 로지(Logy)는 학문, 이론이 되고 만다.

가톨릭에서 출교는 가장 무서운 처벌이다. 출교는 대죄에 빠지는 죄, 대죄는 사죄의 여지가 없이 지옥에 떨어지는 죄, 가톨릭 외는 세상에 교회란 없으니 무섭고 두려운 처벌이었다. 마치 하늘에 떠 가는 비행기에서 내리라고 하는 것과 같다.

그러나 침례교도들은 가톨릭이 주님의 교회를 계승한 교회라고 인정하지 않았기 때문에 출교도 정죄도 두려울 것이 없었고 개의치 않았다. 가톨릭이 교회라 한다 해도 교회에 속해야만 구원을 받는 다고 믿지 않았기 때문이다.

Robert Baker 박사의 저서, 'The Baptist march in history'에서 다룬 교회론으로 방주론과 등대론이 있다. '방주론'은 '방주에 들어 와야 구원을 얻는다'는 이론으로 가톨릭 교회론이 대표적이다. '등 대론'은 교회의 사명으로 '세상의 빛이 된 성도들이 모여서 교회는 세상의 등대가 된다'는 이론이다. 411년 이후로 침례교회는 재 침 례와 유아세례 때문에 박해를 받으며 신앙을 지켜 왔다.

(4) 연옥(煉獄, 라틴어: Purgatorium)

"연옥(Purgatory): 사람이 하나님의 사랑 안에서 죽어 영원한 구 원을 보장받기는 하지만 하늘의 기쁨으로 들어가는데 필요한 정화 를 거쳐야 하는 상태이다."

'연령'(煉靈): 이는 세상에서 보속(補贖)을 다하지 못하고, 연옥 에서 죄를 씻고 있는 영혼을 말한다.

'잠벌'(暫罰): 세상에서 지은 죄가 남아 있는 영혼은 일정한 기간 동안 연옥에서 단련을 받아야 한다. 그리고 이 정화(淨化)의 기간 이 끝나면 천국에 들어갈 수 있다(출처: 천주교 용어사전).

그러나 그 기간을 단축하기 위해서는 세상에 사는 자들의 기도와 공로, 그리고 희생과 사랑의 실천이 필요하다. 따라서 교회에서는 연령을 위해 장례 미사, 위령 기도, 위령 미사를 드리도록 하고 있 다. 특히 11월은 위령의 달, 11월 2일은 위령의 날로 정하여, 연령 을 위해 기도하도록 하고 있다. 물론 연옥은 최후 심판 후에는 소 멸하는 것이다. 그레고리 13세, 우르바노 8세 등의 교황이 연옥을 신조로 채택했다.

연옥(煉獄)은 외경 헐마스(The Shepherd of Hermas)서에 암시되었고, 키프리안(Cyprian)과 어거스틴(Augustine)이 가능성으로 가르쳤으나 그레고리 1세는 신앙의 중요한 항목으로 가르쳤다. 동방정교회는 중간 상태(죽음과 심판 사이)를 말하나 서방교회(로마 가톨릭)는 그레고리 이후 연옥설을 그대로 인정하였다. 작은 죄는 심판을 받기 전에 연옥의 불로써 정결케 되고, 세상에 살아 있는 다른 사람의 중보기도와 공덕에 의해 연옥의 고행이 감하게 되어 연옥으로부터 구원받게 된다고 가르쳤다.

"중세의 카타리파(Cathari), 왈도파(Waldenses) 등 이단자들은 죽은 자를 위한 *전구(轉求)와 연옥의 존재를 부정하였고"(가톨릭 대사전) 전구 :성모 마리아와 그 밖의 성인(聖人)을 통해서 은혜를 구함

가톨릭 대사전에 이단자들로 소개되는 카타리파(Cathari), 왈도파(Waldenses)는 프랑스에서 활동하던 침례교도가 아닌가? 가톨릭이 십자군으로 성지 수복은 못하면서 그 군사력으로 전쟁하듯 이들을 진멸한 것은 그들의 교리를 거부하고, 가톨릭을 인정하지 않은 분리주의자(Schismatist)였기 때문이었다.

초대교회 시기에는 그리스도인, 기독교가 국교가 된 뒤에는 재침례교도, 가톨릭이 십자군으로 무장했을 때는 분리주의자가 죽을 죄인이 되어 십자군의 칼에 피 흘리며 시산혈해(屍山血海)를 이루었다. 주님 오시는 날, 프랑스의 그 골짜기에서 다시 일어날 성도의 무리들이 보고 싶다.

(5) 마리아 숭배

마리아 숭배는 가톨릭의 중요한 중심교리로 초기부터 편승하여 왔다. 기독론 논쟁이 있을 때 부수적으로 마리아 논쟁도 있었다. 콘스탄티노플 감독이었던 네스토리우스(Nestorius)와 알렉산드리아 감독 시릴(Cyril)의 심각한 논쟁은 실상 기독론 논쟁으로 표면화되어 네스토리우스가 유배를 당했지만 사실은 마리아 숭배 문제였다.

당시 시릴이 마리아를 '하나님의 어머니'(Θεοτοκος, mother of God)라고 했던 칭호를 네스토리우스는 '사람의 어머니'(ανΘρωτοκος)라 부르는 것은 적당하지 않으니 '그리스도의 어머니'(Χριστοκος)라 부르는 것이 적당하다는 주장을 폈다. 시릴이 하나님의 어머니이신 동정녀 마리아에게 성도들이 기도해도 된다는 견해에 네스토리우스는

결사반대했다. [104] 431년 6월 33일 에베소 공회에서 그를 파문하여 안디옥에 있는 수도원으로 유배시켰다. 이때 종교회의가 열린 곳이 바로 성 마리아교회였다는 사실은 이미 성모 마리아 숭배가 시작되었다는 것을 보여주고 있다.

마리아 숭배는 점점 발달하여 마리아 탄생 축일(9월 8일)[105]이 제정되었고, 레오 10세에 의해 1517년 마리아 정혼 축일(1월 23일), 식스투스 5세에 의해 1585년 11월 21일 마리아 동정녀 봉헌 축일, 피우스 7세에 의해 1805년 마리아 성심 축일(8월 22일)과 1854년 마리아는 원죄 없이 잉태된 잉태 축일(9월 9일)로 정하고, 피우스 12세는 1950년 마리아 승천을 교리로 확정했다.

이미 8세기경 부활절 미사에서 교황의 '마리아 기도문'이 있었다는 것은 마리아 숭배의 교리가 가톨릭이 오래전부터 도입하였다는 사실을 보여주고 있다.

"영광스럽고 영원한 동정녀이신 마리아를 경외하나니,
그분은 우리의 하나님이요, 주이신 예수 그리스도의 어머니시라….
우리를 구하소서 오 주여….
복되시고 영광되신 영원한 동정녀이신 마리아, 데오토코스여!"[106]

마리아 숭배는 네스토리우스가 콘스탄티노플의 감독이 된 428년 그해 네스토리우스는 성탄절 설교에서 '데오토코스'를 비난하는 설교를 한 것을 반대파인 시릴파 사람들이 듣고, 에베소 공의회에 고발하여 파문함으로 마리아를 하나님을 낳은 자, 즉 '하나님의 어머니'로 확정했다. 이 문제에 대해 오랫동안 가톨릭에서 교리 논쟁이 진행되어 왔는데 그동안은 별일이 없었으나 중세 이후 마리아 숭배가 강화될 때 침례교도들에게 무슨 일이 있었겠는가?

침례교도들은 당연히 마리아 숭배를 거부했고, 이어서 또 잔혹한 박해를 받는 계기가 되었다. 가톨릭이 새로운 교리를 창안해 낼 때마다 침례교도들은 또 다른 박해를 당하는 일들이 계속 반복되었다. 이후에는 유아세례 거부, 재 침례, 마리아 숭배와 성물숭배 거부가 죄목(罪目)으로 추가되었다.

---

104) 세계 교회사, P. 155.
105) 에페소공의회(431년)에서 마리아를 '데오토코스'(하느님을 낳으신 분, 하느님의 어머니)라는 호칭이 부여되고, 동방교회에서 먼저 이 축일을 지내기 시작했다. 로마교회에서는 7세기부터 이 축일을 지내고 있다. 예루살렘에 세워진 '마리아 성당'의 봉헌일(9월 8일)이 동정 마리아 탄생 축일이다.
106) 새 교회사, 정수영 P. 253.

논리는 또 다른 논리로 발전하게 된다. 침례가 구원을 완성한다면 아기들도 태어나자마자 침례를 베풀면 안전하지 않겠는가? 그래서 고안해 낸 것이 '유아침례'(세례)이다.

유아세례를 성경에서 찾아내려고 "빌립보 간수의 온 가족이 침례를 받았다고 하였으니 그 가족에 아이는 당연히 있었을 것이 아닌가? 또, 예수님께서 어린아이가 내게 오는 것을 금하지 말라 하셨으니…. 유아세례는 이 말씀과 딱 일치하지 않는가?"라는 논리를 폈다. 왜 이리도 앞서들 가시는지!

그러나 성경 해석의 원리는 불분명한 부분은 분명한 부분으로 해석하는 것이다. 성경은 분명히 '믿고 침례를 받으라' 하셨고, '회개하고 침례를 받으라'고 가르치고 베풀었다. 그러니 부디 성경 밖으로 나가지 마시라! 가톨릭과 침례교회가 함께할 수 없는 것은 중요한 가톨릭의 교리가 된 유아세례와 마리아 숭배가 성경의 가르침과 초대교회의 신앙의 계승이 아니라 논리의 발전에 기인한 교리로 창안했기 때문인 것이다.

유아세례도 이레니우스(주후 185년경)의 주장을 들어보면 논리의 비약에서 온 어처구니없는 결론에서 교리로 발전되었다는 것을 아시게 될 것이다.

"만일 감독에 의해 정결하게 된 물이 인격적인 신앙과 하등 관계없이 성인(成人/adult)들의 죄를 씻어 버릴 수 있다면 갓난아기의 죄는 왜 씻어 버릴 수 없겠는가? '구원시키는 물'로 세례를 주어 왜 그들을 구원하지 않는가?"[107]

논리에 빠져 성경의 가르침을 떠난 줄 스스로도 몰랐을 것이다. 논거(the grounds of an argument)는 감독이 죄를 씻을 수 있는 물을 가지고 있다는 데서 출발하지만 논거 자체가 오류인 것을….

침례교도의 모든 이론의 논거는 성경 말씀이다. 논리는 이와 같다.
첫째, 감독이 물을 정결하게 할 수 없다.
둘째, 죄를 씻을 수 있는 정결한 물은 없다.
    (예수의 피 밖에 없네. /nothing but the blood of Jesus!)
셋째, 침례는 죄를 씻는 의식이 아니다.

---

[107] If water consecrated by the bishop is able to wash away sins for an adult irrespective of personal faith, why not, it was asked, save these infants by baptizing them in"saving" water?
Robert A. Baker, The Baptist March in History, P. 18.

또 하나의, 논리의 오류의 산물은 '마리아 숭배'이다.
4세기경, 그리스도의 인성과 신성에 대한 논쟁으로 발전한 것인데 논리적인 문제는 없어 보인다.

예수 그리스도께서 하나님이시라면,
마리아는 하나님을 낳으신 분,
낳으신 아기가 하나님이시니,
그 어머니는 하나님의 어머니!

콘스탄티노플의 감독인 네스토리우스는 그게 아니라고 아니라고 하다가, 마리아에게 기도하면 안 된다고 안된다고 하다가 유배를 당하고 말았다.

논리의 비약을 경계하자. 성경의 진리를 논리로 증명하려는 오만을 버리자. 당대 최고의 석학이었던 터툴리안은 당시 학자들이 '하나님은 고난 당하시지 않는다'는 논리로 예수님의 완전한 신성을 부정했을 때, "나는 하나님의 아들이신 예수께서 인류의 죄를 위해 고난 당하셨다는 사실이 불합리하다고 하지만 나는 믿는다"라고 선언했다.

(6) 교황권의 확립

유스티니아누스 황제는 로마의 교회 감독을 전 세계 가톨릭의 머리요, 교리의 확정자요, 이단을 처벌하는 권위자로 임명하는 칙령을 발표했다. 이 효력이 발생하게 된 AD. 538년을 합법적으로 교황이 최고의 권력자로 부상하는 시발점이 되었다.

(7) 종교재판과 도미니크 교단

1200년경 교황 이노센트 3세는 알비파와 왈도파 같은 반대 세력의 급증을 우려하여 중세의 악명 높은 종교재판소를 설치하고, 그 운영과 권한을 도미니크 수도단에 위임했다. [108] 종교재판을 시작한 직접적 원인이 왈덴시안 때문이었다는 사실은 여러 기록에서 증명하고 있고, 도미니크 수도단이 주도하는 종교재판소의 권한과 잔혹한 행위는 역사 속에 그 오명을 지울 수 없을 것이다. 심지어 무덤을 파서 부관참시 (剖棺斬屍)하는 악행을 자행했다. [109]

---

108) 기독교 순교사화, P. 71.
109) 위대한 순교자, P. 219.

콘스탄틴에 의해 관용령이 내려지고, 더하여 데오도시우스 황제가 유일한 교회, 즉 가톨릭으로 국교로 삼은 후 가톨릭은 '한 손에는 십자가를 한 손에는 로마제국의 칼을' 잡았다. 그 이후 교회사는 가톨릭의 부패와 변질된 교리에 저항(Protestant)하는 성도들의 피의 역사였음을 사실들이 증명하고 있다. 순교자들은 이 땅에서 타협의 안일한 길을 걷는 것보다는 말씀에 순종하며 형극의 길을 갔다. 그 길은 피흘림의 발자취였으나 하늘의 황금길과 연결된 길이었다.

사도들과 같은 믿음을 받아 초대교회의 신앙을 완강히 지킨 파울리시안, 보고밀, 알비젠시안, 왈덴시안, 로랄드 등의 피흘림의 발자취가 기독교 순교사화의 주류가 되었다. 주님의 교회를 지켜내는 이들의 생생한 기록들이 신약교회 신앙을 계승한 교회들의 역사다.
기독교 순교 역사가 주로 로마의 박해나 이교도 국가에 의한 순교의 역사로만 알고 있는 독자들에게 사고의 전환이 있기를 바란다. 그 실상은 가톨릭에 항거(Protestant)한 그리스도인들의 순교의 역사가 더 붉고 더 많았으며, 출판된 순교사화(殉敎史話)에 관한 책들의 대부분은 후자에 대한 기록이라는 사실이다.

수도원은 나름대로 성경 연구와 수도에 치중하여 가톨릭 세계에서 정신적인 지주 역할을 감당했고, 세속의 교회정치에서 한발 물러선 모습이었다. 후에 도미니크 교단이 종교재판을 주도하게 된 것도 가톨릭의 지도자들 중에서 가장 깊은 성경 지식을 가지고 있었기 때문이었다.

참고: 교황의 삼중관(Tiara)

삼중관(Tiara)을 쓴 사람은
왕 중의 왕,
세상의 통치자,
구세주 예수 그리스도의
대리자임을 나타낸다.
(Catholic Dictionary, 1884, p. 796).

2. 십자군 전쟁

(1) 십자군 전쟁의 동기

AD 638년 이슬람의 2대 칼리프인 오마르에 의해 예루살렘이 점령되었으나 기독교도의 순례는 자유로웠다. 그 후 성전 자리에 이슬람 성전을 지었는데 그 이슬람 성전이 오늘까지 예루살렘에 있어서 세계적인 집중을 받고 있다. 유대인은 성전 자리에 세워진 이슬람 성전 즉, 오마르 사원을 헐고 유대 성전을 세우기 위하여 호시탐탐 노리고 있기 때문이다.

솔로몬 성전 터에 세워진 이슬람 오마르 사원

1075년 이슬람교도가 된 터키군(셀주크 투르크, Seljuk Turks)이 소아시아 전역을 장악한 후 기독교 순례자들을 박해하고 금지했다. 속죄의 중요한 수단으로 행하던 성지순례의 길이 막히고, 소아시아를 점령한 터키군이 콘스탄티노플을 위협하게 되어 성지 회복을 위한 십자군을 일으키게 된다.

(2) 전쟁

1095년 교황 우르반 2세는 클레몽트(Clemont, 프랑스 남부도시) 공의회에서 십자군의 원정을 위한 명설교를 한 뒤 십자군으로 참전하는 자들에게는 빚의 탕감과 세금의 감면, 영원한 생명의 면류관 (즉, 영원한 면죄의 은총)을 약속했고, 기쁨의 낙원인 젖과 꿀이 흐르는 땅 옛 이스라엘 땅을 영지로 약속했다.

이러한 보장은 장자 상속법에 의해 영지를 갖지 못한 많은 귀족과 빚과 세금 등에 눌린 농민들, 면죄의 은총을 갈망하는 자들에게 호소력이 있었다. 1096년 1차 원정군을 이끈 이래 1250년까지 7차의 원정이 이루어졌다. 2세기 동안에 계속된 원정으로 약 500만 명이 목숨을 잃었고, 많은 희생에도 불구하고 결국 성지 탈환은 좌절되어 이스라엘 독립 시까지 계속되었다. 1099년 한 번 예루살렘을 탈환한 적이 있으나 그때 그곳의 터키인들을 너무나 잔혹하게 살해한 기록을 남긴 채 곧 다시 점령당했다.

(3) 결과

십자군 전쟁이 서구 역사상 종교, 사회, 정치, 경제, 문화적인 면에서 기폭제가 되었다는 사실은 수 세기가 지난 후에야 알 수 있었다. 십자군 원정의 실패는 일사분란하고 절대적이었던 교황권을 약화시켰고(전쟁 중에는 더욱 강화되었지만), 교황 - 황제 - 영주 - 기사들로 계통화된 권력 체제가 붕괴되기 시작했다. 이러한 현상은 각지에서 종교개혁을 가능케 했다.

봉건제도의 몰락과 원정을 통한 시민들의 의식이 개방되기 시작하여 르네상스 운동의 원인이 되었다. 영주 - 기사 - 농노로 조직되어 강압과 맹종의 생활 중에 자유에 대한 열망이 싹트기 시작하여 프랑스 혁명 등의 불씨가 된 것이라 할 수 있다.

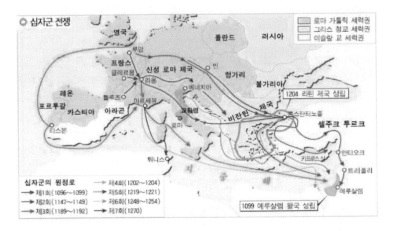

3. 가톨릭의 동서 분열

(1) 가톨릭의 동서 분열은 일찍부터 예견되어 왔다.

로마 주교가 교황을 자처할 때부터 콘스탄티노플 대주교와는 대립적인 관계에 놓였고, 로마 교황이 선교 활동을 통해 교세를 확장하여 자기 영향력을 확대해 왔기 때문에 심정적으로 동방 지역과 대립되어 있었다.

(2) 동서의 문화적인 차이가 분열을 쉽게 했다.

서방교회는 라틴어를 사용하여 신학적인 면에서도 실제적이었으나 동방교회는 헬라어를 사용하며 철학적이라 논쟁을 좋아했다. 그런 와중에 콘스탄티노플의 대주교였던 이그나티우스(Ignatius)가 동로마 황제 미카엘 III세[110]의 외숙 '바르다즈'(Bardas)의 불륜을 이유로 수찬(受餐) 금지 처분을 했다. 성찬을 금지하는 처분은 출교 바로 아래의 중징계였다. 진노한 황제는 이그나티우스를 반역죄로 몰아 투옥시키고, 자기의 호위대장인 '포티우스'(Photius)를 대주교에 앉혔다. 이 일로 백성들의 반대에 부딪힌 미카엘 III세는 861년 콘스탄티노플에서 대회를 열고 이그나티우스를 면직하고 포티우스를 인준했다.

이그나티우스는 억울함을 교황에게 호소하여 교황의 복권 승인을 받는다. 이에 대립하여 포티우스는 콘스탄티노플 지방 대회를 열어 콘스탄티노플은 로마와 대등한 교회이므로 로마교회의 결의를 수용할 수 없다고 배격한다.

이러한 반목이 계속되다가 1053년 콘스탄티노플의 대주교 미카엘 세루라리우스(Michael Cerularius, 1043-1058)는 로마 교황 레오 9세가 노르만족에게 패하여 기진한 틈을 타서 콘스탄티노플에 있던 로마적인 라틴식 미사를 하는 교회와 수도원을 폐쇄해 버리고, 불가리아의 레오 주교를 시켜 서방교회의 부정을 폭로하게 한다.

악화로 치닫는 동서교회의 화해를 위하여 교황의 사절로 '훔벌트'(Humbert)를 콘스탄티노플로 파견하였으나 중재에 실패하여 1054년 7월 16일 소피아 성당(동방의 중심교회)에 교황의 이름으로 파문장을 던지고 만다.

이에 격분한 세루라리우스는 로마 교황을 파문하여 서방교회는 로마 가톨릭(Roman Catholic Church)으로, 동방교회는 희랍 정교회(Greek Orthodox Church)로 분리되어 오늘날까지 이르고 있다.

---

110) 미하일 3세 메시소스는 842 ~ 867년까지 비잔티움 제국의 황제.

제6장 가톨릭의 개혁자들
(The Reformers of the Catholic)

필자가 서두에 미시시피강이 교회의 역사와 닮았다고 언급했는데 강의 원초적인 본능은 흐른다는 것이다. 강의 흐름은 어떤 현상으로도 막을 수 없다. 자연의 힘이란 그런 것, 막으면 물이 넘칠 때까지 기다리고, 앞이 막히면 돌아서 결국 흐른다는 것이다.

하나님의 말씀을 받고 거듭난 성도에게 믿음은 자연의 힘과 같은 것이다. 로마의 압제와 핍박이 교회의 행진을 막을 수 없었고, 로마 가톨릭의 핍박이 성서가 말씀하시는 바를 믿고 지키는 저들을 죽일지언정 믿는 바 신앙을 포기시키지는 못했지 않은가?

어둡고 긴 암흑시대가 밝아질 기미가 보인다. 산등성이가 희미하게 하늘과 선을 그으며 동녘 하늘에 샛별이 서서히 떠오른다. 가톨릭을 보호하도록 맨 처음 추대된 신성로마제국의 황제로부터 가톨릭의 개혁이 시작되었다.

Chapter 6. The Reformers of the Catholic Church

I mentioned at the outset that the Mississippi River resembles the history of the Church. The river's primordial nature is that it flows. The flow of the river cannot be stopped by any phenomenon. The power of nature is such a thing, that if you block the river, it will wait until the water overflows the banks. If it is blocked in the front, it will go around and eventually overflow.

For those believers that have received the Word of God and are born again, faith is like the power of nature. Roman oppression and persecution was not able to stop the march of the church, The persecution of the Roman Catholic Church might have killed those that believed and kept what the Bible said, but it could not make them give up their faith.

The long, dark ages seem to be getting brighter. The mountain ridge faintly draws a line in the sky, and the morning star slowly rises from the night sky. The reform of Catholicism began with the emperor, the one initially crowned the emperor of the Holy Roman Empire to protect Catholicism.

본 장을 종교 개혁시대라는 제목을 붙이면서 난감했다. 정직하게 말하면 종교개혁은 아니다. 그럼 교회 개혁인가? 그 제목도 찜찜하다. 필자는 예수 그리스도께서 세우신 교회는 '그 피로 값 주고 사신 성도들이 주님의 지체가 되고, 주님이 머리 되신 그리스도의 몸'이 교회라고 믿는다. 그런 의미에서 가톨릭은 교회라 할 수 없다.

아시는 바와 같이 가톨릭의 교회론은 '방주론'이다. "교회와 방주를 동일시하는 것은 큰 오류다. 그렇다면 방주는 오늘날 무엇인가? 첫째, 전통적으로 방주를 교회로 비유하는데 이것은 가톨릭의 교회론을 대변한 것이다. 가톨릭은 '교회 바깥에는 구원이 없다'고 말하기 때문이다. 개혁주의 신앙에서 방주는 교회가 아니다."(출처: 뉴스 앤 조이, 방주는 오늘날 무엇인가?)

방주는 무엇을 상징하는가? 그리스도를 상징한다고 믿는다. 방주에 들어오는 자는 물의 심판에서 구원을 받는 것처럼 예수님께 나아오는 자, 즉 "그리스도 예수 안에 있는 자에게는 결코 정죄(심판)함이 없나니"(로마서8:1), 예수를 믿음으로 구원받고, 예수 안에서 구원은 보장된다.

개혁 운동은 실상 가톨릭과의 분리에 성공한 운동이다. 가톨릭이 국가 권력의 칼을 쥐고 있을 때는 분리주의(schism)는 사형에 해당하는 죄목이었다.

개혁도 교황권과 가톨릭을 거부하는 분리주의 운동이었는데, 그때까지 교회사에 수많은 이들이 일어나 초대교회의 신앙을 회복하려는 분리 운동이 있었다. 하지만 그때마다 군대를 동원하여 진멸했는데 어떻게 성공이 가능했을까? 조건이 조성되었기 때문이다. 조건이란 간단하다. 가톨릭이 군대를 동원할 형편이 못되거나 개혁자를 옹호하는 강한 권력자가 있었기 때문이다.

가톨릭의 핍박으로 순교 당한 순교자들의 '기독교 순교사화' (John Fox 저, 양은순 역, 나침판사)를 읽으면서 너무나 끔찍한 살육 내용을 필자는 차마 옮길 수가 없다. 마치 요즘 너무 잔인한 폭력이 주 내용인 영상물을 '19금'으로 정하여 19세 미만에게는 시청을 금하는 것처럼 '기독교 순교사화(殉敎史禍)'야말로 '19금'으로 해야 할 만큼 사람이 어떻게 그렇게 잔인하고 잔혹하게 살육할 수 있었는지 '사람도 아니라'고 말하고 싶다. 하지만 그들의 행동의 동기가 가톨릭 신앙이었다면 가톨릭이 그 사람들보다 더 무섭다.

수없이 많은 하나님의 말씀을 믿는 사람들이 마치 봄이 온줄 알고 꽃을 피웠다가 몰아친 혹한에 피지도 못하고 낙화하는 꽃처럼 가톨릭의 위세 앞에 베이고 사위어 갔다. 그 믿음의 선조들, 그들의 신앙은 실패했는가? 한 송이 국화꽃이 그냥 피었으랴? 천둥과 폭우, 이른 무서리를 겪은 후에야 가슴 시리도록 아름다운 꽃이 되어 나타나지 않는가?

개혁(Reform)은 아주 일찍부터, 저항(Protestant)은 교회가 성서 말씀을 벗어날 때부터 시작되었다. 마치 하나님께서 인간이 범죄한 즉시 구세주를 보내시기 위한 계획을 세우신 것처럼 주님께서 교회를 세우고 사도들에게 맡기셨는데 사도들이 사명을 마치고 잠든 이후, 곧바로 곁길로 가기 시작했으니….

실상은 봄이 되니 가톨릭 안에서 먼저 개혁(reform)하려는 움직임이 시작되었다. 가톨릭 안에서 개혁이란 가톨릭이 유일한 교회라는 믿음은 견지한 채 어떤 부분은 개혁할 부분이 있다는 것을 주장한 이들이다.

1. 샤를마뉴 성상(聖像) 숭배 거부(Iconoclasm)

가톨릭이 성상 숭배(iconodualism)[111]라는 창의적인 교리를 도입할 때 '아니요' 하고 반대한 중요한 두 부류가 있었는데 하나같이 여건이 가능했기 때문이다.

(1) 샤를마뉴(Charle Magnue)

'샤를 대제'를 뜻하는 이 이름은 독일에서 '칼 대제(Karl Magnus)'로 불리고, 생전에는 라틴어로 '카롤루스 대제(Carolus Magnus)'로 표기되었다. 영어에서는 보통 프랑스어를 따라 '샤를 마뉴'라고 부르지만 풀어서 '찰스 대제'(Charles the Great)라고도 한다. 그만큼 그의 명성과 역사에 미친 영향력은 전 유럽에 두루 걸쳐 있다.

서유럽 대부분이 샤를마뉴의 프랑크 왕국 영토였다: 신성로마제국

---

111) 인도의 지방 언어인 구자라트어에서 유래된 '이미지를 섬김'

(2) '신성로마제국' 황제의 관

샤를마뉴는 두말할 필요 없이 교회사와 세계사의 가장 위대한 인물 중 한 사람이다. 771~814년까지 프랑크 왕국의 유일한 통치자였다. 800년 크리스마스 날에 교황 레오 3세가 샤를마뉴를 로마에서 '신성로마제국' 황제의 관을 씌우고 '카롤루스 아우구스투스(Carolus Augustus)'라 칭했다. 교황 레오 3세가 샤를마뉴를 신성로마제국의 황제로 대관하게 된 사연 중에 부득이한 다음과 같은 사연이 있었다.

"로마 귀족들은 귀족 가문 출신이 교황직을 수행해야 한다고 생각했다. 그래서 귀족 가문 출신이 아니며 비주류에 속했던 레오 3세에 대해 거부감이 심했다. 그 결과 귀족 가문 출신이었던 전임 교황 하드리아노 1세의 친척들이 주동하여 교황 레오 3세(795-816)에 대한 테러를 계획하였다. 799년 4월 25일 레오 3세는 라테란에서 베드로 성당으로 가다가 무장 괴한들에게 테러를 당했다. 테러범들이 레오 3세를 땅바닥에 내던져서 크게 다치고 의식을 잃었다. 다행히 샤를마뉴의 사절과 함께 온 군인들에 의해 구출되었다.
한편 레오 3세의 적들은 그를 간통과 위증죄로 고발하였다. "레오 3세가 로마로 귀환할 때, 샤를마뉴는 군사들을 같이 보내 레오 3세를 호위하게 하였다. 800년, 샤를마뉴는 로마로 가서 그해 12월 1일에 양측 대표자가 모두 참석하는 교회 회의를 소집하도록 하였다. 교회 회의에서 레오 3세는 자신의 입장을 적극 변호하며 결백을 증명했으며, 12월 23일 무죄 판결을 받았다. 레오 3세를 고발했던 반대파는 모두 추방되어 귀양을 갔다."(위키백과 교황 레오 3세)

이런 일이 있고 이틀 뒤인 800년 성탄절에 레오 3세는 성탄절 미사를 집전했고, 샤를이 그 미사에 참석한 뒤 성 베드로의 성소 앞에서 기도하고 있을 때 그의 머리에 왕관을 씌워주었고, 운집한 로마 시민들은 그를 "하나님으로부터 평화를 사랑하는 위대한 황제로 임명을 받은 샤를 아우구스투스"라고 연호했다. 이런 교황의 대관식으로 샤를마뉴는 더 이상 프랑크족과 롬바르드족의 왕이 아니라 콘스탄티누스의 계승자요, '가톨릭의 수호자' 신성로마제국의 황제가 되었다.
당시 상황은 로마제국의 수도가 콘스탄티노플로 천도한 후에 후대 황제들은 로마 교황을 콘스탄티노플 대주교와 같은 급으로 대하며, 가톨릭 내부 문제에 개입하기 시작했다. 이 때문에 교황은 샤를마뉴가 교황을 보호해 줄 것이라 기대하고 대관식을 갖고 왕관을 씌우지만 교황과 왕관을 쓰는 황제는 실상 동상이몽이었다.

교황은 성상 파괴(Iconoclastic) 문제로 비잔틴 제국 황제와 대립하던 상황에서 가톨릭의 보호자로 샤를마뉴를 신성로마제국의 황제로 대관식을 했지만 샤를마뉴의 제국의 교육 문제를 자문하는 고문으로 있던 신학자 알퀸(Alcuin)은 샤를로 하여금 자기 왕국을 4세기 전의 히포의 어거스틴이 말한 '하나님의 도성'(City of God) 즉, 기독교 국가를 세우라는 사명을 받은 것으로 믿게 했다.

샤를마뉴는 796년 이미 새로 선출된 교황 레오 3세에게 자신이 교회에 대한 보편적 주권을 지니고 있음을 천명하였다. 그는 교회의 보호자일 뿐 아니라 지도자로 자처하고 교황에게 공손했으나 교회의 지도자는 자신이라는 '황제 교황주의'(Caesaropapism, 교황권에 대한 황제권 우위주의/세속 권력의 수장에 의한 국가 및 교회에 대한 지상권의 행사)를 스스로 채택한 것이었다.

샤를마뉴는 교황 레오 3세에게 보낸 서신에서 카롤루스는 스스로를 "모든 기독교인의 지배자요 아버지요 왕이요 수장이자 지도자"라고 천명하며, 교황에게 교황이 준수해야 할 사항을 정해줬다. 레오 3세는 이에 대해 카롤루스에게 '로마시의 기'를 보내고, 카롤루스가 프랑크 왕국의 왕으로 즉위한 시기를 기점으로 시작하는 연대를 정하는 것으로 화답하였다.

(3) 황제-교황주의(씨자로파피아즘/caesaropapism)

"샤를은 비록 교회와 교황에게 경건한 태도로 임하긴 하였으나 자신의 절대권 안에 다른 절대권을 두는 것을 용납할 수 없는 철저한 절대 군주였다. 그는 자신의 신정 사상을 구약성서의 '모세와 아론'의 관계에서 끌어왔다. 황제로서 자신이 지닌 권위를 과거에 콘스탄티누스 대제와 테오도시우스 대제가 원칙과 실제에서 황제-교황주의(caesaropapism)를 표방하며, 비잔틴 제국에서 행사했던 것과 똑같은 방법으로 이해하고 행사했다.

기사들을 임명했을 뿐 아니라 주교들과 대수도원장들까지 임명했으며, 만약 자신이 살아 있는 동안 교황 좌(座)가 비게 되었다면 일반 주교구에 주교들을 채우듯 그 자리를 자신이 직접 채웠을 것이다."(출처: 샤를마뉴|작성자 G각생)

(4) 성상 숭배 (Iconostasis)를 반대

샤를은 자신이 교회를 보호하고, 교회의 모든 외부 문제들과 어느 정도는 내부 문제들에 대해서까지 조정해 나갈 임무를 하나님께 받았다고 믿었다. 그래서 교황에게 문의하지 않은 채 제국 내에서 교회회의들을 소집했다. 그중에서 프랑크푸르트 공의회(794)를 자신이 직접 주재했는데, 이 회의는 교리와 권징에 관한 문제들을 입법하고, 교황의 견해에 부합(符合)하게 양자(養子)설 이단을 단죄하고, 제2차 니케아 공의회(787)의 결정과 여러 교황들이 천명한 견해들에 반하여 화상숭배(畫像崇拜)를 배격했다. 794년 프랑크푸르트 교회회의를 스스로 소집할 때 교황의 대리자가 참석했으나 회의의 결의에 반대 의견을 낼 형편이 아니었다.

프랑크푸르트 회의는 가톨릭을 개혁하는 결의가 되었는데,
① 성상 숭배 금지(Iconoclastic). 다만 신앙의 모범이 되는 사람은 추모할 수는 있다.
② 라틴어, 헬라어, 히브리어 외에 자국어로도 기도할 수 있다.
비잔틴 제국의 황제가 성상숭배(聖像崇拜)를 금지한 칙령을 내렸을 때 반대한 콘스탄티노플의 대주교가 콘스탄티노플 황제에 의해 파문을 당한 터라 교황은 속을 끓이고 있었는데 자기가 믿고 세운 신성로마제국의 황제가 로마교회와 반대되는 성상숭배 금지와 통속어로 기도할 수 있다는 가톨릭을 개혁하는 법률을 제정 공포했으니, 그러나 힘이 없으니 수긍할 수밖에…

2. 클라우디스(Claudius)의 교황 권 부정

샤를마뉴가 튜린(Tulin)의 감독으로 임명한 클라우디스(Claudius)는 자신의 교구에서 숭배하던 성상은 물론 우상이라고 생각하는 모든 것을 제거했다. 프랑크푸르트 회의 결의를 넘어서서 십자가조차도 제거했으니, 과연 가톨릭의 개혁을 실제로 시도한 사람들이라 할 수 있다.

클라우디스(Claudius)는 "베드로의 사도적 지위는 그의 삶과 함께 끝난 것이며, 열쇠의 능력은 감독 전체에게 넘겨졌고, 로마 감독(교황)은 오로지 사도적 삶을 살아갈 때라야 사도적 능력을 갖게 되는 것"[112]이라 주장했다. 클라우디스(Claudius)의 주장이 800년대 일어난 가톨릭의 개혁 중에 핵심인 교황권에 대한 도전이었으니 가슴 서늘함을 느낀다. 성서의 가르침을 그대로 믿고 주장하다가 멸절당한 선조들의 모습에 익숙한 우리는 질문이 있다.

그들은 왜 무사했을까?
필자가 이미 언급한 가톨릭의 위세는 호가호위였기 때문이다. 편들어 주는 국가 무력의 칼로 무장했을 때만 반대편을 잔혹하게 박해할 수 있었던 것이다. 샤를마뉴가 신성로마제국의 황제로 나폴레옹 이전에는 가장 강력하고 넓은 영토를 지배하며, 로마까지 프랑크 왕국에 편입되었고, 샤를마뉴의 강력한 '황제 교황주의'(caesaropapism)의 위세에 반대할 형편이 아니었기 때문이다. 가톨릭 안에서 일어난 개혁이 과연 대단하지 않은가?

프로테스탄트(Protestant)

샤프(Philip Schaff)는 그의 저서 'History of the Christian Church Ⅳ'에서 "샤를 대제의 정신과 목표는 거의 프로테스탄트"라고 평했다.

3. 파리 대학

필자의 견해로는 가톨릭 개혁 운동의 진원지는 파리 대학이라고 생각한다. 전술한 파리 대학은 이태리 볼로냐 대학과 같이 세계 최초로 현대 대학의 면모를 갖춘 교육기관으로 1109년 세워져 1200년

---

112) 순례하는 교회, P. 79.

에 프랑스 왕 필립 2세에게, 1215년에 교황 이노센트 3세에게 성직자 교육기관으로 공인받은 대학이다.

당시 저명한 스콜라 철학자이자 신학자, 논리학자였던 '피터 아벨라드'의 학문적 명성을 듣고 학생들이 모여들기 시작한 대학이었다. 하지만 피터 아벨라드의 보편성보다는 인간의 개성을 존중하는 이성주의(rationalism)가 후대에 나타나기 전에 이미 파리 대학에서 배태(胚胎)되고 있었다.

"믿는다고 할 때 그것이 하나님께로부터 왔기 때문이 아니라 인간의 이성이 그것을 증명해 주기 때문이다"라고 가르친 그의 사상은 가톨릭 성직자 교육을 목적으로 하는 교육기관으로서는 상상할 수 없는 개혁이었다. 이때 파리 대학은 아벨라드와 같은 견해를 가진 교수들이 제법 있어서 가톨릭 중심의 질서를 비판하는 골리아르(Goliard, 삐딱한 지식인)113)가 많았단다.

아벨라드의 사상을 견디다 못해 친구인 대수도원장 '베르나르드'(Bernard of Clairvaux)에 의해 1140년, 1141년 센스(Sens) 공의회에 고발되었다. 고발은 되었지만 친구 베르나르드의 선처로 '평생 침묵'의 처분을 받았으나 자신이 가르친 제자였던 브리스의 페트로(Peter of Bruys)는 페트로-브루시안(Petro-brusians)의 지도자가 되었고, 제자 중에 전술한 아놀드(Arnold of Brescia)는 가톨릭의 개혁자로 죽었다.

가톨릭의 개혁 운동의 발원지는 파리 대학이 되었고, 가톨릭의 개혁도 이때부터 시작되었다고 할 수 있겠다. 프로테스탄트 선구자로 불리는 기욤 파렐(Guillaume Farel)도 파리 대학 출신이다. 파렐은 1523년 파리 대학의 몽테귀 대학에서 공부하는 동안 요한네스 칼비누스(불어: Jean Calvinus)로 개명하여 후대에 쟝 칼뱅(Jean Calvin)으로 불리는 칼빈을 강하게 설득하여 스위스 제네바에서 함께 개혁운동을 성공할 수 있도록 후원했다.

가톨릭이 통탄할 일!
자신들의 성직자 교육기관으로 설립한 대학이 오히려 가톨릭을 개혁하는 모태가 되다니…

---

113) Goliards는 중세의 12세기와 13세기에 풍자적인 라틴시를 쓴 유럽에서 일반적으로 젊음의 성직자 그룹.

4. 파도바의 마르실리우스(Marsiglio da Padova)

"마르실리오 마이나르디니(Marsilio dei Mainardini/1275 - 1342)도 파리 대학에서 우수한 학생으로 수학하는 동안 뛰어난 실력을 과시했다. 그는 1313년부터는 University of Paris의 총장을 역임했다." (인물 중심의 교회사, P. 269)

1324년 발표한 '평화의 수호자'(Defensor pacis/The Defender of Peace)라는 정치 논문을 통해 교황이 '가장 사악한 이단 이론의 저자'라고 선언한 내용이 포함되었다. 당시 교황 요한 23세와 신성로마제국의 황제로 선출된 바바리아의 루드비히[114]와 권력투쟁의 양상이 전개되어 제국의 중요한 지역인 이태리 지역에 있는 교황의 영토에 황제가 군대를 보냈다. 이 일로 교황은 황제를 파문하고 신성로마제국의 황제 왕관을 반환할 것을 요구하는 악화된 상황에서 정치가의 입장에서 쓴 논문이다. 실상은 루이 4세 왕은 교황에게 도발한 것이었다.

논문의 내용은 샤를마뉴(칼 대제)에 의해 시도된 황제-교황, 황제 우선주의(caesaropapism)를 강조했는데,
① 속권(俗權, 세속적 권력)의 수장에 의한 국가 및 교회에 대한 지상권이 행사되어야 한다.
② 교황의 영토의 독립성은 인정될 수 없고, 황제의 지배를 받아야 한다.
③ 교회는 교황 주교 사제들에 의해 구성되는 것이 아니라 믿는 자의 모임이다.
④ 교황의 무오성은 인정될 수 없고, 오직 성경의 무오성과 권위만 인정된다.
⑤ 교황이나 주교의 임명권은 어디에 있는가?
"사도들은 예수님께 직접 받았고, 다음의 계승자들은 사도들에게서 받았고, 사도들이 죽은 후에는 선출 권리가 신자들의 모임으로 넘겨졌다. 사도행전에는 스데반과 빌립의 선출에서 모범을 보여주고 있다. 만일 사도시대부터 선출권이 교회에 부여되었다면 사도 사후에야 얼마나 그 관행이 준수되었겠는가!"[115]

---

114) 루이 4세 (독일어 : 루드비히, 1282 -1347년)는 비텔스바흐 가문의 바바리아 인으로 1314년부터 로마 왕, 1327년 이탈리아 왕, 1328년 신성로마 황제였다.

마르실리우스(Marsilio)의 논문은 성서에서 예수님의 말씀을 근거로 예수님은 국가적 권세를 소유하지 않으며, 교회가 어떤 국가적 권력을 행사하도록 가르치지 않았다고 주장한다. 뿐만 아니라 마르실리우스는 국가의 의무도 강조했는데 국가의 목적은 '충분한 삶'에 대한 인간의 타고난 욕망을 합리적으로 충족시키는 것이다. 주권은 국민에게 있고, 국민은 정치 지도자를 선출하고 시정하고 필요한 경우 탄핵할 수 있다. 공동의 이익을 보호하고, '삶의 만족'을 촉진하고, 가장 순종할 가능성이 높은 법을 만들어야 한다는 현대 민주주의 정치체제를 강조했다.

마르실리우스(Marsilio)의 논문은 오늘날에도 정치 철학과 법률이론으로 존중받고 있다. 이 논문과 같은 내용을 당시 신학자였던 옥캄의 윌리암(William of Occam 1280-1349)도 자신의 저서를 통해 발표했다. 후대의 존 위클리프(John Wycliffe)와 마틴 루터(Martin Luther)의 개혁 활동에도 큰 영향을 끼쳤으나 1327년 교황 요한 22세에 의해 이단으로 정죄 되었다.

당시 교황권이 시퍼런 칼날처럼 살아 있을 때 어떻게 이런 말을 하고도 살아 있을 수 있었을까? 역사의 원리는 간단하다. 그는 교황과 대립하던 루이 4세의 비호를 받고 있었기 때문이었다.

마르실리우스가 교황권에 대한 비난은 차치하고 교회에 대한 정의(definition)가 가톨릭의 교회론에 함몰되어 있던 당시에 신약성서의 가르침을 발견하고 주장했다는 것이 다행스럽고 대견스럽다. 그것도 간단하다. 도그마에 함몰되지 않은 양심이 성서를 전제 없이 대한다면 성령의 조명을 통해 진리를 찾을 수 있기 때문이다.
하르낙(Adolf von Harnack, 1851-1930)의 저서[116]에서 복음과 교리를 알맹이(kernel)와 껍질(husk)에 비유하면서 교리들을 제거함으로써 기독교의 본질인 복음을 찾아낼 수 있다고 믿었다.

중세 가톨릭의 실상은 사람들에게 성서는 사제가 독점하고 가르치는 대로 믿으라는 강압적인 방법으로 인도했지 않은가? 심지어 모든 사람들은 '자기 나라말로 성서를 읽을 수 있어야 한다'고 믿고,

---

115) 순례하는 교회 P. 144
116) 『기독교의 본질:Das Wesen des Christentums/What is Christianity?』

성서를 번역하여 반포하는 알비젠시안, 왈덴시안들을 핍박하고 성서를 불태우는 악행을 저지르지 않았는가!

  죽음: 마르실리우스는 1342년 무렵 뮌헨에서 사망했으며, 여전히 교회와 화해하지 않았다고 가톨릭의 지인들이 탄식한다. 하지만 신앙 양심이 있다면 가톨릭과 화해할 수 있겠는가? 화해하려면 신앙을 타협해야 하는데….

샤를마뉴(Charle Magnue) 신성로마제국 황제 대관: 800년 성탄절
프리드리히 쿨바흐(Friedrich August von Kaulbach, 1850~1920)

제 7 장 중세의 침례교도

Carla Negri, Chiesa Valdese di Piazza Cavour - Roma, olio su tela cm 60x85

로마 카보르 광장에 있는 왈덴시안 교회당(Chiesa Valdese)

성서에도 없는 교리를 만들어 철권으로 강요하는 가톨릭의 횡포에 신약교회를 지키려는 그리스도인들의 저항은(protestant) 봄이 되면 새싹이 돋는 것처럼 필연적이었다.

신자의 침례는 이미 변질되었고, 주의 만찬이 화체설로, 마리아 숭배와 성인 숭배, 연옥을 만들어 내는 과정에서 신약교회의 신앙을 지키려는 그리스도인들의 순교의 피가 아름다운 알프스 계곡과 피레네의 골짜기, 다뉴브강변에 흘렀다.

It was inevitable that we would see the protestant movement against the Roman Catholic, which made up doctrines not included in the Bible and oppressed those that disagreed with them. The believer's baptism was already altered, and the Lord's Supper was proclaimed as celebrating the real presence of Jesus.

The cult of Mary worship and saints worship was ever present. In the process of coming up with all these, plus the idea of purgatory, the blood of the Christian martyrs that tried to keep the faith according to the New Testament poured into the valleys of Alps, Pyrenees, and the riverbeds of Danube.

1. 파울리시안(Paulician)

(1) 지도자 : 콘스탄틴 실바누스(Constantine Silvanus)

비잔틴 황제 콘스탄스 2세(641-668)가 통치하던 시기에 눈 덮인 타우르스 산맥[117]의 동쪽 줄기에 위치한 마나날리스(Samosata, Turkey)에 살고 있던 콘스탄틴에게 사라센 포로로 잡혀갔다가 시리아로부터 돌아온 어떤 가톨릭 부제(副祭)가 콘스탄틴의 호의에 감사하는 뜻으로 그에게 두 권의 책을 주었다.

한 권은 복음서였고, 다른 한 권은 사도 바울의 서신들이었다. 그는 그동안의 모든 신앙과 지식을 버리고 열심히 성경을 공부하여 결국 열성적이고 독창적인 사도 바울의 서신에 나타나는 죄와 율법과 은혜와 구원의 대립 속에서 인간의 죄와 하나님의 은혜에 대해 명확한 깨달음을 얻어 구원받은 성도가 되었다(AD. 653).

터키 동 남부에 걸쳐 있는 타우러스 산맥과 타우러스 산

---

117) Taurus 산맥/서아시아 터키 남부, 지중해 연안에 평행하는 산맥, 최고점 3,675m.

그때의 콘스탄틴의 마음은 하나님의 말씀을 통해 구원의 경험을 체험한 성도만이 누리는 감격과 환희와 확신을 갖지 않았을까?

필자의 경험을 비추어 상상해 본다. 그는 믿음의 선조들이 체험한 구원의 감격과 확신을 동일한 말씀, 한 성령의 역사로 이루시는 구원의 은혜와 감격과 확신을 체험했을 것이다.

오순절 이후, "받은 것을 전하지 아니할 수 없다"는 초대교회 성도들과 동일한 전도의 열정으로 전도하기 시작했다. 가톨릭의 사제가 준 성서라면 라틴어(Vulgate)였을 것인데, 아르메니아 사람이 라틴어 독해가 가능했다는 것은 콘스탄틴이 상당한 학식을 가지고 있었다고 볼 수 있다.

그렇게 미약하게 시작되었다.

예수님의 제자들이 성령으로 말하게 하심을 따라 전한 것처럼, 사울이 다메섹 도상에서 예수님을 만난 후에 전한 것처럼 그렇게 시작하여 터키의 허리를 이루는 타우러스 산맥 기슭, 호수 가에 있는 시골에서 한 사람이 성령에 사로잡혀 전도하기 시작했다.

콘스탄틴이 모든 지식, 모든 신앙(미신이든 가톨릭이든)의 전제를 버리고, 백지에 글을 쓰는 마음으로 오직 하나님의 말씀 앞에서 하나님의 말씀과 성령의 가르치심을 받아서 배웠다면 어떤 그리스도인이 되어 일어섰을까?

한 하나님, 한 말씀, 한 성령으로 거듭났다면 그는 어떤 믿음으로 일어섰을까? 그가 받은 구원의 확신은 얼마나 감격적이었을까? 그가 가진 확신은 얼마나 분명했을까? 사람들의 말, 세상에 있는 종교를 뛰어넘는 하나님과 하나님의 말씀과 성령의 가르치심을 받아 제자 된 그의 모습은 어떤 모습이었을까? 경험한 자만이 아는 일이 아닌가?

그는 자신이 말씀을 통해 믿게 된 바를 열심히 전도하며, 성서를 통해 배우게 된 바울 사도의 선교의 모범을 따라 살기로 결심하고, 바울 사도의 가르침을 추종하는 자라는 뜻으로 바울 사도의 수행자였던 '실바누스/실라'(Constantine-Silvanus)라고 계명했다.

이 지역은 터키 동부와 아르메니아 지역으로 기본(Edward Gibbon)은 사도시대부터 복음이 전파되었고, 다메섹과 안디옥, 시리아의 사막 도시인 팔미라(Palmira) 118)지역을 지나 한편으로는 본도(아르메니아) 쪽으로, 한편으로는 동진하여 아라비아 쪽으로 복음이 전파되었을 것이라고 단정적으로 말하고 있다.

사도행전 2장에서 오순절에 모인 사람들 중에 누가는 먼저 "바대인과 메대인과 엘람인 또 메소포타미아"를 먼저 소개하는 것은 이 지역은 유프라테스강 건너 로마제국의 영토 밖으로 아라비아 사막을 건너오면서 오아시스 도시인 팔미라를 많이 지났을 것이고, 메소포타미아 지역으로 연결되는 복음의 루트(Route) 역할을 했을 것으로 보고 있다. 119)

파울리시안들이 활동할 때 아르메니아와 Taurus산맥 북쪽 루트인, 갑바도기아, 갈라디아, 비두니아, 아시아, 에베소에 도착하는 길로 사도들이 전도하면서 세운 교회들이 명맥을 유지하고 있었고, 자신들은 그 교회들의 원리에 충실하려는 사람들이라고 했다. 특히 베드로전서에서 베드로 사도가 언급한 루트가 여기에 해당하는 길로 타우러스 산맥 북쪽으로 연결되는 길이다.

흑해 지방(비두니아, 본도, 갈라디아)에 살던 유대인들이 예루살렘에 왕래하는 길은 해로(海路)로는 터키의 보스포루스(Bosporus) 해협을 지나 지중해로 돌아오기도 했으나 육로로는 본도(Pontus)를 지나 안디옥 다메섹 예루살렘으로 바울 사도가 처음 활동을 시작했던 지역과 동일함으로 사도시대부터 이곳에 복음이 전파되었다. 그 때의 신앙이 저변에 흐르고 있었다면 파울리시안의 전도 활동은 잠자던 사람들을 일깨우는 역할이었다고 할 수 있겠다. 120)

콘스탄틴 실바누스(620-684년 사망)는 7세기 아르메니아에서 시작해서 사도시대 교회의 순수함으로 돌아가고자 했던 파울리시안의 지도자였다. 그가 아는 것이라고는 성서에서 혼자 배운 사도시대 교회 밖에는 없었는데 사도시대 교회를 따르려는 그들이 비잔틴 교회에 의해 이단자로 정죄되었다. 121)

---

118) 시리아 사막 중심부에 있는 오아시스 도시로 메소포타미아 지역으로 연결되는 중요한 지역
119) 아카페 성서 지도, 239, 오순절 참조
120) "The Paulician churches were of apostolic origin, and were planted in Armenia in the first century" John's History of Baptist I. P. 49.

"터키 중심부를 지나는 타우러스 산맥을 따라 사도 바울의 전도 여정을 따라 사도 바울을 본받아 전도하는 삶을 실천했다. 파울리시안들의 활발한 전도 활동은 당시 콘스탄틴 포고나투스로 알려진 비잔틴 황제 콘스탄스 2세의 주의를 끌었다."

(Across the Taurus Mountains, and into the western parts of Asia Minor, making converts on the way. His missionary activities came to the attention of the Byzantine Emperor, known as ConstantinosⅣ Pogonatus) (ko-kr. tistory. com 118 이단4. 폴리시안)

관심을 끌었다는 의미는 파울리시안들의 세력이 간과할 수 없을 정도로 성장했다는 의미가 되고, 곧이어 시작될 잔혹한 핍박을 예고하는 것이었다.

(2) 그들의 이름

콘스탄틴 실바누스가 구원받은 해인 653년부터 적극적으로 전도 활동을 시작하여 남은 생애였던 31년 동안 오직 전도에 주력하는 생애를 살았다. 전도 활동으로 급속하게 퍼져 나간 그의 신앙은 당국의 주목을 받기 시작했고, 파울루스파(Paulicians)라는 별명으로 불리기 시작했다. 톤락파(Thonracks)라는 이름은 그들이 살던 동네 이름인데, 예수님의 제자들이 '나사렛 사람들'이라고 불린 것과 같다. 아르메니아 사람들(Armenian)이라고 불렸다. 교회사에서 그들을 여러 이름으로 표기되어 있어서 정리해 본다. 아르메니아 교회, 톤락파, 파울파, 파울리시안 등 별명도 참 많다.

신약교회는 시작부터 별명으로 불렸다. 최초의 교회는 매우 저속한 비아냥조로 불렸던 크리스챤, 그리스도의 종이었고, 좋은 말로 그리스도의 추종자이다. 이 좋은 이름이 왜 비아냥조였을까? 하기야 우리에게는 예수, 그 이름보다 귀한 이름은 없지만….

그 후 기성 교회들에게 비난조로 불린 몬타니스트, 터툴리안주의, 노바티안, 도나티안(재침례교도/Anabaptist), 이제 아르메니아 지역에서는 파울리시안….

---

121) Constantine-Silvanus (died 684) was the founder of the Paulicians, a Christian movement in 7th century Armenia, who sought to return to the purity of the church in the time of Paul the Apostle. They were considered heretical by the Byzantine Church.

별명으로 불리지 않고 스스로 자기들의 이름을 지어 부른 이들은 누구인가? 최초로 데오도시우스 대제가 지은 가톨릭(catholicae/christianorum catholicorum)이 최초로 스스로 지은 이름이다. 마치 부모가 자녀의 이름을 지으면서 가장 좋은 이름을 짓는 것처럼 가톨릭은 실상은 참 좋은 이름이다. 이름값을 못해서 그렇지….

(3) 전도 활동

파울리시안들은 성경에서 명하는 전도의 사명과 바울 사도가 보여준 모범을 따라 전도인의 삶을 산 결과 소아시아와 유럽 전역에 영향을 미치고 있었다는 사실을 비판적 입장에서 한 증언에서도 찾아볼 수 있다.

"트라케[122], 마케도니아, 에피루스에 걸쳐 있던 허다한 파울루스파의 거류민들은 유럽에 이단을 심었다. 그리하여 순례자들이나 무역의 통로를 통하여 파울루스파의 신비적 사색과 비유적 방법과 자유로운 정신은 발칸제국을 넘어 불가리아로, 다뉴브강을 따라서 헝가리와 바이에른을 통해 독일로, 롬바르디아를 통해 스위스와 프랑스로, 지중해를 통해 베네치아와 이탈리아와 시칠리아로 침투해 들어갔다. 그러므로 파울루스파는 서구 종교사상의 발전에 있어서 광대한 관계가 있다고 말할 수 있다."[123]

지도의 노란 부분이 트라케

지도를 보면서 그들의 활동을 따라가 보면 걸어가면서 전파한 복음이 당시 유럽 문화권에 넓게 퍼져 나간 것을 알 수 있다.

---

122) 트라케, (불가리아어: Тракия)는 역사적, 지리적으로 발칸반도의 남동쪽 흑해, 에게 해, 마르마라 해의 세 바다로 둘러싸여져 있는 지역.
123) 기독교 대 백과사전 XV, P. 568,

터키 성지순례를 하고 돌아온 친구가 사도행전에서 기록하고 있는 바울 사도의 선교 행적은 가히 기적적이었다고 했다. 우리가 쉽게 읽어내려가는 바울 사도의 선교여행은 지역과 지역 사이가 관광버스로 하루가 걸리는 거리를 걸어 다니면서 전도를 했다는 것에 다시 한번 경의를 표했단다. 버스의 하루길은 걸어서는 최소한 보름은 걸리는 여정이었을 것이다. 한 사람의 선교여행이 그렇게 광대했는데, 바울 사도의 선교 사역을 모델로 삼아 그대로 사역한 파울리시안들의 사역은 어떠했을까? 상상해 볼 수 있다.

단순한 그들의 일생

파울리시안들의 삶은 한 줄로 기록할 만큼 단순했다. 그들은 예수님을 구세주로 영접한 뒤 바울 사도의 제자들의 이름으로 개명한 후 '몇 년 동안 전도하며 살았다' 이 단순한 한 문장으로 표현된 그들의 삶은 어떠했는가? 전도하며 살아간 햇수가 주님의 부르실 때까지였고, 살았다는 말은 전도하다 순교했다든지, 길에서 만나는 재난으로 주님께 돌아갈 때까지였다는 의미였다. 후대에 일어난 왈덴시안들도 같은 삶을 살았다.

한번은 필자가 사도행전을 읽다가 실소를 금치 못했다. 모두 아시는 바 대로 바울 사도는 선교지를 옮기는 경우 대부분 쫓겨서 급히 떠나는 경우가 많았다. 심지어 황급히 밤에 떠나기도 했고, 행장을 잘 꾸리지 못해 짐을 두고 떠나서 후속 일행에게 가지고 오라고 전언하기도 했지 않은가?

하나님께서 바울 사도를 너무 재촉하신다고 실소를 금치 못했던 것이다. 그냥 편안한 선교여행이었으면 그리 빨리 다른 곳으로 옮겨 가며 전도할 수 있었겠는가? 하나님께서 바울 사도의 시간을 재촉하시는 방법으로 쫓겨 다니게 하시더니, 600여 년이 지난 후 그의 후예들인 파울리시안들도 쫓겨 다니면서 전도했으니, 하나님은 여전하시고, 사도 바울의 후예들도 여전했는데….

(4) 핍박의 시작

파울리시안은 그 이전의 어느 재 침례교(Ana-Baptist)들보다 잔혹한 핍박을 받았는데 그 이유는 교권이 확립되고 세상 정부의 군사력으로 공교회의 지위를 보호하는 시대가 시작되었기 때문이다. 이러한 현상은 두 가지 측면에서 볼 수 있다. 교회 지도자들이 국가 권력자로 전락함과 초대교회의 신앙을 지키려는 이들의 부단한 도전을 받은 국가교회가 위협을 당하고 있었기 때문이었다.

그러나 이토록 잔혹한 핍박과 순교 중에도 멈추지 않는 진리에 대한 열망은 세상의 힘으로는 결코 막을 수 없었다. 왜냐하면 적들의 최후의 무기는 죽음이었지만 복음을 들고 나서는 이들에게 죽음이 더 이상 위협의 수단이 되지 못했기 때문이다. 저들은 그리스도와 함께 이미 새생명 가운데 살고 있었기 때문에 '사나 죽으나…' 전도하는 일이 삶의 이유였기 때문이었다.

콘스탄틴 실바누스의 순교

680년 후반 콘스탄티누스 포고나투스(Constantinus IV 668 - 685)는 그의 황실의 관리인 시므온을 파울루스파가 퍼져 나가고 있던 폰투스(본도)와 아르메니아에 있는 지방들로 보내어 파울루스파의 지도자들을 돌로 치고, 그들을 추종하는 사람들을 정통교회로 개종시키도록 했다.

지방 장관인 트리폰의 도움으로 시므온은 콘스탄티누스 실바누스와 그의 많은 추종자들을 키보사에서 사로잡았다. 시므온은 그들을 그 마을의 남쪽으로 끌고 가서 파울리시안의 지도자인 콘스탄틴 실바누스를 그의 제자들 앞에 세워 놓고 누구든지 그를 돌로 먼저 치는 자는 목숨을 건질 것이라고 재촉했다. 대부분의 제자들은 이러한 조건을 거부하고 자신들의 신앙을 고수했다. 그러나 결국 콘스탄틴이 양아들로 삼았던 '유스투스'가 시므온의 제의를 수락하여 돌로 쳐서 콘스탄틴 실바누스는 순교를 당했다.

그 후 그 자리에는 돌무더기가 쌓아서 가톨릭의 승리의 표식이 되게 했다. 후에 사람들은 그의 죽음을 기억하여 그 자리를 소로스(ΣωροS)라고 불렀다.

가톨릭이 자랑하는 '소로스'에서 유스투스는 마치 다윗과 같이 이단의 골리앗을 쓰러뜨렸다는 기념비로 삼았지만 파울리시안들은 그 돌무더기를 진리를 위한 항전과 순교를 무릅쓴 승리의 기념비로 삼았다. 과연 하나님은 그 돌무더기를 무엇이라고 하실까?

핍박자 시므온의 회심

시므온은 그의 군사력과 합법적인 권력을 사용하여 주교들이 파울루스파 교도들을 교화하는 것을 계속하여 도왔다. 그러나 그리스도인으로서 파울루스파 교도들이 가졌던 용기와 신실함은 시므온에게 깊은 인상을 주었다. 그가 콘스탄티노플의 황실로 돌아왔을 때 그는 이미 마음으로 파울루스파의 신앙에 동조하고 있었다.

3년을 머문 후에 그는 더 이상 자신의 마음속에서 일어나는 회오(悔悟)의 감정을 부정하거나 숨길 수 없어서 그는 687년 몰래 키보사로 가서 콘스탄틴 실바누스의 남은 추종자들을 발견하고 그들과 함께하기로 했다. 그는 파울루스파의 관습에 따라 '디도'라는 이름을 갖고 파울리시안들의 지도자가 되었다. 즉, 핍박자가 추종자가 된 바울 사도의 전력과 유사하지 않은가!

그 후 얼마 안 되어 전에 파울루스파를 배신하고 콘스탄틴 실바누스를 돌로 치는 데 제일 앞장섰던 유스투스는 시므온을 클로네아의 주교에게 고발하였다. 그 결과 황제 유스티니아누스 2세는 690년에 이 문제를 조사하라는 명을 내렸다. 그리하여 시므온 디도와 다른 많은 파울리시안들은 소로스 근처에서 화형을 당했다. 이러한 핍박에도 불구하고 파울리시안은 넓은 지역으로 퍼져 나갔다.

(5) 분열과 성장

8세기에 들어와서는 분열과 타락의 시기를 거치는 시련기였다. 8세기 초에 탁월한 새로운 지도자가 부각 되었는데 그는 파울루스였다(이 이름에서 파울리시안이라는 이름이 유래했다는 설도 있다). 파울루스 사후, 두 아들이 분파를 했다. 장남인 게그노시우스는 사도적 이름인 '디모데'라는 이름을 가지고 후계자로 임명되었다. 그러나 차남인 데오도루스는 영적인 은사와 은총은 혈연적 계승을 믿지 않는 반대파를 이끌었다. 데오도루스는 "계승을 통한 중재는 본질적인 것이 아니며, 모든 은총은 언제나 하늘에 있는 한 근원으로부터 직접적으로 내려진다"[124] 고 주장했다.

장남 게그노시우스(디모데)는 715-745년까지 30년 동안 열심히 전도하다가 745년 죽은 후 아들인 자카리아스가 후계를 이었고, 그 후 요셉 에바브로 디도라는 지도자가 무리들을 이끌고 분파하여 나간 데오도루스 파와 합류하여 폭발적인 전도로 확산되어 갔다. 핍박과 시련을 겪으면서 그들은 프리기아를 지나 비시디아 안디옥까지 내려가 정착했으며, 30년간 사역을 잘 감당한 후 775년에 죽었다.

---

124) Neander, Church History V. P. 341.

부끄럽게도 파울리시안들도 이슬람교의 분파와 동일한 원인으로 분파한 것이다. 이슬람교 창시자 마호메트 사후에 마호메트의 자손이 후계자가 되어야 한다고 주장하는 무리와 신도들 중에서 선출된 칼리프가 후계자가 되어야 한다는 두 부류가 있다. 마호메트 자손이 후계자가 되어야 한다는 시아파[125], 선출된 칼리프가 후계자가 된다는 수니파[126]와 똑같은 일로 분파하는 안타까운 일이 있었으나 곧 다시 합한 것은 다행스러운 일이라 하겠다.

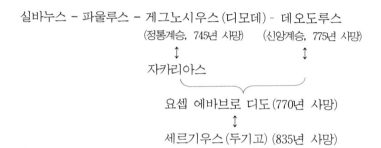

실바누스 - 파울루스 - 게그노시우스(디모데) - 데오도루스
(정통계승, 745년 사망) (신앙계승, 775년 사망)

자카리아스

요셉 에바브로 디도(770년 사망)

세르기우스(두기고)(835년 사망)

'세르기우스'(Sergius)

8세기 후반의 침체에서 벗어나게 한 지도자는 9세기 초반에 나타난 지도자인 '세르기우스'(Sergius)로 파울리시안의 역사에 중요한 영향을 끼친 지도자였다. 그는 파울리시안의 한 여인과의 대화를 통하여 감명을 받고, 복음서들과 바울서신을 부지런히 연구했는데 800년경 '두기고'라는 이름으로 칭하며 34년간 전도하여 소아시아의 중앙 고원지대의 대부분의 지역들로 뻗어나갈 수 있었다. 그의 흠 잡을 데 없는 생활과 엄격한 도덕적인 교훈으로 인하여 심지어 그의 적대자들조차도 그의 삶은 칭송할 정도였다.

그리하여 많은 수도승들과 수녀들과 사제들까지도 단순하고 실천적인 그의 신앙으로 돌아왔다. 당시의 형식적인 정통주의, 천박한 성상숭배, 성직자의 무지와 부패, 공공연한 성직매매에 염증을 느낀 모든 계층의 사람들에게 그들이 들어보지도 못한 복음서와 사도들의 말씀을 전했다. 세르기우스의 확신에 불타는 전도는 온유하고 위로를 주면서도 모든 사람의 마음을 사로잡았다.

---

125) 시아(Shiites) : 모하메드의 자손만이 이슬람의 지도자(imam)로 인정.
126) 수니(Sunnis) : "sunna(길)"에서 파생된 단어. 그들은 다섯 명의 칼리프 (모하메드의 후계자)를 인정.

그는 또한 사도 바울의 본을 따라 사역 중에 목수로 일하면서 자신의 생계를 꾸려나갔다. 835년 아르가이움 근처 산에서 목수 일에 쓸 나무를 베고 있을 때, 가톨릭의 열성분자인 니코폴리스의 차니오(Tzanio of Nicopolis)[127]에게 기습당하여 자신이 쓰던 도끼로 살해되었다.

(6) 박해의 재개

비잔틴 제국의 황후 테오도라(그리스어:Θεοδώρα)은 842년부터 파울리시안들을 근절하기 위하여 잔혹한 박해를 재개했다. 황제인 남편 테오필로스가 성상 파괴주의자(Iconoclast)였지만, 테오도라는 성상 옹호론자였는데 남편 몰래 성상을 공경하고 있었다. 842년 남편이 죽자 두 살짜리 아들 미하일이 황제가 되었고, 당연히 황제의 어머니로 섭정을 시작했다.

섭정이 되자 그녀는 신중히 성상 공경을 회복시키려고 삼촌 세르기우스 니케티아네스, 오빠 바르다스, 궁정 신하인 테옥티스투스와 함께 작업에 들어갔는데 843년 열렬한 성상 파괴론자(Iconoclast)인 콘스탄티노폴리스 총대주교 요한을 몰아내고, 3월 11일 성상 숭배를 복원시켰다. 이날은 아직도 동방 정교회의 축일로 기념된다.

10만여 명의 파울리시안들이 순교하다.

그녀의 섭정기간 동안 또 하나의 주목할 만한 일은 바로 파울리시안들을 이단으로 몰아 대대적으로 박해한 일이다. 성상 숭배를 반대하던 남편인 데오필로스 황제의 보호를 받던 파울리시안 약 10만 명이 학살당했고,[128] 재산과 토지가 몰수되었다.

비잔티움 제국 역사상 단시간에 전무후무한 대대적인 학살로 파울리시안들은 성상숭배를 우상숭배라고 배척하던 사라센의 토후(土侯) '모노게라레스'가 '아리가이움'이라는 지역을 할애해 주어서 당분간 피난처가 되기도 했다. 마치 사울을 피해 블레셋으로 피신한 다윗처럼…,

벨 하우젠 교수는 "바벨론 시리아 사막에 사는 침례교도(Baptist

---

127) Sergius, his carpenter's trade, was attacked by a certain Tzanio of Nicopolis, a fierce zealot for the church- doctrine, and assassinated, AD. 835. General History of the Christian Religion and Church: P. 256》

128) The Empress Theodora instituted a persecution in which one hundred thousand Paulicians in Grecian Armenia are to have lost their lives.

Syro-Babylonian desert) 그들을 샤비안 침례교도(Sabians, Baptist)라고 불렸는데, 그들의 신앙과 실천은 초대교회의 모습이었다. "[129]

황후 테오도라의 박해로 처형되는 파울리시안들

그 일 후 200년이 지난 시기에 아르메니아의 그레고리 매지스트로스(Gregory the magistros; 990‐1058)는 이단들을 처형하면서 파울리시안의 처형을 예를 들었다. "우리보다 앞서 많은 (파울리시안) 시민들과 관리들과 노인들과 아이들까지도 차별하지 않고 냉정하고 정당하게 그들을 칼로 베었다. 우리 선조들은 그들의 이마에 낙인을 찍고 영적으로 장님이니, 실제 눈에 보이는 것도 보아서는 안 된다고 눈을 뽑기도 했다"[130] 그런 핍박에도 파울리시안들은 죽음으로 신앙을 지키며, 후대의 보고밀파, 카타리파에 그 영향을 미쳤다.

(7) 전쟁

소아시아 지방의 장군인 '카르베아스'(Carbeas)는 자기 아버지가 파울리시안의 신앙을 지키다가 데오도라 황후의 박해 시 말뚝에 박혀 처형되는 것을 보고, 5,000명의 슬하 군사와 동조하는 파울리시안들을 규합하여 842-873년까지 30여 년 동안 항쟁을 했다.

이 전쟁에 대해서 브로우드벤트(E. H. Broadbent)박사의 저서 '순례하는 교회' P.85에서 자세히 설명하고 있다. 역사가들은 파울리시안들이 박해자에 대항하여 무력 항쟁을 했다고 기록하고 있지만

---

129) Christian T. History of Baptist Ⅰ, P.50
130) 순례하는 교회, P. 83.

아버지가 잔혹하게 처형당하는 것을 본 카르베아스 장군의 저항을 파울리시안들의 항쟁이라고 할 수는 없다.

　카르베아스는 트레비존(Trebizon)지역에 거점을 두고, 한때는 터키 전역을 점령하여 비잔틴 제국을 압박했다. 트레비존은 흑해에 있었던 지역으로 성경에서는 '본도/pontica'(벧전1:1)라고 기록되어 있고, 디아스포라들이 많이 살던 지역이었다.

베드로 사도는 유대인의 사도로 터키 북부지역 루트(route)를 따라 '본도'부터 들려 선교여행을 한 듯하다.

　카르베아스 군대가 데오도라 황후의 아들 황제인 '미카엘 3세를 쳐부수었다'라고 하지만 그 정도는 아니고, 카르베아스

트레비존(Trebizon) 성벽

후에 지도자가 되어 지휘한 크리소케어Chrisocheir)가 미카엘 황제의 후임으로 황제가 된 바실리오스 1세(헬: Βασίλειος, 811년 – 886년)가 평화 회담을 제안했을 때에 에베소까지 물러나는 것 외는 타협의 여지가 없다고 크리스케어 군대는 강경하게 주장했다.

　파울리시안들이 극단적인 무장 항쟁과 사라센과 동맹을 맺고 가톨릭을 공격했다는 비난은 전술한 바와 같이 아버지의 처참한 죽음을 목도한 아들의 저항을 파울리시안의 신앙과 실천의 중요한 부분으로 치부하는 것은 무리한 덧쒸우기에 불과하다.
　카르베아스 군대의 기록은 바실리오스 1세(바실1세)의 군사적 업적에 잘 기록하고 있다. "비잔틴 제국의 육군은 동방에서 사라센과 파울리키아파(파울리시안)와 전투를 벌였다. 바실리우스는 처남 크리스토포루스에게 군사를 주어 파울리키아파를 아나톨리아(터키 지방)의 심장부에서 몰아내었고, 872년에는 주요 거점인 테프라케(Tephrice)를 파괴하고 파울리키아파를 거의 제거하는 데 성공했다."(워키백과 바실1세)

성상 파괴자였던 데오필로스(데오도라 황후의 남편) 황제 시대에는 파울리시안들을 유프라테스 강 지역에 이주시켜서 살게 하여 '성상 파괴(Iconoclasm)라는 가톨릭의 성상 숭배(Iconodulism) 131)와 다른 한 가지 종교적인 공통점을 존중해서 파울리시안들과 이슬람 통치자들이 평화를 유지했기 때문에 국경은 평화로웠다. 그러나 비잔틴 제국이 파울리시안들을 핍박하는 것과 성상 숭배로 회귀한 후에는 이슬람(사라센)의 침략의 빌미가 되어 이후에 사라센의 정복 전쟁이 유럽을 휩쓰는 시발이 되었다.

필자는 '복음은 무장하지 않는다'는 대원칙을 지켜온 침례교도들의 일탈이라고 본다. 아버지의 무고한 순교를 억울한 죽음으로 본 카르베아스가 무장 항쟁을 주도했으나 신앙의 문제는 아니었다. 종교개혁 시대에도 이 문제, 즉 복음은 무장하지 않는다는 원칙 때문에 개혁자들과의 갈등으로 결별하기도 했다. 개혁자들은 국교의 변경을 목표로 개혁을 시도했으나 침례교도는 근본적으로 국가와 교회는 분리되어야 한다고 믿었기 때문이다.

이 전쟁에 포로들을 개종시키기 위해 국가교회(가톨릭)의 군대에 종군해서 9개월간 파울리시안 포로들과 같이 지내며, 파울리시안(Paulician)에 관한 논문을 쓴 사람이 페트루스 시클루스이며, 그 논문이 중요한 역사적 자료 중에 하나로 남아 있다.

(8) 파울리시안들의 영향

파울리시안들의 열정적인 신앙은 핍박과 순교의 피를 따라 아르메니아와 소아시아에서 콘스탄티노플을 지나 발칸반도 북부와 불가리아와 다뉴브강 남쪽 여러 지방까지 퍼져갔다.

파울리시안들이 유럽으로 진출하게 된 경위는 바울 사도가 로마로 진출한 것과 유사한 일이 일어났기 때문이다. 로마교회가 성상, 유물 숭배를 도입했을 때 비잔틴 제국의 황제는 콘스탄티누스 5세였는데 그는 가톨릭의 열렬한 신자였지만 성상 숭배는 거부하고 오히려 성상타파자(Iconoclast)였다. 파울리시안이 체포되어 심문을 받을 때, 당시 가톨릭의 교리로 정착시켜나가던 마리아 숭배와 성

---

131) 그리스어 εἰκονόδουλος (eikonodoulos : εἰκόνα아이콘(이미지) δοῦλος룰로스(하인)에서 유래되었다.

상숭배를 반대하는 파울리시안의 신앙을 보고, 오히려 파울리시안의 보호자가 되었다.

마치 바울 사도께서 유대인들에게 심문을 받을 때 부활을 믿는 바리새파와 부활을 믿지 않는 사두개파가 같이 바울 사도를 공격할 때, "바울이 그 중 일부는 사두개인이요 다른 일부는 바리새인인 줄 알고 공회에서 외쳐 이르되 여러분 형제들아 나는 바리새인이요 또 바리새인의 아들이라 죽은 자의 소망 곧 부활로 말미암아 내가 심문을 받노라"(행23:6) 하여 바리새인의 보호를 받은 것과 유사하지 않은가!

로마제국 당시 로마는 유프라테스 강을 건너지 못했는데, 콘스탄티누스 5세는 유프라테스 강을 정복하고는 십자가 깃발을 세우기도 했다. 다뉴브강 건너의 불가리아 족이 침입해 오는 것을 막기 위해 많은 주민들을 이주시켜 방어선 역할을 하게 했는데, 이때 많은 파울리시안들이 같이 이주해서 신앙 때문에 경원(敬遠)시 되기도 했지만 그들의 근면성과 상업적 기술이 뛰어나 주민들로부터 호감을 사기도 하여 다뉴브 강을 건너 그들의 신앙을 전파할 수 있었다. 그때부터 그 지역에서는 파울리시안이 '보고밀'이라고 불렸다.

파울리시안들을 서쪽 지역들에 분산시켜 정착시킴으로 유럽으로 나갈 수 있는 길을 열어 주었다. 파울리시안(Paulician)들은 만나는 누구든지 복음 전파의 대상이었기 때문에 신분을 가리지 않고 전파했고, 후에는 귀환하는 프랑스의 십자군 병사들을 통하여 파울루스파의 교리는 리구리아(Ligurian)와 롬바르디와 시칠리아와 프랑스와 네덜란드로 소개되었다. 중세의 기록들이나 종교회의의 기록들, 또는 박해에 대한 기록들을 볼 때 그들의 후손이 알비, 툴루스, 투렝, 밀라노, 오를레앙, 샬롱, 캠브레이, 아라스, 쾰른 그리고 옥스퍼드에 있었음을 알 수 있다. 아마도 그들은 또한 이탈리아로부터 스페인으로까지 퍼져갔을 것이다. 물론 다른 이름으로 불렸지만….

콘스탄티노플 황제였던 니케포루스 1세(Nicephorus I)는 가톨릭의 횡포에 불만이었는데, 아르메니아 지역에서 터키 중부지역으로 퍼져 나오는 파울리시안을 근절하지 않는다고 교황의 불만이 컸다. 니케포루스 1세 황제는 교황에게 목초지를 찾아다니는 유목민이라고 변명하고, 파울리시안들에게 로마법을 어기지 않으면 평화롭게 종교 활동을 할 수 있도록 관용령을 내렸다.

당시 파울리시안의 지도자인 세르기우스는 "나는 그리스도의 복음을 전하면서 내 무릎의 힘이 다할 때까지 동쪽으로부터 서쪽까지 북쪽에서 남쪽까지 뛰었다"고 고백하고 있다. 파울리시안들은 동쪽으로는 유프라테스까지 서쪽으로는 다뉴브강을 건너 퍼져갔다.

"They shook the East and enlightened the West." -Gibbon-
"그들은(파울리시안들) 동양을 깨우고, 서양에 빛을 비쳤다."

Gibbon의 이 말은 참 적절한 표현이다.

동양으로 간 것은 먼저 데오필로스 황제가 이슬람과의 전쟁으로 유프라테스 지역으로 출병할 때 성상타파 운동으로 화해한 파울리시안들을 군대에 편입시켰는데 전쟁에 승리한 후 파울리시안 일부가 그곳에 남아 살게 된 일이 있었고, 곧 있어 닥치게 된 성상 숭배(Iconodulist)를 하는 데오도라 황후가 성상 타파자(Iconoclast)들인 파울리시안을 박해할 때 성상숭배를 우상숭배로 극도로 배척하는 이슬람 왕이 피난처를 제공하여 임시로 피난한 후 유프라테스 유역으로 전도하여 동방을 깬 것이다.

서방에 빛을 비쳤다는 것은 불가리족의 침략을 막기 위해 도나우강 주변으로 이주시켜서 서북 방향은 불가리아, 서남 방향은 마케도니아로 진출하여 후대에 '보고밀'들이 도나우(다뉴브) 강변 유역에서 활동한 것을 '서방에 빛을 비쳤다'고 표현해 준 역사학자 기본(Gibbon)님이 고맙다.

(9) 그들의 신앙

파울리시안은 희랍(그리스)정교회나 로마 가톨릭에서 형성된 복음에 대한 관습적 신앙의 거대한 세력에 끊임없이 저항했다. 저들은 초대교회의 원리에 더욱 충실했으며, 신앙 양심상 저항을 멈출 수 없었다.

마리아 숭배를 반대했다.

그들은 마리아가 영속적인 동정(童貞)성을 가졌다든지, 우월한 거룩함을 가졌다는 가톨릭의 가르침을 거부했다. 마리아에 대한 '하나님의 어머니(Theotokos)'라는 호칭을 거부하고 예수님의 육신의 어머니로만 인정했고, 중보자 마리아, 평생 동정녀 마리아를 거부했다. [132]

성물숭배를 배격했다.

십자가도 성물로서 숭배됨을 배격했다[133]. 파울리시안은 성상파 괴자(Iconoclast)로 지목되어 또 다른 사형에 해당하는 죄목으로 박해를 받았다. 가톨릭의 변질된 교의는 성서를 믿는 파울리시안에게는 박해의 조건이 추가되는 과정이었다.

도나티안들은 유아세례(Infants Baptism)를 거부한다고, 파울리시안들은 유아세례(Infants Baptism)와 성상숭배를 거부하는 성상파괴자(Iconoclast)라고….

가톨릭의 성상(聖像) 숭배 교리는 파울리시안들은 당연히 반대했지만 아이러니하게 성상숭배를 반대하는 주장에 동조하는 동료가 나타났으니, 비잔틴 황제와 가톨릭의 콘스탄티노플 총대주교였다. 교회 안에 걸어 두었던 사도들, 성자들, 순교자들의 초상이 곧 숭배의 대상이 되는 것을 보고 비잔틴 제국 황제, 레오 이사우리안 3세(Leo the Isaurian 717-741)[134]는 730년 교회 안에 모든 화상을 철거하라는 칙령을 내렸다. 이 일로 로마교회와 갈등하다가 로마교회에서 제2차 니케아회의를 통해 화상(성상) 숭배를 인정하는 결의가 되어 갈등이 심화 되었다.

레오 3세 기념 금화

파울리시안은 일시적으로 우상숭배를 반대하는 비잔틴 제국의 왕들의 보호를 받기도 했다. 실제로 722년경 게그노에시우스가 소환을 당했을 때 성상숭배자(Iconodulist)들과 가톨릭의 형식주의를 혐오하는 레오 황제의 옥쇄가 찍힌 보호영장을 받고 풀려나기도 했다. 814년 데오필로스 황제(Θεόφιλος, 804 - 842)

---

132) "The mother of God is not believed to be a virgin, but to have lost her virginity we, reject her intercession, Christ is Son of God, But was born a man of Mary, as it were earthly." (key of truth ⅩⅩⅤ)

133) On our faces we make no sign of the cross. Genuflections are false, if made superstitiously(십자가를 표식으로 만들지 않는다. 십자가에 무릎 꿇고 예배하는 것은 미신) (key of truth ⅹⅹⅴ)

134) 비잔틴 제국황제(Leo the IsaurianⅢ, 717~741재위)비잔틴 제국은 가톨릭의 성상숭배를 따르지 않아서 교황과 오랫동안 갈등했다.

는 829년 화상(畫像)숭배를 반대하는 칙령을 재차 내리게 된다. 화상(성상)숭배라는 민감한 문제로 대립하게 되면서 성상 파괴자로 낙인 찍혀 박해를 당하던 파울리시안들이 오히려 비쟌틴 황제의 보호를 받아 도나우강 주변으로 이주할 수 있었다.

레온 5세 황제에 대한 흥미 있는 내용을 발견해서 유추해 본다. 맞을지 안 맞을지 확신은 없지만 레온 황제의 성상숭배 금지 칙령을 정치적 배경으로 보는 면도 있기에 소개해 본다.

"불가리족의 침략에서 승리한 후 국내 문제에 치중할 수 있게 된 레온은 다시 한번 성·화상에 대한 공경을 금지하고 성상 파괴를 명령했다. 이때의 성상 파괴는 불만을 품은 소아시아 출신의 성상파괴주의자들인 전직 군인과 군대가 불온한 움직임을 보였고, 이들을 회유하려는 정치적 목적이었다."(위키백과: 레온 5세)

즉, 성상 파괴자들인 소아시아 출신의 군인들의 불만을 회유하기 위해 강력한 성상파괴 칙령을 내린 것은 몇 가지 유추할 수 있는 내용과 일치하기 때문이다. 즉, 불가리족의 침략을 막기 위해 파울리시안들을 전쟁에 참여시켰다는 사실과 군인들이 성상파괴주의자라는 것은 당시 파울리시안들이 가지고 있던 특별한 신앙이었기 때문이다. 다시 말해 레온 황제의 군대에는 많은 파울리시안들이 있었고, 그들을 선무(先務)해야 할 정도로 영향이 있었다는 사실이다.

파울리시안들이 도나우강 주변으로 서진(西進)할 수 있었던 것은 하나님의 특별하신 섭리였다. 마치 바울 사도가 아시아에서 복음 전하는 것을 성령께서 금하시고 유럽으로 건너가게 하신 것처럼, 도나우강 방향으로 향하던 파울리시안들 중 북쪽을 향한 사람들은 불가리아 쪽으로, 옆으로 향한 사람들은 바울 사도의 행로를 따라 마케도니아 쪽으로 가서 빌립보를 기점으로 전도했다. 후대에 어떤 일이 일어나는가를 다음 장에서 기대해 주시기 바란다.

그리고 의외의 경우도 있었으니 발흥하기 시작한 이슬람 제국이었다. 파울리시안이 가톨릭의 박해를 피해 갈 곳이 없었을 때, 초기 이슬람교는 평화적이라 우상숭배를 극도로 배척하는 이슬람 제국의 왕이 파울리시안들에게 피난처를 제공하고, 723년 정복한 영토에 있는 모든 교회의 화상들을 철거하라고 명령했다. 급해서 우선 피하기는 피했는데, 피하고 보니….

오월동주(吳越同舟),

서로 적대시하는 두 나라 사람들이 강을 건너는 동일한 작은 목적 때문에 한배를 타지만…, 다윗이 사울 왕을 피해 블레셋에 피난했던 일이 좋은 교훈이 된다. 성상숭배를 거부하는 한 가지 뜻은 같아서 급한 대로 잠시 피할 수는 있지만 거기 오래 머물면 오히려 더 큰 위험을 만나게 되었다. 이슬람에 피난했던 파울리시안들 중 어떤 이들은 그들에게서 나와 로마제국의 경계와 이슬람의 경계 가운데를 다니면서 복음을 전한 이들도 있었다. 하지만 어떤 이들은 바벨론 지역에 머물러 있다가 부득이 이슬람과 타협하여 '사비얀'(Sabian, 아랍말로 Baptist)이라 불리면서 이슬람 중에 살고 있다. 처음부터 타협했으랴….

또 다른 성상파괴 지지자(Iconoclasm/ Iconoclast)

794년 샤를마뉴(샤를 대제, 영어; 찰스 대제(Charles The Great) 라틴어로 카를루스 대제는 서유럽을 통일하고, 왕궁과 교회와 도서관을 건축한 후에 스스로 교회의 보호자로 자처하며, 귀족과 교회 지도자들을 초청하여 회의를 개최했다. 국가의 법령도 제정했지만 당시 교회의 중요한 의제를 처리하고 두 가지 중요한 결정을 했다.

성상숭배를 금지했고, 또 한 가지는 라틴어, 헬라어, 히브리어로만 집행하던 미사에서 어떤 언어로도 기도할 수 있다고 결의해 버렸다. 교회 지도자들과 교황이 파견한 대표들도 이의를 제기할 수 없었으나 불만은 커서 교황과 갈등하게 되었다.

특히 미사와 개인 기도를 각자가 쓰는 통용어로 할 수 있다고 결정한 것은 대단한 일이었다. 물론 이 문제는 종교개혁 시까지 끊임없는 논쟁의 주제가 되었지만….

교회 내 계급을 인정하지 않았다.

그들은 어떠한 사제적인 특권계급도 없었다. 성직자들이 구별되는 의복, 직위를 나타내는 문장, 그리고 직위를 나타내는 다른 외적인 표시를 사용하는 것을 금했다. 세르기우스 같은 위대한 지도자도 자신의 필요를 해결하기 위해 손수 목수의 일을 한 것을 보아서 저들의 지도자의 자세를 알 수 있을 것이다.

유아세례를 배척하고, 신자의 침례를 주장했다.

"그들의 침례의 견해는 터툴리안처럼 최초의 침례의 의미를 믿고 유아세례를 배척했다."

(원본: "The archaic nature of their baptismal views proved by their agreement with Tertullian, who like them denounced infant-baptism" /진리의 열쇠 127장/ key of truth cxxvii)

연옥과 죽은 자를 위한 공덕을 배척했다.

파울리시안은 사제직의 계승을 반대했으며 죽은 자를 위한 미사와 공덕을 쌓는 것을 반대했다. 가톨릭의 근간을 흔드는 연옥의 교리와 사제들의 보속(죄의 사유)을 거부했다(진리의 열쇠 128장).

(원본)"Paulician system was opposed to hereditary priesthood and to blood-offerings in expiation of the sins of the dead"(key of truth cxxviii)

이들도 주의 만찬이 단지 기념을 위한 것이라고 믿었다. 모든 의식적인 성례를 배격하고 중생에 의한 침례로 1회의 침수례를 행했고, 비성서적인 모든 침례를 배격하고 재 침례를 행함으로 역사적인 재침례파(Ana-Baptist)라는 이름을 계승했다. 135) (411년 어거스틴이 도나티안들을 정죄하기 위해 붙인 이름)

"그럼에도 불구하고 평신도들이 성경을 소유하고 사용(읽고, 전하고)할 수 있는 권리를 지지하면서 지속적으로 저항했다. 이 점에 있어서 파울리시안은 도나티안, 로랄드, 왈덴시안, 그리고 청교도들이 다른 시대, 다른 지역에서 핍박을 받은 것처럼 비잔틴 제국과 교회의 핍박을 받았다." 136)

당시에 평신도들이 성경을 소유하고 읽고 전할 수 있는 권리가 있다고 지지한 것은 가톨릭에게는 교황의 지팡이를 빼앗은 것과 같은 충격이었을 것이다. 그러나 파울리시안들의 신앙의 시작이 개인적으로 성경을 대하며 하나님을 만나고, 구원의 확신을 얻은 신앙적 경험과 확신에서 시작되었으니 어찌 말릴 수 있으랴.

이후에는 가톨릭은 성직자 즉, 사제, 주교, 교황의 독점 지위에 한하는 성경을 모든 성도들이 소유하고, 읽고, 통속어로 번역하는 일과 통속어로 설교(거리 전도)하는 신앙과 실천을 사형에 해당하는 죄목으로 정한다.

---

135) They rejected the baptism of infants, They baptized and rebaptized by immersion, They would have been taken for downright Anabaptists. (Allix, The Ecclesiastical History of the Ancient Churches of Piedmont. Oxford, 1821)

136) 기독교 대 백과사전 15권 P.568

(10) 파울리시안에 관한 역사적 자료

파울리시안들은 광범위한 활동 반경과 역사 속에 여러 가지 영향[137]을 미쳤다. 뿐만 아니라 Paulician에 대해서는 두 가지 상반된 견해에서 작성된 명백한 역사적 기록이 남아있다.

1) 박해자의 기록
① 포티우스의 보고서(Photius)
포티우스가 주교가 되기 전 비쟌틴 황제의 사절로 콘스탄티노플에서 소아시아를 거쳐 바그다드에 이르는 여행을 통해 관찰한 것과 파울리시안 중 국가교회로 돌아간 사람들에게 들은 자료를 정리하여 기록한 것이다.

② 페트루스 시쿨루스의 문서(Petros Sikeliotes, Historia Manichaeorum qui Pauliciani)
바실리우스I세의 통치 기간(867-886)에 카르베아스에 의한 항쟁쟁이 계속되어 제국에 심각한 위협이 되었을 때, 871년에는 대규모 공격이 있었고, 이때 파울리시안 포로들을 개종시키려고 황제의 사절로 파송된 사람이 페트루스 시쿨루스였다. 그는 9개월 동안 머물면서 파울리시안에 대한 자료를 수집하였다. 이 논문이 바로 히스토리아 파울리시아니('Historia Pauliciani)이며, 기본(Gibbon)[138]이 그의 저서 '로마제국의 흥망'(The History of the Decline and Fall of the Roman Empire)에 많이 인용하고 있다.[139]

2) 진리의 열쇠(Key of Truth)
파울리시안 자신들이 쓴 신앙고백과 교본과 역사로 Fred C. Conybeare에 의해 1898년에 영어로 번역되어 출판된 자료이다. 'Key of Truth'는 터키, 시리아, 이라크, 이란, 아르메니아, 투르크스탄, 코카서스, 그루지야 지역에 편만하였던 바울 파(Paulician)의 신앙 교본이었다.

---

137) 항쟁으로 비쟌틴 제국이 약화되어 결국은 셀주크의 침략의 길을 열어 주는 결과에 영향을 미치게 됨.
138) Edward Gibbon (1737 - 1794).
139) In Gibbon's day the material for the orgin, early history, and tenets of the Paulicians consisted of Bk. I of the work of Photius on the Manicheans, and the History of Manichean by Petros Sikeliotes, 《The History of the Decline and Fall of the Roman Empire. Vol. 10, P. 387》

그들은 마리아 숭배, 성상 숭배, 십자가에 기도, 성인들에게 기도, 침례 시에 기름 부음, 죽은 자에게 도유(塗油), 사제들에게 고해성사 등 가톨릭의 관행을 거부했다. 이들은 그리스 정교회로부터도 핍박을 받았는데 이들에게 씌워진 것은 그들이 마니교도와 같았다는 것이다. 이들의 기록 중에 마니교도와 맹렬히 싸운 기록들이 나오는데 어떻게 마니교도와 같겠는가? 이들에게는 보고밀의 교리와 닮은 점이 나타나고 있고, 프랑스의 알비조아(알비젠시스)와 연결된다.

(11) 비판

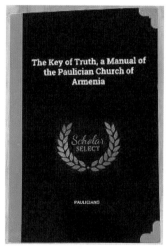

오늘의 침례교회가 저들로부터 계승되었음은 강물의 흐름같이 부정할 수 없는 사실이다. 역사가 우리에게 보여주는 대로 저들에게 오류와 비판의 여지가 없는 것은 아니다.

획일적 통제를 거부하고 양심의 자유와 성경의 가르침을 따라 주님을 섬긴 저들에게 같은 이름으로 불렸을지라도 지역과 연대의 간격 속에서 오류들이 발견되는 것을 인정해야 한다. 저들의 오류를 인정하고 역사의 교훈을 따라 우리들의 현재를 살피는 자료로 삼아야 할 것이다.

파울리시안의 교본 '진리의 열쇠'

한때 아버지의 순교에 격분한 장군에 의해 시도된 무력 항쟁이나 지도자의 자녀들 사이에 일어난 분열 등은 채찍으로 맞아야 할 일이었다.

(12) 그들에 대한 평가

로마 가톨릭의 후기 저술가들은 파울리시안에게서 프로테스탄트 종교개혁자들의 조상을 발견했다고 공언하였다.[140] 파울리시안의

---

140) "Ancient Oriental Baptists, these people were in many respects Protestants before Protestantism"
(Adeney, The Greek and Eastern Churches, 219)

본래 정신이나 그들의 실제 경향은 분명히 건전한 도덕과 순결한 가정생활을 지지하였으며, 그것은 엄격하거나 금욕적인 것이 아니라 그들이 이해하고 있는 대로 신약성서의 가르침에 따른 세심한 자기규제에서 나올 수 있는 것이었다.

"파울리시안은 알비젠시스(Albigenses)의 선조이며, 실제로 같은 무리들이며 침례교회의 선조이며 계승된 같은 줄기이다". 141)

파울리시안은 불가리아 지방에서 생겨난 보고밀(Bogomil)파와 같은 사람들이다. 다뉴브강을 따라 서쪽으로 간 파울리시안들의 이름이 '보고밀'로 바뀌진 것은 특이한 일이 아니다. 스스로 이름을 지었던 적은 없었고, 다른 사람들이 불렀던 별명이 이름이 되었다.

후대의 파울리시안의 영향을 받아 '보고밀'파가 생겼다는 이론은 정설이다. 역사가들이 이단이라고 단죄하면서 충분한 연구 없는 편견과 억측으로 당시 세상에 사교인 마니교를 덧씌워 처형했으나 억울하지는 않다. 어차피 그들과는 다르고 그들의 신앙을 받을 수 없으니 죄목이 무엇이든지 중요하지는 않지만 그들이 가진 보배로운 신앙이 전파되지 못한 것이 안타까울 뿐이다. 파울리시안과 '보고밀'을 정의한 저작자들의 단견이 맹인모상(盲人摸象)이라는 생각이 든다.

(13) 기본(Gibbon)의 역사서에 소개된 파울리시안

"These books become the measure of his studies and the rule of his faith; and the Catholics, who dispute his interpretation, acknowledge that his text was genuine and sincere."

번역: 이 책들은 그의 연구의 척도가 되고 그의 신앙의 표준이 되었다. 그의 해석에 이의를 제기하는 가톨릭 신자들이라도 그의 텍스트가 참되고 진실하다는 것을 인정한다.

(책들: These Books/ 콘스탄틴이 가톨릭 사제에게 받은 복음서와 바울 서신들: 필자 주)

"But he attached himself with peculiar devotion to the writing and character of St. Paul. The named of the Paulicians is derived by their enemies from some unknown and domestic teacher;"

---

141) "Paulician as the forerunners of the Albigenses, and in fact, as the same people. the true line of succession is found among Baptists." Christian, Baptist His. 1. P. 53.

번역: 그는 바울 사도의 서신의 내용과 특징에 헌신했기 때문에 그들을 대적하는 지역의 교사들에게 사도 바울의 추종자라는 뜻으로 '파울리시안'(Paulicians)이라고 불렸다.

"but I am confident that they gloried in their affinity to the Apostles to the Gentile…, In the Gospels and the Epistles of St. Paul, his faithful follower investigated the creed of primitive Christianity: and whatever may be the success, a Protestant reader will applaud the sprit of the inquiry."

번역: 그러나 나는 그들이 이방인에 대한 사도의 사명감을 영광으로 받아들였다고 확신한다. 바울 사도의 충실한 추종자는 복음서와 바울 서신에서 초기 기독교의 신앙을 연구했다. 성공 여부가 무엇이든 개신교 독자로서 그들의 탐구 정신에 박수를 보낼 것이다.

과연 Edward Gibbon처럼 파울리시안들을 개신교 목사들은 좀 알아주려나? 천주교야 당연히 거부하겠지만 파울리시안들은 가톨릭이 잔멸하려고 했던 그들의 믿음을 잔혹한 박해 중에도 죽음으로 지켜내며 신앙을 보존한 사람들이다. 형제들은 신약성서의 전통을 변개 없이 지속시키려 했으며, 초기 사도들의 사역이 아르메니아 지역에서 교회를 세웠고 그 교회를 보전시키려는 열망으로 7세기 중반부터 200년 동안 활동하다가 다른 이름으로 전승했다. 세기를 지나는 동안 파울리시안에서 시작한 복음의 행로를 게시해 본다.

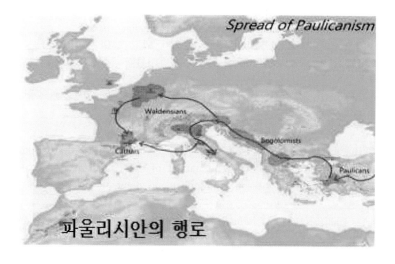

파울리시안의 행로

부록 4. 마니교

파울리시안을 마니교의 영향으로 '이원론(참 하나님, 악한 하나님) 주의'라고 하지만 한 번도 파울리시안의 신앙고백이나 교리에서 마니교적 이원론을 찾아볼 수 없다. 그들은 자기들의 교리를 받아드리지 않고 배척하는 분파주의자들은 처형의 대상이기 때문에 깊이 그들의 신앙과 실천을 알아볼 필요조차 없었다.

콘스탄틴 실바누스는 자신이 접한 사복음서를 통해 예수 그리스도를 분명히 배웠다. 바울 서신 특히 로마서 7장에서 가르치신 두 성품 즉, "내 속 곧 내 육신에 선한 것이 거하지 아니하는 줄을 아노니 원함은 내게 있으나 선을 행하는 것은 없노라. 내가 원하는 바 선은 행하지 아니하고 도리어 원하지 아니하는 바 악을 행하는 도다. 만일 내가 원하지 아니하는 그것을 하면 이를 행하는 자는 내가 아니요, 내 속에 거하는 죄니라. 그러므로 내가 한 법을 깨달았노니 곧 선을 행하기 원하는 나에게 악이 함께 있는 것이로다. 내 속사람으로는 하나님의 법을 즐거워하되, 내 지체 속에서 한 다른 법이 내 마음의 법과 싸워 내 지체 속에 있는 죄의 법으로 나를 사로잡는 것을 보는도다. 오호라, 나는 곤고한 사람이로다. 이 사망의 몸에서 누가 나를 건져내랴"(로마서 7:18-24), 이 말씀에서 말씀하시는 두 성품의 갈등이 마니교의 두 투쟁과 흡사하지만 끝까지 들어보고 말했어야 했다.

갈등과 번민 속에서 세상 어디에서도 찾지 못한 완전한 해답과 비결을 발견한 콘스탄틴이 확신으로 고개 들고 일어나 목숨을 다해 전한 내용이 무엇이었을까? "우리 주 예수 그리스도로 말미암아 하나님께 감사하리로다. 그런즉 내 자신이 마음으로는 하나님의 법을 육신으로는 죄의 법을 섬기노라. 그러므로 이제 그리스도 예수 안에 있는 자에게는 결코 정죄함이 없나니, 이는 그리스도 예수 안에 있는 생명의 성령의 법이 죄와 사망의 법에서 너를 해방하였음이라"(로마서 7:25-8:3). 죄와 정죄와 사망의 법에서 해방된 사람의 감격과 확신으로 살아간 사람들이 파울리시안들이었다. 당시 교회와 세상 종교들은 일치해서 죄와 보속(補贖), 공덕과 선행으로 죄의 문제를 해결해야 한다고 가르쳤다. 이 가르침으로 가득한 세상에 '예수 그리스도 안에 있는 사람은 죄와 사망의 법에서 해방 된다'는 소식을 전하지 않고 어찌 살았겠는가!

이러한 기독교 복음의 본질을 체험하지 못한 종교적인 사람들이 어떻게 거듭난 그리스도인들을 이해할 수 있었겠는가? 자신들의 종교관이 절대 기준이라 믿고, 권력으로 지키고 강제할 수 있는 상황에서 자기들의 신앙을 거부하는 이들은 개종의 대상이요, 개종을 거부하는 자들은 멸절의 대상이었을 뿐이었다. 자기들과 다른 이들의 신앙의 내용은 전혀 중요하지 않았고, 깊이 알려고도 하지 않았다. 후대의 종교재판에서도 '자기들의 교의와 일치하느냐? 자기들의 교의를 순종하고 따르겠는가?'라는 단순한 판결이 있을 뿐이었다.

많은 침례교도들을 마니교로 덧씌워 이단으로 처형했는데, 마니교를 간단하게 설명하면 마니교는 일찍 나타난 기독교의 사교(類似宗教)로 볼 수 있고, 3세기부터 7세기까지 번성했던 종교였다.

마니교의 창시자 마니(Mani)는 아르사케스 왕조, 즉 파르티아 제국 출신 및 혈통의 페르시아인(이란인)이었다. 그의 생몰연대는 기원후 216~274년이며, 파르티아 제국 바빌로니아 주(Babylonia)에서 태어났다. 그의 부모는 구약성서를 중심으로 하는 바벨론 종교의 하나인 엘카사이파[142]였다. 그 영향을 받아 마니의 어머니의 이름은 구약의 미리암이었고, 침례로 깨끗하게 되는 자들의 종파에 속했다. 마니가 12살 되던 228년 4월 1일, 빛의 낙원의 왕(만다나교의 하나님)의 천사 앗 티움(At Taum)의 계시를 받고, 자신의 종교를 떠나 새로운 종교를 창시했다.

바벨론 지역에 구약 성경을 중심으로 발달한 유대교의 한 일파였으므로 이해가 된다. 이방인인 바벨론 사람들이 구약 성경을 받아들여 나름대로 해석하여 바벨론 종교와 혼합된 종교가 발생할 수 있었다. 예수님의 탄생 당시 동방에서 온 박사들도 엘카사이 교도(教徒)들일 수 있다.

마니교를 이해하려면 아라비아 종교를 이해할 필요가 있다. 종교는 하나님께서 사람들의 영혼에 깃들이게 한 하나님을 찾아 발견하게 하려는 본성이 오용(誤用)된 종교심이 창시한 것이다. 세상의 종교는 인간이 창시한 창시종교는 영국의 사회학자인 스펜서(Herbert

---

142) 엘카사이 파는 기원후 약 100년경 요르단강 동쪽 지방에서 발생하여 페르시아까지 분포했던, 유대 기독교인 종파였다. 이 종파는 하늘에서 내려온 천사가 계시하였다고 주장하는 엘카사이서라는 성경을 사용하였다 신앙의 형태는 에비온파와 비슷하여, 예식을 엄격하게 지키며 모세 율법을 가르치고 신약의 바울 서간을 부인했다. 교리는 가현설을 따라 세례로써 구원된다는 것을 강조했다.

Spencer)가 일갈한 "인간은 삶이 두려워 사회를 만들고, 죽음이 두려워 종교를 만들었다"가 정답이다. 인간이 만든 종교가 인간을 구원할 수 있을 것이라는 기대 자체가 무리가 아닌가? 자신이 앉아 있는 의자를 스스로 들 수 있는 자가 있을까?

세계종교사(宗敎史)는 성경에서 예언하신 "하나님이 야벳을 창대하게 하사 셈의 장막에 거하게 하시고"(창9:27) 이 말씀대로 야벳에게는 크고 번성하는 축복을, 그러나 셈에게는 장막의 축복을 주셔서 야벳 족속이 셈의 장막에 거하게 하도록 하셨다. '셈의 장막'(the Tents of Shem)이 종교적 축복을 의미한다고 믿으면 종교는 동방을 벗어난 적이 없다. 즉, '빛은 동방에서 온다'고 했던 서양 사람들이 말하는 동방은 바로 예루살렘에서부터 시작되는 것이다.

필자가 비교종교학(Comparative religion)을 공부하면서 종교학에서 말하는 종교란 '인간 구원'을 목적으로 하는 것이다. 인간의 완전한 구원을 성취하는 종교는 기독교라고 믿는다. 인간의 영, 혼, 육을 결국 구원하는 도리를 가진 종교가 또 무엇이 있는가?

가장 종교적인 종교를 기독교라 한다면 동방의 끝에서 끝까지를 예루살렘에서 일본이라고 할 수 있고, 구원의 복음이 예루살렘에서 시작해서 전 세계에 펴져 나가는 것이 성경의 예언이다. 하나님께서 인간에게 주신 종교심을 하나님을 찾아 만나도록 하신 은총을, 인간의 상상력과 내생을 희구함과 현생의 욕망의 종교로 창시된 15대 종교가 동방에서 시작되었다. 어떤 종교학자가 '인간은 문자는 없어도 종교는 있다'고 말한 것처럼 수없이 많은, 어쩌면 민족의 수보다도 많은 종교가 있겠지만….

필자의 종교론을 중심으로 했을 때 연못에 돌을 던지면 그 파장이 가까운 데서 먼 데로 펴져나가는데 갈수록 파장이 희미해지는 것처럼 사람의 영, 혼, 육을 완전히 구원하는 가장 핵심 종교가 기독교라면 기독교(Christianity) - 유대교(Judaism)(유대를 지나) - 이슬람교(Islamism) - 조로아스터교(Zoroastrianism) - 바하이교(Bahaism) 143) -마니교

---

143) 바하이교는 19세기 페르시아에서 바하올라가 창시한 종교로, 신앙은 유일신을 믿고 모든 인류의 정신적인 융합을 강조한다. 모든 창조의 근원이신 하느님이 한 분이라는 하느님의 단일성, 모든 주요 종교의 정신적 근원이 하나이며 같은 하느님으로부터 온 것이라는 종교의 단일성,

(Manichaeism)-(아라비아를 지나)-브라만교(Brahmanism)-시크교 (Sikhism)-힌두교(Hiduism)-불교(Buddhism)-자이나교(인도를 지나)-도교(Taoism)-유교(Confucianism)(중국을 지나)-신도(Shintoism)(일본으로 건너가면) 동방의 끝이다.

인간의 완전한 구원을 기준으로 기독교, 유대교, 이슬람교, 조로 아스터교, 바하이교는 유일신에서 인도로 건너가면서 다신교로 변화한다. 중국으로 건너가면서 도교는 신선교로 신선이 되는 것에 치중하고, 유교는 인간의 삶의 도리에 치중하는 유일신에서 다신교로 되었다. 영혼 구원에서 삶의 도리로 영, 혼, 육으로 점점 종교적인 색채가 엷어지면서 삶의 도리를 인도하는 종교 아닌 종교로 구원의 파장이 거의 사그라진 모습으로 나타난다.

종교의 역사는 유대 땅을 지나 아라비아 사막으로, 힌두구시 산맥을 넘어 인도로, 황하를 건너 중국으로 퍼져갔다. 종교사에서 히말라야산맥 서쪽을 이어 인도와 아라비아를 가로지르는 '힌두구시'[144] 산맥(Hindukush Heights)보다 더 큰 역할을 한 지형은 없을 것이다. 북방민족이 남하하면서 힌두구시 산맥을 만났을 때 산맥을 넘어 온 민족이 인도족이고, 산맥을 우회해서 내려간 민족이 아라비아족이다. 아시는 바와 같이 인도로 들어간 민족은 넓은 숲과 인더스, 갠지스강의 넉넉한 물이 흐르는 땅에 정착하여 마음부터 문학적이고 시적이고 평화적인 민족으로 살게 되었다. 그러나 아라비아로 내려간 민족은 메마른 아라비아 사막에 작렬하는 태양을 만나서 생존이 투쟁인 삶을 살게 되었다. 태양이 악신이라는 것은 아라비아 사막에서는 이해되는 일이기도 하다.

두 민족의 삶처럼 종교도 두 갈래로 나뉘게 되었는데, 아라비아 지역에서는 투쟁적인 조로아스터교[145] (Zoroastrianism)를 중심으로

모든 인류가 평등하게 창조되었다는 인류의 단일성의 세 가지 핵심이 교리와 가르침의 기초를 이루고 있다.

144) 힌두쿠시 (Dari, Pashto : هندوکش / koʃ, ku : ʃ)아프가니스탄을 관통하여 중앙에서 파키스탄 북부와 타지키스탄까지 뻗어있는 800km 길이의 산맥입니다. 히말라야 지역의 서쪽 부분을 형성하며 파미르 산맥, 카라코람 및 히말라야산맥의 서쪽으로 연결되는 산맥

145) 조로아스터교(Zoroastrianism), 마즈다교(Mazdaism) 혹은 배화교(拜火敎)가 창시된 시기는 기원전 1800년에서 기원전 640년경으로 다양하다. 이 종교는 중동의 박트리아 지방에서 차라투스트라가 세웠다. 차라

마즈다교(Mazdaism) 혹은 배화교(拜火敎)가 발달했으나, 인도 지역에서는 다양한 종교가 발달하여 종교사적으로 인도는 종교의 샘이 되었다. 즉, 브라만교, 시크교, 힌두교, 불교….

조로아스터 교는 선신(善神)인 아후라 마즈다((Ahura Mazda)와 악신(惡神)인 아흐리만(Ahriman)의 투쟁을 기반으로 하는 이원적인 종교이다. 아후라 마즈다는 창조와 질서의 신으로서 창조의 질서를 파괴하려고 도전하는 아흐리만의 도전 앞에서 결국 아후라 마즈다가 승리한다는 교리다. 조로아스터교가 바벨론, 앗시리아, 페르샤의 모든 종교의 기본 흐름이 되었는데, 이런 민족의 신앙 속에 북왕국 이스라엘이 앗시리아로 포로로 잡혀가고, 남왕국 유다는 바벨론으로 포로로 잡혀가서 70년이나 신앙을 지키며 살다가 돌아왔다. 그런데 돌아온 유대 민족보다 그곳에 머물러 산 유대인이 더 많았으니 그곳에 유대교가 얼마나 많은 영향을 미쳤겠는가?

다니엘서와 에스더서를 유대 정경에서 배제했는데 그 민족성을 알면 이해가 된다. 다니엘을 적국에 부역한 자로, 에스더는 이방인과 결혼하여 부귀영화를 누린 친 페르시아파였다. 과거 우리나라에서 친일파 소탕이 중국 공산화 시절의 홍위병 문화혁명처럼 일어났었는데 다니엘과 에스더를 어떻게 평가할까….

각설하고 거친 사막에 살면서 성향이 투쟁적인 종교로 발전하며 선과 악의 이원적인 교리를 가진 조로아스터교에서 유대인들의 영향으로 구약성서를 받아들인 엘카사이파가 생겼고, 신약시대에 와서는 예수 그리스도의 전파로 조로아스터교와 기독교가 융합된 마니교가 생기게 된 것이다.

누가 바벨론 지역에 예수님을 전했을까?
우리는 너무나 잘 아는 역사 아닌가? 첫 번째는 동방박사들, 그리고 오순절에 베드로의 설교를 들은 바벨론 지역에서 온 유대인들…. 그들의 영향으로 아라비아 지역에 마니교가 생겼다고 단언하

투스트라(Zarathustra)가 그리스어에서 변한 게 조로아스터다. 기원전 600년경 페르시아의 왕 다리우스 1세 때 오늘날 이란 전역에 퍼졌으며, 기원전 5세기 그리스 지방까지 전해진 것으로 보인다. 조로아스터교는 창조신 아후라 마즈다(Ahura Masda)를 중심으로 선과 악 이분법으로 세계를 구분한 게 특징.

는 근거는 무엇인가? 마니교의 신앙의 내용을 보면 바로 알 수 있을 것이다.

마니교의 예수론만 소개하려 한다.
  1) 세상의 빛으로서의 예수(Jesus the Luminous),
  2) 메시아로서의 예수(Jesus the Messiah)
  3) 고난 받는 자로서의 예수(Jesus patibilis).

첫째, '세상의 빛으로서의 예수'(Jesus the Luminous)의 가장 중요한 임무는 지고한 계시자와 지고한 안내자의 역할을 하는 것이다.

아담을 잠에서 깨운 후 아담 자신의 영혼이 신성에서 기원하였음을 밝혀주었고, 아담 자신의 현재 처지가 육체 속에 감금되어 있고 물질과 섞여 있는 고통의 상태라는 것을 깨우쳐준 존재가 바로 세상의 빛으로서의 예수였다. 한편, 메시아로서의 예수(Jesus the Messiah)는 역사적 실존 인물로서 유대인들의 예언자였고, 마니 이전의 선배 선각자 혹은 마니의 출현의 전조를 보인 선구자였다. 비록 예수가 역사적으로 실존했던 인물이기는 하지만 (세상의 빛으로서의) 예수가 전적으로 신적인 존재였다고 믿었다. (세상의 빛으로서의) 예수는 결코 인간적인 탄생을 겪은 적이 없다고 말하였다.

(세상의 빛으로서의) 예수가 육체의 수태와 탄생을 통해 태어났다는 견해뿐만 아니라 (세상의 빛으로서의) 예수가 처녀 잉태를 통해 태어났다는 (정통파) 기독교의 교의를 모두 똑같이 외설적인(물질 중심주의적인) 견해라고 보고 극히 꺼려 하였다. 처녀 잉태의 교의에 대하여 마니교인들은 묻기를 "예수가 세상의 빛인데, 만약 예수가 처녀(마리아)의 자궁 속에 있었다면 그때는 세상의 빛은 어디에 있었단 말인가(그를 세상의 빛이라고 할 수 있겠는가)?"하고 되물었다.

둘째, '메시아로서의 예수'(Jesus the Messiah)는 예수가 침례를 받을 때에 진정으로 태어났다.

왜냐하면 이 일이 일어났을 때 위대한 아버지가 예수는 자신의 아들임을 공개적으로 인정하고 선언했기 때문이다. 메시아로서의 예수가 겪은 고난과 죽음과 부활은 외관으로만 그랬던 것뿐인데, 왜냐하면 (메시아 즉 구원자로서의 예수라는 측면에서 볼 때) 예수가 겪은 고난과 죽음과 부활은 그 자체로 다른 사람에게 구원을 가져다주는 가치를 가지거나 혹은 그러한 역할을 하는 것이 아니기 때문이다. 다만, 비록 (구원에 이르는 길을 가는 도중에) 인간의 영혼이 고난을 겪지만 (구원은 성취될 수 있으며 또한) 결국 구원을 성취하게 된다는 것을 실례로써 보여주었다는 점에서 예수가 겪은 고난과 죽음과 부활은 의미 내지는 가치가 있으며, 또한 (또 다른 예언자 또는 구원자인) 마니의 순교를 예측하게 하는 역할을 한다는 점에서 의미가 있다. (마니의 선구자로서의 예수: 필자 주)

셋째, '메시아로서의 예수가 겪은 고난과 죽음과 부활'이 외관으로만 그랬던 것뿐인 것에 반해, 가시적인(물질적인) 우주 전역에서 겪는 고통은 단순히 외관으로만 그런 것이 아니라 실제의 고통이며, 가시적인 우주의 속성상 피할 수 없는 내재적인 고통이다.

십자가는 인간 속에 감춰진 고통이 드러나게 하는 "속박된 영혼이 자신이 고통의 상태에 처해있다는 것을 비로소 알게 되는 것"으로 상징되고 있다. 이 신비로운 빛의 십자가(mystical Cross of Light) 위에 고난을 감내하는 자로서의 예수(Jesus patibilis), 즉 '인류의 생명이자 구원'이 매달려 있다. 이 신비한 십자가(Mystica cruxificio)는 모든 나무, 풀, 과일, 야채 심지어 돌과 흙 속에도 존재한다. 물질세상에 속박된 영혼으로서는 피할 길이 없는 이 끊임이 없는 우주적인 고통과 그 고통을 함께하면서 구원의 임무를 수행하는 빛(고난을 감내하는 자로서의 예수)에 대한 묘사가 마니교 시편들에서 아주 아름답게 표현되어 있다.

"예수는 '마니' 이전의 선배 선각자 혹은 마니의 출현의 전조를 보인 선구자였다".
이 내용은 이슬람의 마호메트와 같은 교의다. "예수는 선지자였으나 늦게 온 선지자일수록 큰 자이니 마호메트가 가장 큰 선지자"라는 핵심 교의가 이슬람이다. 아라비아 종교들의 공통점이 있다. 이슬람교는 구약을 받아드리고 구약 중심의 하나님을 알라로, 알라의 선지자는 모하메드라고 한다. 마니교는 구약과 신약에서 다른 신약성경은 배척하고, 메시아로서의 예수(Jesus the Messiah)는 역사적 실존 인물로서 유대인들의 예언자였고, 마니 이전의 선배 선각자 혹은 마니의 출현의 전조를 보인 선구자였으며, (또 다른 예언자 또는 구원자인) 마니의 순교를 예측하게 하는 역할을 했다고 한다. 교의는 이슬람과 일맥상통하고 조로아스터교와 아라비아 신앙에 기독교 신앙을 일부분 차입하여 융합한 종교라는 것을 쉽게 알 수 있다.

조로아스터교의 선과 악의 투쟁, 그리고 선의 궁극적인 승리를 주 내용으로 하는 종교를 사도들이 전해준 신앙을 따라 초대교회의 실천으로 살아가는 침례교도들에게 덧씌우는 것은 전술한 대로 가톨릭의 기준은 오직 한가지였기 때문이다. 저들의 도그마(dogma)[146]가 절대 기준이었기 때문이다.

아마도 가톨릭의 독선에 회의를 품은 많은 사람들을 무리 없이 처형하려면 당시 사람들에게 사교로 널리 알려진 마니교도라고 죄목을 정하는 것이 수월했기 때문이다. 마니교로 처형하는 침례교도들에 대한 외부 학자들의 견해를 들어보자. '마니교가 어떻게 기독교에 영향을 미쳤는가?' 하는 것은 논쟁이 계속 진행 중인 사항이다.

신 마니교로 비난 받은 후대의 종교 운동

중세시대(5~15세기)에 가톨릭에 의해 '마니교도'라고 칭해진 몇몇 종교 운동들이 출현하였는데, 1184년에 종교재판소가 설치되면서 이 종교 운동들은 기독교 이단으로 규정되었고, 이에 따라 박해를 받았다. 이러한 종교 운동의 대표적인 경우로 서유럽의 '카타리파'(Cathars)가 있다. 아르메니아에서 발생한 '바울파'(Paulicians)와 불가리아에서 발생한 '보고밀파'(Bogomils)도 '신 마니교'라고 지칭되기도 하였다. (중세 침례교도들인 파울리시안, 보고밀파, 카타리파, 모두를 마니교도로 덧입혀 처형했다.)

파울리시안들을 사악한 마니교도들이라고 탄핵했지만 그들은 경건한 사람들이었고, 행실이 훌륭했다는 가톨릭의 성상숭배를 반대하던 비잔틴 황제와 제후들의 지지를 인정한다면, 그리고 파울리시안들을 탄핵하면서도 구체적인 내용을 적시하지 못한 가톨릭의 기록을 보아도 파울리시안에 대한 부당하고 억압적인 판단인 것을 알 수 있다. 오히려 이런 박해 중에도 사도시대부터 지켜오던 변질되지 않은 믿음과 불굴의 용기로 예수 그리스도를 증거 했던 주의 백성들이 있었다는 사실을 드러낼 뿐이다.

---

146) 교회에서 부동(不動)의 진리로 인정되는 교리(敎理)·교의(敎義)·교조(敎條) 따위를 통틀어 이르는 말.

2. 보고밀 (Bogomil)

'보고밀'이라고 불리는 침례교도들이 다른 침례교도들처럼 지도자가 없고, 발생 시기를 적시하지 못하는 것은 파울리시안들이 당시 비잔틴 황제의 호의로 다뉴브(도나우)강 전선(戰線)으로 이주해서 살 때 다뉴브강 주변에 전도하며 지내왔기 때문에 당연한 일이다. 아르메니아, 콘스탄티노플 지역을 지나 다뉴브강 근처에 왔을 때 다른 문화와 언어권의 민족들이 '보고밀'이라 불리기 시작했기 때문이다. '보고밀'(Bogomil)은 슬라브어로 Bog Milui, '하나님은 긍휼하시다.' 혹은 Bogumil, '하나님의 사랑받는 자' '데오빌로'의 불가리아 말에서 유래했다.

바울파(파울리시안)에서 보고밀파(Bogomilist)가 생겨났다. "불가리아에서 바울파가 전도하던 일부 아르메니아인들과 그들을 추종하던 현지인들이 기원이다."(나무위키: 보고밀파)

"보고밀의 신앙은 명백하게 파울리시안과 맥을 같이 한다."[147]

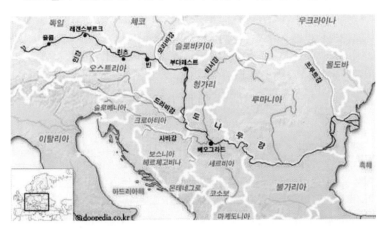

보고밀에 대한 최초의 자료는 10세기 중반 불가리아 황제 페타르(927-969)에게 보낸 짜리그라드 총대주교[148] 테오필라카트의 서신에서 발견된다. 총대주교는 신흥 이교(보고밀파)는 '마니교와 혼합된 바울주의'라고 말하면서 황제에게 그들을 조사해 처벌할 것을 청원하고 있다.

---

147) Whose doctrines clearly declare their kinship with the Paulician
148) 짜리그라드는 콘스탄티노플의 불가리아 이름

900년 후반에 벌써 불가리아 황제에게 보고밀파를 처벌해 줄 것을 청원한 것을 볼 때, 아시는 바와 같이 그들이 국가와 기성교회에 위협이 될 만큼 확장되어 가고 있었다는 반증이다. 그 청원은 마니교를 덧씌워 처형한 바울리시안이라고 증언하고 있다.

당시에 알려진 보고밀파는 서쪽으로 이주하여 불가리아에서 활동하는 파울리시안들이었는데, 불가리아를 지나면서 그 별명이 보고밀이라고 변하기는 했겠지만 어쩌면 당대의 파울리시안들은 그 사실 자체를 인지하지 못했을 것이다. 어차피 이름에는 관심을 두지 않았으니까…. 그 후에 도나우(다뉴브) 강변을 따라 자연스럽게 보스니아로 올라갔고, 강을 건너 헝가리로 퍼져나갔다.

보고밀들이 헝가리에 영향을 미치고 있었다는 증거는 헝가리에 활동하고 있는 보고밀을 자신들의 기준으로 이단들이라고 정죄하고 쳐부수려고 최초의 십자군이 동원된 사실이다. 보고밀이 그동안 벌써 군대를 출동시킬 만큼 대단했다니….

(1) 최초의 십자군의 출동과 반전(反轉, reversal)

1235년 보스니아의 보고밀파를 제거하라는 교황의 지시로 헝가리에서 이른바 '보스니아 십자군'이 조직되어 1241년까지 전쟁을 벌였다. 헝가리 국왕 언드라시 2세[149]의 차남이자 크로아티아 공작인 칼만 왕자가 지휘하는 십자군은 보스니아 보고밀파를 거의 전멸시키고, 보스니아에 가톨릭 주교구를 설치한다.

하지만 뜻밖에 몽골제국이 헝가리로 쳐들어오는 바람에 칼만은 급히 철수하여 몽골군에 맞서야 했고, 유명한 '모히(Muhi) 전투'[150]에서 부상을 입고 사망한다. 몽골의 침공으로 인해 보스니아에서 헝가리 왕국의 영향력이 크게 약화되었고, 보고밀파는 예전 교세를 회복하여 보스니아 가톨릭 주교구를 흡수하여 보고밀파 교회 조직으로 기능하는 독자 행보를 걷는 '보스니아 교회'가 탄생한다.

"보스니아는 당시 보고밀파 이단으로 취급되어온 보스니아 독립

---

149) 언드라시 2세 (헝: András II. (재위: 1205년 ~ 1235년)
    헝가리와 크로아티아의 국왕
150) 1241년 4월 1일 헝가리의 모히 평원에서 몽골 제국 수부타이와 바투가
    지휘하는 군대와 헝가리 왕 벨라 4세가 지휘하는 헝가리 군대가 맞붙어
    몽골군이 승리한 전투로 모히 평원과 그 근처 사요강에서 벌어졌기 때
    문에 사요강 전투라고도 한다. 보스니아 가톨릭 대주교도 전사한다.

교회를 믿고 있어 헝가리로부터 십자군 원정을 당하는 상황이었는데 운 좋게도 몽골이 쳐들어와 헝가리군을 격파해주면서 상당 기간 종교적-정치적 자유를 누리게 되었다."(나무위키 모히 전투)

파울리시안들이 가톨릭의 박해에서 국외로 피난할 때 이슬람 국가에 피난처를 제공 받아 당분간 지낸 것 같이 보스니아와 헝가리 보고밀들은 잔인한 십자군의 칼날을 몽골제국에 의해 피할 수 있었고, 보스니아 가톨릭 주교구를 통째로 차지해서 한때는 보스니아의 국교가 되었다고 역사가들의 오해를 받았다. 그러나 몽골제국은 통치에 저항하지 않는 한 국민들의 신앙에는 자유를 보장했으니, 보스니아와 헝가리에서 활동하던 보고밀들은 자유롭게 전도하며 퍼져나갈 수 있는 기회를 얻을 수 있었다.

십자군의 박해는 오히려 지나치게 강압적인 가톨릭의 태도에 보스니아 지방 영주들이나 착취에 시달리는 피지배 계층의 평민들도 해방되는 마음이라 환영했다. 또한 보고밀파는 성도들에게 엄격한 도덕적, 금욕적 이상의 실천을 강조하는 요소도 있었다. 보고밀의 생활에서 강조되는 '청빈과 근면'은 영주들이나 평민들 사이에서 상당한 존경을 이끌어 낼 수 있었다. 그 결과 보고밀은 보스니아에 안정적으로 정착할 수 있었고, 오랫동안 '보스니아 교회'라는 다른 이름으로 유지되고 있다.

지금까지도 '보스니아 교회'를 가톨릭에서는 "보스니아는 교회가 파괴되고, 성직자들이 없는 것은 물론 영성체도 세례도 존재하지 않는다"고 비난하고 있다. 가톨릭의 입장에서는 십자군 원정에서도 실패했고, 지방 영주들의 지지를 받는 보스니아 교회를 비난하는 것 외에는 할 수 있는 일이 없었다.

그 후 보스니아에는 '보스니아 교회'뿐 아니라 정교회 및 가톨릭의 교세도 있었으나 미미했고, 보고밀들의 신앙을 따르는 자체적인 '보스니아 교회'가 활발하게 활동하는 시기였다. 보스니아 교회는 가톨릭과 달리 통속어(슬라브어)로 예배를 드렸다. 보고밀파는 아르메니아 일대에서 터키를 지나 불가리아를 거쳐 보스니아에 전파되었는데 보스니아 왕국의 멸망 이후 보스니아 교회를 따르던 사람들이 근세에 이슬람으로 대거 흡수되면서 오늘날 무슬림 보슈냐크인[151]의 기원이 된다.

(2) 시릴 (Cyril)

보고밀파를 시작한 인물은 부각되지 않는다. 그러나 한 사람이 두드러지는데 그 이름은 시릴(Cyril)이다. 그의 전도로 많은 불가리아 사람들이 믿게 되고, 많은 교회들이 세워지게 되었다. 이때 믿는 자들을 불가리아 사람들이 '보고밀'이라고 불렀다.

시릴(Cyril)은 의사로서 치료를 병행하면서 전도하여 40년이나 가르치는 일에 열정을 다했다. '예수님을 구세주로 영접하고 구원받은 후 수년 동안 전도하며 살았다'는 파울리시안의 일생의 기록처럼 시릴 (Cyril)도 40년 동안 전도하며 많은 영향을 끼쳤다.

시릴을 존경하는 비잔틴 황제 알렉시우스(Alexios Komnenos, 1048 - 1118)의 초청을 받아 왕궁으로 갔다가 호의적으로 접대하며 정교회(Orthodox)로 개종하도록 몇 년 동안 요구받았으나 거부하여 왕궁에 구류되어 있었다.

알렉시우스 황제는 뜻을 이루지 못하고 죽고, 아들인 요아네스 2세가 즉위했는데 섭정 공주였던 안나 콤니니(Anna Komnene)[152]가 콘스탄티노플에서 시릴을 공개적으로 화형에 처했다.

그때의 화형 광경을 안나 콤니니가 "불꽃을 바라보는 바실의 눈길과 그곳으로 서서히 다가갈 때 떨리는 그의 입술을 보라"고 했다 (바실은 예수님처럼 눈앞에 다가오는 죽음을 향해 조용히 기도했을 것이다). 이때 많은 보고밀(하나님이 사랑하는 자들)이 화형을 당했고 감옥에 투옥되었다.

성상숭배를 반대하던 비잔틴 황제들에 의해 보호를 받다가 정권이 바뀌어 새로 집권한 다른 황제들은 가톨릭의 신앙으로 돌아가서 다시 핍박이 시작되었다. 이런 일은 역사 속에 수없이 있었다.

시실(Cycil)을 화형 시키는 안나 콤니니

---

151) 오스만 지배 시에 보고밀파에서 이슬람에 융화된 남슬라브 계통 후손들
152) 동생인 요아네스 2세의 섭정으로 후에 암살하려고 시도하다가 발각되었으나 황제의 선처를 받았다.

(3) 보고밀의 신앙

그들의 신앙에 대하여는 기록이 별로 없다. 왜냐하면 보고밀들은 핍박과 박해가 있었으나 요행스럽게도 동로마 제국 황제들은 성상 숭배(Iconodulia)를 반대해서 보호해 주었다. 불가리아와 보스니아 지역에서는 십자군이 출동했으나 몽골제국이 침공하여 십자군과 함께 가톨릭도 같이 물리쳤기 때문에 불가리아 지역과 보스니아 지역은 모든 가톨릭 시설들이 텅텅 비어 보고밀 교회당으로 활용되어 자유롭게 신앙 활동을 할 수 있었다.

가톨릭이 이단이라고 정죄한 죄목을 통해서 보고밀들의 신앙을 살펴볼 수 있다. 가톨릭의 사제인 코스마스(Cosmas)는 보고밀들을 "악마보다도 더 악하고 혐오스러운 자들"이라고 저주하며 그들의 신앙을 비판했다. (그의 비판으로 보고밀의 신앙이 증명됐다.)

"그들은 하나님의 어머니(마리아)나 십자가에도 경의를 표하지 않으며, 교회 의식과 교회의 모든 고위 성직자들을 모욕하고 사제들을 '눈먼 바리새인들'이라 부르기도 하며, 주의 만찬이 하나님의 계명대로 지켜지지 않는다고 주장하며 심지어는 빵은 하나님의 몸이 아니라 보통 빵에 불과한 것이라고 말한다."

"교회(가톨릭)에서 베푸는 세례, 그 자체에는 아무런 효력이 없는 것이며, 비록 세례를 받았다 할지라도 거듭나지 않은 사람에게 행해진 세례 의식은 그 어떤 것도 가치가 없고, 오직 하나님의 은총은 손을 얹음으로써 받는 것이 아니라 개개인의 믿음의 진실성 여부에 따라 받게 된다는 것이다." 보고밀들의 이런 믿음 때문에 1140년 콘스탄티노플 회의에서 정죄를 받았다.

위의 내용을 정리해 보면 가톨릭에서는 죽을 죄인들이라고 정죄하고 발에 불이 떨어진 듯 난리를 치며, 그들을 이 세상에서 말살하지 않으면 하나님께서 벌을 주실 것이라고 십자군을 총출동시켰지만 하나님께서는 의외의 방법으로 보고밀들을 보호하셨다.

① 그들은 마리아를 하나님의 어머니로 인정하지 않았다.
　이때까지는 마리아 숭배로 심각한 갈등이 없었으나 후대 14세기경 알비젠시안들에게는 또 다른 사형에 해당하는 죄목으로 순교를 당하는 교리가 되었다.
② 성상이나 성물, 심지어 십자가도 숭배의 대상으로 인정하지 않았다. 이 숭배의 문제는 보고밀에게 가장 중요한 충돌의 주

제가 되었고, 십자가도 숭배의 대상이 아니라 표식이라 생각한다.
③ 성직자와 성직자가 독점하는 의식을 인정하지 않았다.

가톨릭의 성직자는 단순히 직분이 아니라 구원의 성례라는 영세와 성찬을 독점하는 천국의 열쇠를 쥔 존재다. 성직을 인정하지 않으면 감독이 없으면 교회도 없다는 가톨릭의 기초를 흔드는 대죄(大罪), 보속(補贖)의 기회를 잃고 지옥에 떨어지는 죄였다.
④ 주의 만찬을 화체(化體)가 아니라 기념이기 때문에 빵은 그냥 빵일 뿐이라는 신앙을 가지고 있었다.
⑤ 신자의 침례를 믿고 강력히 시행했다.
⑥ 개인의 신앙이 무엇보다 중요한 요인이라고 믿었다.

(4) 그들의 평가

1) 나렉의 그레고리(Gregory of Narek) [153]

톤락파(Tonracks) [154]에 대한 고백에서 "그들의 생활의 사악함 때문이 아니라 자유로운 사상과 가톨릭의 종교적인 권위를 인정하지 않는 것 때문에 비난받았다. 이 분파는 가톨릭의 부정적인 측면을 인식하여 이를 벗어나 긍정적인 노선을 취했고, 자신들의 조직을 성경에 기초를 두도록 하려고 성경을 찾기 시작했으며, 성경에서 순수한 가르침과 도덕적인 생활에 대한 건전한 지침을 찾았다."

그의 편지가 발견되어 번역되었으니 그 전문 일부를 인용한다.

"Lord Father I write this because an untrustworthy rumor of evil tendency although those who heard it considered it untrustworthy , nor was there any ill-will to prejudice them- admits of no other means of contradiction.

번역: 주 아버지여(교황을 부르는 호칭), 내가 이것을 쓴 것은 (톤락 파에 대한) 믿을 수 없는 악한 소문 때문입니다. 비록 그 소문을 들은 사람들은 악의와 편견 없이 믿을만하다고 생각했겠지만 나는 그들에게서 이단이라고 할 만한 부당한 것은 없다는 것을 인정합니다.

---

153) Grigor Narekatsi(950 - 1011) 아르메니아의 시인, 사제 및 신학자, 아르메니아 사도 교회의 성인이며 2015년 교황 프란치스코에 의해 교회 박사로 인준되었다. 보고밀파에 대한 가톨릭의 부당한 정죄에 대해 보고밀들을 잘 아는 사제로서 탄원한 편지, The key of Truth P. 125.
154) 아르메니아 사람들, 파울리시안들을 아르메니아 사람들이라는 뜻으로 불리던 이름

For I heard that the unmentionable and obscene lechery of the heresy of the cursed Thonraki sect is mentioned among your pious ones. And I was lost in astonishment at statement so improper on.

번역: "이단으로 정죄 받은 톤락파의 충격적인 부정한 면을 아버지(교황)의 경건한 사람들이 언급한다는 말을 들었지만 아버지의 사람들의 부적절한 언급에 나는 너무 놀랐습니다."

2) 뮤사크(Muschag)

"그들 가운데서 사도적 가르침을 계승한 진실한 그리스도교를 발견할 수 있었다."

(5) 보고밀의 영향

1140년 콘스탄티노플에서 개최된 종교회의에서 정교회 감독 중 2명이 보고밀이라는 죄목(罪目)으로 축출되었다. 1230년 종교회의에서 게르마니우스(Germanius) 감독은 보고밀들이 넓은 지역으로 퍼져나가고 있으며, 콘스탄티노플에서도 여전히 활동하고 있다고 비판했다. 그토록 잔혹한 핍박 중에도 여전히 활동하는 것을 보고 많이 놀라기는 했겠지….

보스니아에 있던 보고밀들은 남부 프랑스, 라인강변, 보헤미아 그리고 영국까지도 분포되어 있는 같은 믿음의 형제들과 교류하면서 후대에 프랑스 남부의 알비젠시안들이 십자군들에 의해 진멸을 당할 때 보스니아 교회는 피난처가 되기도 했다.

알비젠시안들을 재판하던 라니에르 사코니(Raniero Sacconi)는 보스니아의 형제들을 3세기경 로마에서 활동했던 노바티안들의 별명인 카타리(Cathari)들이 퍼져있다고 말했다. 그 후로 종교재판에서는 잡히는 대부분의 이단들의 믿음이 카타리들의 믿음과 유사해서 '카타리 이단들'이라고 통칭하기도 했다.

그들은 아르메니아와 터키지역에 있던 파울리시안과 후대에 일어날 프랑스의 알비젠시안(Albigenses), 왈덴시안(Waldenses), 보헤미아의 후스파(Hussites)와도 관계를 맺고 있었다는 것은 그들 모두를 연합시킬 수 있는 믿음과 실천의 공통분모(共通分母)가 있었음을 간접 증명하는 것이다.

17세기까지 '파빌리카니'(파울리시안)로 알려진 회중이 빌립보와 다뉴브강 남부지역에 이르는 불가리아 다른 지역에 남아 있었는데, 보고밀들이 이슬람의 정복으로 이주한 사람들도 있었지만 이슬람에

융화된 다른 보스니아 교회의 신앙을 가지고 있었다. 그들이 1995
년 유고 연방에서 독립을 선언하니, 내전이 일어나 많은 보스니아
교회(보스니아 회교도)들이 인종 청소를 당하고 수많은 난민이 발
생했다. 당시를 신문을 인용해 본다.

"지난 2003년 9월 20일 보스니아(정식 국가 명칭은 보스니아헤르
체고비나/보고밀이 집중적으로 살던 지역)의 세르비아 접경 마을
'스레브레니차'에서는 보스니아 내전 희생자들을 추모하는 추도식이
열렸다. 빌 클린턴 전 미 대통령도 참석했다. 참석자들은 내전 끝
무렵인 1995년 여름 세르비아계 무장 세력에게 집단 학살당한
7,000∼7,500명의 보스니아 회교도(현지 사람들은 이들을 '보스니
악'이라 부른다/보스니아 교회에 남아 있다가 회교도로 융화된 보
고밀들)들의 넋을 기렸다. 클린턴은 이 자리에서 스레브레니차 학
살을 '인종청소의 광기(genocidal madness)'라 비난했다."
(신동아 2003. 10. 27: 인종청소 내세운 광기). 참 불행한 일이다.

보스니아 교회는 지금까지 남아있는데 이슬람에 융화된 듯 하
지만 그들만의 특징을 유지하며 많은 무덤의 흔적을 남겼다. 무덤을
남긴다는 것은 중세 침례교도의 역사에서 특별한 경우이다. 대부
분의 침례교도들은 침대에서 죽음을 맞기를 기대하지 않았고, 복음을
전하다 주님의 부르심을 받는 것을 당연하게 여겼으니….

13세기경 신약교회들의 분포지도
녹색: 보고밀, 청색: 왈덴시안, 적색: 알비젠시안, 흑색: 그들의 전파경로

그들의 조상은 신약교회 신앙을 목숨을 다해 지켜나간 분들이었

고, 많은 보고밀들은 보스니아에 정착하지 않고 파울리시안들의 전통에 따라 전도인의 길을 쉬지 않고 순례의 길을 나섰다. 이들은 알지 못하는 산야에, 흐르는 강가에, 혹은 순교자로 이 세상의 삶을 마치고 주님의 부르심을 받았다. 하지만 보고밀들의 발길이 지나는 곳에는 복음의 씨앗들이 떨어져 발아하고 열매들이 맺히게 되었다는 사실을 알게 될 것이다.

불가리아, 보스니아에 남아 있는 보고밀의 무덤 흔적

헝가리에 있는 모히(Muhi) 전투 기념물(출처:나무위키)

3. 알비젠시안(Albigenses)

알비젠시안들은 11세기 중반부터 프랑스 남부 지방 카르카손(Carcassonne), 알비(Albi) 등지에서 가톨릭을 거부하고 초대교회의 신앙을 고수하며 사는 무리들을 가톨릭이 알비파(Albigenses), 혹은 카타리파(Cathars)라고 지칭한 데서 온 이름이다. 이들을 '카타리'라고 지칭한 것은 다른 침례교도들보다 한 가지 죄목을 더 추가한 것이다.

그동안 가톨릭은 많은 사람들이 지지하고 따르던 로마에서 활동한 노바티안, 북아프리카에서 활동한 도나티안, 소아시아 지역에서 활동하던 파울리시안들에게는 마니교에 물든 이단이라고 정죄하고 박해했는데, 프랑스에서는 '마니교에 물든 카타리 이단들'이라고 지칭한 것은 참 웃픈 일이다. 왜 카타리라는 호칭을 붙였을까?

250년경 로마에서 일어난 노바티안이 혼탁해져 가는 교회에 대해 경고하고, 세상에 물들지 않은 순수한 교회를 세우고 성별된 성도들의 삶을 주장한다고 하여 그들을 '카타리'(Cathars/순수한 자들)라고 칭하고 박해했다. 하지만 정죄하고 출교하는 처분이 가장 큰 박해였기 때문에 침례교도들에게는 박해라 여겨지지 않았다. 어차피 후대에 가톨릭이라고 이름을 바꾼 천주교 안에 있어야 구원을 받는다는 저들의 주장을 믿지도 인정하지도 않았으니까….

그때까지는 대중들이 알고 있는 사교(邪敎/paganism)가 마니교였기 때문에 마니교라고 지칭하면 대중들이 공분할 수 있은 호칭이라서 '침례교도들'을 '마니교에 물든 이단들'이라고 했다.

그 후 교회가 국가의 군사력과 경찰력을 동원할 수 있을 때가 되어서는 같은 교회지만 가톨릭의 권위에 복종하지 않고 거부하는 이들에게 카타리(Cathars)라는 호칭을 붙여 박해할 수 있게 되었다. 그래서 후에는 '모든 침례교도들'에게 '카타리 이단'이라고 칭했고, 그 후에 알비젠시안을 처벌하기 위해 설립한 악명 높은 종교재판에서 무슨 이름으로 불리든지 대부분의 침례교도들을 '카타리 이단'이라고 기록하고 있다.

우리가 이와 비슷한 무서운 경우를 성경에서 찾아볼 수 있다.
"보라 내가 너희의 자손을 꾸짖을 것이요, 똥 곧 너희 절기의 희생의 똥을 너희 얼굴에 바를 것이라. 너희가 그것과 함께 제하여 버림을 당하리라."(말라기 2:3)

하나님께 드릴 제물을 준비하다가 그 제물의 똥이 제물이나 사람에게 묻으면 부득이 제물은 쓰레기 태우는 더미에 던져 버리고, 사람은 부득이 제사에 참여할 수 없는 경우를 말씀하신다. 당시 가톨릭은 진멸할 대상에게 모두가 공감하는 죄목을 붙여 징벌했다.

(1) 그들의 이름(너희들은 누구냐?)

교황 유지니우스(Eugenius) 3세의 스승으로 1145년 12월 십자군 원정을 주도하며 "십자군에 참전하면 구원이 보장된다"고 선언하며 십자군 출전을 독려했으나 유래 없는 대실패를 경험한 사토 수도원 원장인 베르나르드(Bernard of Clairvaux)가 신약교회의 신앙을 지키며 사는 이들을 만날 기회가 있어서 물었다. 요즘도 그리스도인들이 만나면 보통으로 하는 질문이다.

"너희들의 창시자는 누구냐?"
"…"(묵묵부답)
"이단이라도 창시자가 없는 종파(sect)가 어디 있느냐?"라고 비웃었단다. 우리도 똑같은 경험을 할 수 있을 것이다.
우리 침례교도들이 대답할 수 없는 질문들이 있다.
"다니시는 교회는 교파가 뭐예요?"
"그 교파는 창시자가 누구예요?"

노파심에서 한 말씀 드리면 부디 '교파가 뭐예요?'라고 물을 때, '침례교예요'라고 대답하지는 마시라.
"창시자가 누구예요?" "예수님!"
그렇게 대답하면 상대는 두 가지 반응을 보일 것이다.
'농담하시나?, 혹은 무식해서 모르나?'
당대의 가톨릭의 거물인 베르나르드가 알비젠시안들에게 같은 질문을 했어도 똑같았을 것이다.

일설에 의하면 치부를 거부하는 청빈함과 기도와 명상으로 성별된 생활을 추구하는 수도원장이었던 베르나르드(Bernard)는 부패한 가톨릭을 배격하는 알비젠시안들의 생활면에는 호감이 가서 비록 그들이 근절되어야 할 이단자로 보더라도 '카타리'(Cathars)와 같은 신앙생활은 공감했던 것으로 보인다. 그는 카타리의 감독과 계속해서 서신을 교환했고, 실제로 방문하기도 했다.
(출처: mytwelve(http://www.mytwelve.co.kr)

(2) 그들은 어디서 왔으며 누구인가?

많은 학자들이 난감해하는 것은 대부분 교파는 시작한 사람이 있는데 특히 알비젠시안들은 시작한 사람이 없다는 것이고, 시작 연대가 불분명하다는 것이다. 왜 그럴까?

카타리파는 '알비 파'라고도 불렸는데 1176년 알비(Albi)에서 처음으로 대중에게 알려졌기 때문이다.

"이 운동은 프랑스의 작은 마을인 알비에서 처음 시작되었으며, 추종자들은 'Albigensians(알비젠시안)'이라고 알려졌다. Catharism (카타리)들은 더 큰 운동이 일어나기 전에 수 세기 동안 존재했으며, 아마도 파울리시안주의(Paulicianism)에 뿌리를 두고 있다."[155]

대부분의 학자들은 아르메니아에서 활동하던 파울리시안의 후예들이라고 하지만 필자는 파울리시안들과 알비젠시안들을 연결하는 퍼즐이 있었다는 것을 보여 드리려고 한다. 바로 파울리시안들이 보스포루스 해협을 건너 불가리아와 보스니아에 정착한 후 불가리아 지방 사람들이 부르기 시작한 '하나님이 사랑하는 자'라는 뜻인 보고밀(Bogomils)들이다.[156]

'보고밀'(Bogomils) 장에서 소개한 대로 유랑민들인 침례교도들에게 특별한 상황이 전개되었으니, 몽골제국의 정복 전쟁으로 가톨릭과 십자군을 내쫓고 보고밀들에게 가톨릭 교회당과 주교구를 줘서 자유롭게 신앙생활을 할 수 있도록 했다. 그 때문에 많은 보고밀들이 정착했지만 파울리시안들의 신앙 체질이 "오늘은 이곳, 내일은 저곳"으로 유랑하며 복음 전하는 일생을 사는 사람들이라 보고밀 (Bogomils)들 중에서도 도나우강을 건너 헝가리 쪽으로, 일부는 도나우(다뉴브)강 기슭을 따라 알프스를 돌아 남부 프랑스까지 진출해서 그곳에서 활동했다는 사실이다.

보고밀들이 가다가다 어느 마을에 도착했는데 정착할만하여 정착해서 복음을 전하고 믿는 사람들이 많아지니 마을을 이루었다. 그렇게 다른 지방으로 확장되어 나갔다. "이 카타리가 유럽에 처음으로

---

155) Who Were the Cathars? (카타리는 누구였나)
　　by Kristine Wilson - Slack on Feb. 21, 2019.
156) "Bogomil in Bulgaria in the tenth century, it was carried to western Europe"(The encyclopedia of religion 15권 P. 328.

나타난 시기는 1,000년쯤이었다. 그 후 거의 2세기 동안 차츰 세력을 얻어 1167년에 이르러서는 프랑스에서 교회 회의를 개최할 만큼 되었다. 12세기 말에는 그 교도(알비젠시안)가 1,000개의 도시에 걸쳐 살고 있었으며, 그 수는 40만이나 되었다고 한다."[157]

보존된 기록이 없는 것이 아쉽지만 그 대신 다른 이들이 기록을 남겼다. 바로 가톨릭이 이단들이라고 정죄한 기록 속에서 찾을 수 있고, 충분히 자세하게 기록되어 있다. 한 사람, 혹은 한 가족이 정처 없이 복음 전도 여행을 하면서 자연스럽게 도착하여 모이다 보니 알비(Albi)라는 작은 마을이 그렇게 유명한 곳이 되었는데 어찌하겠는가?

"정확한 기원은 알 수 없으나 이미 12세기 중엽에 '카타리파'(Cathari)로 불린 이단 운동이 비잔틴 제국에서 전래되어 유럽 전역에 확산되었다. 십자군 원정대와 함께했던 상인들은 아르메니아와 비잔틴 제국에 있었던 이단 운동인 '파울리시안파'(Paulicianism)와 발칸반도를 거치면서 '보고밀파'(Bogomil)의 사상을 네덜란드까지 전했다. 이런 이단 운동들은 다시 혼합돼 특히 프랑스 남부와 이탈리아 북부에 많은 영향을 주었다."[158]

'알비젠시안'(Albigenses)의 기원에 대해서는 두 가지 견해가 있는데 첫째는, 보고밀(Bogomils)의 전도로 그리스도인이 된 사람들이 프랑스 남부지역에서 불리던 이름이라는 설과 다른 하나는, 전도 이전부터 즉, 기독교 초기부터 그 지방에서 잔존하던 그리스도인의 집단이라는 설이다. 그러나 학자들 사이에 일치하는 것은 최소한 그들이 Paulician의 전도에 의해서든지 자생하고 있던 그리스도인이었든지 간에 신앙이 일치했던 점은 인정하고 있다. 재미있는 것은 학자들 사이에 알비젠시안(Albigenses)과 파울리시안(Paulician), 혹은 보고밀(Bogomil), 혹은 카타리(Cathari)를 한 분파라고 하는 이도 있는데, 이것은 그들의 연관성과 신앙의 일치를 증명하는 것이다.

알비젠시안(Albigenses)이라는 이름은 프랑스 남부의 작은 도시 알비(Albi)의 사람들이란 뜻이며, 알비 사람들의 독특한 신앙 때문에 그들을 '알비젠시스'라고 부르게 된 것이다. 한 도시에 같은 믿음을 가진 사람들이 살았다는 것은 그 도시가 전도하여 공동체를 이루게

157) 인물 중심 교회사. P. 256.
158) 가톨릭 평화신문 제1587호 2020. 11월 08일
    〈새로운 이단 운동의 출현/전영준 교수〉

되었든지, 혹은 같은 믿음의 사람들이 그곳에 이주하여 도시를 형성했든지, '알비'라는 도시가 거점이 되어 프랑스 남부지역인 랑그도그(중심도시는 몽펠리에/Montpelier) 지역으로 확장되었다.

우리는 우리 믿음의 선조들의 장엄한 믿음의 행로를 보았다. 칼로 베이고 불에 태워지며, 물에 던져지는 잔혹한 박해가 곳곳에서 간단없이 계속되고 있었지만 그들의 행진은 계속되었다.

타우러스 산맥 기슭에서 시작하여 소아시아를 지나 보스포루스 해협을 건너 트리케 지방을 거쳐 서남진한 무리들은 발칸반도에 상륙했고,

서북진한 무리들은 - 불가리아 - 보스니아 - 다뉴브 강을 건너서 헝가리 - 스위스 - 체코 - 네덜란드 - 독일 쪽으로 나아갔으며,

보스니아에 있던 무리들은 '보고밀'이라는 이름으로 불리며 알프스 기슭을 따라 이탈리아 북부를 지나 프랑스 남부로 들어간 이들이 바로 알비(Albi)에서 큰 무리를 이루어 세상에 드러난 알비젠시안들이다.

그들은 삶의 목적이 전도하는 것이고, 복음 전하는 여행자들이었다. "내가 달려갈 길과 주 예수께 받은 사명 곧 하나님의 은혜의 복음을 증언하는 일을 마치려 함에는 나의 생명조차 조금도 귀한 것으로 여기지 아니하노라." (행20 : 24)

저들의 전도의 행로는 바울 사도가 당한 수난의 행로였으며, 행로에 선명하게 남아있는 피 흘림의 흔적이 삶의 증거가 되었다.

그리하여 200여 년이 흐르는 동안 소아시아와 유럽의 대부분의 지역에 복음이 전파되었다. 당시 사라센의 침략에 몰리던 제국이 용맹한 파울리시안 형제들을 징병하여 군대에서 싸우게 했을 때는 저들이 점령한 지역에서 오히려 쉽게 복음을 전할 수 있었고, 적들의 침략을 막기 위해 설치한 도시에 강제 이주시킨 파울리사안들이 도리어 서쪽 지역에 복음을 전할 수 있는 길을 열어 주는 결과가 되어 유럽지역으로 나아갈 수 있었다.

하나님의 신묘하신 역사로 죽이려는 원수의 손을 통하여 오히려 생명의 풍성함이 널리 퍼지는 결과를 보게 되었던 것이다. 유럽 전 지역으로 흩어진 믿음의 선조들은 저들의 선조들처럼 고유의 이름을 가지고 있지 않았고, 각 나라에서 원수들에 의해서 혹은 이웃에 의해서 그들의 이름이 여러 가지로 불리게 되었다. 그것은 너무나 당연한

결과였다. 왜냐하면 다른 문화와 다른 언어의 민족들에게로 흩어졌고 그곳에서 이름을 가질 정도로 제자들이 많았다는 증거가 된다.

(3) 그들의 다른 이름들

1) 이태리에서는 '카타리'(Cathari)

이 이름에 주의를 기울이기 바란다. 이 이름은 3세기에 로마에서 일어났던 노바티안의 이름이었다. 사람들이 이들에게 카타리라는 별명을 붙인 것은 무엇 때문일까? 그것은 최소한 두 가지 증거가 될 수 있다.

첫째는, 그들의 믿음이 노바티안(Novatian)과 동일했다는 것과

둘째는, 노바티안의 신앙을 가진 이들이 800여 년의 세월이 지났는데도 이탈리아 지방에서 그 이름으로 불리고 있었다는 것이다. 이것은 노바티안과 파울리시안과 보고밀과 알비젠시안들의 신앙과 삶이 같아서 보는 사람들은 그 사람들이 그 사람들인 줄 알고 있었다는 것이다.

2) 불가리아와 보스니아에서는 보고밀(Bogomil)

'보고밀'은 남부 유럽 언어권에서 불리는 '침례교도'의 다른 이름이다. 불가리아와 헝가리, 도나우강 주변에서 불렸었다.

3) 프랑스에서는 알비젠시스(Albigenses)

프랑스에서는 그들이 정착하여 마을을 이루고, 그곳을 거점으로 전도하여 퍼져나가니 그 사람들을 동네 이름으로 부르기 시작하여 이름이 된 것이다. 우리 고향 동네에서는 시집온 여인을 친정 동네 이름을 붙여 ○○댁이라고 부르기도 한다.

프랑스에서는 그들은 '불가리아인(Bulgarians)'이라고 부르기도 했는데 그 불가리아에서 파울리시안들이 '보고밀'이라고 불렸고, 프랑스 알비 지역에서 활동하는 가톨릭과 다른 신앙을 가진 그리스도인들을 '불가리아 사람들'이라고 했으니, 불가리아에 있던 '보고밀'이 알프스를 넘어 프랑스 알비(Albi)지역으로 간 것이 맞다. 그 사람들이 그 사람들이다.

파울리시안의 활동 이후 한 가지 이름의 침례교도를 선택하여 대표로 말할 수 없는 것은 넓은 지역에 흩어져 있는 다른 이름으로 불렸으나 동일한 믿음을 가진 믿음의 선조들이 있었기 때문이다. 이후 수 세기 동안 역사는 더욱 어두운 암흑시대라고 말하지만

예수 그리스도의 은혜의 복음을 전하는 순교적 사명을 감당하는
진정한 하나님의 증인들이 우후죽순처럼 일어나 진리의 등불을 밝
히다 잔인한 칼날에 쓰러져 갔다.

아, 하나님의 섭리의 오묘함이여!
어두울 때 더 많이 진리의 등불을 켜시고,
인생들을 생명의 길로 인도하시는
하나님의 은혜의 풍성함이여!
약할 때 더욱 강하게 하시고,
흑암의 시대에 곳곳에 켜서 비취신
하나님의 황금 촛대여!
그들은 증인의 삶이 곧 순교자의 삶이라는
성경 말씀의 의미를 진실로 실천한 분들이다.

(4) 그들의 신앙 활동

1) 신앙

"(카타리): 기원은 10세기 불가리아에 보고밀의 한 사제가 온 것이
기원으로 보인다. 다시 말해서 봉건주의 사상의 억압과 노예 제도
는 이 사제와 그의 추종자들이 개인의 자유의지와 마음의 가치를
가지도록 자극했다. 후기 카타리(Cathars)와 마찬가지로 보고밀
(Bogomilism)은 교회 계층 구조를 믿지 않았고, 웅장한 성당 건물
의 필요성을 믿지 않았다. 어떤 의미에서 보고밀파와 카타리들
(Catharian)은 순회 종교였으며, 교회 엘리트 중에서 남성과 여성
인 여행자에 의해 전파되었다."159)

① 자유의지와 양심의 자유(Free will and freedom of conscience)
이들이 주장한 자유 의지와 양심의 자유는 왜 중요한가? 사람은
하나님 앞에 단독자이고, 각자의 영혼은 성령의 인도하심과 보호하
심으로 성서가 말씀하신 것을 비춰 주심으로 말씀에서 얻은 확신으
로 믿고 행하는 양심의 자유를 가진다. 확신한 바대로 믿고 행할
수 있을 때 하나님 앞에서 양심의 지유를 얻는 것이다.

② 교회의 성직제도 거부(denial in the ecclesiastical hierarchy)
점점 더 견고해져 가는 가톨릭의 성직 제도를 거부한다는 것은

---

159) Who Were the Cathars? (카타리는 누구였나)
by Kristine Wilson - Slack on Feb. 21, 2019.

그들의 역린을 건드리는 일이지만 하나님께서 분명히 말씀하신 교회의 직책은 그리스도의 몸인 교회의 은사에 따른 지체의 기능 (function)이므로 가톨릭의 성직 제도를 수긍할 수 없었다.

③ 순회전도를 계속했다(spread gospel by elite - Travelers)

파울리시안(Paulician)들은 구원 받은 후에는 바울 사도의 선교 모델을 따라 전도여행을 하며 그 생애를 마쳤다. 후대에 일어난 왈덴시안들(Waldensians)은 더 구체적으로 전도활동을 했는데, 그 대목에서 다루기로 하겠다. 세월이 갈수록 가톨릭의 핍박은 점점 더 심해졌지만 반대로 전도 활동은 더욱 활발해져 갔다.

"카타리(Cathars)는 더 나은 용어가 없기 때문에 교사와 제자를 구별하여 교사를 '완벽함'(파르페/Parfait)라 부르고, 남성과 여성 모두 파르페가 될 수 있으며 전도여행을 하는 것으로 알려져 있다."

그들의 신앙도 다른 재 침례교도와 동일하므로 다른 부분을 찾기는 어렵다. 그들이 유아세례를 배격했고, 성례전을 거부함으로 핍박을 받은 것을 볼 때 다른 재 침례교도와 같았다.

④ 성서를 프랑스어로 번역했다.

개인이 성경을 소유하고 하나님 앞에 개인적으로 말씀을 직접 대해야 한다는 신앙으로 "자국어로 성경을 번역하였고, 카타리가 성경을 사용했기 때문에 뚤루즈 공의회는 모든 자국어 성경 번역판을 반대하였으며, 평신도가 성경을 갖는 행위를 금지하였다."[160] 이 일로 또 한 가지 핍박의 조건이 더해졌으니 성경을 번역하는 죄, 성경을 소유하는 죄였다.

도나티안은 유아세례를 거부한다고,

파울리시안은 유아세례를 거부하고 성상숭배를 거부한다고,

알젠시안들은 유아세례를 거부하고 성상숭배를 거부하고 성경을 번역하여 읽게 한다고 죽일 죄로 정죄했다.

그 후에 성서를 빼앗아 태우려는 가톨릭과 감추고 지키려는 침례교도들의 죽음의 숨바꼭질이 시작되었다. 이 일의 원인은 사실 가톨릭 사제에게 있었다. 파울리시안에서 살펴본 대로 사라센 포로로 잡혀갔다 돌아오던 사제가 대접을 잘 해줬다고 선물로 성경을 콘스탄틴 실바누스에게 준 것에서 시작된 것이다.

직접 말씀을 접하고 성령의 지도를 받아 얻은 확신을 세상이 어떻

---

160) 세계교회사, P. 219, 221.

카타리의 성서를 불태우는 도미나크
(페드로 베루게테 작품)

게 막을 수 있었겠는가? 파울리시
안들도 같은 생각으로 성경을 번
역하여 사용했지만 그때까지는 가
톨릭의 시선 밖에 있었다.

통속어(라틴어가 아닌 자국어)로
성경을 제작 소유한다는 일은 가톨
릭에게는 쇼크였다. 성경의 해석과
강론은 천국의 열쇠를 계승 받은
교황과 그에게 위임받은 주교에게만
주어진 절대 한정된 직임인데…. 반
응은 즉각적이고 단호했다. 성경을
사적으로 번역하여 가톨릭이 말하는
평신도들에게 소유하게 한다는 것
은 지옥에 떨어질 대죄로 여기는 것
이 당연하다. 즉각 공의회를 소집했
는데 1229년 툴루즈 공의회였다.

다음은 가톨릭 백과사전(Enciclopedia Cattolica)에서 발췌한 내용
으로 저들이 기록하고 알려주니 다행히 알게 된 것이다.

"1229년에 툴루즈 공의회에서는 알비주의 파(알비파)와 왈도파를
공격하기 위해 평신도가 그것(일상 언어로 된 성서)을 사용하는 것
을 금했다. … 평신도는 누구든 일상 언어로 번역된 구약이나 신약
책을 소유하는 것을 금한다. 신앙심 깊은 사람이 원한다면 시편이
나 기도서는 가질 수 있다. 그러나 어떤 상황에서도 로마어로 번역
된 책(성서)들을 소유해서는 안 된다."(툴루즈 공의회 참조)

2) 알비젠시안의 활동

알비젠시안들의 활동도 구체적인 기록을 남기면서 사역한 사람들
이 아니니 그들의 기록에서는 알 길이 없으나 가톨릭이 단죄하고
처벌하려고 가능하면 공감을 얻을 수 있을 만큼 악평을 했지만 그
들의 영향력과 활동 범위는 잘 알 수 있다.

"랑그도크 지방에서는 이 이단 종파가 꽤 자리 잡아 귀족들까지 카
타리파로 전향해서 이들을 전통 신앙으로 복귀시키기 쉽지 않았다."
농노들 뿐 아니라 귀족들까지 전향했을 정도면 카타리파가 당시에
얼마나 큰 세력을 형성했는지 알 수 있다. 상황이 이렇게 되자 교
황은 우선 카타리파 귀족들부터 파문했다. 그리고 카타리파 억제에

협조적이지 않은 영주들 역시 파문으로 위협했다. 당시 이 랑그도 크를 비롯한 남부 프랑스 지역은 아라곤 왕국과 툴루즈 백작령 등이 자리 잡고 있었다. 당시의 툴루즈 백작은 레몽 6세(Raymond VI)였다. 이런 문제로 이노센트 3세[161]와 레몽 6세는 대립하게 된다. 레몽 6세 자신이 카타리파였는지 아니면 단지 카타리파에 동정적이었는지는 확실치 않지만 교황의 간섭에 강력히 반발하고 나섰다.

그들은 전도하여 마을을 이룰 만큼 되면 일부는 남아서 신앙지도를 하며, 학교를 설립하고 자선기관을 운영한 것 등을 볼 수 있는데 그 도시는 알비파(Albigenses)들의 신앙 공동체였던 것임을 알 수 있다. 어떤 학자는 이미 그와 같은 믿음을 가진 무리들이 수세기 전부터 그곳에서 활동했다는 기록도 있다.

일부는 정착하여 신앙지도를 하고, 일부는 전도여행을 떠나는 형태의 사역은 불가리아 지역에 정착했던 그들의 선조인 보고밀과 그후에 나타난 왈덴시안(Waldensians)들의 발전된 형태로 사역한 것을 보면 같은 방법으로 사역한 다른 이름들인 것을 알 수 있다.

알비젠시안들을 일명 피에드몬트의 알비젠시안(Albigensian in Pied-mont)라고 하는데 피에드몬트는 이탈리아 북부지역 알프스산맥 기슭에 있는 도시를 말한다.

불가리아에서 도나우 강 기슭을 따라 서진하던 보고밀의 전도팀들이 이탈리아 북부지역 알프스산맥 기슭에 정착한 것이 피에드몬트(Piedmont)의 알비젠시안들이고, 일부 전도팀은 계속 알프스산맥 기슭을 따라 도착한 곳이 프랑스 남부지역이었을 것이다. 후에 그들을 정벌하기 위해 진군하는 알비지앵 십자군을 따라 알비젠시안들이 얼마나 퍼져나갔는지 알아보자.

11세기에는 영국을 포함한 유럽 전역에 카타리 신자들이 있었다. 그러나 카타리(Cathar) 교회가 실제로 번성한 곳 중 하나이며, 카타리(Cathar)라는 단어가 현재 강력하게 관련되어 있는 곳은 프랑스 남부의 랑그도크(Languedoc)이다.

---

161) 인노첸시오 3세(Innocentius. III, 176대 교황 1198년~1216년) '교황은 태양, 황제는 달'이라는 교황권의 전성기를 이룬 중세의 교황들 가운데 가장 강력한 교황으로 꼽힌다. 알비지앵 십자군을 일으켜 카타리파를 진멸했다.

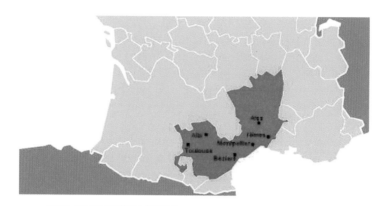

프랑스 남부의 랑그도크 레지용(Languedoc-Roussillon)의 알비(Albi)지역

(5) 살육 (알비지앵 십자군/Croisade des Albigeois)

알비 파라고 불리는 침례교도들이 전도하여 정착한 지역의 주민들은 물론, 영주들도 지지하며 교황의 지시를 따르지 않고 그들을 보호하니 교황이 감당할 수 없는 상황이라 판단했다. 최후의 강공책으로 4차까지 성지 수복을 위해 출동한 십자군이 이제는 카타리파를 향해 전쟁을 개시했다. 비무장의 민간인, 아이들까지 공격하는 그 사람들이 십자군이라니, 어쩌다 세상에서 가장 비겁한 군대가 되었는고….

"1198년 교황 이노센트 3세는 카타리파 문제를 해결하기로 결심했다. 교황의 생각은 적절한 설교자를 보내 그들을 평화적으로 개종시키려는 노략을 했으나 어림도 없었다. 가톨릭 신앙의 최고 엘리트 집단인 도미니코[162] 마저 소수의 카타리파를 가톨릭으로 돌아서게 하는 데 성공했을 뿐이었다. 한편 카타리파의 지도자들은 지역 귀족들로부터 강력한 후원을 받았고, 심지어 지역의 주교들조차 카타리파에 동조하기에 이르렀다. 1204년 교황은 특사를 파견하여 카타리파에 동조하는 주교들을 처벌하였으며, 1206년부터 카타리파를 후원하는 귀족들을 파문했다.

---

162) 도미니크 수도회는 1216년 도미니크 드 구츠만(Dominic de Guzman)에 의해 창설되었으며 1220년 승인을 받았다. 이 수도 단은 교황의 명으로 카타리 이단을 징벌하는 종교재판을 주관하여 악명 높은 수도단이 되었다.

1207년 툴루즈의 강력한 백작이었던 툴루즈의 레몽 6세가 파문되었다. 교황은 당시 프랑스의 왕 필리프 2세에게 카타리파를 후원하는 귀족들을 토벌하도록 요청하였으나 필리프 2세는 교황의 요청을 거절하였다. 툴루즈 백작 레몽 6세는 교황의 특사 피에르 드 카스텔뇨(Pierre de Castelnau)를 1208년 1월에 만났으나 격렬한 언쟁 끝에 특사를 살해했다. 레몽 백작의 입장에서 보면 카타리파는 자기 영지에 사는 주민의 대부분을 차지하고 있었고, 선량하고 근면한 좋은 백성이라 교황의 명령은 자기 영지를 초토화시키는 부당한 명령으로 보았다. 강압적으로 집행하려는 교황의 특사와 언쟁 끝에 일어난 사고였다.

교황은 진노하였고 결국 특사에 대한 살인의 책임을 물어 랑그로크 지역에 대한 십자군 출정과 십자군에게 이단의 근원인 랑그도크에 사는 모든 사람들을 토벌할 것을 요청하는 칙서를 선포한다. 이 칙서는 북부 프랑스의 귀족들이 합법적으로 군대를 동원하여 갈등관계에 있던 남부 귀족들을 제거할 명분을 주었다.

위의 가톨릭의 기록에서 교황 특사 피에르 드 카스텔로가 암살된 것을 극단적인 카타리파의 소행이라고 카타리들에게 죄목을 씌워 카타리 정벌의 명분으로 삼아 랑그도크 주에 산재해 있는 카타리 이단들을 토벌하려고 십자군을 일으켰다. 수년간에 걸친 잔혹한 살육이 계속되어 수십만의 카타리들이 순교했다. 교회 역사에서 로마의 핍박으로 크리스챤의 순교와 가톨릭이 이단이라고 죄목을 붙여 살해한 모든 순교의 역사 중에서 알비지앵 십자군에 의해 살육당한 카타리보다 더 많은 순교의 역사는 없었다.

사회 역사학자들은 이 전쟁을 '프랑스의 남북 전쟁', 혹은 '프랑스 대 프랑스 전쟁'이라고도 한다.

1209년 이노센트 3세는 프랑스 남부 카타리파를 섬멸하러 1만여 명의 십자군을 리옹에 집결하여 남쪽으로 행진을 시작하였다. 역사 기록에 '알비장스 십자군/Croisade des Albigeois'으로 알려진 알비젠시안들에게 행한 유혈 원정은 1209~1229년까지 20년간 지속되었으며, 가톨릭이 이단이라 명명된 카타리파는 전쟁에서 '적'과 같은 취급을 받아 무자비하게 학살당했다.

알비 십자군은 피에르 드 카스티니오를 사령관으로 하여 카타리파의 중심지인 랑그도크지역을 공격했다. 200,000명 이상의 카타리들과 주민들이 십자군에 의해 학살되었다. 이 숫자는 역사학자들의 예측된 통계 숫자로 20여 년간 계속된 십자군의 잔인한 이단 사냥이 계속 되었으니 가능한 숫자일 것이다.

1) 베지에(Beziers) 살육

베지에(Beziers): 프랑스 남부의 랑그도크 에로 주(류시앙)에 있는 도시

가장 유명한 사례는 1209년 7월 22일 베지에가 공격을 받았을 때, 20,000명이 훨씬 넘는 남녀 및 심지어 젖먹이 어린이까지 주님의 군대(십자군)에 의해 살해되었다.

십자군 사령관이 베지에 공격에 앞서 교황의 특사 아르나우드 아말리크(시토회 대수도원장)에게

"공격 중에 가톨릭 교인은 구분해서 살려 주어야 하지 않는가?"

라는 질문에 역사에 길이 남을 가장 악독한 명언(?)을 남긴다.

"모두 죽여라, 하나님께서는 자기 백성을 구별하실 것이다."

"Tuez-les tous, Dieu reconnatra les siens"(불어)

살육이 끝났을 때 그 도시에 살던 사람들은 카타리파들은 물론 함께 있던 모든 주민들도 살육을 당해 시산혈해(屍山血海)를 이루었다. 단시간에 한 도시의 살아 있는 모든 사람들을 신분과 종교의 구별 없이 직접 살육한 역사가 또 있었겠는가?

2) 카르카손 침공

1209년 8월 1일 십자군이 카르카손에 당도하였고 도시를 포위하였다. 공성전은 오래 지속되지 않았다. 8월 7일 십자군은 도시로 들어가는 물길을 차단하였고, 8월 15일 카르카손성은 함락되었다.

카르카손 성

3) 라스 투르(las tours chateau)성 침공

1209년 12월 십자군이 라스 투르(las tours chateau)성에 쳐들어 왔다. 베지에, 카르카손, 뚤루즈에서는 남부지역에 일직선으로 있고, 라스투르(las tours chateau)는 카르카손에서 북쪽으로 향하는 첫 번째 도시로 알비(Albi)로 통하는 도시다.

라스 투르 산성(las tours chateau)

십자군은 겨울 내내 토벌을 계속하여 1210년 3월에는 4개월 동안 공성전을 벌인 끝에 브람을 점령하였고, 1210년 6월에는 방비가 잘 된 요새 미네르바를 공격하기 시작하였다. 7월 22일 공성전 끝에 미네르마의 주 성곽이 파괴되자 도시는 투항했다. 카타리파에게는 가톨릭으로 개종할 기회가 주어졌다. 대부분의 카타리파가 개종하였으나 끝내 거부한 140명은 화형에 처해졌다.

"완전한 사람들이라 불리던 카타리파의 모든 도시는 황폐화 되었고, 십자군의 칼날을 피해 피난한 카타리파들은 철저한 추적을 당하며 결국 피에 굶주린 가톨릭의 사냥감이 될 수밖에 없었다."

충분한 시간이 있을 때면 화형이라는 이벤트를 했는데, 1211년 라보르에서 400명이 화형 되었고, 카세에서 94명이 화형 되었다.

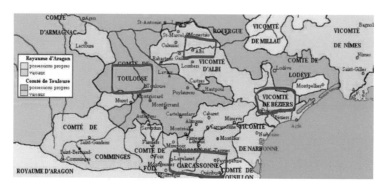

지도 설명: 우측은 베지에(BEZIER), 하단은 카르카손(CARCASSONNE),
좌측은 뚤루즈(TOULOUSE), 상단은 알비.

1209년에 시작된 알비지앵 십자군의 토벌은 1229년까지 20년 동안 프랑스 남부 한 주에 해당하는 랑그도크(Languedoc-Roussillon)에서 위에 지도에 표시된 주요 도시를 점령하여 살육하고 포로로 잡은 카타리파 사람들은 설치된 종교재판에 넘기는 무서운 공포가 휩쓸고 있었다.

숫자는 알려지지 않았지만, 베지에와 같은 살육이 자행되었을 것으로 볼 때 200,000여 명이 순교했을 것으로 추정하는 것은 무리가 아닐 것이다. 살아남은 카타리 그리스도인들은 마지막으로 남부의 세 개의 산성에 피신하여 최후까지 투쟁했다.

(6) 제4차 라테란 공의회 (화체설 공인)

살육 명령으로 전대미문의 집단 살인이 자행되는 와중에 가톨릭 교황 이노센트 3세는 1215년에 제4차 라테란 공의회를 소집했다. 결의사항 1조로 다시 한 번 화체설을 가톨릭 신앙으로 공포한다.

"신자들에게 보편교회(가톨릭)는 하나뿐이다. 교회 외부에선 구원이 없다. 교회 가운데 사제이며 희생제물인 예수 그리스도가 있다. 그의 몸과 피는 신의 능력으로 인하여 빵은 몸이 되고 포도주는 피로 그 실체적 본질이 변형(transubstantiation)하며, 이 성체성사를 유효하게 하는 것은 오직 서품을 받은 사제에 의해서만 가능하다. 예수 그리스도 자신이 사도들과 그 후계자들에게 허락한 교회의 열쇠 권세에 따른 것이다."

라테란 공의회의 주요 의제

2년간의 준비 끝에 1215년 11월 11일 400명 이상의 주교들을 비롯하여 각국의 사절 등 800여 명이 참석한 가운데 라테란 대성당에서 공의회가 개최됐다. 교황의 개회사에 이어 예루살렘 총대주교는 이스라엘 성지의 불행한 상황을 설명하는 동시에 프랑스 남부 지방에서 일어난 알비파 이단에 대해 연설했다. 이 두 가지 문제는 공의회의 중점 논의사항이 됐다. 알비젠시안들이 얼마나 큰 영향을 미쳤으면, 가톨릭 역사에 가장 큰 라테란 공의회를 열었으랴.

(7) 몽세퀴르의 최후

피레네 산맥의 험산 봉우리에 있는 몽세퀴르(Montségur) 산성

십자군의 사냥에서 살아남은 알비, 뚤루즈, 카르카손, 베지에 지방에 있던 카타리들은 Pyrenees(피레네)의 험준한 산성 몽세퀴르(Montsé-gur)에 집결했다. 십자군은 모든 알비파가 진멸되었다고 생각하고 잡은 포로들을 종교재판에 넘기고 해산했다. 그러나 생존한 카타리들은 몽세퀴르에 피난하여 15년을 버티고 있었다.

1244년 다시 쳐들어온 십자군을 필사적으로 막으며 9개월이나 버티다 함락되었다. 마치 마사다 요새를 연상케 하는 상황이었다. 마지막으로 남은 215명은 화형에 처해졌다. 장엄한 옥쇄로 믿음의 여정을 마친 카타리들을 보고 이제 다 끝났다고 생각하겠지만 천만의 말씀이다. 파울시안, 보고밀, 알비젠시안 모두 다 전도하여 마을을 이루면 일부는 정착하여 사역했지만 전도여행을 떠난 전도인들은 전도여행의 삶으로 유럽 전역에 복음 전파의 사역은 계속되고 있었다.

십자군의 공격을 받을 때 몇 개의 성에 피난했는데,
1211년 라보르(Lavaur)가 함락, 400명의 성도들이 화형 되었고,
1211년 같은 해에 카세(Casses)가 함락, 94명이 화형 되었다.
1225년 페이르페르튀즈 성(Chateau de Peyrepertuse) 함락되었고,
1239년 몽비메르에서 183명이 잡혀서 산채로 불태워 졌고
1244년 몽세귀르(Chateau de Montségur)에서 215명이 화형 당했고
1245년 퀘리부(Chateau de Quéribus)가 함락되어 카타리파의 저
　　항은 프랑스 남부에서는 사실상 막을 내렸다.

페이르페르튀즈 성(Chateau de Peyrepertuse)

핍박 중에 기록한 다음과 같은 글이 있다.
"도시와 도시로 피난하기를
마치 늑대 떼를 피하는 양들과 같다.
우리가 사도들과 순교자들과 같은 핍박을 받고 있는 것은….
그러나 이 모든 것이 우리를 두렵게 하지는 못한다.
왜냐하면 우리는 이 세상의 것이 아니기 때문이다."

카타리의 순교에 대한 외부의 증언
"이단 심문에 관하여 저명한 권위자인 레이 박사가 말하기를 카타리 파 만큼 자기들의 신앙을 변절하지 않으려고 가장 잔인하고

보기 흉한 모습으로 순교하는 것이라도 조금도 겁내지 않고 기꺼이 당한 사람이 많은 종교는 없을 것이라 하였다.”163)

십자군의 잔혹한 진멸에 대한 외부 평가

“당시 카타리라고 불리는 이단에 대한 십자군 기사단이 없었다면 아마 지금의 교회는 동방 정교회와 로마 가톨릭 교회와 프로테스탄트 교회에 또 하나 카타리 교회로 나뉘어져 있었을 것이다. 장작을 이용하여 정화(화형)하는 단순하고 정당화된 교회가 인정한 사형 도구로 중세 교회는 이미 나치즘을 내재하며 후일 나치의 홀로코스트를 그리고 있었다. 그래서 역사적인 사건은 그리 단순치 않다.”164)

이 글은 기독교에 대한 객관적인 평가로 카타리들의 전도 활동이 유럽지역의 가톨릭이 타격을 받을 정도의 영향을 끼쳤으니, 그들의 전파력을 감안하면 충분히 가능성이 있는 예측일 것이다.

실상 이분의 예측은 적중했다. 지금 세계에 흩어져 있는 침례교 회들이 이들과 같이하는 신앙적 후예(Spiritual Kinship Successor) 들이라는 사실을 인정한다면 가톨릭, 카타리, 개신교, 정교회로 순위가 수정될 것이다.

화형은 고대로부터 자행된 징벌이었지만 위의 글은 ‘장작을 이용한 정화’를 나치가 유대인들을 인종청소(정화)하는 방법으로 다시 나타난 모습이다.

나치의 홀로코스트는 알비지앵 십자군이 카타리들을 살육하고 화형 시킨 것처럼 내재된 인간의 악한 성품의 결과였을 것이다.

카타리 화형 :출처 중세 고문박물관

163) 인물중심 교회사, P. 256.
164) 종교와 정치 5-WE United Church. *eng. weunitedchurch. com* ›

카타리의 보물

　이런 와중에 십자군 사이에는 카타리의 보물이라는 낭설이 떠돌고 있었다. 험한 산성들까지 찾아다니면서 소탕한 것은 카타리의 보물을 찾으려는 시도일 수도 있었다.

　실제로 몽세퀴르 성에서 마지막 밤에 카타리의 장로가 두 명의 청년 카타리들에게 보물을 가지고 몰래 성을 빠져 나가도록 했다는 전설이 있다. 보물은 무엇이었을까?

　종교재판에서 가혹하게 추궁한 것도 이 보물을 찾으려는 목적이 있었을 것이다. 왜냐하면 카타리의 보물이 주님께서 마지막 만찬에 사용한 '잔'(cup), 가톨릭이 성배(聖杯)라고 하는 것이라는 풍문이 십자군 사이에 확실한 듯 돌고 있었기 때문이다. 실제로 카타리들이 피난을 다니면서 목숨보다 더 귀히 여기던 것이 있었으니…. 독자 여러분은 카타리의 보물이 무엇일 것이라 생각하시는가?

　필자는 확신한다.

　카타리의 보물은 그들이 자국어로 번역한 성경일 것이다. 필자도 카타리 형제들과 같은 믿음의 침례교도로서 우리는 주님께서 마지막 만찬에 사용하셨던 '잔'이 귀하긴 해도 목숨 걸고 지킬 보물이라고 생각지는 않는다. 그러나 바티칸 공국에서는 국보 1호가 되지 않겠는가?

(8) 영국에서 활동한 카타리들

　학교에서 쉬는 시간이 될 즈음에 "선생님, 질문 있어요"라고 손을 들어서 쉬는 시간에도 교실에 잡혀 있게 만드는 그 학생이 얄미웠는데 필자가 알비젠시안 장을 마무리하려다 말고 번쩍 손을 드는 것은 중요한 내용이 있기 때문이니 부디 양해하시길….

　알비젠시안들을 카타리 이단이라고 거침없이 주장하는 가톨릭 입장에서 쓴 글을 소개하려 한다.

　"1160년에 옥스퍼드에서 30명의 카타리들이 이마에 낙인이 찍히고 태형을 당했다. 영국에서 헨리 2세는 카타리를 믿는 이들을 장님으로 만들어 버렸으며…" [165] 이글은 시카고 신학대학원(Chicago Theological Seminary) 교회사 교수, 맨슈렉(Clyde L. Manschreck)

---

165) 세계교회사, P. 220.

교수가 쓴 '세계교회사'에서 인용한 글이다.

종교백과사전(The Encyclopedia of Religion vol. 15, P. 327)에도 "1143-1144년경에 이미 독일 쾰른(Cologne)에 카타리들이 나타났다는 증거가 있다고 했고, 1150년경에는 프랑스 남부와 이태리 북부지역에, 1160년경에는 두 지역(랑그도크, 뚤루즈/Languedoc, Toulouse)에는 상당한 조직을 형성했다"고 했으니, 그 속도가 가히 바울사도의 선교여행에 견줄만했다.

이글은 몇 가지 사실을 증명하는 글이다.

첫째, 가톨릭 사전에 카타리들이 프랑스 알비(Albi)에서 1176년경에 대중에게 알려지게 되었다고 하는데, 그보다 16년 전에 이미 영국 옥스퍼드까지 가서 1160년에 정부에 들킬 정도로 활동을 했다는 것이다. 조용히 가만히 해도 감출 수 없는 것이 많이 있지만 이들이 일부러 들키려 하지는 않았을 것인데 30여 명이 잡혀서 악형을 당했다는 것은 상당한 수의 카타리들이 영국에서 활동하고 있었다는 것을 알 수 있다.

우리의 상식선에서 예상해 볼 수 있다.

파울리시안 이후에는 정착하여 마을을 이루고 돌보는 사역을 하고, 다른 이들은 전도팀을 구성해서 전도여행을 계속했을 것이다. 보스니아, 불가리아, 헝가리에 퍼져갔고, 가톨릭의 관점에서 보스니아에서는 보고밀들이 국교가 되었다고 할 정도로 많은 보고밀 형제들이 정착했으나 일부는 알프스산맥 기슭을 따라 이탈리아 북부와 프랑스 남부로, 일부는 도나우 강변을 따라 헝가리, 오스트리아, 스위스 북부로, 일부는 체코를 지나 독일로 건너가고 북서진하여 영불해협을 건너 영국에 들어갔다는 것이 놀랄 일은 아니었다.

물론 알려지기까지는 상당한 세월이 흐르겠지만 1176년 이전인 것은 확실하다. 즉, 프랑스에 도착한 카타리들 중에 '파르페'(완전한 자)들은 정착하지 않고 전도 여행을 계속했을 테니, 그래도 빨라도 너무 빨리 영국까지 갔다. 사람의 걸음이 생각보다 빠르다는 것을 아이를 잃어본 경험이 있는 분들은 이해하실 것이다.

그래도 정부 기관에 알려진다는 것은 상당한 시간이 걸렸을 것이다. 아시는 대로 북치고 깃발 들고 전도 집회(Crusade)를 하는 것이 아니라 주님께서 말씀하신 '전도의 미련한 방법', 즉 개인전도 방법으로 전도했을 것이니, 언제 들켰을까? 성서에서 말씀하셔서 알고 있는데 도시면 도시, 마을이면 마을을 '요란케 할 때'쯤 되면 들킨다. 영국 왕이 나설 때였으니 꽤 지났을 것이 확실하다.

둘째로, 같은 저자의 글에 "카타리라는 이단이 있는데 이들은 헝가리에서 시작되어 프랑스, 스페인, 이태리, 독일 등지로 확산되었다"[166] 고 했다. 카타리들이 어디까지 퍼져나갔는가를 증언해 주는 글이다.

십자군과 템플기사단이 주동이 되어 카타리들의 도시를 불태우고 추방시키고 종교재판에 넘기고, 그들이 말하는 골수분자들은 즉석에서 화형 시키고 모든 주민을 죽여서 잔멸시켰다고 했다. 역사가들도 그리하여 카타리들의 활동은 '막을 내렸다'라고 선언하지만 몰라도 너무 모르는 말씀이다. 프랑스에서 소탕을 마치기도 전에 영국에서, 스페인에서, 독일에서, 스위스에서, 마치 장마 끝에 죽순이 나오듯 나타났다고 하지 않는가….

그들이 다른 곳에서는 '카타리'라고, '알비 파'라고 나타나지는 않았을 것이다. 왜냐하면 카타리나 알비 파가 그들의 본명은 아니었기 때문이다. 각 지역에서, 각 문화권에서 그들을 보고 가장 적절한 별명(nick name)으로 그들을 불렀을 것이니까.

서두에 미시시피 강을 침례교회 역사의 예로 들은 것은 강이 사구(沙口) 즉, 모래가 강바닥에 깊이 퇴적된 지역을 만나면 강 아래 모래 속으로 흐르다가 모래가 얕은 지역을 흐를 때는 강이 되어 흐르기도 한다. 강 위로 물이 흐르지 않는다고 강이 끝난 것이 아니다. 사구 아래로 도도히 흐르고 있는 강이 있다. 필자는 초동(草童) 시절을 낙동강 변에서 정말 초동(꼴 베는 아이)으로 살았다. 낙동강 주변 지역이 사토(沙土)지역이라 강으로 흘러들어오는 모래가 쌓여서 강심이 깊다. 강 위로 흐르는 물보다 강 밑으로 흐르는 물이 더 많은 강이라고 어른들께서 하시는 말씀을 들었다.

잔혹한 화형과 도시 전체를 전멸시키고, 종교재판에 넘겨서 개종한 자는 살려 주고 거부하는 자는 다 죽였기 때문에 카타리들은 그렇게 진멸되었을까요? 하나님께 드리는 질문이다.

---

166) Ibid, P. 219.

템플기사단을 의심하다.

베지에(Beziers)에 거주하던 카타리들을 섬멸할 때, 신분이나, 신앙이나, 영유아를 가리지 않고 잔인하게 도시민 전체를 살육할 군대가 누구겠는가? 새로 동원된 십자군이 아니라 십자군 전쟁에서 돌아온 템플기사단이 아니었을까? 교황 루시우스 3세는 카타리파와 왈도 파를 이단으로 정죄하고, 십자가 표시를 한 '신앙의 용사들'을 동원하여 검거 명령을 내렸다는 기록이 있으니, '십자가 표시를 한 신앙의 용사들'이 템플기사단이 아닐까?

템플기사단(Knights Templars), 그들은 누구인가?

'그리스도와 솔로몬 성전의 가난한 전사들'(라: Pauperes commilitones Christi Templique Solomonici)이라고 불리는 속칭 템플기사단 (프랑스어: Ordre du Temple; Templiers, 영어: Temple order Knights)은 가톨릭의 십자군 원정과 함께 조직된 기사 수도회 가운데 요한 기사단[167]과 함께 가장 유명한 조직이다.

1128년 1월 13일 프랑스의 트루아에서 개최된 교회회의에서 교황 호노리오 2세는 성전 기사단을 기사 수도회로서 정식 인가하였고, 1163년에는 교황 알렉산드르 3세가 선출되고 나서, 성전 기사단에 보답하는 형태로 '완벽한 선물'(Omne Datum Optium/ Given all the best)이라는 칙서를 반포하여 수도회의 재산 보호와 주둔지 주교로부터의 독립 등의 특권을 부여하였다. 1312년경까지 활동했다.

1099년 제1차 십자군으로 예루살렘이 회복되자 많은 순례자들이 성지를 찾게 되었다. 성지 순례 길에는 많은 강도떼들이 웅거하여 순례자들을 습격하는 또 다른 상황이 일어나 많은 순례자들이 죽음을 당하게 되자, 1119년 프랑스의 기사 '위그 드 파앵'이 예루살렘 왕 '보두앵 2세'와 예루살렘 총대주교 '고르몬드'를 알현하여 순례자들을 보호하기 위한 기사 수도회 창립을 제안했다.

왕과 총대주교는 이 요청에 동의하여 1120년 1월 나블루스 공의회에서 승인을 받아 활동을 시작했고, 예루살렘 왕 보두앵 2세가 왕궁의 건물을 할애해서 기사단 본부가 되었다. 본부 자리가 솔로

---

167) 예루살렘의 '요한 구호기사단(Knights Hospitaller)은 중세 기사단 중 하나, 성지 회복 전쟁에서 구호 목적의 기사단. 소속 수도사들을 구호사(Hospitaller)라고 했다. 예루살렘 수복 실패 후 사라센의 공격에서 몰타를 지킨 '몰타 기사단'으로 존속하고 있다.

몬의 성전 자리라고 주장하며 기사단 이름을 '그리스도와 솔로몬 성전의 가난한 전사들'(라: Pauperes commilitones Christi Templique Solomonici)이라고 칭했다.

1177년 살라딘의 3만 병력으로 예루살렘을 총공격하는 몽기사르 전투에서 중무장한 템플기사단 기병 500여 명이 십자군 보병 수천 명을 도와 살라딘의 2만 6천 군대를 격파했다. 템플기사단 기병이 살라딘의 진영 중심부를 돌파하는 용맹으로 90%의 적을 궤멸시키고 승리했다는 템플기사단의 용맹은 전설이 되었다.

이쯤에서 생각해 볼 것은 알비젠시안들에 대한 살육이 1209년부터 시작됐는데 기사단 본부가 예루살렘에서 프랑스로 옮긴 후였다. 1187년 하틴 전투에서 예루살렘을 뺏기고, 그 후로는 템플기사단이 십자군 전쟁에 참전하지 않았으니 프랑스에서 뭘 했을까?

템플기사단은 특별한 규칙이 있었다는 의외의 증언도 있다.

"템플기사단의 마지막 다섯 번째 특징은 이교도를 보면 즉시 죽인다. 개종을 권하는 단계도 밟을 필요가 없다. 묻지도 않고 말살할 것을 규칙으로 정한 기사단은 템플기사단 밖에 없었다"[168]고 했다. 이들 외에 이단이라고 유아까지 죽일 군대가 또 있겠는가?

온건주의였던 당대 최고의 수도원장인 베르나르 드 클레르보(Bernard of Clairvaux)가 템플기사단의 발기인 중 한 명이었는데, 템플기사단을 옹호하는 '새 기사단을 찬미하며'[169] 글을 공포했다.

템플기사단 휘장 : 말 한 마리에 두 기사가 탄 것은 가난한 기사단이라는 뜻

168) 십자군 이야기 2권, P. 23.
169) Stephen A. Dafoe. TemplarHistory.com

4. 종교재판

랑그도크에 대한 프랑스 국왕의 점령이 완결된 1229년 11월 툴루즈에서 종교재판이 시작되었다. 종교재판은 이단으로 정죄된 알비파 때문에 개설되었다. 목적은 그들을 설득해서 개종시키고 거부하면 처단하기 위해서였다. 가톨릭은 이단을 제거하여 선량한 사람들을 악에서 건진다는 명분이었다.

종교재판이 시작될 때도 알비파를 완전히 소탕한 것이 아니고 몇몇 지역에서는 여전히 카타리파에 대한 토벌이 지속되고 있었다. 새로 즉위한 교황 그레고리 9세는 도미니크 수도회[170]에 종교재판의 임무를 부여했다. 1233년 곳곳에서 카타리파의 저항이 지속되고 있는 가운데 랑그도크 전역에서 종교재판이 진행되었고, 수많은 사람들이 사형에 처해졌다. 지역에 따라서는 이단으로 규정된 사람들이 불구덩이에 산 채로 던져지기도 하였다. 1244년 몽세귀르가 9개월의 공성전 끝에 함락되었고, 1245년 카타리파의 마지막 요새인 퀘리부(Chateau de Quéribus)가 함락되어 프랑스에서 카타리파의 저항은 멈췄다.

가장 온건하게 가톨릭을 옹호하는 입장의 글을 소개한다.
"종교재판이 가장 활발하던 1233년 프랑스 남부의 종교재판관으로 임명된 로베르 푸티는 수백 명에게 화형을 선고했다. 교황청은 형벌이 너무 가혹하다고 그를 1년간 해임했다."(위키피아 종교재판)

시대적 배경과 원인
종교재판의 어원은 '찾다, 조사하다, 물어보다'라는 인퀴레레

---

170) 도미니코, 설교자들의 수도회, (라틴어 : Ordofratrum Praedicatorum.)는 성경을 깊이 연구하고, 성경에 정통해서 종교재판을 주도하게 했다.

(inquirere)라는 동사의 명사형으로 조사, 탐문, 심문을 뜻한다. 이 재판은 이단 심문을 위한 것이었다. 중세 가톨릭 교황의 권위와 세력은 계속 성장해서 마침내 세속 왕권에도 우위적이며 지배적인 세력이 됐다. 가톨릭이 유럽사회의 보편적 질서의 원리가 된 것이다. 당시 사회는 사회 안정의 근간을 이루고 있는 가톨릭의 통일을 해치는 것은 곧 사회불안을 야기하는 '공공의 적'이었다. 따라서 가톨릭의 적은 국가의 적으로 간주하는 상황이었다. 황제는 신앙의 요인이기도 하지만 교황에게 충성하기 위해서도 이단 색출에 열성적이었다. 어떤 때는 교황이 이단자에 대한 박해를 금지시킬 정도로 국가가 더 적극적이었다.

가톨릭은 정통성의 수호를 위해 국가는 사회질서 안정을 위해 이들을 색출하고 처벌하지 않을 수 없었다. 그러나 당시의 범죄자 처벌법은 '고소에 의한 처벌제도'로 피해자가 고소를 해야만 할 수 있었으므로 이단 색출에 있어서는 어려움이 더 컸다. 그러나 로마법은 황제에 대한 범죄는 중대 범죄로 모의단계부터 예방 차원에서 인지수사를 했던 것처럼 이단도 하나님께 대한 반역죄에 해당하는 중대범죄로 사전 색출, 처벌하도록 발전하게 되었다.

이단 심문제도는 유죄 입증에 필요한 증거를 얻기 위한 제도였지만 객관적인 증거가 없는 한 심문관이 자의적이고 임의적인 판결을 내리기 쉬웠다. 증인이 없을 경우 자백 외에는 더욱 입증하기 어려웠다. 1254년 이노센트 4세 때에 이르러 비극적인 고문이 도입됐는데 고문 사용은 처음에는 엄격했으나 이단 색출에 대한 강박관념 등으로 갈수록 무자비해졌으며, 이윽고 이단 탄압의 결정판이랄 수 있는 마녀사냥이라는 악행을 자행하게 되었다.

처벌: 이단 심문 법정은 처음부터 가혹한 처벌이나 체형은 인정하지 않았고, 보통 파문과 수도원 감금 등 정신적 형벌이 주를 이루었다. 그러나 이단이 만연하자 점차 강화되어 투옥, 재산몰수, 화인(火印), 국외 추방에 이어 사형까지 시행됐다. 사형이 본격화된 것은 12세기 들면서 카타리파의 강력한 대두 때문이었다. 이노센트 3세 교황은 교회소송법에 이단 심문 절차를 만들어 당국은 직무상 이단자들이 고소될 때까지 기다리지 말고 먼저 찾아야 한다고 했다.

1224년 그레고리 9세가 이단에 관한 법령을 반포했는데, 이단의 재산을 몰수하고 사형에 처함으로써 처음으로 사형이 명문화됐다.

이어서 1232년 프리드리히 2세[171] 황제는 국가는 이단자들을 색출한다는 칙령을 반포하고, 색출된 사람들을 무자비하게 화형에 처했다. 프리드리히는 이단색출을 명목으로 정적들을 제거하는 동시에 교황을 견제하면서 유럽사회에 대한 지배력을 확장하려는 의도를 가지고 있었다.

프리드리히의 이러한 정치적 야심과 무자비한 이단자 박해를 파악한 그레고리 9세 교황은 1233년 이단 색출과 심문을 교황청이 맡을 것을 주장하면서 이단 심문관 임무를 주로 도미니코 수도회에 일임하면서 소위 종교재판소라 불리는 '이단 심문을 위한 특별 상설 법정'을 설치했다. 교황 그레고리 9세는 도미니칸들에게 카타리 박멸을 명령했고, 알비지앵 십자군 이후에도 종교재판을 통해 카타리들은 정죄를 당했다. 307명이 투옥되어 그중에 69명은 화형을 당했고, 42명은 사형을 당했다. 사형 언도는 화형보다 경한 처벌이었다. 그럼에도 불구하고 1323년경의 기록에는 카타리들이 아직도 뚤루즈(Toulouse)에 존재한다는 기록이 있다.

종교재판은 카타리(알비젠시안)들을 진멸하기 위해 설치되었다.

가톨릭이 이단 발호를 막기 위해 종교재판을 설치한 것은 카타리, 알비 파의 확장을 막기 위한 강압적인 제도였다. 가톨릭이 황제들에게는 이단들이 국가를 전복하려는 불순세력이라고 호도해서 국가의 무력을 동원하도록 유도했고, 국가의 경찰력이 동원될 수 있으니까 악랄한 고문과 사형을 집행할 수 있었던 것이다.

"100명의 무고한 자들 가운데 죄인이 하나라도 섞여 있다면 나는 모두를 불태우겠다."는 말이 나올 정도로 종교재판이 이단 박멸에 광분하던 시절이었다. 그 후에는 가톨릭을 교회로 인정하지 않는 분리주의자(Schismatist)들을 정죄했고, 종교개혁 시대에는 개신교도들을 대항하기 위해 재조직 되어 1834년까지 존속 되었다.

자연현상이라는 말은 어떤 힘도 제어할 수 없는 힘이다. 막으면 막히지만 멈춘 것은 아니다. 물이 차면 둑을 넘는 것이고, 둑을 무너뜨릴 힘이 없다 해도 둑이 무너지면 또 다시 흐르는 것이다.

한 사람이 전인적으로 믿고 확신하는 바는 흐르는 물과 같아서 자유의지로 믿음의 고백이 가능하도록 양심의 자유가 보장되어야

---

171) 프리드리히 2세(Friedrich II, 재위 : 1220년-1250년) 신성로마제국의 황제

한다. 양심의 자유란 하나님께서 보증해 주신다는 거리낌 없는 담 대함이다. 즉 하나님 앞에서의 담대함이다.

종교재판에 대한 비판

교회역사에 변명할 수 없는 과오이다. "이단을 압제하는 조직치 고 종교재판소만큼 가혹하고 철저한 조직은 없었다… 주님을 운운 하면서"[172]

종교재판의 변화

"이단 법정은 1542년 바오로 3세에 의해 이단 심문 최고기구인 '이단 심문성'으로 이어졌고, 1588년 교리성으로 바뀌었다가 현재는 신앙교리성으로 변모했다."

늦게까지 가톨릭을 옹호하던 프랑스가 낭트칙령으로 개신교를 용 인함으로 카타리 재판 이후 계속되어온 종교재판이 중단된다.

종교재판 심문소 (청소년, 산모 관람 불가: 필자 주)

낭트 칙령(Edict of Nantes)

앙리 4세가 1598년 4월 13일 선포한 칙령으로 프랑스 내에서 가 톨릭 이외에도 개신교의 일파인 위그노의 신앙의 자유를 허락하는 최초의 신앙의 자유를 허락한 칙령이다. 파리를 제외한 다른 지역 에서 개신교도도 예배할 수 있으며, 개신교도의 보호를 위해 병력

---

172) 세계교회사 P. 222.

을 두고 특히 위그노를 보호하기 위해 150개의 요새를 건설하는 내용을 담고 있다.

낭트칙령은 프랑스인들이 자랑스럽게 생각하는 프랑스인의 아량 즉, 똘레랑스(Tolerance)로 다른 사람이 생각하고 행동하는 방식의 자유 및 다른 사람의 정치적 · 종교적 의견의 자유에 대한 존중을 뜻한다. 자신의 이념과 신념이 귀중하면 남의 것들도 똑같이 귀중하며, 자신이 존중받기 바란다면 남의 의견도 존중하라는 것이 바로 똘레랑스다. 지금도 프랑스 사람들은 똘레랑스 정신을 자랑스러워한다.

퐁텐블로 칙령 (Edict of Fontainebleau : 1685년 10월)

프랑스의 루이 14세가 반포한 칙령으로 개신교를 탄압 억압하기 위해 예수회가 기존의 낭트칙령을 폐지하는 칙령을 프랑스 국왕 루이 14세를 압박해 반포한 것이다. 루이 14세의 예수회 고해 신부인 페르 라 쉐즈(Pere La Chaise)는 지인에게 보내는 편지에서 "고해실에서 자기 며느리와 잠자리를 나눈 루이 14세의 약점을 붙잡아 퐁텐블로 칙령의 서명을 이끌었다"[173]고 했다.

위그노들의 대규모 이주

이 칙령으로 낭트 칙령으로 보호받던 프랑스 개신교도인 위그노[174] 20여만 명이 독일, 네델란드, 스위스 등지로 떠났다. 위그노들은 주로 전문직이나 기술직에 종사하던 사람들이라 위그노들이 떠난 뒤 프랑스는 산업이 마비될 지경이 되었다고 한다.

위그노들이 참 안됐다. 그러나 침례교도들이 콘스탄티노플에서 당한 일을 생각하면 그래도 외국으로 이주할 수 있어서 다행이다. 성상숭배를 거부한 비잔틴 제국의 황제가 같이 성상숭배를 거부하는 파울리시안들을 보호하고 신앙의 자유를 허락했지만 사후에 남편 몰래 가톨릭을 따르던 황후 테오도라(그리스어 : Θεοδώρα)가 어린 아들이 황제가 되고 섭정을 하는 동안 성상숭배를 거부하던 파울리시안과 불가리아에서 활동하던 보고밀들이 10여만 명이나 살해당했다. 핍박이 반복되었던 우리의 피의 역사와 후대에 영국에서 일어난 피의 메리(Bloody Marry)와 같은 일은 반복되는 것이다.

---

173) 위키피아 : 퐁텐블로 칙령(Edict of Fontainebleau)
174) 위그노(프랑스어 : Huguenot) 프랑스의 칼빈(칼뱅)주의 개신교도들이다. 칼빈이 프랑스 태생이다.

5. 가톨릭에서 출현한 개혁자들

(1) 페트로브루시안 (PETROBRUSIANS)

브루스의 페트로 (Peter of Bruys)
(출생:1095년, 사망:1131년)

발둘레 (Valdoule)는 프랑스 동남부에 있는 우리나라의 군 단위이고, 브루스 (Bruys)는 동네 이름인데 즉, 브루스 (Bruis)에서 태어난 페트로 (베드로)라는 이름으로 불렸다.

베드로 (Peter/ 프:Pierre)는 이름들이 너무 많으니까 구분하려고 출생한 동네를 붙인듯하다.

그의 초기 생활은 알려진 바 없고, 다만 브루스의 페트로는 유명한 프랑스 종교 교사였다는 정도다. 때문에 유명한 가톨릭의 교사였던 그가 어떤 일이 동기가 되어 가톨릭의 오류들을 정확히 파악하고 공격하는 가장 위험한 이단자로 지목을 받게 되었는지는 알 길이 없다. 이어서 나타날 아놀드 (Arnold of Brescia) 난에 보면 최초의 대학이라고 할 수 있는 파리 대학에서 후대에 계몽주의에 해당하는 아벨라드의 가르침을 받았다면 비판적인 시각으로 가톨릭을 볼 수 있는 안목이 생겼을 것이다.

그가 주장하는 신앙의 개요가 당시 거의 같은 지역에서 활동하는 카타리 (알비파)와 같은 면이 많아서 어떤 저술에서는 카타리의 '창시자'라고 소개되기도 하지만 그 주장은 지지를 받지 못한다. 대부분의 학자들은 불가리아와 보스니아 지역에서 올라온 보고밀이 프랑스 카타리들이라는 데는 일치하고 있기 때문이다.

"페트로가 이러한 교리들을 어떤 원천으로부터 이끌어내었는지를 알 수 있게 해주는 확실한 단서는 없다. 그러나 카타리파가 아닐까 여겨진다." 이 말은 당시 정황으로 볼 때 타당성이 인정된다. 필자도 페트로 (베드로/Peter)가 가톨릭의 유명한 교사였다가 어떻게 가톨릭의 잘못된 교리를 신랄하게 공격하는 이단자가 되었는지를 설명하는 자료를 찾을 수가 없으니, 당시 주변에서 활동하던 카타리들에게서 영향을 받았을 가능성은 있다.

페트로는 새로운 진리를 깨달았지만 독자적으로 활동한 것으로 보이는데, 들은 바 진리는 받아드리지만 동의할 수 없는 어떤 부분이 있어서 카타리들과 함께 하지 않고 독자적으로 활동했을 가능성이 필자의 경험으로 볼 때 있을 수 있다.

가톨릭에 있던 분들이 성경에서 말씀하는 교회의 원형을 발견했을 때, 공통적인 반응은 '가톨릭이 잘못됐다. 가톨릭을 개혁해야 한다'는 방향으로 나타난다. 이 문제에 대해서 카타리들과 의견의 일치를 보지 못했을 가능성이 크다. 카타리들은 "가톨릭은 이미 신약교회가 아니다. 하나님의 교회가 아니다"라는 전제를 가지고 가톨릭을 대하기 때문에 개혁의 대상이 아니라 떠나야 할 대상이라고 생각했다. 하지만 가톨릭에 있던 분들은 가톨릭이 잘못하고 있으니 바로 고쳐야 한다는 이런 견해의 차이가 충돌의 요인일 가능성이 있다는 말이다. 이런 견해의 차이는 이후에 일어난 종교 개혁시대에도 동일한 의견 충돌이 있었던 것으로도 알 수 있다.

사역의 방향성에도 차이가 있을 수밖에 없다. 카타리들은 가톨릭은 아예 없는 셈 치고 요즘 말로 패싱(Passing)하고, 사람들을 대상으로 개인전도 방법으로 복음을 전파하는 사역을 했고, 후자는 가톨릭을 공개적으로 공격하는 모습으로 나타나는 일반적인 현상이 줄곧 일어나게 된다.

그들은 1100년경에 교회의 부패와 성직자의 악에 대해 공격하는 탁월한 웅변가인 페트로의 가르침에 많은 추종자들이 생기게 되었다. 그는 특히 랑그도크와 프로방스에서 20년 동안 가르치기를 계속했으며, 많은 사람들을 자신이 믿는 믿음에 동참시켰다. 그와 함께했던 사람들을 페트로브루시안(Petrobrusians)이라고 불리게 되었고, 명예롭게도 가톨릭의 이단 명부에 올랐다.

그에 대한 기록도 이단자들을 공격하기 위해 쓴 가톨릭의 저술가의 저술 속에서나 찾을 수 있을 뿐이다.

베네딕트회 클뤼니(Cluny)수도원 원장이었던 몽보이씨에 페트로(Peter of Montboissier:1092.-1156)의 논문 '페트로브루시안 이단을 대적하며'(Adversus Petrobrusianos hæreticos)를 통해 그들이 가톨릭에 얼마나 위험한 이단자인가를 알 수 있다. 영어 번역문(The Letters of Peter the Venerable, Volume 1-2, 1976년)을 한글로 번역해 올린다.

오류라고 한 것은 페트로브루시안(Petrobrusians)들의 신앙이고, 반론은 수도원장인 페트로(Peter the Venerable)의 비판 글이다. 어쩌다 보니 이름들이 '페트로' 뿐인데 한 집안 친척들은 아니고, 당시에 좋은 이름이 페트로스(베드로)였나 보다. (필자 주)

첫 번째 오류는 "자각하지 못하는 어린아이들은 세례를 통해 구원받을 수 있다는 사실을 부정했다." … 페트로브루시안에 따르면 다른 사람이 아니라 자신의 신앙이 세례와 함께 구원을 얻는다. "믿고 침례를 받는 사람은 구원을 얻을 것이요 믿지 않는 사람은 정죄를 받으리라"(막16:16).

반론: 그 생각은 특히 어거스틴의 신학을 따르는 라틴 서부에서 중세 교회의 가르침에 위배된다. 유아와 어린이의 세례가 원죄에 대한 조상의 죄로부터 그들의 구원에 필수적인 역할이기 때문이다.

두 번째 오류는 "페트로브루시안들은 교회를 위한 건축물은 세워서는 안 된다. … 하나님의 교회당(성당)는 건축할 필요가 없다. 하나님의 교회는 여러 개의 돌로 세워진 건물이 아니라 신자들의 연합이 교회이기 때문이다."

반론: 중세 교회는 성당과 교회가 하나님께 영광을 돌리기 위해 만들어졌다고 가르쳤고, 부와 기술이 만들 수 있는 만큼 성당은 웅장하고 아름다워야 한다.

세 번째 오류는 "페트로브루시안들이 신성한 십자가를 산산조각내어 불태우라고 명령했다는 것이다. 왜냐하면 그리스도께서 끔찍한 고통을 받고 잔인하게 죽임을 당하신 그 형태나 도구나 어떤 것이라도 숭배의 대상이 될 수 없기 때문이다."

반론: 그것은 성상 파괴적인 이단(iconoclastic heresy)으로 여겨졌고, 중세의 신성 모독 행위로 여겨졌다. 가톨릭교회는 오늘날에도 여전히 성상을 숭배하고 있다.

네 번째 오류는 "성찬의 은총을 거부하고 성찬 의식을 거부했다"는 것이다. 주님의 몸과 피는 성찬을 통해 매일 교회에서 지속적으로 바쳐 지지만 그것은 전혀 아무것도 아니며 하나님께 바쳐서는 안 된다. "오, 사람들이여, 감독들을 믿지 마시오. 성직자들이 그리스도의 몸을 만들어 당신 영혼의 구원을 위해 그것을 당신에게 주겠다고 거짓 공언을 할 때 당신을 속이는 사람들입니다."

반론: 봉헌된 떡과 포도주가 그리스도의 몸과 피로 변하는 것을 묘사하는 데 사용되는 변환이라는 용어는 1079년에 Hildebert de Lavardin에 의해 처음 사용되었다. 이 이론을 Bruys의 Peter는 공격하지만 오랫동안 정통 교리로 널리 받아들여졌다. (1215년에 제4차 라테란 공의회는 성체성사는 그리스도의 몸과 피로 화체(transubstantiation) 한다고 가톨릭의 교의로 선언했다. 필자 주)

다섯 번째 오류는 "그들은 죽은 자를 위해 희생, 기도, 자선 및 기타 선행을 조롱하며, 이러한 것들이 죽은 자를 조금도 도울 수 없다고 말한다."

그들의 신앙을 정리하면,
① 유아세례는 스스로가 믿음으로 받은 것이 아니라 거부하고,
　 스스로 믿음으로 침례를 받아야 한다.
② 성당을 건축하는 것이 하나님의 영광을 위한 것이란 것을
　 거부하고, 믿는 자들이 모이는 것이 교회다.
③ 십자가를 성물로 여기고 숭배하는 것을 거부하고,
　 경배해야 할 분은 십자가에 달리신 예수님 자신이다.
④ 주의 만찬 시 떡과 잔이 그리스도의 몸과 피로 변한다는 것을
　 거부했다.
⑤ 죽은 자들을 위해 공덕을 쌓고, 봉헌하는 것을 거부했다.
　 죽은 자는 더 이상의 기회가 없다.

페트로브루시안들을 공격하기 위해 그들이 가지고 있는 이단적인 신앙을 나열했는데, 가톨릭에서 들으면 대노할 내용이고 불온한 내용을 처단하여 선량한 영혼들에게 오염되지 않게 막아야 하겠다는 전의가 불탈 수밖에 없겠다.
　가톨릭이 철저하게 백성들의 신앙을 주관하던 시기에 어떻게 브르스의 페트로(Peter of Bruys)같은 신앙이 돌출될 수 있었는가? E. H. 브로드벤트(Broadbent) 박사의 '순례하는 교회'에서는 가톨릭에 속해 있는 이들 중에 '습관화된 교회 의식을 떠나 하나님의 말씀을 읽어주고 지도해 주는 영적운동'이 있었고, 영적운동들의 결과 성서를 가르치는 교사였던 브루스의 페트로(Peter of Bruys)가 스스로 담대하게 일어나서 가톨릭의 가르침이 잘못되었다고 말하기 시작했다고 했다.
　마틴 루터의 종교개혁에 버금가는 담대한 혁명적인 행동이었다고 생각지 않는가? 많은 개혁자들이 있었고 명멸했지만 뜻은 같았고,

용기도 같았지만 개혁에 성공한 '경우의 수'(Number of cases)는 두 가지라 할 수 있다. 교황권이 약화되어 군사를 동원하기 어렵고, 보호하고 후원하는 권세 있는 권력자가 있거나….

사망

그의 생애의 기록은 착오가 있다. 그의 사망 연대를 1131년이라 하지만 그의 사망 사건을 기록한 해는 1126년경이라 한다. 브르스의 페트로(Peter of Bruys)는 '님'(Nîmes)에 있는, '생 질르'(St Gilles)에서 공개적으로 십자가를 불태웠다. 페트루스가 십자가를 불태우는 것을 목도한 지역의 가톨릭교도들이 공분해서 십자가를 태우는 불길에 페트로를 잡아서 던져 넣었다. 생 질르(St Gilles)는 카타리들이 활동하던 프랑스 남부지역이었지만 아직까지 프랑스에서는 카타리(알비젠시안)들은 개인전도 중심의 활동을 했고, 설교를 하거나 공개적인 활동은 하는 단계는 아니었기 때문에 가톨릭에게 드러나지 않았고 국가적으로 잘 알려져 있지 않을 때였다.

페트로브루시안(Petrobrusians)들의 담대한 신앙과 실천에 경의를 표하고 싶다. 서슬 퍼런 가톨릭의 절대 권력이 지배하는 시대에 타협함 없이 정면으로 도전하는 모습에서 골리앗을 대항하여 나서는 다윗의 모습이 연상 된다. 성물들(사도, 성인, 성물, 유골, 유물, 그림)을 숭배하던 가톨릭에게 가장 중요한 숭배의 대상이 십자가였을 때, 십자가는 숭배의 대상이 아니라고 담대히 거부할 뿐만 아니라 불태우는 퍼포먼스(performance)에 전율이 일어난다.

필자가 성경을 읽으면서 부끄럽지만 좀 아깝다고 생각했던 적이 있었다. 바로 유다의 명군(名君)이었던 히스기야의 질풍노도 같은 정화 운동 중에 "여러 산당을 제하며 주상을 깨뜨리며 아세라 목상을 찍으며" 거기까지는 박수로 응원하며 '잘한다 잘해!' 하겠는데, 이어서 한 일은 좀 아깝다 생각했다. "모세가 만들었던 놋뱀을 이스라엘 자손이 이때까지 향하여 분향하므로 그것을 부수고 느후스단이라 일컬었더라"(왕하18:4). 모세가 하나님의 명을 따라 제작한 놋뱀은 이스라엘의 민족에게는 역사적인 유물인데, 그냥 두었으면 얼마나 귀중한 보물이 되었을까? 그러나 히스기야는 단호했다. 하나님 외에 숭배하는 다른 어떤 것도 그냥 방치할 수 없었던 순수한 신앙의 열정 앞에 귀한 것은 없었을 것이다.

브루스의 페트로(Peter of Bruys)가 가톨릭 신자들에게는 신물

(神物)에 가까운 십자가를 불태우는 담대한 신앙의 고백으로 자신을 불 속에 던지는 장엄한 광경을 연출한 것이다. 우리는 그렇게 불타본 적이 언제였는가?

브루스의 페트로(Peter of Bruys)가 화장(火葬/cremation)되었다고 모든 것이 깨끗이 없어졌는가? 그의 뒤를 이어 믿음을 지키고 전파한 이들이 바통을 이었고, 가톨릭의 제2차 라테란 공의회(1139년)에서도 페트로브루시안(Petrobrusians)[175]이 언급된 것으로 볼 때 이들의 활동이 계속되고 있었다는 것을 알 수 있다.

(2) 헨리시안(Henricians)
로쟌의 헨리(Henry of Lausanne) 1116-1148년

출생이나 초기 기록은 없으나 로쟌의 헨리(Henry of Lausanne)도 가톨릭을 옹호하는 베르나르드 (Bernard of Clairvaux: Cluny 대수도원 원장; 1090 - 1153)의 기록에 의존할 수밖에 없다.

베르나르드가 원장인 쿠루니 수도원의 수도사였다고 알려진다. 헨리(Henry of Lausanne)의 신상도 소개되고 있는데, "키 크고 카리스마 넘치는 금욕주의자였으며, 수염과 긴 머리에 목소리는 경쾌했고, 그의 눈은 불을 뿜었다. 그는 맨발로 다녔고 탁발 순회 설교자였다."[176]

1101년 헨리가 로쟌에서 주교의 도시인 프랑스 서북부 지방에 있는 르망(Le Mans)에 도착했을 때 수도원 감독이 부재중이었기 때문에 헨리는 성직자들의 관행에 따라 3월부터 7월까지 설교할 수 있는 허가를 받았는데 그의 설교는 사람들에게 상당한 영향을 미쳤다. 성인들의 중보와 재혼을 거부하는 회개의 설교 내용은 페트로브루시안(Petrobrusians)들과 같은 내용이었는데, 설교에 감동을 받은 귀부인들은 호화로운 생활을 청산하고, 청년들은 매춘부를 새로운 사람이 되도록 하려고 그들과 결혼하기도 했다.

문제는 곧 야기 되었으니, 그의 설교로 르망 주민들은 곧 마을의

---

175) 1139년 4월 인노첸시오 2세가 개최한 공의회, 두 명의 교황으로 분열되었던 대립교황이 죽음으로 반대파들을 파문하여 카톨릭을 통합하고, 당시 교회 안에서 활동하고 있던 대표적인 두 이단 페트로브루스 파와 헨리코 파(헨리시안/Henricians)를 단죄하고 교회생활에 관한 30개 조항을 제정했다.

176) *Encyclopædia Britannica*, Eleventh Edition (1911) 13권, PP. 298-299

성직자들을 무시하고 교회 권위를 거부하기 시작했다. 로마에서 돌아온 수도원장은 헨리와 공개적으로 논쟁을 벌였는데, 헨리는 반성직주의(anti-clericalism)라는 판단을 받고 르망에서 추방되었다.

추방을 당한 헨리(Henry of Lausanne)는 여러 지방을 다니면서 열정적인 순회 설교자로 살았기 때문에 가톨릭에서는 헨리(Henry of Lausanne)를 페트로브루시안(Petrobrusians)이라고 정죄했다.

프랑스와 스위스 여러 지방을 다녀 프랑스 남부 '아를'(Arles) 지방에 도착했을 때 체포되어 1134년에 '아를' 대주교가 '피사' 공의회에 고발했고, 교황 이노센트 2세에게 정죄를 받고 투옥되었다.

쿠루니 수도원장인 끄레르보의 베르나르드(Bernard of Clairvaux가 그의 개종을 종용하며 풀어 준듯하다. 후에 수도원 출신이 교황(유지니우스 3세/Eugenio III)이 되기도 한 베르나르드의 권위로 가능한 일이었을 것이다. 페트로브루시안(Petrobrusians)이나 헨리시안(Henricians)들에게도 관용적인 면을 보인 인물이었다. 십자군 출병을 선동한 장본이기도 한 당시 가톨릭의 거물이었으니….

헨리는 1135년경에 프랑스 남부 '몽펠리에'(Montpellrier) 근처인 '미디'(Midi Libre)로 돌아왔다. 돌아온 헨리는 브르스의 페트로가 죽은 후 순화되고 정리된 페트로브루시안(Petrobrusians)의 신앙을 전파함으로 페트로브루시안(Petrobrusians)의 후예들이라 불리고, 그를 따르는 무리들을 헨리시안(Henricians)이라 불렀다.

헨리시안(Henricians)의 신앙

페트로브루시안(Petrobrusians)들의 신앙도 반대자의 고소장 속에서 발견한 것 같이, 헨리시안(Henricians)들의 신앙도 고소장 속에서 발견한다는 것이 서글프다. 그러나 이것보다 더 확실한 증거는 없다. 반대자들이 고소한 고소 내용을 '아니라'고 했다면 처벌을 받지 않았을 터인데, 거부하지 않고 공개적으로 수긍함으로 처벌을 받았다고 한 것보다 더 확실한 증거는 없다. 누가 목숨을 걸고 거짓 고백을 하겠는가!

1139년경, 쿠르니 수도원장(Peter of Cluny)은 Peter of Bruys와 Henry of Lausanne의 제자들을 상대로 쓴 '페트로브루시안의 교정을 위한 서한'(Epistola seu tractatus adversus Petrobrusianos)에서

헨리(Henry of Lausanne)는 페트로스(Peter of Bruys)에게 물려받은 오류들을 설교했다고 비난했다. 그의 가르침은 반 성직주의로 성직과 교회의 권위를 인정치 않고, 유아세례, 성만찬, 미사, 성도의 교제177)와 모든 성사를 거부한다. 그리고 신앙과 양심의 자유를 주장하는 자들이라고 정죄했다. 178)

그들의 영향

그의 경건함, 겸손함, 그리고 웅변은 곧 그를 폭넓게 명성을 얻게 했다. '선한 삶의 결실로 그 진실성을 증명하지 못한 거짓 교회와 만연한 악에 대해' 격렬하게 설교했다.

부패의 원인을 원시적인 사도적 가르침에서 벗어난 교리의 오류가 도입된 교회와 성직자를 공격했다. 그에게 나오는 설교자로서 엄청난 영향력은 엄격한 생활에서 오는 감화였다. 많은 사람들이 영적으로 깨어나 회개하고, 죄를 고백하고 새 삶을 살게 했다. 여자들은 남편을 떠나고 남편은 아내를 떠나 이 종파로 달려갔다. "성직자들은 그들의 공동체와 교회를 버리고 그를 따랐다. 그리고 그들은 가난한 직조공들 사이에서 점잖은 귀족이 같이 앉아있는 것을 발견했다."(Neander, Church History, Torrey 's, 4, 598)

당대 최고의 수도원장인 베르나르드는 다음과 같이 탄식했다.
"교회에는 양 떼가 없고
양떼들에게는 성직자가 없고,
성직자에게는 권위가 없도다."
"The churches are without flocks,
the flocks without priests, the priests without honour;
Wikipedia(St. Bernard Ep. 241 Henry of Lausanne

---

177) 가톨릭에서 성도(St.)란 세상에 살 동안 쌓은 공덕이 넘쳐 성인의 반열에 오른 사람을 칭하고, 성도의 교제란 성인들의 공덕을 얻어 천국에 가는 것이 성도의 교제, 혹은 통공이라는 의미로 폭넓은 용어다, 죽은 자와 산자, 연령(煉靈)들을 위해 산자들이 기도와 공덕으로 도울 수 있는 것을 말한다.

178) rejection of the doctrinal and disciplinary authority of the church; recognition of the Gospel freely interpreted as the sole rule of faith; condemnation of the baptism of infants, of the eucharist, of the sacrifice of the mass, of the communion of saints, and of prayers for the dead; and refusal to recognize any form of worship or liturgy.
(Epistola seu tractatus adversus Petrobrusianos)

그의 죽음

헨리는 체포되어 1148년 라임스(Rheims) 의회에서 종신형을 선고 받았으며 1149년 감옥에서 옥사했다. 헨리의 죽음 이후에도 일부 헨리시안(Henricians)들이 1151년까지 프랑스 남부지방 랑그도크 (Languedoc)에 남아있었다는 기록이 있다.

"페트로브루시안(Petrobrusians)과 헨리파(헨리시안(Henricians)들은 보다 넓게 퍼져 있었고, 보다 잘 조직되어 있었던 왈도파에 흡수된 것처럼 보인다. 그들은 그 파의 초기 대표자들에 비해 보다 더 철저한 복음주의적인 정신을 왈도파에 전하였을 것이다" (기독교 대 백과사전 15권 P. 746.)

(3) 아놀디스트 (Arnoldist)

아놀드 상(Monument to Arnold in Brescia, Italy :1882)

아놀드(Arnold of Brescia)는 1100년에 태어나서 1155년경에 죽었다. 그의 이름에 이태리 북부지방인 '브레시아'(Brescia, Italy)가 붙은 것을 볼 때, 그의 고향인 듯하다.

당시 최초의 대학이 파리에 세워졌는데 아놀드는 당대 뛰어난 학문으로 추앙받던 피터 아벨라드(Peter Abelard)의 문하생이 되었다. 페트로브루시안(Petrobru sians)의 지도자가 된 브루스의 페트로(Peter of Bruys)도 같은 문하생이었다.

파리 대학교(Université de Paris)

12세기 교황의 인가를 얻은 성직자 교육 기관으로 교수와 학생을 성직자로 대우했다. 아벨라드(Peter Abelard)가 중심 교수였다. 아벨라드(Peter Abelard)는 누구인가? 페트로브루시안(Petrobrusians), 헨리시안(Henricians)들의 스승이다.

그는 최초의 '이성'(rationality)[179]의 여지를 도입한 학자가 아닌가 생각한다. "믿는다고 할 때, 그것이 하나님께로부터 왔기 때문이 아니라 인간의 이성이 그것을 증명해 주기 때문이다", "인간이 정죄를 받고 태어났지만 아담의 죄로 말미암은 것이 아니기 때문에 선과 악을 선택하는 의지가 있다"[180]고 학생들에게 가르쳤다.

이런 아벨라드의 철학과 염문에 불만이었던 친구인 대수도원장 '베르나르드'(Bernard of Clairvaux)에 의해 1141년 센스(Sens) 공의회에 고발되었다. 친구의 잘못된 학설에 참다못해 공의회에 고발하기는 했으나 '평생 침묵하라'는 최소한의 처벌로 친구를 보호했다.

이런 학풍에서 공부한 총명한 페트로와 아놀드의 눈에 비친 완악한 가톨릭의 오류가 성서에 확연히 비췄을 것은 자명하다. 아놀드는 고향으로 돌아와 강렬하게 가톨릭을 비판하기 시작했으니,

① 성직자의 악행은 세상을 지배하려는 의도를 가진 것이다.
② 가톨릭은 세속권세를 떠나 초대교회의 청빈으로 돌아가야 한다.
③ 가톨릭은 세속 권력과 결탁하여 어떤 일도 하지 말아야 한다.
④ 사제들의 청결한 생활이 성사(sacraments)의 가치를 지킨다.

그의 이와 같은 주장이 이단은 아닐지라도 급진적인 성향에 반발한 귀족들이 떠날 것을 강요했다. 교회 성직자들이 바로 기득권층이었으니 그는 그곳을 떠나 스위스 지역과 독일 등지로 다니면서 자신의 소신을 설파했다. '베르나르드'(Bernard of Clairvaux)가 1141년 센스 공의회에서 아놀드와 그의 스승이었던 아벨라드를 함께 고발했고, 아놀드는 정죄 되었다.

로마 코뮌과 아놀드(Comune di Roma et Arnold)
1143년 이후 이탈리아로 돌아온 아놀드는 1145년 교황 유진 3세와 타협을 했다. 그가 도착했을 때 로마 코뮌(Comune di Roma)이 1144년에 설립되었다.

---

179) ① 사물의 이치를 논리적으로 생각하고 판단하는 능력.
   ② 실천적 원리에 따라 의지와 행동을 규정하는 능력.
180) 세계교회사 P. 217.

로마 코뮌은 지오다노 피에레오니(Giordano Pierleoni)가 이끄는 반란으로 교황의 힘이 증대되는 것을 막고, 옛 로마의 공화정을 회복하려는 운동으로 초대 집정관으로 피에레오니가 임명되어 1145년까지 이끌었다.

지오다노 피에레오니의 추종자들이 로마 코뮌의 권리를 주장하고 교황 세력으로부터 도시를 장악했다. 아놀드(Arnold)는 즉시 이들을 지지했으며, 피에레오니(Pierleoni)의 추천으로 자유와 민주적 권리를 요구하는 코뮌(Commune)의 지적 리더십으로 떠올랐다.

아놀드는 재산을 소유한 성직자는 성례전을 집행할 권한이 없다고 가르쳤고, 민중들의 큰 지지를 받았다. 그는 1146년 교황 유진을 추방하는데 성공했고, 교황은 유수지에서 1148년 7월 15일 아놀드를 파문했다. 1148년 교황 유진이 로마로 돌아왔을 때 아놀드는 파문에도 불구하고 로마 공화정을 계속 이끌고 있었다.

이러한 사건을 요약하면서 '체사레 바로니오'(Caesar Baronius)[181]는 Arnold를 '정치적 이단의 아버지'라고 불렀고, 에드워드 기본(Edward Gibbon)은 "로마에 자유의 나팔을 처음으로 Arnold가 울렸다"고 칭송했다. 극단적인 양면의 평가를 받은 것이다.

아놀드의 죽음(His Death)

교황 유지니우스(Eugenius III)의 죽음 이후 교황 아드리안 4세는 1155년에 로마를 무력으로 점령하고 로마의 지배권을 되찾았다. 아놀드는 교황의 점령군에 체포되어 반란군으로 재판을 받고 교수형에 처해졌다. 로마 사람들과 소수 가톨릭 성직자들에게 영웅으로 남아있었기 때문에 순교자로 숭배되는 것을 막기 위해 그의 시신을 화장해서 재를 티베르(Tiber) 강에 뿌려버렸다.

아놀드의 단락을 채우면서 독자들께서 책하실까 우려되었다.

어떤 분은 침례교회사에 아놀드 같은 혁명가를 실어서 지면을 낭비하는가? 하실 분도 있을 것이라 생각한다. 필자도 동감이다. 그러나 1100년 후반에 파리 대학과 피에르 아벨라드 같은 이성을 깨우는 계몽주의가 움돋고 있었고, 계몽주의는 필연적으로 가톨릭의 철옹성 같은 교권제도와 부딪치게(protestant) 되는 것이 16세기 종교개혁으로 증명되었다.

---

181) 체사레 바로니오는 로마 카톨릭의 이탈리아 추기경이자 교회 역사가, 그의 작품은 Annales Ecclesiastici이며, 교황 베네딕토 14세에 의해 '복자' (Venerable)로 서품되다. (1538년 8월 30일 - 1607년 6월 30일)

같은 아벨라드의 가르침을 받았으나 페트로(페트로브루시안(Petro
- brusians) 같이 초대교회로 돌아가는 올바른 길을 찾은 이도 있고,
혁명가가 되어 이 세상을 바꿔보려는 어거스틴의 '신의 도성'(City
of God)의 길을 가는 아놀드 같은 사람도 있었다는 사실을 드러냈
다면 필자로서는 족하다.

아놀드가 외친 내용들은 타락한 가톨릭의 개혁이 주제였지, 가톨
릭을 거부한 것은 아니었다. 이런 면에서 다른 신약교회 계승자들
과는 차별된다. 센스 공의회에 고발되었지만 이단으로 정죄된 것이
아니라 가톨릭에 반동적인 과격한 저항자(Protestant)로 정죄되어
파문에 그친 것이다. 이단이라면, 사형!

'순교자의 거울'(Martyrs Mirror)에 아놀드의 처형 사건을 순교자
로 기록한 것도 의아하다. 페트로브루시안(Petrobrusians)이나 헨리
시안(Henricians)처럼 신앙 때문에 순교 당한 일과는 다르지….

파리 대학 표어:Hic et ubique terrarum
(Here and throughout the world: 여기에서 세계로)

6. 왈덴시안 (The Waldensians/Valdese)

우리는 앞 장에서 이미 암흑이 극에 달해 있던 시대에 그 어둠을 밝히기 위한 하나님의 진리의 등불을 켠 많은 사람들이 일어나 목숨을 돌아보지 않고 사명을 감당해 온 사실을 볼 수 있었다.

무수한 이름으로 불렸고, 거의 모든 지역에서 우후죽순처럼 일어난 초대교회 회복 운동들, 이것은 개혁운동이 아니었다. 이들은 가톨릭의 개혁을 시도한 사람들이 아니라 하늘의 소명을 따라 생명의 복음을 전하던 하나님의 전도자들이었다.

그들은 가톨릭이 개혁이 필요한 교회가 아니라 이단의 집단이요, '사탄의 회'(the synagogue of Satan, 계3:9)요, 교황을 적그리스도라고 단정했던 것이다. 이런 일들은 가톨릭에서 볼 때는 엄청난 죽을 짓을 한다고 생각하겠지만 성서를 직접 대하고 성령의 도우심으로 말씀의 진리를 깨닫고 구원의 감격을 체험한 사람들의 자연스러운 삶의 변화일 뿐이었다.

그들에게 가톨릭의 성례전과 교황을 중심으로 조직된 성직 제도는 고개를 저을 수밖에 없어서 아니라고 하는 것은 자연스러운 몸짓인데 실상은 칼을 쥐고 있는 가톨릭에게는 '죽을 죄'가 되었다.

공통된 이름 재 침례교도 (Ana-Baptist)

그런 의미에서 재 침례교도들은 개혁주의자들이 아니며 개신교가 아니다. 여러 지역, 여러 세대에 걸쳐 여러 다른 이름으로 불렸던 많은 신앙 운동이 결국 한 가지 공통된 이름으로 불렸는데, 그것은 재 침례교도(Ana Baptist)라는 것이다. 이 이름은 핍박자들에 의해 냉소적인 이름으로 불렸으나 실상은 자랑스러운 주님의 제자들의 이름이었다. 이들에게서 몇 가지 일치되는 특성을 들어보면;

첫째, 신앙의 일치: 저들은 상이한 지역에서 상이한 시대에 일어났지만 믿음과 주장이 일치한 것은 이들의 역사가 바로 성령의 인도하심과 말씀의 일치된 역사라는 강력한 증거다. 말씀을 자유로이 대할 수 있었던 사람들은 모두는 아니라도 국가교회의 부당성을 지적하고 말씀의 교훈을 따라 복음운동을 전개하게 되었던 것이다.

둘째, 가톨릭과 분리: 당시 상황에서 국가교회와의 연계성은 부득이한 현실이었으나 피차 용납할 수 없어서 곧 분리되어 독자의 길을 걸어가게 되었던 것이다. 그 결과 잔혹한 핍박이 뒤를 따랐다.

파울리시안(Paulician)을 계승한 보고밀(Bogomil)들의 폭발적인 전도로 유럽 전역에서 일어났던 무수한 이름들의 재 침례교도들 중 프랑스 남부의 알비젠시안(Albigensis)들이 확장되어 가톨릭의 주목을 받기 이전에 이미 프랑스 중부지역에서 성서에서 진리를 발견하고 일어난 무리가 있었으니, 바로 왈덴시안(Waldensian)들이다.

(1) 지도자: 왈도(Peter Waldo)
발데제(Valdes) 발도(Valdo) 발데시우스(Valdesius)

왈도는 프랑스 리용(Lyon)의 부유한 상인이었다. 그의 이름은 프랑스어로 'Pierre Valdes'였으나 그 후에는 영어로 'Peter Waldo'로 불리게 되었다.

부유한 상인으로 살아가던 어느날 한 시인을 통하여 성 알렉시스(St. Alexis)의 이야기를 듣고 그 시인을 집으로 초대했고, 한 신학자와의 문답을 통하여 예수님께서 부자 청년과 나누신 똑같은 대화 중에 그는 답을 얻었다.

그 즉시 아내와 딸을 위해서 재산 일부를 남기고, 나머지는 3일 동안 광장에서 가난한 사람들에게 다 나누어준 뒤 그를 따르는 무리들과 합세하여 복음을 전했다.

그들은 '심령이 가난한 자들', '그리스도의 가난한 자들' 등으로 부르다 후에는 그저 '가난한 자들'(불/ Les pauvres) 혹은 '롬바디아의 가난한 자들'[182](De Lombardie pauvres)이라 불렸다. 그와 아시시의 프랜시스는 거의 동시대 사람이지만 차이는 프랜시스는 가톨릭 안에 있으면서 활동했으나 피터 왈도는 거부한 것이다.

---

182) 롬바르디아의 가난한 자는 노동자 중심의 분리주의자들이 있었으나 발도파와 합세, 같은 이름으로 불렸다.

성서 번역 사역 착수

그의 첫 번째 사역은 안사의 스테반(Stephen of Ansa)과 버나드
요드로스(Bernard Ydross)에게 제롬의 라틴어 성경(Latin Vulgate
of Jerome)을 모국어로 번역하게 하고, 순회 설교자로 온 지역을
다니며 통속어(모국어)로 설교했다. 그러자 설교가 문제가 되어
1179년 로마에서 열린 라테란 공의회에 가서 그들의 청빈한 생활과
설교자로서의 생활을 청원했으나 교황은 지방 사제들의 명백한 초
청이 있을 때만 설교하도록 규제했다.

그러나 그들은 로마에서부터 허가 없이 설교하며 전도했기 때문
에 교황 루키우스 3세(Lucius III)는 리용 대주교 쟝의 청원으로
1184년 11월 4일 베로나에서 왈도 파에 반대하는 칙서를 발표한다.
대주교는 그들을 1184년 말에 리용에서 추방했다.
그들은 초기에 분리를 원한 것이 아니라 국가교회인 가톨릭의 범주
안에서 활동하려고 했으나 그들의 신앙이 받아들여지지 않았으므로
가톨릭을 떠나 분리하여 왈덴시안(Waldensian)이 된 것이다.

교황 루키우스 3세(Lucius III)가 1184년 11월 4일 베로나 공의회
에서 발표한 칙서(Ad abolendam) 요약;
"ad abolendam More particularly we declare all Cathari,
Paterines, and those who call themselves the Humbled, or Poor
of Lyons, ⋯ Arnoldists"
번역: 이 칙령은 특히 모든 카타리(알비젠시안)들과 페터린(페트
로브르시안), 자기들 스스로 겸손한 듯 레온의 가난한 자라는 이들
(왈도파), 그리고 아놀디스트들을 이단으로 정죄한다.

처음에 그들이 원하는 것은 모든 사람이 자기들의 언어로 성서를
읽고 스스로 신앙을 가질 수 있도록 프랑스어로 성서를 번역하는
일이었고, 둘째는 믿는 바를 사람들에게 알아들을 수 있도록 자국
어로 설교하고 전도하는 것이었다.

왈덴시안(Waldensian)들의 신앙 양심으로 볼 때 청빈한 생활을
하고, 믿는 바를 사람들에게 알아들을 수 있는 모국어로 설교하며
전도하는 것이 문제 될 것으로 여기지 않았고, 문제가 되었을 때
가톨릭의 권위를 존중하여 1179년 로마에서 열린 라테란 공의회에
청빈한 생활과 설교자로서의 생활을 할 수 있도록 청원했으나 거부
되어 가톨릭을 떠나 분리(Schismatic)하게 된다.

거대한 국가교회의 권위를 순종하지 않을 경우 신앙은 고사하고 생명을 부지할 수 없는 상황에 처하게 된다는 엄연한 사실을 알면서도 가톨릭의 순명하라는 명령에 '예'라고 할 수 없어서 일어나 신앙 양심에 따라 행하다 보니 베로나 공의회에서 지적한 대로 왈덴시안(Waldensian)이라는 이단으로 정죄된 것이다.

신앙과 양심의 자유(Freedom of faith and conscience)

하나님께서 사람들에게 주신 양심은 진리를 분별하게 하는 하나님의 등불이다. 하나님의 말씀을 통해 얻은 신앙 양심은 사람에게 가장 강력한 힘으로 작용한다. 왜냐하면 그가 얻은 신앙 양심은 성령께서 무한대의 능력을 제공하시기 때문이다.

성서에서 '능력'이라고 쓴 단어는 자연의 순리로 작용하는 힘이라는 뜻으로 한정된 능력을 의미하는 것이 아니라 무엇이든지 가능하게 하는 에너지다. 필자가 이해하고 있는 하나님의 전능하심이라는 의미는 큰 힘만을 의미하는 것이 아니라 가능하게 하는 힘이라고 생각한다. 하나님의 능력은 사람의 손이 들어갈 수 없는 작은 틈으로도 들어가고, 민들레 꽃술 하나도 흩트리지 않고 멀리 불어 보내는 부드러운 바람이기도 하며, 우주의 수많은 별들이 운행하는 무한한 에너지를 공급하시는 힘이다.

자연의 힘은 무제한이다. 씨앗이 움돋아 연한 순으로 흙덩이를 밀고 올라올 때 만약 돌이 막고 있으면 그 연한 순이 돌을 들어올리는 경이적인 모양을 보게 된다. 실낱같은 나무뿌리가 바위틈에서 자라게 되면 뿌리가 자라서 바위를 갈라놓는다. 자연의 힘은 미약하지만 그 힘을 막을 수는 없다. 양심의 자유도 그와 같다. 신앙 양심의 자유는 더더욱 그렇다.

왈덴시안(Waldensian)들의 신앙 양심은 거대한 가톨릭에 비해 미약하기 그지 없었지만 그러나 그들의 신앙 양심의 자유는 막을 수 없었다. 그들은 제도권의 범주 안에서 신앙 양심을 따라 살고 행하려고 청원을 했으나 거절당했고, 거부당했으나 그들은 멈출 수 없었을 뿐이다.

도나티안, 파울리시안, 보고밀, 알비젠시안들은 개혁자들이 아니었다. 이들은 가톨릭을 주님께서 세우신 신약교회로 인정하지 않았기 때문에 가톨릭의 오류를 비난하거나 공격하지 않았고, 그들에게서 나와 신앙 양심에 따라 전도하여 영혼을 구원하며 말씀대로 살고 같은 믿음으로 구원 받은 사람들이 모이면 교회를 이루었다. 가톨릭과 아무 문제없이 다른 길로 주님을 섬기고 있었다.

중국 사자성어에 '마마후후(馬馬虎虎)'라는 말이 있다. 분분한 해석이 있으나 필자는 '서로 적당한 거리를 두고 최소한의 평화를 유지한다'는 말로 쓰고 싶다. 즉, 말과 호랑이는 같이 살면서 평화를 유지하기 어렵지만 말은 말대로 호랑이는 호랑이대로 서로 강을 사이에 두고 살면 평화를 유지할 수 있지 않겠는가?

이런 단순한 원리가 가톨릭의 두 가지 이유 때문에 불가능하다. 한 가지는 교회를 가톨릭이라고 정의한 데오도시우스 대제에게 있다고 가톨릭을 편들어 본다. 데오도시우스 대제가 교회를 국가의 유일한 교회, 즉 '가톨릭'이라고 칭하고, 다른 종교는 제국 안에서 인정하지 않았다. 한 걸음 더 나가서 가톨릭과 다른 교리를 가르치는 교회는 이단으로 처벌하도록 법으로 정했으니, 가톨릭은 법대로 할 수밖에 없어서 울며 겨자 먹기로 가톨릭을 따르지 않는 이들을 마지못해 그리 열심히 죽였는지 모를 일이다.

또, 한 가지는 처음 시작은 모두 다 신약성서를 기준으로 교회를 세웠는데 어느 날, 뜬금없이 다른 교리를 도입하고는 지키지 않으면 죽이겠다고 한다. 자신들이야 지키든지 말든지. 그런데 주님께서 이 땅에 당신의 몸으로 교회를 세우고, 교회의 교법(Manuel)으로 성서를 주셔서 믿고 실천하고 있는데, 심심하면 새로운 교리를 창안해서 한 가지씩 더하면서 지키지 않으면 죽이겠다니….

갑자기 침례가 구원의 요건이라고 바꾸더니, '침례가 원죄를 씻는다면 왜 유아들에게 세례를 줘서 그들을 구원하지 않는가?' 갑자기 유아세례를 거부하는 자들은 이단이라고 또 죽인다. 신앙 양심상 유아세례는 주님께서 주신 교법인 성서의 가르침이 아니라고 믿는 이들은 어떻게 주님의 말씀을 버리고 가톨릭의 교리를 따르겠는가?

생각해 보라! 처음부터 그대로 있던 것이 이단이냐, 처음부터 있던 것을 변개시키는 것이 이단이냐? 가톨릭 신봉자들이 새로운 교리를 만들 때마다 변치 않고 여전히 같은 길을 가는 그들이 이단이겠느냐? 생각해 보라. 주님께서 세우신 교회에서는 없던 것을 만든 당신들이 이단이지, 신약교회로부터 전해진 신앙만을 지키는 그들이 이단이겠느냐?

가톨릭은 왜, 걸핏하면 칼을 드는가?

그리스도인은 칼을 품고 다녀도 쓰지는 말라고 예수님께서 베드로에게 명하셨는데 자칭 베드로 사도권을 계승했다는 교황은 왜 그렇게 칼을 잘 썼는가? 칼을 잘 쓴다는 말이 칼로 사람을 잘 벤다는 말로 배웠는가? 전가의 보도(傳家의 寶刀/deus ex machina)를 '조자룡 헌 칼 쓰듯' 하며 자기들에게 순명하지 않는다고 죽이고, 이단이라고 죽이는 것이 성서적으로 정당하다고 어거스틴이 그리도 강변했었다. 가톨릭 외는 다 열교(裂敎)들이고 이단들인데 요즘은 왜 종교재판에 회부하지도 못하고, 악을 제하여 선량한 양들을 보호해야 한다며 이단을 잔인하게 처형하던 그 위세는 어디로 갔는가?

당신들의 칼춤의 위력(威力)이 어디서 나왔는지 이제야 알겠다. 바로 호가호위(狐假虎威)였던 것이 틀림없다. 국가 권력을 등에 업고 자기 권력을 유지하기 위한 비겁함이었다. 당신들의 칼날에 신앙 양심을 지키려고 숭고한 피를 흘린 순교자들, 화형으로 산화한 순교자들, 한때는 당신들 동네 앞에 흐르는 티베르강에 유아세례를 거부하고 신자의 침례를 지키다가 수장 당한 도나티안, 노바티안의 시신이 물고기보다 더 많았다는 풍설은 들어보았는가?

왈덴시안(Waldensian)의 활동 시기와 지역

당시 프랑스 남부지방(랑그도크/Languedoc)에는 보스니아 지방에서 올라온 보고밀(Bogomil)들이 복음을 전하기 시작하여, 알비(Albi)에서 교회회의를 개최함으로 가톨릭의 주목을 받기 시작하여 알비젠시안(Albigensian)이라 불리기 시작한 것이 1176년경이었고, 왈덴시안(Waldensian)들이 자신들의 활동을 승인해 주도록 라테란 공의회에 청원한 것이 1179년경이라 비슷한 시기였지만 두 그룹은 피차 연결된 것은 아니라고 본다. 그 당시 보고밀들이 랑그도크 지역을 지나 어디까지 퍼져 나갔는지는 예상치 못하지만 자생적으로 발생한 초기의 왈덴시안(Waldensian)과는 연관이 없었다.

지역적으로는 알비젠시안들은 프랑스 남부 랑그도크(Languedoc) 지방이었고, 왈덴시안(Waldensian)들은 프랑스 중부지방 리용(Lyon)이었다. 1176년에 프랑스 남부지방 알비(Albi)에 알비젠시안들이 가톨릭에 알려지기 10여 년 전인 1160년에 벌써 영국에 카타리들이 나타난 것을 볼 때 지역과 연대로 그들의 전도의 행보를 예측하기 것은 무리한 일이다.

왈덴시안들은 '오베르뉴 론 알프스'(Auvergne Rh -one Alpes Roussillon/연 두색, 중부지역), 알비젠 시안들은 남부지역 '랑그 도크 루시옹'(Langue -doc Roussillon, 회색)에서 10 년 차이로 거의 동시대에 활동했다.

당시 프랑스의 상황을 볼 때 가톨릭이 꽤나 머리 가 아팠을 것이다. 페트 로브르시안, 헨리시안, 알비젠시안, 왈덴시안들이 거의 같은 시대 에 프랑스 지역에서 활동했으니….

(2) 왈덴시안(Waldensian)의 활동

그 당시 롬바르디아[183]에서도 동일한 운동이 일어났는데 교황이 왈덴시안(Waldensian)과 동일한 결정을 하여 통속어로 설교하는 것을 금지함으로 두 단체는 왈도(Peter Waldo)를 지도자로 연합하여 이 탈리아에서도 왈덴시안(Waldensian) 신앙이 전파되기 시작했다.

그들은 누가복음 10:1-17에서 예수님께서 70인의 제자들을 둘씩 파송하신 기사를 중심으로 그들도 동일한 방법으로 사역했으며, 둘 씩 둘씩 짝을 지어 온 천하에 다니며 복음을 전하는 것이 저들의 특징이었다.

1) 그들은 꼭 둘씩 짝을 지어서 전도했다.

한 명의 훈련받은 '가난한 자'(The poorer)와 또 한 명의 신입회 원을 '친구들'로 짝을 지어 전도했다. 이들은 항상 순회 전도자들이 었다.

---

183) 롬바르디아: 롬바르디아는 이탈리아 북부의 주, 주도는 밀라노 (Milan). 지리상으로 북쪽에는 알프스 산맥의 계곡으로 이루어져 있고, 남 쪽은 최대의 곡창 롬바르디아 평원이 펼쳐져 있다. 이 지역에서 쓰는 롬바 르드 어(lengua lombarda)는 표준 이탈리아어와 완전히 다르며, 프랑스 남 부 방언과 더 비슷한 것은 역사적으로 왈덴시안들이 알프스 계곡으로 피난 했기 때문일까?

"주께서 따로 칠십 인을 세우사 친히 가시려는 각 동네와 각 지역으로 둘씩 앞서 보내시며… 전대나 배낭이나 신발을 가지지 말며"(눅10:1, 4) 이 말씀과 같이 전도인의 파송을 중심으로 산 사람들이며, 이것이 왈도파의 특징이다.

파울리시안(Paulician)이 사도바울처럼 선교여행을 하여 넓은 지역에 복음을 전하는 특징 있는 삶을 살았다면, 알비젠시안(Albi-genses)들은 도시를 이루고 학교를 세우고 교육에 힘쓴 것이 특징이었고, 왈덴시안(Waldensian)은 70인의 전도인의 삶을 산 것이 특징이다.

회원이 되면 왈도파 사람들(Waldensian)이라 불리며 '친구들'이 된다. 그 후에 5, 6년 동안 공부한 후에 '가난한 자'(poorer)가 되면 샌들을 신고(Sandaliati), 사도 복을 입고 전도인이 되어 신입회원인 '친구들'과 짝을 이뤄 전도와 설교사역을 하게 된다. 그들은 도시와 마을을 다니며 전도하고, 친구들의 도움으로 음식과 필요를 공급 받으며 오직 전도에만 전념한다. 그리고 1년에 한 번씩 열리는 집회에 모여서 사역 보고를 나누곤 했다.

2) 전도인의 삶을 살았다.

사도 복(toga)184)이라는 주머니 없는 양털 옷을 입고 마을과 마을로 다니며 전도했다. 나중에는 샌들을 신었는데 이것이 저들의 별명이 되어 사보타티(Sabotati, 나무로 된 신발인 Sabots를 신었기 때문), 혹은 샌달리아티(Sandaliati 샌달을 신은 자), 나중에는 샌달을 신는 것이 전도자로서의 삶을 살겠다는 입회 의식이 되기도 했다. 그들은 "전대나 주머니나, 신을 가지지 말며…"라는 눅10:5의 말씀을 따라 돈으로 도움 받는 것은 거절했고, 전도하면서도 기도와 성경 암송에 전념하였다.

왈덴시안(Waldensian)들은 선교여행을 하면서 걸을 때는 성경을 암송하다가 사람을 만나면 전도하며 다녔다. 그들은 성경 전체를 외우는 것을 목표로 읽고 암송했다. 동료들 중에는 문맹자들도 더러 있었는데 글은 몰라도 성경은 암송했다고 한다.

저들은 큰길에서나 집에서나 기회 있을 때마다 어디에서나 전도했다. 이 사역은 그들의 가장 중요한 특징이었다. 피터 왈도(Peter

---

184) Toga. 고대 로마의 남자들의 정장이었다.
투니카(수도복)을 입은 위에 두르는 유대 식 겉옷.

Waldo)와 그의 제자들은 설교자요, 순회(巡廻) 전도인들이었다.

핍박이 심해질 때는 다른 복장으로 위장하고 비밀리에 활동했다. 여러 부류의 복장을 가지고 다니면서 지혜롭게 여러 모양으로 사람들을 만나서 기회 있을 때마다 전도했다. 어떤 '친구들'은 장신구를 팔면서 복음을 전하기도 해서 그들은 자질구레한 장신구 속에 실상은 천상의 보물을 감추고 다니면서 나누어 주었다고 했다.

3) 건물을 건축하고 고정된 전도활동 중심지들을 조성했다.

그곳에는 여행자 숙박소(Studium 스투디움)가 있어서 회원들의 교육과 순회 설교자들의 숙소로 사용되었다. 스투디움은 리용에서 추방된 왈덴시안(Waldensian)들이 알프스산맥을 타고 전도 활동을 하면서 롬바르디아파가 건립하여 사용하던 스투디움을 사용하면서 발전하게 되었고 근거지가 되었다.

자매들의 사역

이들의 또 하나의 특징은 자매들의 사역이었다. 왈덴시안들은 여자들에게는 어떤 임직도 하지 않았으나 자매들은 원거리 전도활동을 포기하고, 여행자 숙박소에서 사역자들을 도우며 바울의 교훈을 따라 여자들은 어린이를 교육하는 일(딛2:3-4)에 함께했다.

4) 그들의 집회

그들은 1년에 한 번씩 정기적으로 집회를 열었다. 이 집회는 전체가 모이는 집회로 주로 밤에 개인 주택이나 넓은 헛간에서 모였으며, 입장 허가는 암호로 이루어졌다. 집회의 성격은 새로운 회원들의 입회를 결정하였으며, 사역자를 선출하고, 일반적인 상황을 논의하였고, 각 사역자들의 전도 지역에 대해 보고하며 피차 격려하는 감격적인 집회였다.

동아기독교의 '전도'와 '대화 회'(大和會)

이들의 사역 모습은 한국 선교 초기에 있었던 동아기독교의 '전도'(傳道)[185]들의 사역과 집회를 연상케 한다. 한때는 4000명의 '전도'가 한반도 북부와 시베리아, 만주 등지에서 오직 전도지만 짊어지고 다니며, 눈보라 속에서 빈손으로 하나님의 공급하심만을 바라

---

185) 전도를 삶으로 무일푼으로 전도여행을 계속하던 동아기독교의 직분인데, 이미 주님의 부르심을 받으신 박정의 목사님의 조부께서 동아기독교 '전도' 직분으로 섬기셨다는 말을 박정의 목사님께 들은 적이 있다.

보며 열심히 전도했다고 한다. 1년에 한 번씩 모이는 모임에 돌아
와서 사역 중에 체험한 하나님의 역사를 간증하며, 감격과 격려를
받고 다시 사역지에 나갔다는 기록을 보았다.

  이 모임을 '대화 회(大和會)라고 했는데, 1906년 충청남도 강경
에서 대회가 소집되어 '대한기독교회(大韓基督敎會)'라는 명칭을 만
들었다. 이 명칭은 일제강점기에 몇 차례 변경되었는데, 1921년에
는 조선총독부가 '대한'이라는 용어의 삭제를 강요하여 동아기독교
회로 바뀌었다.

  동아기독교의 신앙적 특색은 '사도행전'을 중심으로 한 초대교회
의 신앙 및 전도 방식을 표본으로 삼고 있었다는 것이다. 특히 사
도바울의 신앙을 구현하기에 힘썼다. 또한, 신자의 중생체험(重生
體驗)을 강조하고, 침례를 성서적인 주요 의식으로 실시하는 등 대
체로 침례교의 복음 전도 적 신앙을 강하게 반영하였다.

  동아기독교의 또 다른 특징으로는 해외 선교 사업이다. 1890년에
한국의 장로교와 감리교가 한반도의 선교 지역을 분할하자 동아기
독교는 다른 교단의 손이 미치지 않은 지역의 선교에 착안하였다.
그리하여 만주, 간도, 시베리아, 몽고 지역의 선교에 주력하였다.
따라서 초창기 전도 지역인 원산과 충청남도, 경상북도 일원을 제
외하고는 대부분의 선교 역점을 해외사업에 두었다. 그러나 이러한
해외 선교 과정에서 많은 순교자를 배출하였다. 1918년에는 시베리
아 선교에 나선 4명의 선교사가 블라디보스토크 항해 도중에 난파
되어 사망하였고, 1921년에는 만주의 개척 선교에 투신하다가 일제
에 의해 살해된 선교사들도 있었다.

  김장배 목사님이 쓰신 「침례교회의 산 증인들」에는 만주지역에
나간 두 분의 '전도'가 어느 한인 부락으로 가던 중 얼음이 언 강물을
건너다 얼음이 깨져서 얼음 속에서 순교하셨다. 이 소식을 들은 한인
마을 주민들이 무슨 소식을 전하러 우리 마을에 오다가 참변을 당
했는지 궁금해서 다른 '전도'들을 수소문해서 찾아 "그분들이 무슨
소식을 전하려고 우리 마을에 오다가 참변을 당했으니 당신들이 와
서 그 소식을 전해 주오!"라고 요청했다고 한다.

  그런 생각이 들게 하신 분은 성령이시니, 이미 준비된 마을 주민
들에게 지고 다니던 '예수 우리 기쁜 소식' 전도지를 나눠주고 복음
을 전하니, 모든 주민이 예수님을 영접하여 믿는 마을이 되었단다.
후일담으로 "전도 두 분이 살아서 전도했다 한들 그렇게 많은 이들

을 인도할 수 있었으랴?" 그 두 분을 뵙고 싶다.

동아기독교는 성서 번역 사업에도 괄목할 만한 업적을 남겼는데, 1917년에는 독자적으로 신약전서를 번역 · 출판하였으며, 1938년에는 원산 번역판(元山翻譯版)의 제3판을 간행했다. 또, 찬송가 편찬 사업은 이미 1899년 14장으로 된 『복음찬미』를 독자적으로 출판하였으며, 1938년에는 274장으로 된 6판을 출판하였다.

이와 같이 해외 선교사업과 성서 보급을 통해 개척 전도 사업에 전력을 기울인 결과, 1940년에 이르러서는 국내 약 100여 개의 교회가 세워졌는데, 예천 검암 교회, 충남 강경교회가 최남단에 세워진 교회였다. 필자가 목회할 때 당시 93세의 모친이 검암 교회 주일학생 출신이었고, 미국에서 목회할 때는 한 자매가 강경 교회 출신이었다. 만주, 간도 지역에 100여 개의 교회, 그리고 시베리아에 47개의 교회, 몽골 지역에 수 개의 개척 전도소를 개설하는 등의 교세 확장을 가져왔다. 그러나 태평양전쟁 발발과 더불어 일제는 신사참배 및 황궁요배를 강요하면서 기독교 탄압을 강화하였다.

일제의 교회 탄압에 완강히 저항하던 동아기독교의 교단 지도자 32명이 투옥되고, 1944년 교단이 해체되고 교회 재산은 국방헌금으로 국가에 귀속되고 말았다. (김장배 저, 침례교 산증인 참조)

(3) 왈덴시안(Waldensian)의 특징

그들은 국가나 종교적 힘에 대항하여 성서 말씀에 의한 양심의 자유를 믿었다. 그리하여 "사람보다 하나님을 순종하는 것이 마땅하니라"는 신앙으로 살았다. 이것은 종교개혁 시 재 침례교회가 종교의 자유를 주장했던 것과 같은 신앙의 흐름이었으며, 신앙의 자유는 양심의 자유와 정교분리의 원리와 동일한 것이었다.

성서의 절대 권위와 모국어로 된 성서를 모든 사람이 직접 읽고 순종해야 한다고 믿었기 때문에 그들은 성서를 모국어로 번역, 필사하는 일을 가장 중요한 사역으로 여겼다. 이 일에 대하여는 파울리시안(Paulician)들도 같은 사역을 했고, 알비젠시안(Albigensian)들도 성서를 통속으로 번역하다가 가톨릭에게 혹독한 핍박을 받았던 것이다. 왈덴시안(Waldensian)들은 처음부터 평신도가 모국어로 된 성서를 소유하는 것에 대해 특별히 역점을 두었다. 1179년에 이미 왈도는 프로방스 언어로 된 성서 전체를 거의 가지고 있었던 듯하며, 이 성서는 아마도 그의 제자들에 의해 카탈로니아, 아라곤, 프랑스 북부, 로레인, 심지어 롬바르디아에서도 사용되었을 것이다.

(4) 왈덴시안(Waldensian)의 신앙

그들은 가톨릭과 완전한 분리를 목적했던 것이 아니라 하나의 모국어로 설교하는 설교단체로 인정받으려는 것이었다. 그렇기 때문에 가톨릭의 부분적인 면은 수용하고 있었으나 말씀을 공부하고 실천하는 과정을 통하여 완전해져 갔다.

그들의 신앙이 완전해져 갈수록 핍박이 가중되었던 것은 당연했다. 로마교황 실버스터(Sylvester)[186]가 콘스탄틴 황제로부터 제국의 영광을 받아들인 후부터 참 진리가 교회로부터 떠났다. 왈덴시안 교회는 사도시대의 참 교회를 계승했다고 주장했다.

성직자의 특권, 교황과 주교의 호칭, 가톨릭의 모든 종교적 제도, 성서의 신비주의적 해석, 모든 축일, 촛불, 성수, 성물, 성골, 순례여행, 행렬, 오르간, 종, 정시기도, 라틴어 전례, 형식적인 예배, 성자들과 마리아 숭배를 거부했다. 그들은 주로 마7:13-14의 두 길에 대하여 언급하며 연옥을 부정했고, 사람의 죽음 이후의 길을 두 길(천국과 지옥) 뿐임을 강조했다. 교회의 의식으로 주의 만찬과 침례만을 시행했다. 유아세례를 거부하며 신자의 침례를 행했고, 재침례는 전통적으로 그들의 보편적 믿음과 실천이었다.

습관적인 가톨릭 신자로 살던 왈덴시안들이 성서를 자국어로 읽으면서 그들은 바로 신약성서에서 가르치는 교회를 직면하게 되었고, 성서의 가르침을 따라 독자적인 신앙생활을 하면서 어떻게 이렇게 상세하고 정확히 가톨릭의 오류를 발견했을까?

성서를 믿음으로 받는 자들에게 성령의 비춰주심(Illumination)을 통해 가르쳐 주시고, 그렇게 배운 자의 확신은 무엇으로도 변개하지 못하는 '견고하고 든든한 영혼의 닻'이 된다.

(5) 왈덴시안(Waldensian)의 핍박

1182년 베로나 회의에서 왈덴시안(Waldenses)는 이단으로 정죄되고, 회유와 강압의 핍박이 그 후 3세기 동안 계속되었다.

알폰소 2세의 칙령

1194년 스페인의 알폰소 2세는 "누구든지 왈도파를 은닉하여 주

---

186) 실베스테르 1세(Silvester I)는 제33대 교황(314년-335년)으로
    콘스탄틴 시대 로마교회 감독(모든 로마감독을 교황이라 칭한다).

거나 음식을 제공하거나 또는 그들의 설교를 듣는 자는 모두 재산을 몰수당하며, 불경죄로 고발될 것이다. '인사바타티'(Insabbatati; 왈도파)에게는 사형과 신체 절단을 제외한 형벌은 어느 것이라도 내릴 수 있다"는 칙령을 발표했다. 1194년까지만 해도 너그러웠다.

페트루스 2세[187]의 칙령

1197년 페트루스 2세는 "왈도파는 어디서 붙잡히든지 간에 화형에 처한다"고 하는 조항을 그 칙령에 첨가시켰다. 이 새 칙령은 이단을 화형에 처하기로 규정한 첫 번째 공식문서가 되었다. 독일에서는 약 80명의 왈도파 회원들이 1211년 스트라스부르에서 화형당했다. 알비 십자군들이 화형을 어떻게 악용했는가는 잘 알려져 있다.

그 후에 알비젠시안들을 토벌하는 과정에 하나의 퍼포먼스로 활용되기도 했다. 무자비한 살육이 자행된 후 지도자들을 공개적으로 화형에 처하는 본보기로 삼았다.

1229년 툴로스 회의에서 교황 그레고리 9세[188]는 이단을 탄압하기로 법령을 정했는데 이 이단이란 알비젠시안(Albigensis)과 왈덴시안(Waldenses)들을 의미하며, 교황은 이 일을 신문하고 집행하도록 도미니크 수도단에 위임함으로 종교재판이 시작되게 되었다.

1380년 7월 1일에 169명의 왈덴시안들이 화형을 당했다.

1488년부터 십자군들이 발스, 프라겔라스, 클루송, 프레이지니에 레스, 루에주, 아르젠티에르 등에 있는 왈도 파를 진압했고, 1495년과 1506년에 다시 진압이 재개되었다. 사형을 당한 왈도파의 수효는 수를 셀 수 없었다. 그러나 대부분 지역의 왈도파들은 동요하지 않았다. 그들은 많은 핍박으로 잔인한 죽음을 당했으나 그 힘은 유럽 전 지역의 도시와 계곡, 마을들에 퍼져 있었다.

가톨릭 종교 재판의 폭력에도 불구하고 이 운동은 계속해서 복음을 전파하고 피에몬테의 서부 알프스, 프랑스 남부, 독일, 심지어 이탈리아남부(칼라브리아)에 중요한 공동체를 세우는 데 성공했다. 그들의 순회 설교자들은 'Barba(수염)'이라 불렸는데, 그로부터 최근까지 피에드몬트(Piedmont)에서는 왈덴시안(Waldensians)들을 조롱하여 바르베띠('Barbetti/ 왈덴시안 지도자 호칭)라 한다.

---

187) 알폰소 2세(1162-1196)와 페로 2세(1196-1213)는 바르셀로나
     왕가의 왕으로 스페인에서 이태리에 걸친 넓은 지역의 왕
188) Pope Gregory IX 제178대 재임 1227-1241년)

(6) 평가

그들이 구한 것은 세상의 권세도, 명예도, 부도 아니었고, 다만 하나님의 칭찬 "착하고 충성된 종아, 잘하였다!"이며, 그분이 주실 면류관 "네가 죽도록 충성하라. 그리하면 내가 생명의 면류관을 네게 주리라."(계2:10)이었다. 그들의 피 흘림의 발자취마다 고인 '순교의 피' 속에 피어난 백합 같은 간증은 후대 역사가들의 많은 칭송이 있었다.

1) 데오도르 베자 (Theodore Beza)

1557년 베자는 프랑스 정부에 의해 핍박을 당하고 있는 이탈리아 피에드몬트 지역에 있는 왈덴시안들에게 특별한 관심을 가진 프랑스 신학자로 왈덴시안들의 신앙을 대변하기 위해 윌리암 파렐 (William Farel) [189]과 함께 개혁자들을 방문하며 유럽 각지를 여행했다. 그분은 파렐과 같이 왈덴시안들을 증언했다.

"왈도파에 관해서라면 나는 그들을 '순수한 원시적 교회의 씨'라고 부를 수 있겠다. 왜냐하면 그들은 하나님의 놀라운 섭리에 의해 충분히 증명된 자들이기 때문이다. 로마교회에 의한 끝없는 폭풍과 회오리 같은 끔찍한 박해 중에서도 로마교회의 우상숭배와 교황권을 거부하는 그들의 신앙을 꺾지 못했고, 변절시키지도 못했다."

"As for the Waldenses, I may be permitted to call them very seed of the primitive and purer Christian Church" Theodore Beza, [190]

2) Jonathan Edwards (프린스턴 총장)

"암흑시대에 나타나 부패한 로마교회의 우상숭배와 교황에 도전한 죽음으로 간증을 지킨 분들이다."

3) 왈도파들은 초대교회의 단순한 신앙으로 돌아가 교회를 순수하게 만들고자 하였다. 초대교회의 순수한 신앙으로 돌아가려는 운동은 당시 국가교회와 교황이 절대로 양보하려고 들지 않았던 세속권력의 포기를 의미하는 것이었다.

4) 왈도파들은 "비둘기처럼 순결했지만" 또한 "뱀처럼 지혜로웠다" 핍박이 심할 때 그들 중 어떤 이들은 행상처럼 가장하여 각 지방을

---

189) 파렐은 파리대학의 경영 책임자일 때 가톨릭의 성체성사를 비난한 일로 피신하여 1532년 제네바에 목사로 있으면서 칼뱅을 불러 개혁을 했다.

190) John T. Christian, History of the Baptist I, P. 73

다니면서 자질구레한 장신구들을 팔았다. 그러나 방문하는 집집마다 반드시 "값비싼 진주"(복음)를 소개하였다.

5) 그들을 핍박하는 원수들도 왈도 파들의 순결한 도덕과 그들의 확신의 진실성을 부정할 수 없었다.

2015년 9월 22일자 크리스챤 투데이에 실린 한평우 목사의 '로마이야기'에 기고한 글을 옮겨 본다. (인용을 허락해주셔서 감사)

"왈도파는 파송한 전도자들에게 자급자족할 수 있도록 작은 행상을 겸하도록 했다. 그것은 아주 초라한 행상이었다. 실과 바늘, 머리빗, 여인의 장신구, 옷핀 등 아주 기본적인 것들을 팔아 생계를 해결하며 복음을 전하도록 했다. 어떤 의미에서 자립 전도였다. 전도자들은 깊은 산골의 초라한 마을들을 가가호호 방문하며 복음을 전하고 물건도 팔았다. 당시에는 그런 사람들에게 영적 관심을 갖고 돌보는 전도자가 없었기 때문에 이들의 행위는 파격적 열매를 맺게 되었다. 그들은 펼쳐놓은 물건을 보인 후에, '또 다른 물건은 없습니까?'라는 질문을 받으면 이렇게 대답했다. '정말로 귀하고 아름다운 보물이 있답니다.'라며 조심스럽게 복음을 전했다.

이렇게 시작한 복음 운동은 영적으로 목말라하는 세상을 삽시간에 불붙게 했다. 마치 무더운 여름철에 마른 나무에 불을 붙인 격이었다. 13세기에 시작한 복음 운동, 이것은 열악한 상황 가운데서 시작한 미미한 것이었다. 그들에게는 돈도 조직력도 후원자도 없었다. 그런데 성령께서 작고 미천한 그들에게 강력하게 역사하셨다. 그 결과 저들의 복음운동은 프랑스, 스위스, 중부 독일, 오스트리아, 보헤미아, 중부 이탈리아까지 삽시간에 활화산처럼 옮겨붙었다.

그 운동은 종교개혁자들에게도 강력한 영향을 끼쳤고, 오직 복음을 위해 살았던 이들을 종교적으로 용인한 19세기 중반까지 내일을 기약할 수 없는 고달픈 삶의 오솔길을 걸어가야 했다. 이들은 복음을 지키기 위한 순교의 길을 택함으로 때때로 알프스 계곡을 흐르는 강물을 피로 빨갛게 물들이기도 했다. 그럼에도 불구하고 타협하거나 포기하지 않았다. 신앙의 자유가 주어지기까지 무려 6백 년 동안을 산속에서 악전고투하면서 버텨냈고, 계속된 핍박으로 무려 2백만 명 이상이 피를 흘려야 했지만 결코 굴복하지 않았다."

(7) 다른 침례교도들과의 관계

이때까지도 알비젠시안(Albigenses)과 왈덴시안(Waldenses)은 혼동하여 쓰였고, 가끔 종교재판의 기록에서도(1388년 종교재판) 혼동하여 쓰였음을 발견할 수 있다.

후대의 독일과 오스트리아 지방의 재침례파들에게는 왈도파가 선구자였다. 왈덴시안(Waldenses)은 다른 재 침례교도들처럼 다음 재침례교회 운동에 불을 붙인 후 그들과 같이했거나 일부는 개혁파들에게 흡수되기도 하며, 역사 속에서 그 이름이 지워진 듯했다.

그러나 그들이 사라졌을까?

세상이 그들을 감당치 못했던 것이다. 그들은 자신의 육신의 안위를 도모하지 않았다. 그들은 믿음으로 세상을 이겼다.

15세기 영국 옥스포드의 위대한 석학 위클리프는 왈도의 가르침을 신학적으로 정립하여 선포하며 당시 금서였던 라틴어 성경을 영어로 번역(1381년)하여 일반인들에게 배포하였다. 지금도 위클리프 선교회는 성서번역선교회로 명성을 이어가고 있다.

후에 발데제 교회의 신조(order of Belief)는 루터에게도 지대한 영향을 미쳤다. (발데제는 왈도파)

현대 왈덴시안들

핍박을 피해 알프스 계곡에 숨어들어 이태리 북부지방인 피에몬테(Piemont) 롬바르디아(Lombarda) 지방에 흩어져 신앙을 지키며 지금까지 살고 있다.

밀라노(Milano), 베르가모(Bergamo), 베로나(Verona), 토리노(Torino) 등 알프스 남쪽 이탈리아 지방 산속에 펴져 있다.

(8) 피에드몬트의 피의 부활절(Piedmontese Easter)

1655년 1월 25일 사보이 공국의 사보이 공작(Duke Savoyard)의 칙령으로 군대가 왈덴시안들을 무차별 학살한 대사건이었다. 당시는 종교개혁 운동이 어느 정도 정착되어 가고 있는 때였기 때문에 이런 참혹한 대학살은 예상치 못한 일이었다. 알프스 깊은 계곡과 산기슭에 은둔하다시피 살고 있는 왈덴시안들을 가톨릭 추종자들이 자행한 잔인한 살육 사건이었다.

사보이 공작의 칙령

"모든 주민들은 가톨릭의 교리를 따르고 미사에 참석하라. 이 칙령에 따르지 않는 자는 3일 이내로 영지에서 이주하라."

"La Torre, Fenile, and Bricherassio, should, within three days after the publication thereof, withdraw and depart, and be withdrawn out of the said places, unless within the limited time they turned Roman Catholics.[191]

영주로서 자기 영지에 대해 정당한 칙령인 것 같지만 실상은 잔인한 사형선고나 마찬가지였다. 그 칙령이 발표된 때는 한겨울이었고, 아이들, 노인들, 병자들, 맹인들, 불구자들까지 포함된 전 주민들이 물이 불어있는 강을 건너고, 눈 덮인 계곡들을 통과하고, 얼음으로 뒤덮인 산을 오르는 그 여행을 어떻게 시작할 수 있겠는가? 그들은 필연적으로 죽을 것이기 때문에 그리로 내몬 칙령은 추위와 기아로 그들을 죽게 하겠다는 사형 언도와 마찬가지였다.

그들에게 살 수 있는 제안도 제시되었다. 가톨릭의 교리를 받아들이고, 미사에 참석하는 사람은 5년간 세금을 면제하겠다는 특혜도 첨부되었다. 그러나 그들이 그것에 편승했는가? 역사가 레제르의 증언에 의하면 주변의 주민들이 2000명 쯤 되었으나 단 한 사람도 그 제안을 받아들인 사람이 없었다. 많은 왈덴시안들이 산을 오르다 얼어 죽고, 강을 건너다 익사했지만 그들의 행렬은 계속되었다.

알프스를 여행하시는 분들은 수천의 왈덴시안들이 눈 덮인 알프스 산정에서 천국에 계신 주님을 뵐 소망으로 눈을 감은 계곡들이라는 사실을 기억하시길….

피에드몬트의 부활절(Piedmontese Easter)은 1655년 4월 17일, 사보이아 공작(Savoyard) 군대가 피아네자 후작(Marquis Pianezza)의 지휘 아래 프랑스와 아일랜드 군대뿐만 아니라 현지 군인으로 구성된 15,000명의 군대를 이끌고 한밤중에 비밀리에 톨린(Torino)

---

191) Foxe, John The Book of Martyrs. Retrieved 9 June 2018

을 출발했고, 1655년 4월 24일 부활절 새벽 4시에, 라 토레의 성채 (Torre Pellice) 언덕에서 한 신호가 떨어졌다. 즉시 일천 명의 암살자들이 학살 작업을 시작했다. 공포, 고통, 살육이 한순간에 루세르나와 앙그로그나 계곡들에 퍼져갔다. 군사들과 가톨릭 포교성의 군사들의 칼에 순교자들의 시신이 계곡에 덮여도 가톨릭으로 돌아오는 왈덴시안(발데제)들은 없었다고 증언하고 있다.

1655년 4월 24일, 피에드몬트 부활절의 학살(Piedmontese Easter Massacre)로 수천 명의 왈덴시안(Waldensian)들이 (추정치에 따르면 4000~6,000명) 학살되었다. 피에드몬트 여러 계곡들을 피로 물들인 1655년의 피의 부활절이었다.

"On 24 April 1655, the Piedmontese Easter Massacre commenced: a massacre of thousands of Waldensian civilians (4,000 to 6,000 according to one estimate) was committed by ducal troops" (Wikippedia/Piedmontese Easter 참조)

라 토레 성체

피의 부활절 아침에 살육을 피한 왈덴시안(Waldensian) 난민들이 토리노(Torino) 북쪽 페로사 계곡(Perosa)으로 탈출했고, 조수아 자나벨(Joshua Janavel), 바돌로메 자히에(Bartolomeo Jahier)의 지도 아래 사보이 공작(Duke Savoyard)군의 공격을 방어하면서, 외교적인 노력으로 영국, 프랑스, 독일, 스위스 및 개신교들을 통해 외교적인 압력을 이끌어 내었다.

피네롤로 선언(Pinerolo Declaration of Mercy)
1655년 8월 18일, 카를로 임마누엘 2세 사보이아 공작(Charles Emmanuel II, Duke of Savoy)과 왈덴시안 사이의 평화 조약인 피네롤로 선언(Pinerolo Declaration of Mercy)이 발표되어 피의 부활절은 수많은 왈덴시안들의 순교 위에 막을 내렸다.

왈덴시안에 대한 사보이 공국의 잔인한 학살 소식은 개신교 권에 있는 유럽 전역에 퍼져갔고, 영국에서 개신교 수호자를 자처하는 올리버 크롬웰(Oliver Cromwell) 경이 사보이 공국을 위협하여 공작이 군사 행동을 멈추고 피네롤로 선언을 하게 하는데 역할을 했다.

저들의 잔혹한 박해에 피 흘림으로 저항(Protestant)하는 왈덴시안(Waldensian), 발데제(Valdese)들을 보고 올리버 크롬웰(Oliver Cromwell) 경의 서기였던 죤 밀턴(John Milton)이 다음과 같은 시(소네트/sonnet) [192]를 지어 애도했다.

피에드몬트의 피의 학살에 대하여

오, 주여! 죽임 당한 성도들이 흘린 피를 보수하소서.
그들의 시신이 차가운 알프스 골짜기에 흩어졌나이다.
우리의 모든 조상들이 막대기와 돌을 섬길 때,
주님의 진리를 순결하고 변함없이 지킨 이들입니다.
주님의 책에 그들의 신음을 꼭 기록해 주소서.
저들은 주님의 옛 양 우리 안에 있는 양떼들인데.
피에 주린 피에드몬트 사람들이 살육했나이다.
젖먹이 아기와 그 어미를 돌에 매어 치는
그들의 애곡 소리가 골짜기와 하늘까지 울려 퍼지고.
그 순교자들이 흘린 피와 화형당한 재는
지금도 폭군들이 난무하는 온 땅에
씨가 되어 수백 배 결실로 자라날 것입니다.
그 폭군들은 주님의 뜻을 깨달은 후에야
바벨론에 임할 재난과 함께 사라지게 되리라.

---

192) 13세기경 이탈리아에서 발생한 10음절 14행으로 이루어진 짧은 시.

Sonnet Xviii: On The Late Massacre In Piemont

Avenge, O Lord, thy slaughter'd saints, whose bones
Lie scatter'd on the Alpine mountains cold,
Ev'n them who kept thy truth so pure of old,
When all our fathers worshipp'd stocks and stones;
Forget not: in thy book record their groans
Who were thy sheep and in their ancient fold
Slain by the bloody Piemontese that roll'd

Mother with infant down the rocks. Their moans
The vales redoubl'd to the hills, and they
To Heav'n. Their martyr'd blood and ashes sow
O'er all th' Italian fields where still doth sway
The triple tyrant; that from these may grow
A hundred-fold, who having learnt thy way
Early may fly the Babylonian woe.

 John Milton

죤 밀턴의 소네트 출처: internet.poem.com

피에드몬트 골짜기에서 화형당한 순교자들의 재가 바람에 날리는 모습이 꼭 복음이 민들레 홀씨가 되어 살포시 떠오르는 듯하다. "순교자의 피는 복음의 씨"라고 외친 터툴리안의 말이 울려온다.

프랑스에서 일어난 개신교도 박해

'바돌로메 축일 살육 사건'(Massacre de la Saint-Barthélemy) 1572년 8월 24일 전국적으로 가톨릭교도들이 자행한 대규모 개신교도들 살육한 사건은 에스더서에 나오는 하만의 유대인 살육 계획을 연상케 한다. 이때 살해당한 위그노를 7만 명으로 추산한다.

개신교도들을 학살하는 가톨릭 신도들 (프랑수아 뒤부아 그림)

바돌로메 축일 학살을 기념하여
교황 그레고리 13세의 기념 메달

이 소식을 전해들은 엘리자베스 1세 여왕이 상복을 입고 이들의 죽음을 애도하였고, 칼빈의 장로교가 국교인 제네바에서는 이 비통한 소식을 듣고 금식을 선포했다.

(9) 세계정세와 왈덴시안의 핍박의 역사
낭트 칙령(Edict of Nantes/1598년)

1655년 '피의 부활절'의 살육의 역사가 외국의 압력 등으로 종식된 것은 종교개혁의 운동으로 개신교를 용납하는 국제적인 추세 속에 프랑스가 개신교도(위그노/ 프:Huguenot)들에게 앙리 4세가 종교의 자유와 차별을 금지하는 낭트 칙령(Edict of Nantes)을 1598년 4월13일에 선포한다.

낭트 칙령의 내용
　1. 가톨릭은 프랑스의 국가교회다.
　2. 위그노도 양심의 자유를 갖는다.
　3. 위그노는 제한된 범위에서만 예배의 자유를 갖는다.
　4. 위그노에 대한 사회, 정치적 차별을 철폐한다.

5. 위그노는 안전구역을 계속 보유한다.
6. 그러나 위그노도 가톨릭 명절을 지켜야 한다.
7. 위그노는 영국, 독일 등 외세와 동맹을 맺을 수 없다.
8. 위그노는 국가에 교회세를 납부해야 한다.

앙리 4세[193]의 낭트 칙령(Edict of Nantes)은 프랑스를 서로 용납하며 함께 하는 '똘레랑스' 정신을 이루는 기초가 되었다.

똘레랑스(tolerance)

나 외의 타인, 나의 영역 외의 타인의 영역에 대한 정치, 종교, 도덕, 학문, 양심의 영역을 존중한다는 의미다. 논쟁은 하되 폭력을 행사하지는 않는다는 이념이다.

프랑스는 어느 나라보다 가톨릭을 신봉할 뿐만 아니라 초기 로마 황제들보다 프랑스 황제들은 가톨릭의 수호자를 자처했던 나라였다. 샤를 마뉴로 대표되는 신성로마제국 황제가 바로 프랑스 왕이었던 역사를 통해 프랑스는 강력한 가톨릭 국가였다. 그러나 아이러니하게도 종교개혁의 실마리는 프랑스에서 시작된 것이다.

성직자 교육을 위해 세운 최초의 대학인 파리 대학에 피터 아벨라드(Peter of Abelard, 1079-1142)의 생각 속에 꿈틀거리고 있던 자유의지를 '이성'(rationality)이라 생각하고, 선과 악을 선택하는 의지"[194]가 있다고 학생들을 가르쳤을 때 이미 합리주의(合理主義, rationalism)가 싹트기 시작했다. 그의 문하생들이었던 페트로브르시안의 지도자가 된 브리스의 페트로(Peter of Bruys)나 아놀드 같은 제자가 나올 수밖에 없었다. 칼빈도 제네바에서 개혁 운동을 한 것으로 알지만 실상은 프랑스에서 개혁운동을 하다가 미리 피신한 파리 대학 출신 파렐의 초청으로 스위스 제네바로 갔던 것이다.

피네롤로 선언(Pinerolo Declaration of Mercy 1655년)

왈덴시안의 종교의 자유를 하락하는 피네롤로 선언(Pinerolo Declaration of Mercy)은 이러한 국제적인 추세의 영향으로 개신교를 용인하는 국가들이 개신교(피에드몬트 계곡에 있는 왈덴시안) 핍박을 지속하는 사보이 공국을 압박하여 이룬 결과라고 할 수 있다. 그러나 피에드몬트 계곡에 평화는 오래 가지 못했다.

---

193) 앙리 4세 (프: Henri IV de France, 제위 1589년-1610년)
　　대왕(le Grand)과 선량 왕(le bon roi)이라는 별칭이 있다.
194) 세계교회사 P. 217.

퐁텐블로 칙령 (Edict of Fontainebleau 1685년)

퐁텐블로 칙령 (Edict of Fontainebleau) 은 1685년 10월, 프랑스의 루이 14세[195]가 반포하였다. 낭트칙령 (1598년) 의 폐지로 잘 알려져 있다. 퐁텐블로 칙령은 개신교를 탄압 억압하기 위해 가톨릭 예수회가 루이 14세를 압박하여 낭트칙령을 무효화시키고, 가톨릭을 국교로 회복시키는 칙령이었다. 그 내용은 다음과 같다.

프랑스 전역에 남아있던 개신교 예배처들의 제거와 개신교의 금지
신체와 재산 압류형에 처한다는 조건으로 개인적인 예배도 금지
15일 내 프랑스로부터 모든 개신교 목사들을 추방시킴
모든 개신교 학교들의 폐교
부모들이 개신교 신앙을 자녀들에게 교육시키는 것을 금지.
가톨릭 신부에게 세례 받고, 가톨릭 아래서 교육받게 함.
4개월 이내에 프랑스로 돌아오지 않은 개신교들의 재산을 몰수함.
프랑스로부터 피난하려는 행위가 발각된 모든 남자들은 종신
갤리형 (범선 노젓기) 과 모든 여자들은 종신형 선고.

용기병의 박해 (Dragonnades : 1683~1686)

용기병이란 갑옷으로 무장한 기병으로 과거 템플 기사단을 차용한 특전대였다. 독실한 가톨릭교도였던 프랑스 왕 루이 14세가 용기병들을 동원하여 개신교인들을 박해한 사건을 말한다. 위그노 즉, 프랑스 개신교 신자들의 역사에 대한 또 다른 책에는 용기병들의 피에 굶주린 행위를 새뮤얼 스마일스 (Samuel Smiles) 는 이렇게 묘사하고 있다.

"그들에게 수백 가지의 수도 없는 잔인한 짓들을 일삼았다. 이 악명 높은 약탈자들은 여자들을 학대하는 데서 쾌감을 느꼈다. 그들은 형체를 알아볼 수 없도록 회초리로 그들의 얼굴을 때렸고. 그들의 머리를 질질 끌고 진흙이나 돌 위로 던져버렸다. 낭트 칙령의 폐지로 인한 예수회원 (가톨릭 수도회) 의 기쁨은 대단했다."[196]

이런 강제 개종에 따라 베아른 지역에서는 2만 2천여 명의 개종자가 나왔고, 몽또방에서 9천 6백여 명이 나오는 등 많은 개신교인들이 가톨릭으로 개종했다. 폭력을 사용한다는 비난을 받으면서도

---

195) 루이 14세 (Louis XIV, 제위 1638-1715 루이 듀도네Louis-Dieudonné)
    칭호: 루이 14세를 '태양 왕'이라 부른다.
196) Samuel Smiles 《The Huguenots》 ,
    (New York: Harper & Brothers Publishers, 1868) P. 153

용기병의 박해는 1685년에는 다른 지역으로 확대되기까지 했다. 하지만 개종자들은 형식적인 개종을 했을 뿐 그들은 자신들의 본래의 양심과 신앙을 버리지 않고, 광야교회(les Eglises du Desert)에 모여 비밀리에 예배하였다. 이처럼 개종을 위장한 채 프랑스 국내에 남아있던 개신교인들은 루이 14세에게 가시 같은 존재였다.

개신교인들의 탈출

가톨릭의 박해를 피해 프랑스 개신교인들은 프랑스를 떠나 이웃 네덜란드, 영국, 스위스, 독일, 스칸디나비아, 러시아, 남아프리카, 북아메리카 등으로 탈출하여 프랑스 국력의 침체로 이어진다.

강제 개종에 대한 지탄

용기병의 박해는 인간의 양심을 폭력으로 억누르려는 무력탄압으로 지탄받았다. 한때 가톨릭교도였으며 예수회 학교에서 공부를 한 바 있는 삐에르 벨르(Pierr e Bayle)는 「루이 대왕 치하의 완전한 가톨릭 프랑스에 대하여: Ce que c'est la France toute catholique sous le règne de Louis Le Grand)」라는 책자에서 자신의 견해를 다음과 같이 밝히고 있다.

"만약 루이 대왕 치세 하의 가톨릭 국가라는 말이 나타내는 영향력과 중요성을 아는 사람이라면 그 프랑스를 부러워하지는 않을 것이다. 이 이름하에 사람들은 무시무시한 일들을 오랫동안 저질렀고, 선량한 인사라면 가톨릭교도로 불리는 것을 부당한 것으로 여길 것이기 때문이다. 지극히 기독교적인 왕국 안에서 당신들이 행한 것으로 인하여 이후 '가톨릭'이라고 하는 말은 파렴치한 사람들의 종교를 가리키는 말이 될 것이다." 위키백과, (용기병 박해)

피에드몬트 계곡에 몰아닥친 루이 14세의 군대

프랑스 루이 14세가 알프스산맥에서 모처럼 자유를 얻어 살고있는 왈덴시안들을 박해한 것은 퐁텐블로 칙령과 알프스 지역을 국경화하려는 전략과 합치되어 용기병들이 쳐들어왔다.

박해는 1685년에 프랑스 루이 14세의 군대가 왈덴시안들이 사는 피에드몬트 계곡을 급습하여 대학살 사건이 있었다. 피에드몬트(Piedmont)의 소수 왈덴시안 생존자들은 신앙을 지키며 생존할 수 있었지만, 많은 왈덴시안들이 알프스를 넘어 스위스로 피난했다.

왈덴시안들의 영광스러운 귀환

4년 후인 1689년에 그들은 고향 계곡으로 돌아갈 수 있었다. 그들에게는 '영광스러운 귀환'이었다. 알프스를 넘어 여성, 노인, 어린이로 구성된 사람들이 고향 계곡으로 돌아갔다.

1889년, 피에드몬트 왈덴시안의 거점인, 토리노(Torino) 근교 토레펠리스(Torre Pellice) 골짜기에는 핍박으로 스위스 등지로 피난했다 다시 돌아온 조상들의 귀환 200년을 기념하여 기념 예배당을 짓고, 역사 박물관(사진)을 세워서 지금까지 활발하게 활동하고 있다.

현재 피에드몬트 지역의 왈덴시안

피에드몬트 계곡과 주변에 흩어져 신앙을 지키며 사는 왈덴시안들은 칼과 불로 박해를 받지는 않았지만 극심한 차별을 감수해야만 했다. 학교는 개방되지 않았고, 주거지는 계곡들을 벗어날 수 없었으며, 직업의 기회가 없어서 주로 하찮은 상업에 종사하면서 부당한 대우를 받아도 호소할 수 없었다. 그러나 부당한 차별에도 불구하고 왈덴시안들은 별 불평 없이 주어진 환경에서 더욱 서로 사랑하며, 교육, 양육, 구제를 생활화하며 평화로운 계곡으로 가꿔갔다.

피에드몬트에서 왈덴시안들의 구호 활동은 유명하여 구호소 건축에 국왕이 기부한 때도 있었다. 토레 페리스 계곡에 있는 나그네의 숙소는 유능한 집사들이 나그네들을 잘 섬기고 있다. 필자도 그 계곡으로 가서 그들과 함께 며칠 지내고 싶다.

토레 펠리스 계곡에 있는 왈덴시안의 나그네 숙소

카를로 알베르토 (Charles Albert) 왕197)의 해방령

1847년 2월 17일 프랑스에서 교육을 받고 돌아온 알베르토 왕이 공포한 해방령으로 왈덴시안들에게도 자유와 평등이 주어졌다. 그 후 왈덴시안들은 마을마다 학교를 세우고 교육에 집중하여 6세 이상의 왈덴시안들은 문맹자가 없었다. 이태리 정부의 인가를 받은 발데제 대학198)을 세워서 지금도 운영하고 있다. 토리 펠리스 계곡에 세워진 교회는 지금 이태리에 남아있는 왈덴시안들 뿐 아니라 세계에 흩어져 있는 왈덴시안들의 중심이 되고, 매년 9월 첫 주에 세계 각처로 흩어져 있는 왈덴시안들의 국제 친교회가 열린다.

발데제 신학교

그런데 발생지 (리용/Lyon)인 프랑스에도, 초기 핍박 시 피난해 은거하던 스위스에서도 그들의 자취가 사라졌는데 800년이 지난 지금 이탈리아 북부 토리 펠리스 (Torre Pellice, Torino, Piedmont) 골짜기가 이태리 말로 '발데제'들의 중심지가 되어 발데제 대학과 중심교회, 도서관, 박물관, 요양원, 나그네들의 숙소들을 갖추고 사역하고 있다. 여기가 어디인가? '피의 부활절'에 살아남은 왈덴시안들이 피난했던 페로사 (Perosa) 계곡에서 하루거리에 있는 토리노 (Torino) 변두리 골짜기 아닌가?

더 놀라운 일은 그들을 거의 멸족시킨 로마 교황청이 거대한 산처럼 버티고 있는 로마 시내에 마치 머릿돌처럼 견고히 흔들림 없이 박혀 있는 건물이 있다. 이태리 교회 중에서도 가장 많은 회중이 모이는 (약 3만명) 최초의 개신교, 바로 발데제 (Valdese) 교회다.

---

197) 사르데냐 왕국 (현재 이태리 북부) 국왕 (제위 : 1831년-1849) 1847년 카를로 알베르토는 사르데냐 왕국, 사보이아 공국, 피에몬테 공국 등, 사보이아 왕조의 영지를 하나의 왕국으로 통합하였다.
198) 이탈리아에서는 왈도 파를 '발데제' (Valdese)라고 한다.

이태리 최초 개신교회, 대법원 옆에 있는 발데제 교회(Chiesa)
www.chiesavaldese.org

최초의 개신교회란 말에 가슴이 아려 온다.

수없는 잔혹한 박해 속에 지금까지 살아남아 이태리 최초의 개신교는 주님께서 말씀하신 "내가 이 반석 위에 내 교회를 세우리니, 음부의 권세가 이기지 못하리라"는 말씀을 실현하신 증거다.

로마의 중심인 대법원 광장에 이태리 개신교회로는 가장 큰 발데제 교회당과 왈덴시안(Waldensian) 신학학부 도서관(Bibloteca Facolta Theologica Valdese)은 귀한 많은 고서와 기록들을 소장하고 있다.

이 예배당을 건축하면서 중점을 둔 부분이 초대교회의 신앙생활을 표현하는 것이고,[199] 가톨릭 성당과 확연히 구분되는 견고한 건물을 위해 프린스턴 건축가들의 도움으로 이태리 최초의 철근 콘크리트 골조공법을 도입했다.

---

199) Fu la caratteristica dell'arte cristiana primitiva l'uso del simbolo

토리노(Torino)에 살고 있는 현재 왈덴시안들(약 3만 5천명)

2019년 5월 31일 토레 펠리스에 있는 발데제 교회의 철야예배 광경

해외로 이주한 왈덴시안들

프랑스: 1847년 2월 17일 알베르토 왕에 의해 선포된 왈덴시안의 자유 법령이 선포되자, 본래 프랑스에서 박해를 피해 온 사람들이라 그때까지 프랑스어를 할 수 있는 왈덴시안들이 많았고, 당연히 프랑스 쪽으로 많이 진출하여 여러 도시에 이주했다. 처음에는 호텔 식당 등에서 막일을 하다가 점점 자리를 잡아 고위직에도 진출하고 있다.

이들은 스스로 '계곡의 아이들'이라고 부르며, 서로 돕고 후원하기 위해 '왈도파 연합'이라는 기구를 조직하였다. 년 중 2일을 경축일로 지키는데 자유 법령이 선포되어 해방이 된 2월 17일과 다시 추방당했다가 고향 계곡인 페로사(Perosa)로 돌아온 8월 16일이다.

남아메리카: 1859년 몬테비데오 주 영국 대사관 목사 헨리 펜들레
톤의 도움으로 일부 왈덴시안들이 우루과이에 콜로니아 발데제(Colo
-nia Valdece)를 설립하여 많은 왈덴시안들이 남미로 진출했다.

미국으로 이주한 왈덴시안(발데제)

알프스 계곡에 살던 왈덴시
안들에게 좋은 소식이 들렸으
니 미국의 몰겐톤(Morganton
Company) 개발회사가 많은
토지를 약속한 이민 초청을
받아 농사짓던 왈덴시안들이
들뜬 마음으로 답사를 위해
두 명을 미리 파견했다.

최초의 북 캐롤라이나 이민자들

돌아온 정탐꾼의 보고는 대부분의 땅이 산지라는 절망적인 보고
였다. 그중에 한 명의 정탐꾼은 1000만여 평이 농지가 가능한 땅이
있다고 긍정적인 보고를 하며 "가나안 땅은 아닙니다. 하지만 열심
히 일하는 것을 두려워하지 않는 사람들이 있다면 이 계곡 전체 크
기의 농장을 가질 수 있습니다"라고 보고했다.

지도자들의 격려로 젊은이들 위주로 29명이 1893년 봄에 떠나고,
두 번째 그룹 179명이 가을에 떠나고 3차로 일부 이주했다. 200) 북
캐롤라이나(North Carolina)지도에 개발회사인 몰겐톤(Morganton)
타운과 왈덴시안(발데제, Valdese)타운이 한 군(君)(Burke county)
에 있다.

---

200) 북캐롤라이나 버크 카운티(Burke County) 역사 참조

북 케롤라이나 발데제(Valdese)타운에 있는 학교와 최초의 교회(아래)

발데제 병원(Valdese, NC.)

북캐롤라이나주(州)에 있는 거주지는 한 도시를 이루고 있는데 '발데제'라고 왈덴시안의 이태리 말을 그대로 도시 이름으로 지었다. 학교와 교회와 역사박물관, 역사 체험장이 있어서 왈덴시안들의 역사 체험을 할 수 있다. "3백여 명의 정착민이 1893년 이주하여 정착한 이래 4,600명으로 증가했고, 산업과 관광 사업이 활발한 도시로 오늘날에도 번성하고 있다."(북캐롤라이나 발데제 타운 소개)

교황의 사죄

2015년 6월 토리노(Torino)를 방문한 프란체스코 교황은 왈덴시안(이태리어/ 발데제)들에게 사죄를 했다.

토리노에는 가톨릭이 예수님의 수의라고 믿는 옷을 보관하고 있는데, 4월부터 6월까지 공개를 한다. 교황 프란체스코를 포함하여 2백만 명의 신자들이 토리노 순례를 마친 후, 프란체스코 교황은 6월 22일 토레 펠리스(Torre Pellice)에 있는 왈덴시안 교회를 방문하여 왈덴시안들이 쓰는 성경책에 입 맞추고 용서를 구했다.

"가톨릭을 대신하여 우리가 역사를 통틀어 여러분에게 해온 비기독교적이거나 비인간적인 태도와 행동에 대한 용서를 구합니다. 주 예수 그리스도의 이름으로 우리를 용서해주십시오!"

교황의 이런 사죄는 가톨릭 전체가 몹시 난감한 처세였다. 교황에게 답을 주기 위해 특별히 소집된 왈덴시안 총회가 금요일 토레 펠리스(Torre Pellice)에 있는 왈덴시안 교회에서 모였다. 대회에 모인 180명의 왈덴시안 지도자들에 의해 토론을 마친 후 월요일에 다음과 같은 해답을 전했다.

"오늘날 우리가 가톨릭과 할 수 있는 형제적 대화는 하나님의 자비의 은총입니다. 하나님의 자비는 여러분과 우리 교회를 끝없이 용서하셨고, 회개와 새 삶으로 초대함으로써 여전히 용서하고 있습니다. 그러나 우리는 과거 가톨릭의 잔인한 박해에 피로써 지킨 우리 조상들이 가진 믿음의 증인들을 대신해서 우리가 용서할 수 없습니다. 용서는 고통을 받은 사람들이 할 수 있는 것이라 믿기 때문에 우리가 그들을 대신할 수는 없습니다."

조상들을 참혹하게 죽였기 때문이 아니다. 조상들이 죽은 것도 믿음을 지키기 위해서였고, 후손들이 살아가는 것도 믿음 때문이다. 왈덴시안은 가톨릭 교리를 여전히 용납할 수 없기 때문이다.

왈덴시안 총회의 사회자였던 유지니오 베르나르디니(Eugenio Bernardini) 목사는 "교황은 우리 교회가 이단으로 고발되고 가톨릭에 의해 파문당했을 때였던 8세기 전에 쌓은 벽을 극복했다."라고 답했다. 교황의 진정한 용기를 평가했던 것이다.

교황이 용서를 빌며 발데제 교회의 성경에 입맞춤

신약교회를 계승한 많은 교회들이 시대와 지역을 가리지 않고 일어나 주님의 교회의 맥을 이어가며 명멸했지만, 그들의 명멸이 단편적인 역사가 아니라 하나님의 교회의 거대한 흐름에 한 부분들을 감당하는 역할을 했던 것이다.

이제 Robert A. Baker 교수가 외친대로 "The Baptist March in History!", "교회 역사에 등장하는 행진을 시작하는 침례교회!"라고 번역하면 어떨까 생각해 본다. Baker 교수가 말하고 싶은 마음의 외침은 무엇일까?

1598년 앙리 4세의 낭트 칙령(Edict of Nantes),

1847년 카롤로 알베르토(Charles Albert) 왕의 해방령 등이 잇따르면서 가톨릭을 거부하고 예수님께서 세우신 신약교회의 신앙의 혈통을 지키려고 피 흘려온 교회들이 교회 역사의 장에 당당히 행진해 나오는 장엄한 순간이 왔다는 선언인 듯하다.

세계 방방곡곡에 흩어져 신앙을 지키며 주님 오심을 기다리는 불리는 대로 이름을 얻은 많은 성도들,

몬타니스트: 세속화 되어가고 열정이 식어가는 교회에 다시 불을 지핀 터툴리안이 계승한 몬타니스트,

노바티안: 타락한 지도자를 용납하는 로마교회에서 나와 초대교회의 성결한 신앙을 회복하려고 분리의 길을 갔던 노바티안,

파울리시안: 터키와 아르메니아 중간쯤에서 얻은 성서를 혼자 공부하다 바울 사도의 선교 열정을 본받아 살아간 파울리시안,

보고밀: 가톨릭의 성상숭배를 거부하고 오직 예수 그리스도의 믿음만을 지킨 도나우 강변에 보고밀,

알비젠시안: 프랑스 남부에서 순수한 신앙을 지키는 이들에게 노바티안과 같은 '카타리'이라고 종교재판에서 처형된 알비젠시안,

왈덴시안: 하나님의 복음을 모든 사람들이 들을 수 있는 말로 전해야 한다고 전도하고 설교한 가난한 자들,

그리고 이름도 없는 많은 형제여, 자매들이여!

이제, 교회 역사의 장에 당당히 행진하는 아침이 밝아오고 있다.

제 8 장 개 혁 전 개 혁 자
(forerunners of the Reformation)

보름스(Worms)에 있는 종교개혁자 상(explanation

1521년 4월 18일 독일의 보름스에서 칼 대제[201]에 의해 소집된 제국회의에서 마틴 루터를 호출하여 신앙 심문을 하고, 발표한 저서 내용을 철회하라는 제국회의의 명령을 단호히 거부함으로 역사적인 가톨릭 개혁이 시작된 것으로 본다. 그러나 역사적인 가톨릭 개혁 시점 이전에 이미 많은 개혁자들이 나와서 가톨릭의 개혁을 주창했다는 사실을 이 기념 동상에서 증언하고 있다.

에른스트 리첼(Ernst Rietschel)의 설계로 1868년 보름스에 세워진 가톨릭 개혁 기념상 중심에는 마틴 루터가 일어서 있고, 사방으로 앉은 자세의 4명의 개혁자들의 상이 세워져 있다. 그들이 바로 가톨릭 개혁 전에 일어난 개혁자들이었다.

뒷면으로 배치된 한 사람은 "프랑스인으로 1176년 페트루스 발데스(피에르 왈도), 그리고 영국인으로 1328~1384년의 존 위클리프, 체코인으로 1370년~1415년의 얀 후스, 이탈리아인으로 1452년~1498년 사보나롤라가 그들이다. 이는 상징적으로 루터의 기념상을 제작할 때 사람들이 적어도 마르틴 루터와 관련하여 이들을 종교개혁 이전의 대표적인 종교 개혁가들로 생각하고 있었음을 보여 준다."[202]

---

201) 카를 5세(Karl V. 제위1500-1558) 1519년부터 신성로마제국 황제

1. 위클리프와 로랄드(Lollards)

위클리프를 따라 성경 말씀을 전파하는데 주력한 사람들이다. 위클리프는 그 운동을 일으킨 사람이고, 그를 따르던 사람들 즉, 로랄드(Lollard)들이 있었다.

초대교회 시대에는 로마의 핍박 속에서도 예루살렘, 다메섹, 안디옥, 에베소, 고린도, 로마로, 세계를 향해 구원의 복음이 '밝은 햇빛 아래 잔디밭의 불길처럼'[203] 번져갔고, 중세시대에는 국가 교회에 대항하여 초대교회의 신앙을 계승한 이들이 카르타고, 로마, 소아시아, 불가리아, 프랑스에서 잔혹한 박해를 받으며 일어났다.
이제 암흑의 깊은 밤이 지나가고 새벽이 올 무렵, 영국에서 위클리프(Wycliffe), 네덜란드에서는 메노시몬, 이태리에서는 사보나롤라, 체코에서는 후스가 성경 말씀의 가르침을 따라 가톨릭의 가르침에 고개를 저으며 일어났다. 이들은 진정 암흑 속에서도 외롭게 주님의 등불을 지켜온 우리의 믿음의 조상들로부터 그 등불을 계승한 역사상 '종교개혁 전의 개혁자'들이었다.

(1) 지도자 : 존 위클리프(John Wycliffe, 1324-1384)

위클리프는 영국 요크셔(Yorkshire) 마을에서 1320년경 태어났다. 그는 당대 최고의 명문인 옥스퍼드(Oxford) 대학에서 특대생으로 공부하여, 1360년 석사학위를 받은 이후 옥스포드, 캔터베리 및 발리올의 교수로 활약했다.
그는 1372년 옥스포드의 발리올(Balliol) 대학에서 신학박사 학위를 받았고, 1345년 졸업한 후에는 모교의 교수로 강의와 목회를 계속하며, 스콜라학파 학자 중 뛰어난 지위에 있었다. 1366년 왕의 전속 신부가 되기도 했다.

이때부터 그는 교황이 최상의 권위를 가지고 있다는 것에 반대하고 있었으므로 1371년 교수직에서 떠나 외교가로 영국 왕실의 특사가

---

202) 조병하 교수(백석) 풀어쓰는 이야기 교회사(45) 종교개혁 이전의 종교개혁
203) 밝은 햇빛아래 잔디밭의 불길은 잘 보이지 않아도 넓은 면적을 태운다.

되어 프랑스와의 평화를 위해 회담했고, 교황의 대표와 영국교회의 결원의 보충에 대하여 의논하기도 했다. 당시 영국 왕실은 프랑스 아비뇽에 있었던 교황청의 지배에서 벗어나려 했기 때문에 위클리프는 영국 왕실로부터 환영을 받았다.

스티브 랭톤(Stephen Langton)을 캔터베리 대주교로 임명하는 교황 이노센트 3세와 대립해 1207년에는 교황이 잉글랜드 전체에 수찬 정지 처분을 내리고, 1209년에는 존 왕을 파문하는 선언까지 내렸다. 이에 분노한 존 왕이 1209년부터 1211년까지 성직자들의 재산을 몰수하고 교회의 소득을 국가에 귀속하기도 했는데, 1213년에는 교황이 아예 필리프 2세의 잉글랜드 침공을 지지하고 나서자, 1213년 존 왕은 교황에게 항복하며 "영국과 아일랜드의 모든 영토를 하나님과 로마교회에 사면을 바라면서 바치나이다" 하고 매년 1000여 마르크를 교황청에 바치기로 약정했다.

마그나 카르타(대헌장)

또 한 가지, 존 왕의 치세에 중요한 사건은 1215년 마그나 카르타(대헌장)[204]가 존 왕에 의해 서명되었다.

그 후 교황 우르반 5세가 존 왕이 약정한 밀린 세금을 받으려 하자 1360년 영국 왕 에드워드 3세는 의회를 소집하여 교황에게 세금 바치는 일을 거부했다. 이 일로 로마 교황과 갈등하던 영국 왕 에드워드 3세를 보호하고, 교황의 세속적 권위를 공격하여 논문을 쓴 위클리프는 왕의 신임을 받아 교황의 사절들과 만나게 된다.

가톨릭 개혁자가 된 위클리프

위클리프(Wycliffe)는 영국으로 돌아오자 종교개혁자로서 활동하기 시작했다. 옥스포드와 런던에서 교황의 세속적인 통치권을 반대하는 연설을 했다. 그는 로마 교황을 "적 그리스도요 오만하고 세속적인 로마 감독이며, 가장 착취를 잘하고 약탈을 잘하는 저주받을 인물"[205]이라고 직언을 퍼부었다.

---

204) 마그나 카르타(대헌장/ 라:Magna Carta Libertatum, 영:the Great Charter of Freedoms)은 1215년 6월 15일 존 왕이 귀족들의 강요에 의하여 국왕의 권리를 문서로 명시한 것이다. 왕에게 몇 가지 권리를 제한하고, 법적 절차를 존중하며, 왕의 통치권도 법의 한계 안에 있음을 인정한 헌장으로 '입헌 군주국'의 효시라 할 수 있다. 내용 중 제39조 "자유민은 동등한 신분을 가진 자에 의한 합법적 재판 혹은 국법에 의하지 않고서는 체포, 감금, 추방, 재산의 몰수 또는 어떠한 방식의 고통도 받지 않는다."

그는 저술을 통하여 당시 교회의 폐습을 영어와 라틴어를 자유롭게 구사하며 공격했다. 그러므로 그는 "루터는 독일어로 낸 가장 혹독한 소책자 저자였으며, 위클리프는 영국에서 배출된 가장 유명한 선전문 저자였다"는 평을 받게 되었다.

Wycliffe's Bible/인쇄본

1380년 모든 사람이 성경을 읽을 수 있어야 한다는 신념으로 라틴어 성경(Velgete)을 영어로 번역을 시작한다.

물론 그의 생애에 번역을 완결하지 못하고 그의 동료들이 완결했지만 당시로서는 통속어로 성경을 번역한다는 것은 엄청난 시도였다. 물론 이들보다 먼저 파울리시안, 알비젠시안, 왈덴시안들이 이미 이와 같은 시도를 했다는 사실을 앞에서 언급을 했다.

(2) 로랄드(Lollards)

영어로 번역된 성서를 보급하고 전도하기 위하여 옥스포드 졸업생으로 전도대를 조직했다. 그들은 두 벌의 옷도 갖지 않고 무전 전도여행을 하여 가난한 신부들(Poor Priests), 혹은 순행 설교자들이라 불렀으며, 후일에 그들을 로랄드(Lollards)[206]라 불렀다. 이 뜻은 '중얼거리는 자들'에서 온 말로 늘 성경을 암송하며 중얼거리는 모습에서 붙인 별명이다.

이들의 모습은 바로 왈덴시안과 동일한 모습이었다. 도가를 입고 샌들을 신은 '가난한 자들'이 길을 걸으며 사람을 만나면 전도하고, 혼자 걸을 때는 성경을 암송하던 왈덴시안들의 모습과 동일했다. 왈덴시안도 중얼거리는 자들(Murmurer)이라 핀잔을 듣기도 했다.

그들은 곧 런던 감독으로부터 정죄를 받았다, "이들은 그릇된 교훈을 전하는 순회 전도대일뿐 아니라 이단적인 주장을 교회뿐 아니라 세속적인 장소에서 공공연히 전하는 자들로 겉치레는 거룩한 사람들 같으나 감독이나 교황의 인증도 받지 못한 자들이다."[207]

205) 인물중심 교회사, P. 270.
206) 옥스퍼드 영어 사전: 중세 네덜란드어 동사 lollen(중얼거리다)의 명사형 lollaerd(중얼거리는 자)에서 파생되었을 것이다.

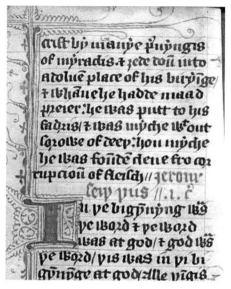

로랄드(Lollards)들도 이미 가톨릭이 주님께서 세우신 교회라는 믿음이 없었기 때문에 주님께서 주신 사명이라고 확신한 후로는 교황의 인증은 아무 의미가 없는 것으로 여겼다. 성서의 말씀을 통해 주님께서 구원받은 자들에게 분부한 "온 천하에 다니며 만민에게 복음을 전파하라"는 주님의 명령을 따라 나가는데, 길을 막고 교황의 승인을 받으라 하니 교황은 누구인고?

새로 캔터베리의 대주교가 된 윌리암 코트니(William Courtenay: 1381 - 1396)는 1382년 런던회의를 소집하여 위클리프의 저술 중 24개 명제를 골라 정죄하였다. 그러나

위클리프 필사본 성경

영국에서의 교황권은 이미 원하는 대로 시행할 수 없을 만큼 상당히 약화되었기 때문에 위클리프는 계속 그의 개혁을 주도할 수 있었다.

(3) 위클리프의 신앙

교회론: 그의 신앙은 예정설(지금 살아있는 자나 이미 죽은 자들이나 또한 아직 태어나지 않은 모든 예정된 자들의 총체 'The whole assembly is the number predestination present, past and future')과 우주적 교회론(universae ecclesiae/universal church)이었으나 예수 그리스도만이 교회의 머리요, 교황은 단지 자기 지역교회(로마지역)의 목자일 뿐이라는 위클리프의 교회론은 가톨릭이 주장하는 교황이나 주교가 교회라는 교회론을 거부하는 주장으로 당시로는 진일보한 신앙이었다.

---

207) Ibid, P. 271.

화체설 거부: 위클리프는 당시 가톨릭의 교리가 비성서적이며, 잘못된 것이라는 12개의 논문을 발표하기에 이른다. 그의 본문의 내용 중에는 150년 전 제4차 라테란 회의[208]에서 채택한 화체설(the doctrine of Transubstantiation)에 날카로운 비평을 가한다. 지면을 내어 원문을 소개해 본다.

Iohannis Wyclif De Eucharistias P. 13.
(존 위클리프의 성찬론에 관해서, P. 13)

"Nothing can be more awful than that any priest can make body of the Lord by saying Mass. What the priest makes is merely the consecration of the Host, which is not the body of Lord, but only active sign f His presence."

(번역: 사제가 미사를 말하면서 주님의 몸을 만든다는 것보다 더 무서운 것은 없습니다. 사제가 만드는 것은 주님의 몸이 아니라 그분의 임재에 대한 적극적인 표징인 성찬을 봉헌하는 것이다.)

"It suffices for the maintenance of the priest's authority that the should give the blessing and consecrate or 'make' the sacrament, which, as the Host, though not Christ's body, is it sign and covering."

(번역: 떡과 포도즙에 사제가 강복하면 성찬으로 '만들어'지는 것은 사제의 권위를 보장하지만 성찬은 그리스도의 몸이 되는 것은 아니고 그리스도의 임재를 표증하는 것이다.)

그는 저서를 통해 화체설을 "그들이 축성된 성체가 하나님이라고 하는 것은 이교도들보다 더 나쁘다. 화체설은 성서와 이성이 반대하는 새로운 교리다."[209] "그리스도의 임재는 상징을 통하여 전달된 영적인 임재이다. 그리스도의 몸은 실제로 임재하며, 그리고 그 임재는 하늘에 계시는 그대로의 그리스도의 몸이 아니라 그리스도의 몸의 대리적인 상징에 임재하는 것이다."[210]고 임재설을 주장했다. 그의 교리는 성서에서 말씀하시는 기념설에는 미치지 못하지만 당시로서는 엄청난 도전이었다.

---

208) 가톨릭이 1215년에 개최된 제4차 레터란 공의회는 카타리를 저주하였고, 그들에 대항하여 군대를 소집 하였으며, 화체설을 주의 만찬에 있어 공식적인 교리로 수립했고, 종교재판을 합법화하여 더욱 강화시켰다. 세계교회사, PP. 228-229.
209) 기독교 교리사, P. 285.
210) 기독교 교리사, P. 285.

화체설은 당시 교회의 권위의 기반이었기 때문에 "1381년 위클리프가 화체설(the doctrine of Transubstantiation)을 부정했을 때, 오랫동안 가톨릭을 지배할 수 있게 해준 성직자의 기적적인 능력의 근거를 뿌리째 흔들어 놓을 때, 가장 극에 달하였다."[211]

가톨릭이 그의 주장을 정죄했고 더 이상 주의 만찬에 대하여 설교하지 못하도록 했으나 위클리프는 "진리가 승리하리라"고 말했다. 그 결과 그는 1381년 루터워스(Lutterworth)라는 교구를 은퇴하여 성경 번역과 논문 저술에 힘을 쏟았다. 그의 중요한 논문으로 트리알로그(Trialogue)라는 글이 있다. 그가 세운 원칙은 "만일 성서에 기록된 말씀과 교회의 주장이 일치하지 않으면 성서를 따라야 되며, 양심과 인간의 권위가 충돌할 때는 양심에 순종해야 된다."[212]였다.

교황 권을 배격 : 위클리프는 마지막 논문 '그리스도에 대하여'(De Christo)에서 교황을 적그리스도라고 표현했다. 교황은 그리스도의 몸인 교회의 머리가 될 수 없고, 그리스도의 대리자가 아니다. 교황은 베드로의 수장권을 계승한 자일 수 없다. 왜냐하면 베드로도 다른 사도와 동일하고, 천국 열쇠는 베드로에게만 주어진 것이 아니라 모든 신자들에게 주어진 것이라고 강변했다.

고해성사에 대하여 비판하지는 않았으나 하나님께 직접 죄를 고백하는 것이 성서적이라 했다. 면죄부의 판매와 죽은 자를 위한 기도 등을 비난했으나 연옥을 부정한 것은 찾지 못한다. 그러나 그는 예수 그리스도의 복음이 참 신앙의 진정한 원천이며, 각 사람이 하나님과 개인적인 관계를 맺고 그분께서 직접 책임을 진다는 이론을 확립하였다.

(4) 그의 업적

"위클리프의 가장 중요한 업적은 영국 사람들이 참된 교리의 원천에 접근할 수 있게 해준 것이었다."[213] 당시 세계가 알고 있던 진리가 교회(가톨릭)의 가르침에서 유래하고 있던 것이었다면 그는 모든 사람이 스스로 성서를 통해 직접 접하고 양심을 따라 판단하도록 하는 혁명적인 사역을 한 것이다.

---

211) 순례하는 교회, P. 161.
212) 인물중심의 세계사, P. 272.
213) 순례하는 교회, P. 162.

그의 사역은 영국을 신앙적으로 일깨우는 자명종 역할을 했으며, 성서로 돌아가 구원을 찾으려는 자들의 지도자가 되었다. 그는 당시 가톨릭을 비판하면서도 가톨릭의 영역 아래 머물면서 가톨릭의 잘못을 고쳐보려는 가톨릭 개혁자였다. 그의 활동은 후대에 영국 침례교 운동을 다른 면에서 준비했다 할 수 있다.

(5) 핍박

옥스퍼드(Oxford) 60마일 북쪽에 있는 루터워스(Lutherworth)로 은퇴하여 집필 활동을 계속했기 때문에 그 후부터 루터워스는 전국에서 교훈과 격려를 보내는 로랄드(Lollards)의 중심지가 되었다. 물론 위클리프는 하나의 새로운 교회를 세우려고 시도한 분리주의자가 아닌 점에서 일반 개혁자와 같이 보아야 하지만 그는 왈덴시안의 영향을 받았고, 또 후대의 영국 침례교회에 영향을 끼쳤다. 그는 '영원히 꺼지지 않는 불'을 붙여 놓은 뒤 1384년 세상을 떠났다.

위클리프가 세상을 떠나자 위클리프의 명성 때문에 차마 핍박을 하지 못하던 로랄드들을 핍박하기 시작했다. 1401년 이단에 대한 회의에서 이단으로 정죄되었고, "이단자 화형에 대해"(De haeretico comburendo) 법령을 재정하여 로랄드들의 다수가 화형을 당했다. 1409년 주교회의는 위클리프가 주장한 교리들을 정죄하고 성서번역과 전도를 금지시켰다. 위클리프 사후에 그의 저서들은 불태워졌고, 박해에도 로랄드들은 영국 개혁에 한 알의 밀알이 되었다.

위클리프가 죽은 후 44년 동안 유예되다가 1428년 링컨의 주교 플레밍에 의해 유해를 신성한 땅에서 파내어 화형시키고, 그 재를 스위프트(Swift) 강[214]에 뿌렸다. 토마스 훌러(Thomas Fuller)는 위클리프의 뿌려진 유해를 다음과 같이 시적으로 표현하였다;

"그 조그마한 강(스위프트/Swift)은
그의 재를 아본(Avon) 강으로 옮겼고
아본강은 세베른(Severn) 강으로 보냈고,
세베른은 브리스톨(Bristol) 해협으로 옮겼으며,
거기서부터 넓고 넓은 대양으로 번져 나아갔다.
위클리프의 재는 전 세계로 퍼진 그의 교리의 상징이 되었다."

(출처:https://lewisnoh.tistory.com/entry/종교개혁-이전의-개혁자들)

---

214) 위클리프가 묻힌 루터워스(Lutherworth)를 지나는 강

로랄드들을 화형에 처하는 화형 장

⟨The Forerunners of the Reformation⟩

We commonly think that the initial reformation of the Roman
Catholic began when Martin Luther, summoned at the Diet of
Worms on April 18, 1521, refused to recant his statements and
writings attacking the Roman Catholic Church.

But we do know that there were many reformers before his time
who called for the reformation of the Roman Catholic even before
the times of Martin Luther. Of the statues commemorating the
reformation of the Roman Catholic in Worms in 1868, designed by
Ernst Rietschel, the one of Martin Luther is at the center.

But there are four other statues of other reformers, the ones
who were present before the time of Luther. These are Peter
Waldo of France (Waldensian) 1176, John Wicliffe of England from
1328-1384, Jan Hus from 1370-1415, a Czech ((Moravian), and
Girolamo Savonarola from 1452-1498, of Italy.⟩

2. 존 후스(John Huss, 1369-1415)

후스 서거 500주년, 1915년에 프라하 '종교개혁 광장'에 세운 후스 동상.
체코의 조각가 라디슬라프 샬로운(Ladislav Šaloun)의 작품.
기단에는 후스가 감옥에서 쓴 열 번째 편지 마지막 문장이 있다.
"Navzájem milovat. Nepopírejte pravdu přede všemi,(체코어)
서로 사랑하라. 모든 이들 앞에서 진실을 부정하지 마라"

(1) 존 후스

(Jan Hus/ 영: John Huss, 1369-1415년 7월 6일)는 농부 출신으
로 1369년경 보헤미아(Bohemia)의 후시네쯔(Husinets)에서 출생했
다. 귀족의 도움으로 교육을 받아 34세 때는 프라하 대학(Prague
University)[215]의 총장이 되었다.

당시 위클리프의 저서들이 보헤미아에 들어와 있었는데 후스가
그의 글을 읽는 중에 한 그림에 감명을 받았다. 그 그림은 예수께
서는 가시 면류관을 쓰셨고, 교황은 금 면류관을 쓰고 비단옷을 입고
있는 모습이었다. 또 하나는 예수께서 여인에게 "네 죄가 사하여졌
느니라"는 장면과 교황이 백성들에게 면죄부를 파는 그림이었다.

---

215) 프라하 카렐 대학교(라틴어: Universitas Carolina Pragensis)수도 프라
하에 있는 1348년 설립되어 중앙유럽에서 가장 오래된 국립종합대학교.

후스는 위클리프의 트리알로그(Trialogues)[216]를 보헤미아어로 번역하였고, 이 일로 인해 많은 사람들에게 위클리프의 개혁정신이 퍼져나갔다. 그러나 보헤미아 웬체슬라스(Wenceslas)[217] 왕이 후스의 신앙을 옹호하니, 위클리프 신앙을 거부하던 프라하 대학에 있던 독일 학생들과 교수들은 독일로 돌아가 라이프찌히(Leipzig) 대학을 세운다.

처음에는 위클리프주의라 불리다 나중에야 후스주의 운동이라 불렀다. 후스는 설교를 통해 진지하게 미신 숭배와 성직자들의 죄를 폭로하고, 영적으로 굶주린 자들에게 모국어로 말씀을 전했다.

(2) 후스가 주장한 반가톨릭 조항

후스는 교황의 소환에도 응하지 않자 교황은 1411년에 파문을 선포한다. 그러나 보헤미아 국왕 윈체슬라브와 국민들이 후스에 대해 열렬히 지지함으로 교황의 파문은 아무런 효과가 없었다. 이때부터 후스는 교황청과 정면 대결을 전개했다.

첫째, 자격 없는 교황에게는 복종할 필요가 없다.

둘째, 합법적으로 교황이 되어도 사익을 위하면 자격이 없다.

셋째, 성서야말로 교황을 포함한 기독교 신자들의 궁극적 권위다.

넷째, 성서에 순종하지 않는 교황에게는 순종할 필요가 없다.

교황 요한 23세가 전쟁 비용에 쓸 목적으로 면죄부를 판매하는 행위에 대하여 신랄하게 비판했다. 죄의 용서는 오직 하나님만이 하실 수 있는 것인데, 그 같은 면죄에 관한 신성한 것을 매매하는 행위는 하나님에 대한 반역이라고 주장했다.

가톨릭의 교권주의에 영적으로 갈급해 있던 보헤미아 지방의 사람들이 후스의 설교를 듣기 위해 구름처럼 모여들었고, 위협을 느낀 교황이 후스를 이단으로 정죄하고 설교 금지령을 내렸으나 후스는 위험을 무릅쓰고 계속 설교를 했고, 이어서 교황의 소환장을 받게 되었다. 후스를 추종하는 왕족, 귀족, 심지어 프라하 대학의 교수들이 웬체슬라스(Wenceslas) 왕에게 후스의 보호를 탄원했다.

---

216) 설교 금지를 당한 위클리프가 심혈을 기울여 집필한 논문, 성경과 교회의 가르침이 다르면 성경을 따르고, 신앙 양심과 권위가 다르면 신앙 양심을 따른다는 원칙을 세워 쓴 신앙 논문

217) 웬체슬라스는 보헤미아의 왕으로서 종교 개혁가 존얀 후스를 보호한다. 바츨라프 4세(체코어: Vaclav Ⅳ), 보헤미아 왕(재위: 1378년~1419년 8월 16일), 독일 왕(독: Wenzel 재위: ~ 1400년 8월 20일

콘스탄스 회의에서 심문받는 후스

1414년 콘스탄스 회의가 개혁회의라는 주제로 소집되었다. 후스에게도 자신의 신앙을 변증할 수 있도록 소환했기 때문에 개혁을 바라는 참석자들에게 성서의 진리를 설교할 기회로 여기고, 독일왕 지기스문트 (Sigismund/웬체슬라스 왕의 이복동생)의 신변보장을 받고, 많은 보헤미아 유력자들과 참석했으나 교황 요한 23세가 기습적으로 체포하였다. 회유에도 불구하고 신앙을 고수하여 후스가 자신을 성 4위로 칭했다는 죄목을 씌어 1415년 7월 6일 화형에 처하고 재를 라인강에 뿌렸다.

(3) 후스의 순교에 대한 반전

그의 죽음을 목격한 보헤미아의 참석자들은 그가 화형당한 곳의 흙을 파서 가지고 체코로 돌아가서 콘스탄스 회의를 거부한다. 452명의 보헤미아 귀족들이 후스의 신앙을 따를 것을 선언하고, 1420년 교황에 저항(protestant)하는 4개 조항을 선포했다.

첫째, 성서에 의하여 자유로이 설교할 것,
둘째, 주의 만찬 시 잔도 베풀 것,
셋째, 교회 직분이 국가 정치권력 겸직 (兼職)금지,
넷째, 교회 직분의 여러 죄와 부패를 방지할 것 등이었다.

(4) 독일 황제 지기스문트와 후스파의 저항

후스의 신변을 보장하고 종교회의에 초대했던 독일 황제 지기스문트에게 보헤미아 인들은 선포한 4개 조항의 신앙의 자유를 요구했으나 거절당하고, 오히려 지기스문트가 군대를 동원하여 후스파를 공격했다. 후스의 사망을 계기로 보헤미아에서는 격렬한 반 지기스문트 운동이 일어났고, 이때 보헤미아인들이 단결하여 지기스문트와 교황에게 저항(Protestant)을 시작했다.

창밖 투척사건 (De Fenestration) [218]

1419년 7월 30일 프라하의 노베메스토(Novoměstská)시 청사에서 얀 젤리프스키(Jan Zelivsky)가 주도하는 강경파 후스주의자들이 동료 후스주의자들의 석방을 요구하며 시의회 7명의 의원들을 시청 창문 밖으로 던지는 프라하 창밖 투척 사건이 발생했으며, 며칠 뒤 후스파의 신앙에 호의적이었던 웬체슬라스(바츨라프 4세) 왕이 서거했다는 소식을 들은 프라하의 백성들은 혁명을 일으켜 모든 수도원과 재산을 몰수하고, 가톨릭으로부터 신앙의 독립을 쟁취했다.

콘스탄스 회의에서 교황이 된 마르티누스 5세는 모든 가톨릭 국가에 후스파를 대항하여 봉기할 것을 요청하고, 독일 황제 지기스문트와 교황 군대가 연합으로 프라하를 공격했다.

얀 지스카(Jan Žižka)승마 동상

프라하의 온 백성들이 단결하여 신앙과 국가를 위해 분전했다. 보헤미아의 영웅인 타볼파 요한 지스카 (John Zizka, 1376-1424) [219] 장군이 보헤미아를 잘 방어했고, 후계자인 프로콥(Prokop)은 보헤미아의 국경을 넘어 교황 측을 공격하기도 했다. 1416년부터 시작된 전쟁은 20년 동안 다섯 차례의 공격을 잘 격퇴하고, 1435년까지 프라하를 지켜내서 교황군은 더 이상 프라하를 무력으로 공격할 수 없게 되었다.

(5) 후스주의 두 분파

1) 우트라크 파(Utraquists) [220] : 온건파로 분류되는 이유는 연옥설과 죽은 자를 위한 기도, 성자들의 초상, 성수(holy water)를

---

218) 체코에서 있었던 반대, 또는 분노에 대한 강한 의사 표시
219) 얀 지슈카(체코어: Jan Žižka 1360-1424)는 웬체슬라스의 장군으로 보헤미아의 내전에 참전하여 큰 공을 세웠다. 후스 이후, 타볼 파의 지도자로 교황 마르티노 5세와 독일 왕 지기스문트의 연합군을 보헤미아 농민군을 탁월한 전략으로 이끌어 교황 군을 물리쳐 조국 체코와 신앙을 지킨 장군.
220) Utraquism: 라틴어 sub utraque specie, '둘 다 같이' 즉 주의 만찬 시, 떡과 같이 잔(cup)도 베풀라는 양형영성체파(兩形領聖體派)

거부했고, 복음의 자유로운 설교와 성직자의 도덕성 회복, 주의 만찬 시 두 요소인 잔과 떡을 요구했으나 로마 가톨릭의 성직 계급제도와의 완전한 분리는 원하지 않았고, 로마교회의 신조를 유지하기를 원했기 때문이다. (온건파라는 의미는 가톨릭에서 볼 때 타협의 여지가 있는 무리라는 의미다: 필자 주).

2) 타볼 파(Taborites) 221) : 위클리프와 후스의 신앙과 동일시하며 사도시대 교회로의 회복과 현존하는 가톨릭의 교리까지 개혁을 요구하였고, 성서로 근거할 수 없는 모든 의식을 다 금지시켰다. 이들은 오직 성서만이 기독교인들의 신앙과 실행의 유일한 기준이 되며, 화체설은 오류이고 고행과 종부성사는 폐지되어야 하며, 연옥과 죽은 자를 위한 기도, 성자에게 드리는 기도, 성상 및 유물에 대한 예배, 면죄부 등은 모두 미신이라고 규정 하였다. 모든 믿는 사람은 설교할 수 있으며, 심지어 여자들도 설교(전도)할 수 있다고 주장한 면이 우트라크 파(Utraquists)와는 차이가 있어서 교회사가들은 우트라크 파는 온건파, 타볼 파(Taborites)를 급진파라 한다.

(6) 프라하 계약(compactara)과 리판(Lipan) 전투

많은 프라하 시민들이 후스주의를 지지했기 때문에 일치단결하여 프라하를 지키며, 지기스문트의 군대를 수차례에 걸쳐 패퇴시키고 짧은 시간 동안 프라하는 신앙의 자유를 누렸다. 진압에 실패한 교황이 1431년 바젤 종교회의에서 후스파와 화평조건을 제안했다. 우트라크 파(Utraquists)는 계약 체결에 동의했지만 강경한 입장이던 타볼(Taborites)파는 이에 반발하여 교전을 이어 나갔고, 교황청은 온건파인 우트라크파(Utraquists)와 합세하여 1433년 프라하 계약(compactara)을 거부한 타볼(Taborites)파를 공격하여 1434년의 리판(Lipan)전투에서 대부분이 전사했고, 일부 생존자들이 게릴라식의 전투를 간헐적으로 이어갔다.

타볼 파를 궤멸시킨 뒤 승자인 교황청과 양형영성체 파, 즉 우트라크 파(Utraquists)는 다시 평화협상을 진행하였다. 1436년 7월 잔과 떡의 성찬식과 교회 토지의 사회 환원, 우트라크 파(Utraquists) 지도자인 로키카나(Rokycana)를 대주교로 삼아 보헤미아 가톨릭 독립교회의 설치를 골자로 하는 이글라우 협정을 맺었다. 그러나 10

---

221) 프라하 동쪽 '타볼'(Tabor) 고원을 근거지로 삼아서 '타볼파'라 했다.

여 년이 지나서 후스 파가 세력을 거의 상실하자 교황 비오 2세[222]는 1444년 우트라크 파(Utraquists)의 의식(儀式)을 완전히 폐지하고, 위클리프와 후스의 교리를 이단으로 정죄하고 로마 가톨릭으로 흡수해 버렸다.

(7) 콘스탄츠 공의회 (Konstazer Konzil 1414~1418)

로마-독일 왕 지기스문트(Sigismund)가 제창하여 교황 요한 23세가 독일 보덴호수 콘스탄스(Lake Bodensee, Konstanze)에서 소집한 중세 최대의 종교회의로 개혁회의라 부른다. 각국의 군주 · 추기경 · 대주교 · 신학자 외에 많은 군중이 소도시에 집결했다.

 ① 세 명의 교황(아비뇽 교황/클라멘스 7세, 로마교황/ 우르바노 6세, 피사회의/ 알렉산더 5세)을 폐위하고 통일 교황으로 마르티노 5세를 선출.

 ② 종교회의의 권위는 교황보다 우위에 있고, 교황도 신앙, 교회 개혁에 관한 문제에는 복종해야 한다.

 ③ 위클리프를 이단으로 파묘하여 유골을 화형에 처하고, 재를 호수에 뿌렸다.

 ④ 후스를 심문하여 구금한 뒤 1여년 후에 화형에 처해서 재를 라인 강에 뿌렸다.

 ⑤ 후스의 친구 프라하의 제롬을 1년 후에 화형에 처했다.

(8) 후스와 제롬의 관계 그리고 왈덴시안의 영향

옥스포드에서 위클리프의 학생 프라하의 제롬(Jerome)[223]이라는 학생이 있었는데 그는 위클리프로부터 배운 진리에 대한 열정을 가지고 고국으로 돌아갔다. 제롬은 가톨릭이 그리스도의 진리로부터 이탈했으며, 구원을 받고자 하는 사람은 복음의 가르침으로 돌아가야 한다고 가르쳤다.

이때 그의 설교를 가슴에 담아둔 사람이 바로 당시 여왕의 고해

---

222) 라틴: Pius II, 이태리어: Papa Pio II, 제210대 교황
　　(재위: 1458년 8월 19일 ~ 1464년 8월 15일)
223) 프라하의 제롬(Jerome of Prague)은 후스가 희생당한 것을 추모하려 콘스탄스로 갔는데 그도 역시 옥에 갇혀 고문을 당하다. 다음 해인 1416년에 바로 1년 전에 친구가 화형 당했던 그 자리에서 화형을 당했다. 인물중심의 교회사, P. 275.

신부였던 존 후스였다. 제롬의 격려로 존 후스가 개혁을 힘차게 진행할 수 있었고, 거의 대부분의 보헤미아인들이 쉽게 지지했던 것은 이미 훨씬 전에 왈덴시안들이 체코에 도착하여 전도해 오고 있었기 때문에 사람들이 준비가 되어 있었다고 할 수 있다. 왈덴시안의 영향이 체코에 광범위하게 확산되어 있었음을 알 수 있다.

후스가 처형될 때도 "왈도파의 부패성으로부터 감염되었고, 또 위클리프의 교리를 가르쳤다."[224]라고 판결문을 작성한 것을 볼 때 당시 체코에서의 왈덴시안들의 영향을 보여준다.

후스주의의 후기

위클리프-후스 사상의 참 대표자들은 '떡-포도주 파'인 '우트라크파(Utraquists)'라기보다는 타볼파였다. 1458년경부터 타볼파와 우트라크파(Utraquists)의 남은 이들과 체코에 있던 왈도파가 합해서 '보헤미아 연합 형제단'(라: Unitas Fratrum/Unity of the Brethren)을 조직하였는데 이들이 후스 운동의 핵심적 요소를 흡수하여 후대 모라비안 경건주의의 정신적 조상이 되었다. 영국의 요한 웨슬리는 이 모라비안 파에게 큰 영향을 받았다.

타협의 안타까운 결과: 위클리프와 후스의 성서로 돌아가려는 경건한 신앙을 순교로 지킨 믿음의 후예들이 결국 가톨릭과 타협하여 같은 믿음의 형제들을 교황 군대와 힘을 합쳐 공격하여 살해하는 안타까운 일이 자행되었다.

그렇게 얻은 가톨릭의 독립 주교구인 보헤미아 주교구를 설립하여 신앙의 자유를 쟁취한듯했지만 결국 가톨릭의 세력이 강해지니 위클리프와 후스의 교리를 이단으로 정죄하고, 보헤미아 주교구를 흡수해 버리지 않았는가!

형제들의 안타까운 옛일: 신약교회의 신앙을 계승해서 오늘을 사는 우리가 타산지석(他山之石)으로 삼아야….

---

224) 순례하는 교회, P. 169.

3. 모라비안 형제단(the Moravian Bretheren)
연합 형제단(라: Unitas Fratrum)

1433년의 리판(Lipan) 전투에서 살아남은 타볼 파 잔여 회원들과 우트라크 파의 타협을 거부한 사람들은 후에 모라비안 형제단(the Moravian Bretheren)으로 발전했다. 그러나 실상은 프랑스에서 활동하던 왈덴시안들이 일부는 핍박을 피해 독일로 스위스로 흩어졌고, 일부는 알프스 계곡으로 숨어 들어가서 잔혹한 핍박을 견디며, 이태리 발데제 교회로 발전했다. 오늘날 이태리에서 최초의 개신교라는 또 다른 억울한 호칭으로 불린다. 하지만 사실은 그들은 신약교회 신앙을 계승한 교회들이지 개신교(Reformed Church)는 아닌데, 사람들은 가톨릭이 아니면 다 개신교인 줄 알고 있으니….

보그밀들이 보스니아에서 북진하여 헝가리에서 독일로 가는 길이 보헤미아였고, 왈덴시안들도 프랑스 중부에서 박해를 피해 일부는 보헤미아에서 활동했을 것은 살아있는 사람이 호흡을 하는 것만큼 확실할 것이다.

전술한 바와 같이 후스를 처형하면서 죄목으로 '왈도파의 부패성으로부터 감염되었다'고 죄목을 씌웠다. 필자가 강조한 것처럼 가톨릭은 이단자라고 처벌할 때 단순히 이단을 처형하는 것 외에 백성들에게 경고하고 처형의 정당성을 확실히 하기 위해서 당시 백성들에게 잘 알려진 강력한 이단 사상으로 죄목을 삼는 방법을 썼었다. 이런 정황들을 볼 때, 후스를 왈도파에 오염되었다고 죄를 물은 것은 독일, 보헤미아지역에서 왈덴시안들은 잘 알려진 그들 나름의 이단이었다는 증거가 된다.

모라비안 형제단은 유트라크 파와 교황이 맺은 조약을 거부하고 끝까지 투쟁하다 전멸되다시피 했으나 잔여 무리들과 보헤미아에 숨어 살고 있던 왈덴시안 일부와 또 한 무리들이 있었으니 역사는 아이러니의 연속이다.

존 후스의 영향으로 파생된 세 부류 중 가장 타협적인 유트라크 파(Utraquists)의 대주교인 로키카나(Rokycana)는 가톨릭에 의해 보헤미아 유트라크 독립교구의 대주교로 서임 되었지만 가톨릭의 오류들은 여전히 비난하면서도 자신은 가톨릭과 타협적이었다. 아이러니하게도 그의 설교가 그 자신은 변화시키지 못했으나 그 설교를 들은 사람들은 그 설교의 교훈대로 실천할 것을 결심하고, 그레고리(Gregory)라는 사람들 중심으로 모여 북동 보헤미아, 폴란드 국경 근처인 쿤발트(Kunwald) 마을에 공동체를 1457년에 창설했다. 이 공동체는 가톨릭과 타협하여 독립 보헤미아 교회로 인정받은 로키카나(Rokycana) 대주교도 흩어진 형제들이 세운 쿤발트(Kunwald) 공동체를 인정하고 피차간에 평화를 유지했다.

그러나 이 관용은 오래 지속되지 않았다. 탄압이 시작되는 중에 쿤발트의 형제들이 1467년 로타(Lhota)에서 종교회의를 열고, 사도들의 관행에 따라서 최초의 사제 3명을 선출했다. 이 형제단은 명백히 기존 교회 조직체와는 아무 관련이 없는 것이었다. 16세기의 간헐적인 탄압에도 불구하고 새로운 무리들은 '연합 형제단'(체:Jednota Bratrská)이라는 이름으로 살아남았다. 이들은 수적으로는 극히 적었지만, 영향력은 수에 비할 수 없이 체코인들의 종교적, 사회적 발달에 정신적 토양으로 남아 있었다.

연합 형제단은 개혁교회도 개신교도 아닌 초대교회를 지향하는 직접 연결된 신약교회였다. 그 마을에는 타볼 파 후스주의자들과 왈덴시안 일부, 프라하에서 온 학생들로 구성되었다. 그들은 유트라크 파 교회와 연계를 가지고는 있었으나 모인 모든 무리들은 연합하여 성서의 가르침과 초대교회로 돌아가기로 결정하여 모라비안 형제단이 되었다. 모라비안 형제단 중에는 왈덴시안들도 있었다는 기록이 있다. "그들 중에는 옛 왈도 파(왈덴시안)의 관습을 따르는 자들도 있었는데 '완전한 자'(the perfect)라 불리는 모든 재산을 포기한 자들이었다. [225]

그러나 그들의 공동체는 오래가지 않아 유트라크 파 교회들에 의해 박해를 받아 지도자는 화형을 당하고, 형제들은 산으로 흩어졌으나 오히려 그 수는 증가했다. 그들은 모인 지역을 따라 모라비안 형제단((the Moravian Bretheren), 세 부류가 연합하였다 하여 연합 형제단(라:Unitas Fratrum)이라 했다.

모라비아 교회들의 상징 마크는 승리의 십자가 깃발을 들고 나가는 '하나님의 어린 양'(Agnus Dei)이며, "우리 어린양이 이겼다, 우리가 그를 따르자"는 문구가 둘러 처져 있다. 지금도 세계 각처에 흩어

---

225) 순례하는 교회, P. 175.

 져 있는 모라비안들의 상징으로 쓰인다.

(1) 전체 모임

1463년 라이체나우(Reichenau)[226]와 1467년에는 프라하 근처 로타(Lhota)에서 형제들의 전체 모임이 있었다. 그 모임에서 몇 가지를 다루었다.

① 교회의 원리를 다시금 환기시키고 사도시대 교회로 돌아가자.
② 참석자들에게 침례를 주었다. 신자의 침례는 박해 중에도 함께하는 왈덴시안들의 신앙은 물론 후스 파(Hussites) 형제들도 침례에 대한 신앙을 공감했기 때문이었다.
③ 그 모임에서 그들은 가톨릭에서 분리한 것이 아니라 초대교회를 회복하는 것으로 선언했다. 모라비안 형제들은 다른 교회를 세운 것이 아니라 주님이 세우신 원시교회(Primitive church)를 세웠다는 것을 이후에 모든 모라비안 교회들의 신앙고백에서 가톨릭에서 '분리/schism'한 개신교가 아니라 처음부터 신약교회의 신앙을 따라 섬겨 왔기 때문에 모라비안은 '분리주의자'(Schismatist)가 아니라고 천명(闡明)[227]하고 있다.
④ 지도자를 선출했다. 사도들의 전통을 따라 전 참석자가 모두 참여하여 9명을 선출하여 그중에 한 명을 제비뽑기로 지도자로 선출하고, 쿤발트의 맛디아(Matthias of Kunwald)라 불렸다.
⑤ 선출된 지도자를 오스트리아의 왈도파 감독 스테반(Stephen)에게 보내어 임명받도록 했다. 이런 절차는 절대적인 것이 아니라 덕을 세우기 위한 바람직한 절차라고 보았고, 그들은 왈도파와 계속 관계를 유지하고 있었음을 보여준다.

(2) 그들의 박해와 활동

교황 알렉산더 6세(Alexander Ⅵ: 1492년~1503년 8월 18일)는 형제단이 증가하면 왕위가 위태롭다고 보헤미아 왕을 설득하여 박해했으나 지도자들의 탁월한 지도로 박해를 극복하고 성장했다.

---

226) 남부 독일 콘스탄스 종교회의가 열렸던 보덴 호수의 작은 섬
227) We are the only mainline denomination that has never experienced a schism.
(번역: 우리는 분열을 경험한 적이 없는 유일한 주류 교단이다.)

(3) 그들의 교육

그들은 학교를 세우고 어린이 교육에 힘썼다. 교재는 이탈리아어, 프랑스어, 독일어와 보헤미아어로 출판된 것이 현재에도 보존되고 있다. 이들은 네덜란드와 북서부 독일 지방에 있던 공동생활형제단[228]과도 긴밀한 관계를 맺고 있었다. 그들의 교육용 교재를 프랑스와 이탈리아의 계곡지방(알프스)에 있던 왈도 파와 독일 지방의 여러 형제단이 똑같이 어린이용 교재로 사용한 것으로 보아 그들이 서로 연결되어 있었음을 보여준다. 필자가 조사한 바에 의하면 미국에서만 두 개의 신학교가 잘 운영되고 있다.

필라델피아 베들레헴에 있는 Moravian College와 Seminary
(60 W. Locust St. Bethlehem, PA.)www.moravianseminary.edu

---

228) '공동생활 형제단'을 네덜란드인 그루트(Gerhard Groote)가 처음으로 조직했는데 그는 뤼스브뢰크(Jan van Rysbroech)와 함께 형제단을 설립하고 데벤터(Deventer) 지역에 처음으로 학교를 세운 바 있었다. 순례하는 교회, P. 190.

(4) 개혁자들과의 관계

그들에게 독일로부터 1517년 비텐베르그(Wittenberg)의 거사 소식이 들렸다. 피차간에 의심을 품은 바는 있었으나 그들은 서로 연대를 가지게 되었다.

루터와 형제단의 신앙의 차이

"초기에 로마 가톨릭의 경건한 수도사로 출발한 루터는 스타우피쯔[229]와 만난 뒤, 성경을 자세히 읽음으로써 형제단들의 신앙에 동조할 수 있었다. 그런데 이제 로마 가톨릭과 충돌하게 되었을 때 여러명의 독일 제후들과 긴밀한 관계를 맺게 되었던 것이다. 그러므로그는 옛날에 받은 교육을 회상하고, 점차 루터교회를 창설하기에이르렀다. 이런 변화는 그가 형제단으로부터 점차로 멀어지고 성서의진리를 부활시킴과 동시에 로마 가톨릭으로부터 물려받은 요소를새로 생긴 루터교회에 도입함으로써 분명하게 드러났다."[230]

그들의 차이는 현격했다. 형제단은 복음서를 강조한데 반해 루터는 바울 서신에 강조점을 두었고, 형제단은 그리스도를 따르는데균형 잡힌 진리를 선포하였지만 루터는 믿음으로 의롭게 된다는 교리를 매우 강조했다. 즉, 믿음으로 말미암는 구원의 교리를 강조한나머지 믿음으로 거듭난 성도들이 영위해야 하는 그리스도인들의거룩한 삶으로 나가지 못했다. 그리고 유아세례를 유지하고, 국가와 교회가 연합하여 교회의 권위에서 떨어져 나가는 사람들을 벌주거나 회심의 수단으로 쓰여야 한다며 국가 권력을 교회에 도입함으로 형제단과는 결별하게 된다.

개혁의 시대에 겪게 되는 신약교회 신앙을 회복하고 지키려는 형제들의 비애가 시작된 것이다.

(5) 30년 전쟁(Thirty Years War)

보헤미아 교회가 가톨릭을 거부하는 사건으로 시작된 전쟁이 서로확장되어 개신교 국가와 가톨릭 국가 간의 전쟁으로 확대되었다.이 기회에 교황 권과 합스부르크 가의 서로 다른 유럽 통일을 목표로하는 전쟁이 되어 30여 년간 유럽 인구 800만이 죽는 전쟁이 있었다.

---

229) 요한 폰 스타우피츠(Johann von Staupitz, 1460년-1524년) 카톨릭 신학자,
　　 초기에는 루터의 후원자였으나 극단적인 개혁에 결별했다.
230) 순례하는 교회, P. 194.

1) 30년 전쟁과 창문 투척 사건 (De Fenestration)

보헤미아의 대부분의 귀족들은 후스의 신앙을 따르고 가톨릭을 배척하기로 대동단결했다. 연합 형제단에 가입한 이들 중에는 귀족들도 있었는데 그들은 언제 닥칠지 모르는 박해를 피하기 위하여 연합 형제단의 신앙을 보헤미아 국교로 삼을 것을 구상하였다. 1609년에 귀족들이 세를 모아 국왕에게 보헤미아는 종교의 자유를 보장하고, 개신교의 신앙을 보호한다는 헌장에 서명하여 연합 형제단(후스주의)을 국교로 선언했다.

전쟁의 발발은 보헤미아(체코)를 가톨릭으로 편입시키려고 기회를 엿보던 마티아스 왕이 가톨릭 추종자인 페르디난트를 후계자로 삼아서 보헤미아를 가톨릭으로 편입하려 했고, 보헤미아 교회 측은 프리드리히 5세를 후계자로 지지한 과정에서 일어났다. 마티아스 왕이 죽자 가톨릭 추종자인 페르디난트가 1617년 왕이 되어 1618년 왕권을 인수하려 두 명의 가톨릭 의원을 프라하 성으로 파송했다. 하지만 1618년 5월 23일 보헤미아 의회는 그들을 의회 창문으로 던져 버리는 제2차 창문 투척 사건을 일으킨다. 아슬아슬하던 가톨릭과의 동거가 파국이 나는 사건이었다.

1차 창문 투척 사건은 전술한 1419년 7월 30일 강경파 후스주의자들이 동료 후스주의자들의 석방을 요구하며 시의회 의원들을 시청 창문 밖으로 던지는 프라하 창밖 투척사건을 말한다. 2차 창문 투척 사건으로 보헤미아 반란이 시작되었다. 이 반란으로 유럽세계는 두 진영, 곧 프로테스탄트와 가톨릭으로 대립하여 건곤일척(乾坤一擲)의 유럽 대전이 발발한다. 세계역사상 어느 세계대전보다 참혹한 전쟁이 후스의 신앙을 추종하던 보헤미아 교회(교회 사가들은 보헤미아 개신교라 한다: 필자 주)의 창문 투척 사건으로 점화된 것이다.

2) 30년 전쟁의 결과

참혹한 전쟁의 역사를 사자(死者)들께는 송구하나 간단하게 정리하면 다음과 같다.

전쟁기간: 1618년 5월 23일 - 1648년 5월 15일.
전장: 유럽, 주로 독일과 보헤미아 (약 800만 명의 전사)
베스트팔렌 조약으로 인한 평화.
개신교 인정.

네덜란드 공화국, 구 스위스 연방의 독립 인정.
스웨덴 제국, 영국, 프랑스의 성장;
합스부르크가 패권의 추락.
스페인 제국 쇠퇴.
봉건 제도의 쇠퇴.
신성 로마 제국의 지방 분권화(로마 코뮨의 발달)
가톨릭의 영향력 및 세력 쇠퇴
독일 인구의 3분의 1에서 3분의 2 사망
독일 연방 파괴(300개의 제후국으로 분화)
전쟁의 결과로 유럽이 근대 국가로 변모하였고,
교황권이 약화되었으며, 프로테스탄트가 정착된다.

3) 베스트팔렌 조약(Peace of Westphalia)

1648년 신성로마 제국 령 베스트팔렌의 오스나브뤼크(Osnabrück)와 뮌스터(Münster)에서 체결된 평화 조약이다. 이것은 역사상 최초의 근대적 국제 협약으로 외교 주권을 가진 '국민 국가(國民國家, nation state)' 모든 참전국 대표들이 평화적으로 조약을 체결했다.

내용:
① 프랑스는 알자스 중남부 지방을 획득하며, 영유권을 인정한다.
② 스웨덴은 포메라니아 서쪽과 브레멘 주교의 영지 등을 얻는다.
③ 브란덴부르크는 포메라니아 동쪽 지역을 얻는다.
④ 바이에른, 작센 역시 영토를 조금씩 획득한다.
⑤ 스페인으로부터 네덜란드의 독립을 인정한다.
⑥ 1555년 이루어진 '아우크스부르크 종교회의'을 확인하며 칼빈파도 루터파와 동등한 권리를 인정한다.
⑦ 독일의 제후는 영토에 대한 완전한 주권과 외교권, 조약 체결권을 갖는다.
⑧ 스웨덴은 오데르 강, 엘베 강, 배저 강 지역 지배권을 갖는다.

이 조약에서 주의해야 할 내용이 있다. 베스트팔렌 조약을 종교의 자유를 보장한 조약이라고 하지만 아니다. 조약 내에 언급한 '아우크스부르크 종교회의' 내용을 살펴보자. 1555년 9월 25일 신성로마제국의 로마 왕 페르디난트 1세와 슈말칼덴 동맹[231]에 속한 개

---

231) 슈말칼덴 동맹(독: Schmalkaldischer Bund), 1531년 독일의 개신교 제후들과 도시들이 로마 가톨릭의 루터교 탄압에 자기 방위를 위해 맺은 조약.

신교 제후들 사이에 체결된 종교 협약으로 이때 루터교회가 종교로 인정받은 조약이다. 그 내용을 살펴보자.

아우크스부르크 회의의 핵심은 바로 'Cuius regio, eius religio' 이다. 직역하면 '그의 왕국에, 그의 종교를'이라는 뜻의 이 라틴어 경구는 신성로마제국 안에 있는 영주나 왕들에게 자기들이 통치하는 나라(영지)에서는 가톨릭이나 루터교를 자유롭게 선택할 수 있다는 조약이었다. 데오도시우스 1세가 가톨릭을 국교로 정한 후에 선언했던 "통치자는 백성의 종교를 결정한다."는 말처럼 국교주의를 그대로 답습하는 것이다. 즉, 아우크스부르크 회의에서는 가톨릭처럼 루터교도, 베스트팔렌 조약은 하나 더 해서 칼빈 파도 영주나 왕이 선택하면 모든 백성은 그 종교를 따른다는 내용이다.

이런 조약들이 신앙의 자유를 쟁취한 쾌거이지만 국교가 아닌 교회들은 또 다른 핍박 자를 만나게 될 뿐이다. 개신교들이 가톨릭을 개혁하고 나왔다는 소식을 듣고 반가워서 찾아갔더니 그들의 교리를 따르지 않는다고 가톨릭과 똑같이 박해를 하였다. 씁쓸하게 상처를 안고 피난처로 숨어야 하는 처지일 뿐이었다.

베스트팔렌 조약(Peace of Westphalia)

4. 진젠도르프 백작과 모라비안 형제단
(Count Nicholas Ludwig von Zinzendorf & Moravian)

　개혁자들에게 박해를 받던 잔여 모라비안 형제들이 독일 남부 작센 주의 헤른후트(Herrnhut : The Lord′s Watch) 땅에 피난함으로 진젠도르프와 모라비안 형제단의 역사는 계속된다. 헤른후트는 진젠도르프 백작의 영지로 루터교의 박해와 보헤미아의 박해를 피해 온 모라비안 형제들을 외부의 압력으로부터 보호하며 생활하도록 허락한 땅이었다. 어떻게 진젠도르프 백작이 쫓겨 온 모라비안 형제들에게 자기 영지를 허락하고 보호자가 되었을까?

　모라비안 형제단은 루터와 결별한 후의 기록은 별로 없다. 그러나 다시 돌아와 기거하던 라이체나우(Reichenau)와 로타(Lhota) 지방에서 지냈으리라 본다.

　1722년 진젠도르프 백작의 영지인 독일 남부 헤른후트(Herrnhut)에 정착하기 전까지 실상은 유럽 세계의 세계대전에 해당하는 30년 전쟁이 있었다.

체코 경계에 있는 현제 헤른후트(Herrnhut)전경

(1) 진젠도르프 백작

모라비안 형제단이 전술한 루터교의 교리를 거부 한다고 박해를 당해 피난 간 곳이 바로 진젠도르프 백작의 영지인 독일 남부 헤른후트(Herrnhut)였다. 모라비안 형제들이 피난 간 곳은 보호를 받을 수 있었으니 다행이었다.

모라비안 형제단 시작이
'얀 후스'라면
완성은 진젠도르프 백작이라
할 수 있는 인물이다.

진젠도르프 백작은 1700년 유럽 귀족 가문에서 태어났다. 그의 아버지는 어렸을 때 돌아가셨고, 영향력 있는 경건한 할머니의 성(Gros Hennersdorf)에서 자랐다. 할머니의 경건한 신앙을 물려받은 어린 백작은 할레 아카데미[232]에서 '겨자씨'라는 단체를 조직해서 복음 전파에 힘쓰며 믿음 안에서 자랐다. 장성하여 성인이 된 후로는 '겨자씨' 조직을 더 활성화해서 영주들과 대주교들, 심지어 왕들도 참여하도록 했다.

젊은 백작 진젠도르프는 그의 그랜드 투어(귀족들의 통과의례) 도중 뒤셀도르프의 미술관에서 'Ecce Homo'(이 사람을 보라/Behold the Man)이라는 도메니코 페티(Domenico Fetti)의 그림을 보았다. 가시관을 씌워서 무리들 앞에 데리고 나온 빌라도가 예수님을 가리키며 '이 사람을 보라'는 그림이다. 이 그림을 본 청년 백작 진젠도르

---

232) 할레에 있는 프랑케 페다고기움(Francke's Paedagogium), 지금 중고등학교 정도의 학교로 학생들에게 선교사들의 경험과 선교보고를 통해 선교에 대한 비젼을 키웠다.

프는 주님께서 "내 너를 위해 가시관을 쓰는데 넌 날 위해 무엇을 하려느냐?"는 주님의 음성이 들리는 듯하는 감동을 받고, 즉시 주님을 섬기며 살기로 헌신하게 된다.

1722년 어느 날 모라비안 형제들이 찾아와서 피난처를 구하는 일이 있었다. 하나님께서 모라비안 형제들을 위한 피난처를 진젠도르프를 통해 준비하신 것이 아니겠는가? 모라비안 형제들의 요청을 기꺼이 허락하여 루터교나 가톨릭의 박해를 피해 모라비안 형제들이 국경을 넘어 헤른후트(Herrnhut: "The Lord's Watch"/주님의 보호처)라는 마을에 모여와서 정착할 수 있었다.

진젠도르프는 모라비안의 신앙에 흥미를 느꼈고, 1727년에 그의 모든 공적인 직위를 떠나서 모라비안들과 함께하기로 마음을 정했다. 성경 연구에 대한 그의 깊은 경건성에 모라비안들이 그를 지도자로 인정하게 되었다.

형제들 사이에 내분233)이 있었으나 그의 리더십으로 화해하고, 믿음과 삶의 기본을 정하는 '모라비안 형제 협약'(Brotherly Agreement)이라는 독특한 문서를 작성하게 되었다. 1727년에 진젠도르프와 모라비안들은 협약을 맺었는데 그 내용은 세 가지로 요약된다.

첫째, 그리스도의 십자가의 구속의 큰 사랑과 성령이 하나 되게 하신 것을 중시한다.

둘째, 성령 충만을 중시한다.

셋째, 자신을 하나님께 헌신하며 성령의 인도로 사는 것을 중시한다는 것이었다.

헤른후트(Herrnhut)의 주민들은 이러한 성서의 원칙을 준수하겠다는 서약에 서명해야 했다.

지금까지도 모든 모라비안 교회들은 침례를 받은 후에 회원의 생활 규범을 약속하는 '형제 협약'에 서명하고 함께 할 것을 언약한다. 필자가 있던 동네 가까이 있는 모라비안 교회(Moravian church in Winston Salem, NC.)를 참고했다. 지금은 '그리스도인들의 삶을 위한 모라비안 언약'이라고 제목은 변경했지만 최초의 모라비안의

---

233) 모라비안 형제들이 정착했으나 루터파, 칼뱅파, 쯔빙글리파 등 박해를 받는 사람들이 이곳에 정착하여, 다양해지니 만찬, 침례, 종파들의 교리상의 분쟁으로 다툼이 일어난 일.

형제 언약인 것을 확인하고 있다. [234] 강조하는 것은 그리스도의 증인으로 삶을 위한 규범으로 지도하는 5장 35조항으로 좀 더 구체적으로 정리되어 있다. (참고: trinitymoravian. org)

(2) 골드 썸머(gold summer)와 세계 선교(World Mission)

1727년 8월 13일, 형제들의 갈등이 치유되고 형제 언약을 확약한 다음, 한마음으로 주의 만찬을 나는 중에 대부분의 모라비안들이 사도행전의 오순절 체험과 같은 성령 충만함을 체험하는 '모라비안 오순절'(Moravian Pentecost)의 감격을 누리게 된다. 필자는 이때 모라비안들이 체험한 것이 성령 충만의 체험이라고 믿는다. 성령 충만의 결과로 성령의 열매가 풍성하게 열렸기 때문이다.

독일 헤른후트에 있는 골드 썸머 현장이었던 모라비안 교회 모습

그들이 예배를 마치고 문을 나갈 때는 그 예배에 참석한 사람들 모두가 다 성령으로 하나가 되었다는 것이다. 반목과 갈등 그리고 투쟁과 혼란이 사라졌고, 예수님을 향한 사랑과 서로를 향한 사랑, 그리고 복음을 전해야 한다는 전도와 선교에 대한 열정이 뜨겁게 불타오르며 성전을 나서게 된 것이다.

---

234) The Moravian Covenant for Christian Living, Formerly known as The Brotherly Agreement of the Moravian Church. Principles by Which We Live and Bear Our Witness.

첫째, 이들은 독일 경건주의의 한 축을 이루었다.

모라비안의 경건주의는 경건한 자신의 삶에 중점을 두는 것이 아니라 개인적으로 체험하는 구원의 확신과 사람들의 영혼 구원에 관심을 갖는 전도활동을 의미한다.

둘째, 전적인 성서 중심의 삶을 살았다.

성서는 믿음과 생활의 무오한 안내자로 믿어지며, 그리스도에 대한 전적인 의뢰 즉 헌신, 설교와 응답, 심지어 찬양조차도 그리스도인의 삶 안에서 경험되어야만 한다고 가르쳤다. 복음 설교, 합창회, 애찬 나눔, 그리고 개인적 거듭남의 경험을 강조하는 독특한 스타일의 신앙인들이었다. 그들의 모임은 '친교' 혹은 '교제'(fellowship)를 강조했다. (지금도 모라비안 교회들은 같은 특징을 유지한다)

셋째, 기도에 전혀 힘쓰기 시작했다.

모라비안들은 하루 24시간을 하늘을 우러러보며 기도하기를 시작했다. 형제, 자매들이 팀을 짜서 시간을 정해 릴레이 기도로 쉬지 않고 헌신했다. 1727년 48명의 형제 자매들이 자신을 헌신했고, 교회의 기도실을 파수탑으로 여기고 파수꾼의 기도를 시작했다. 어떤 분이 기도하는 형제, 자매들에게 질문했다. "얼마 동안 계속 하시렵니까?" 그들이 웃으며 대답한다. "앞으로 100년, 그리고 계속!" 진젠도르프는 이 기도 운동을 시작으로 전 세계에 기도 체인을 만들었다.

하루 24시간을 한 시간도 비우지 않고 교대로 기도하는 팀이 만들어진 것이다. 그리고 그 기도는 100년 동안 끊어지지 않고 이어졌으며, 그 기도의 전통을 존 웨슬리가 받아들여서 18세기 영국과 세계를 변화시키는 놀라운 역사를 이룬 것이다. 그들의 기도의 능력이 후에 모라비안의 세계 선교의 열정에 불길로 타올랐다.

넷째, 세계 선교의 장을 열었다(1732년)

이미 어린 날, 진젠도르프를 하나님께서 선교사로 준비시키셨다고 할 수 있다. 할레 아카데미에 다닐 때 선교사들의 선교 경험담을 많이 듣고, 자신이 '겨자씨'라는 전도대를 조직해서 직접 전도했던 선교의 사람이었다. 1730년 진젠도르프가 코펜하겐을 방문했을 때 선교사로 헌신하고자 하는 서인도 제도에서 온 한 사람과 그린란드에서 온 에스키모 두 사람을 만났다. 진젠도르프는 그들에게서 큰 감동을 받았고, 헤른후트로 돌아와 모임 앞에서 세계선교를 도전했다. 모든 회중이 뜨겁게 응답했다.

그들의 첫 선교는 1732년에 버진 아일랜드 선교를 시작으로 1760년 사이에 226명의 모라비안 선교사들이 헌신했다. 그들은 18세기 말에 이르러 그린란드에 18명, 라브라도(Labrador)[235]에 26명, 서인도에 67명, 남아프리카 희망봉에 10명, 인도에 5명의 선교사를 파송했다. 독일에서 대서양을 건너 위로부터 그린란드, 캐나다 동부 지역인 라브라도, 당시 중부 아메리카 지역이었던 서인도 제도, 아프리카 희망봉 선교로…. 지금도 아프리카 지역에 많은 모라비안 교회가 있다.

수 백 명의 선교사들이 세계 각지로 나아가 복음을 전파했다. 진젠도르프의 해외선교는 1793년 침례교의 최초의 해외 선교사 윌리엄 캐리 파송보다 반세기 빨랐다. 모라비안들이 20년 동안 파송한 선교사 숫자는 개신교가 200년 동안 파송한 선교사보다 많았다. 현대 선교의 아버지라고 불리는 침례교 최초 선교사 윌리엄 캐리도 자신의 일지에서 종종 진젠도르프의 선교 열정과 초기 모라비안의 선교 모델을 언급했다.

이들은 해외선교를 위해 자신들이 교회를 떠날 때, 도착지까지의 비용을 받지만 선교지에 도착한 후에는 그들 스스로 모든 것을 해결하면서 선교를 했다. 심지어 선교지에서 아내를 얻었고, 그곳에서 살다가 죽어 그 땅에 묻혔다.
그들도 거의 1700여 년 전에 바울 사도의 선교 방법을 따라 고향으로 돌아올 계획 없이 끝없이 여행하는 파울리시안과 둘씩 짝을 지어 전도하러 정처 없이 떠난 왈덴시안들과 같은 방법을 따라 선교 활동을 했다.

배우지도 전수 받지도 않았는데 어떻게 모라비안들도 파울리시안과 왈덴시안과 같은 선교여행을 했을까? 그리고 이 모든 이들은 어떻게 예수님의 70인 전도와 바울 사도의 선교 방법을 따랐을까?

---

235) 래브라도(Labrador)는 캐나다의 대서양 연안지역이다.

비밀은 여기에 있다. 그들의 선교 교범(FM. field manuel)이 같은 교범이었다. 같은 교범이라니, 무슨? 성서에서 선교 모델을 찾았기 때문이다.

미국의 우주 계획은 두 가지인데 하나는 아폴로 계획(Apollo Plan), 또 보이저 계획(Voyager Plan)이다. 아폴로 계획은 돌아오는 계획이고, 보이저 계획은 돌아올 계획 없이 끝없이 가는 계획이다. 아폴로 계획으로 달에 갔다 온 사람들을 우주인이라 부르기도 하는데, 닐 아스트롱(Neil Armstrong), 뷰즈 에이드린(Buzz Aldrin), 필자도 아폴로 우주선이 달에 착륙하는 역사적인 중계를 신학교 기숙사에서 듣고 감격했던 기억이 있다. 금요일 저녁이라 아마 저녁을 굶었지…. 그러나 보이저 계획으로 1977년 발사된 보이저 1호와 이어서 발사된 보이저 2호는 지금은 태양계를 벗어나 우주 공간으로 계속 항해하고 있는 중이다. 지금 117AU 지점을 지나간단다.

돌아올 계획 없이 선교여행을 계속하는 선교사들, 그들의 도착지는 하나님의 영광의 성, 주님의 보좌 앞이다. 믿음의 장, 히브리서 11장에 소개된 믿음의 사람들은 "그들이 나온 바 본향을 생각하였더라면 돌아갈 기회가 있었으려니와 그들이 이제는 더 나은 본향을 사모하니 곧 하늘에 있는 것이라. 이러므로 하나님이 그들의 하나님이라 일컬음 받으심을 부끄러워하지 아니하시고, 그들을 위하여 한 성을 예비하셨느니라"(히11:15-16).

(3) 미국으로 진출한 모라비안들

진젠도르프 백작은 1741년, 펜실베이니아에 정착지를 건설하고 베들레헴[236]이라 명명했다. 그곳에서 76마일 떨어진 펜실베이니아 랭케스타에 독일에서 이주해온 아미쉬들과 피차의 신앙은 인정하고 교회의 관습을 존중하면서 경쟁보다는 서로 협력으로 일하는 일종의 '교회 협의회'를 제안했다. 랭케스타 아미쉬 마을은 친구 김현규 목사의 교회와 가까워서 가끔 가서 아미쉬 마을을 돌아보면서 생각이 깊었다. 진젠도르프는 베들레헴을 세웠고, 그의 딸 베니냐가 모라비안 대학이 될 학교를 시작했는데 좋은 대학과 신학대학원으로 발전했다. 참조: (www.moravianseminary.edu)

---

236) Bethlehem은 미국 펜실베이니아 주, 도시, 인구: 74,982명, 리하이 강변에 있다. 앨런타운과 가깝다. 체코의 모라비아 출신 이민자들이 종교의 자유를 위해 이주해서 처음 건설하였다.

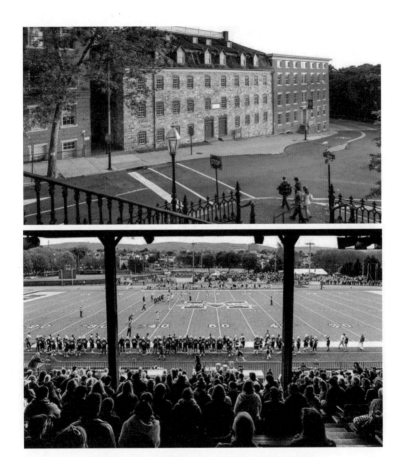

펜실베이니아 베들레헴에 있는 모라비안 대학과 운동장

식민지에 대한 그의 압도적인 관심은 아메리카 원주민을 복음 화 하는 것이었고, 그는 여러 부족과 부족의 족장을 만나기 위해 인도 자인 콘라드 와이저(Conrad Weiser/통역사)와 함께 광야로 여행했 다. 아메리카 인디언 선교를 시도한 최초의 유럽 귀족일 것이다.

(4) 북캐롤라이나 정착지 윈스톤 살렘 (Winston Salem)

몇 년 후 모라비안 스팽겐베르크 감독은 일행을 이끌고 북캐롤라 이나에 있는 10만 에이커의 지역을 조사했다. 이 지역은 진젠도르프 백작의 오스트리아에 있는 영지 Wachau[237] 이름을 따라 와초비아(Wachovia)로 알려지게 되었다.

와초비아(Wachovia), Bethabara, Bethania로 후에 윈스톤 살렘(Winston-Salem)이 되어 북 캐롤라이나의 첫 번째 모라비아 정착지가 되었다. 인구는 246,000여 명이었고, 타운 내에 20여 모라비안 교회가 있어서 함께 협력해서 선교와 교육 사역을 하고 있다.

그들이 가진 몇 가지 전통 중 감동스러운 행사는 부활절 일출 예배를 교회 묘지에서 잠자는 성도들과 살아서 주님을 섬기고 있는 성도들이 함께 부활의 아침을 맞을 소망으로 부르는 부활의 찬양과 예배였다. 그 어려운 때에 어떻게 일출을 향하는 언덕에 넓은 교회 묘지를 계획했을까, 부러웠다.

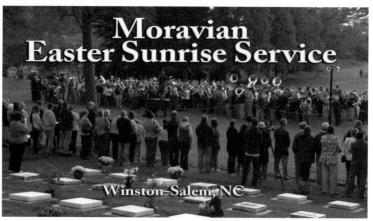

윈스톤 살렘에 있는 트리니티 모라비안 교회의 홈페이지에서 모라비안을 소개하는 글을 옮겨본다. www.trinitymoravian.org

"모라비안 교회(라: Unitas Fratrum, 연합 형제단)는 루터보다 50년 앞선 가장 오래된 개신교 교회입니다. 루터가 나오기 100년 전, 로마 가톨릭의 주요 개혁을 촉구한 가톨릭 사제 얀 후스(Jan Hus)가 이미 개혁을 하고 있었습니다. 그는 콘스탄스 공의회에서 이단의 괴수로 선포되었고(declared an arch-heretic at the Council of Constance), 화형에 처해졌습니다.

237) 바하우(Wachau) : 오스트리아 북부 다뉴브 강 하류 지역에 위치한 계곡, 남북 산맥에 펼쳐진 36km 이르는 계곡 일대가 바하우 문화 경관으로 유네스코 세계유산으로 등록되어 있다.

그의 순교로 후스 전쟁(Hussite Wars)이 발발했고, 전쟁이 끝날 무렵 그의 비폭력을 지향하는 글이 간디와 마틴 루터 킹(Martin Luther King)에게 영감을 준 페트로 헬치스키(Petr Chelcicki)[238]의 영향을 받은 한 그룹의 후스파(Huss -ites)는 폭력을 포기하고, 팔복과 초대교회의 모델을 따를 수 있는 마을을 건설했습니다. 그들은 회중을 위한 첫 번째 찬송가를 출판했고, 성경을 체코어로 번역했으며, 16세기 중반까지 50만 명이 넘었습니다. '현대 교육의 아버지'인 존 아모스 코메니우스[239]는 30년 전쟁으로 모라비아와 보헤미아의 인구가 거의 파괴되고 로마 가톨릭의 통치하에 있었을 때 그룹의 지도자였습니다.

1700년대 초에 남은 자가 작센으로 이주하여 루터교 귀족 니콜라스 루드비히 폰 진젠도르프 백작의 땅에 헤른후트 마을을 건설했습니다. 끔찍한 갈등을 겪은 후, 그들은 모두 성령의 강력한 경험(1727년 '모라비안 오순절')을 경험했습니다. 이 경험은 그들을 진정한 공동체로 모이게 했습니다. 다시 한번 1세기 교회를 모방하려고 했습니다. 그들은 선교에 대한 부름을 느꼈고, (그 당시에는 조직 된 프로테스탄트 선교가 없었습니다) 전 세계 사람들을 복음화하도록 보냈습니다. 특히 모든 사람을 평등하게 대우하여 노예와 원주민에게 복음을 전했습니다.

모라비안은 신앙의 자유가 아니라 아메리카 원주민과 정착민을 섬기기 위해 미국에 왔습니다. 그들은 요한, 찰스 웨슬리(John & Charles Wesley)의 개종에 영향을 미쳤고, 외부 선교 공동체를 지원하는 중앙 교회 공동체로서 베들레헴과 살렘(Bethlehem, PA. 및 Salem, NC)을 설립했습니다. 대학과 대학원(Academy & College, Salem, NC, Moravian Seminary, Bethlehem, PA)에서는 미국에서 처음으로 여성 교육을 했습니다.

미국에는 약 35,000명이 있지만 탄자니아에는 백만이 넘습니다. 우리가 다른 교단과 공유하는 '모라비안 원칙'은 본질, 단결, 비필수 자유, 모든 것을 사랑합니다. 우리는 분열을 경험한 적이 없는 유일한 주류 교파입니다. 트리니티 모라비안 교회는 1771년 11월 13일 살렘에 설립되었습니다."

---

238) Petr Chelčický는 체코의 기독교 영적 지도자이자 15세기 보헤미아(현재는 체코공화국)의 작가. 그는 보헤미안 종교개혁(후스 운동)에 대해 가장 영향력 있는 사상가 중 한 사람. 사망 : 1460년,

239) John Amos Comenius: 현대 교육의 아버지로 여겨지는 체코 철학자,

(5) 웨슬리와 모라비안

모라비안 교회의 홈페이지에 "감리교의 창시자로 알려진 요한, 찰스 웨슬리(John & Charles Wesley)의 개종에 영향을 미쳤고"라는 소개와 "감리교회의 산실은 모라비아 교회의 100년 기도실로부터 시작된 것"이라고 증언하는 감리교 목사들도 있으니 모라비안과 웨슬리와는 연관이 많다. 물론 감리교와 모라비안 교회와 관계가 있다는 뜻은 아니다.

1736년 2월 6일 웨슬리가 선교활동을 위해 미국 조지아 식민지로 간 것을 감리교 선교사로 간 것으로 여기지만 실상은 영국 식민지에 성공회 기관 사제로 갔던 것이다. 여객선(시몬즈 호/Simmonds)이 큰 풍랑을 만났을 때 모라비안 형제들이 두려워하지 않고 소망 가운데 담대하게 찬양하는 모습에 함께하면서 영향을 받은 것이다.

요한 웨슬리는 조지아주의 두 번째 영국 성공회 사제로서 온 것이지만 조지아에는 아직 전임인 새뮤얼 퀸시(Samuel Quincy)가 사제관에 머물러 있었기 때문에 웨슬리는 독일인들(모라비안)과 함께 살기 시작했고, 덕분에 그들의 경건한 생활을 가까이서 볼 수 있었다. 특히 웨슬리는 모라비아안의 지도자인 스팡겐베르크(August Spangenberg)[240]와 깊은 교제를 나누면서 많은 영향을 받았다. 스팡겐베르크와 웨슬리가 나눈 대화는 유명하다.

어느 날 스팡겐베르크는 웨슬리에게 두 가지 질문을 던졌다.

첫째는, "당신 안에 증인을 갖고 있는가?"였고,

둘째는, "하나님의 성령이 당신이 하나님의 자녀라는 것을 당신의 영과 더불어 증언하고 있는가?"이다.

웨슬리는 느닷없는 질문에 제대로 답변을 못하고 있었고, 그때 다시 스팡겐베르크가 질문을 던졌다.

"당신은 예수 그리스도를 아십니까?"

웨슬리는 잠시 머뭇거리다가 이렇게 대답했다.

"저는 그분이 이 세상의 구주이심을 압니다."

스팡겐베르크는 재차 질문을 던졌다.

"바로 그분이 당신을 구원하셨다는 것을 알고 계십니까?"

웨슬리는 이렇게 대답했다.

"그분이 저를 구원하기 위해 죽으셨기를 바랍니다."

---

240) 슈팡겐베르그(August Gottlieb Spangenberg) 독일 신학자. 국제 선교와 모라비안 교회의 신학과 조직을 위해 진젠도르프 백작을 지원, 북캐롤라이나 살렘 정착지 개척.

웨슬리는 이날의 대화에서 큰 충격을 받았고, 자신의 일기에 그저 '의미 없이 내뱉었다'고 적었다. 웨슬리는 이 대화를 통해 자신이 하나님의 자녀라는 확신을 갖고 있지 못했다는 것을 깨달았으며, 스팡겐베르크와 모라비안들이 보였던 믿음의 확신에 감탄했다.

1738년 웨슬리가 영국에 돌아왔을 때까지도 구원의 확신이 없었다. 1938년 1월 24일의 일기에

"나는 인디언들을 회심시키기 위해 아메리카에 갔었다.

그러나 오! 나를 구원할 자는 누구인가!"

2월 1일의 일기에는

"다른 사람들을 회심시키려 아메리카에 간 나 자신은 하나님께로 회심한 일이 없으니 어찌된 일인가!…

나는 진노의 자식이요, 지옥의 후사이다"라고 적었다.

이런 갈등을 겪고 있을 때 영국과 아메리카에서 활동하는 독일인 모라비안 선교사인 피터 뵐러(Peter Boehler)를 만났다. 웨슬리는 뵐러와 급속도로 친해졌으며, 많은 대화를 나눈 후에 뵐러는 웨슬리에게 이 말로 간절히 권면했다. "형제여, 내 형제여, 당신은 당신의 철학을 깨끗이 버려야 합니다"(라:Mi frater, mi frater, excoquenda est ista tua philosophia). 웨슬리는 이 말을 이해할 수 없었다. 웨슬리가 '이 믿음을 어떻게 얻을 수 있냐?'고 묻자 뵐러는 '회개하고 그 믿음 얻기를 구하라'고 했다. 그 믿음은 어느 한순간에 주어지는 것으로서 전적으로 하나님께서 값없이 주시는 선물이라 했다.

뵐러와의 대화 끝에 자신이 갖지도 못한 신앙에 대해 설교를 그만해야 하지 않나 번민하는 웨슬리에게 뵐러는 "믿음을 얻을 때까지 믿음에 대하여 설교하시오. 그리고 그 믿음을 얻게 되면 그 얻은 믿음을 가지고 설교하시오."라고 말해주었다.

1738년 5월 24일 웨슬리는 런던의 알더스게잇(Aldersgate) 거리를 걷고 있었다. 그 거리 한쪽에는 일단의 모라비안들이 야외에서 전도 집회를 하고 있었다. 자신도 모르게 군중 속에 들어가 있던 웨슬리는 한 성서 봉독자가 루터의 로마서 주석을 낭독하는 것을 듣고 있었다. 그 순간 웨슬리의 마음이 뜨거워지며 회심이 일어났다. 이때 그는 구원의 확신을 체험하게 되었는데 웨슬리는 그때의 체험을 자신이 발행한 저널에 이렇게 썼다.

"나는 내 가슴이 강렬히 뜨거워짐을 느꼈다. 나는 그리스도를 의지하게 되었고, 오직 그리스도만이 나의 구원자가 되었다. 그리스

도는 나의 죄와 심지어는 내 자신까지도 가져가시고 구원의 확신을 주셨다. 그리고 죄와 죽음의 율법으로부터 나를 구원하셨다."

이런 과정을 거쳐 구원의 확신을 얻은 웨슬리는 뵐러가 권면한 대로 이제는 '그 얻은 믿음을 가지고 설교'하는 웨슬리의 구원의 확신에 찬 설교는 영국을 흔드는 능력으로 나타났다.

(6) 진젠도르프 백작의 서거

세계 선교의 열정으로 살아간 진젠도르프 백작 온 생애를 불사르고, 영지인 작센의 모라비안 정착지인 헤른후트 (Herrnhut)에 돌아와 마지막 호흡까지 열심으로 일하다가 1760년 5월 9일 열병으로 사망했다.

유럽의 명망 있는 귀족으로 태어나 만왕의 왕이신 구세주의 대사로 왕으로부터 노예에 이르기까지 영혼 구원을 위해 종으로 섬기며, 누구도 생각지 못한 미국의 인디안들, 저 북방 그린란드 얼음산과 남아프리카 희망봉의 산호섬들을 지나 캐나다의 대서양 연안에 선교사로, 선교사 파송자로, 모라비안들의 보호자로 생을 보냈다.

제 9 장 역사적 침례교회의 시작
(The Beginning of the Historical Baptist Church)

영국에서 일어난 위클리프, 체코의 존 후스, 그리고 이태리의 사보나롤라 등 암흑시대를 밝히는 많은 횃불들이 자신이 화형대에서 스스로 횃불이 되어 세상을 밝히는 등대의 사명을 감당했다.

밝아오려는 새벽은 해가 떠오르자 곧 먹구름에 가려져 버리고 말았다. 1517년 마틴 루터는 부패한 교황과 가톨릭을 개혁하려는 목적이었고, 존 칼빈은 제네바를 로마 교황으로부터 독립시켜 결국은 '교회가 다스리는 국가'를 통해 시민들의 신앙을 강압하는 개혁자일 뿐이었다.

그때에 일어나 초대교회의 신앙을 회복하려는 사람들이 있었으니 그들이 오늘날까지 이어지는 침례교도들이다. '역사적 침례교회의 시작'이라는 제목은 초대교회로부터 역사적으로 단절되지 않은 신앙의 흐름이 이때부터는 오늘날의 현대의 침례교회로 이어져 시작되었다는 의미이다. 여러 학설이 있으나 필자는 스위스 침례교회를 현대 침례교회의 시작으로 보고자 한다.

Wicliffe of England, Jan Hus of Bohemia, Savonarola of Italy and others. These have been the torches that have served as the lights of the world, even at times through their own executions at the burning stake. But when the sun came to shine on the sky, it was promptly covered by the dark clouds. Martin Luther in 1517 wanted to reform the corrupt Roman Catholic itself, while John Calvin was a reformer who wanted to establish a church-state, independent from the Roman Catholic.

In those days, there were those that tried to revive the faith of the early church and these were the Baptists that are still present to this day. The title, "The Beginning of the Historical Baptist Church" means that the flow of faith has come from the early church down to the modern day Baptist churches. Of all the different theories on the beginning of the modern day Baptist churches, I see it as the Swiss Baptist Church.

1. 스위스의 침례교회

(1) 1523년 10월 취리히 논쟁

스위스에서 언제부터 재 침례교 운동이 시작되었는가를 규명한다는 것은 무리하고 불필요한 일이다. 1514년경 스위스 바젤에서 재 침례파와 비슷한 기도 모임이 있었다고 이단으로 정죄하고 처형한 종교재판의 기록에서 발견되기 때문이다. 루터의 종교개혁 이전부터 스위스 뿐 아니라 프랑스, 네덜란드, 이탈리아 등지에서도 침례교 운동이 발견되고 있다. "스위스 침례교 형제단은 왈도 파(왈덴시안) 후손들일 가능성이 훨씬 많다."[241]

그러나 지표면 아래로 흐르던 초대교회의 신앙의 흐름이 Robert Baker 교수가 선언한 대로 역사에 나타난 침례교회(The Baptist march in History)로 알려진 것이 바로 취리히 시의회 앞에서 쯔윙글리와 재 침례교 형제들의 10월 논쟁이었다.

논제는 유아세례(Infant's Baptism)였다.

유아세례는 자녀를 거룩하게 하는 방법이라는 쯔윙글리의 주장과 초대교회 신앙으로 돌아가서 신자에게 침례를 베푸는 '신자의 침례'(Believer's Baptism)를 주장하는 재 침례교 형제들의 상반된 주장이 있었다. 대부분의 시의원들의 자녀들은 유아세례를 받았기 때문에 취리히 시의회가 유아세례를 법률로 채택하고, 1525년 2월 1일까지 모든 시민은 자녀들에게 유아세례를 행하라는 법을 선포했다.

(2) 스위스 재 침례교회의 태동

1525년 1월 21일 쯔윙글리와 침례에 대한 이견으로 결국 결별한 그레벨(Conrad Grebel)[242], 만쯔(Felix Manz), 조지 블라우락(George Blaurock)[243]이 비밀 회합을 가졌다. 이날 밤 그들은 성서에서 가르치는 침례의 모범을 따라 침례를 베풀고 받음으로 역사적인 스위스 침례교회가 시작되었다. 관수나 세례를 받은 사람들은 강에서 다시 침례를 받았다. 그때 스위스 침례교회의 회원은 35명이었다.

이날 스위스 취리히에서 오늘날까지 이어지는 침례교회가 시작된 것이다. 일부 학자들은 이 교회가 최초의 재 침례교회라 한다.[244]

---

241) 새 교회사 Ⅱ, P. 139.
242) 그레벨은 취리히 시의회 의원인 야곱 그레벨의 육남매 중 셋째.
243) 순례하는 교회, P. 219.

그러나 신자의 재침례는 역사 속에 면면히 이어져 내려온 것이며, 성경 말씀을 성령의 인도하심을 따라 자유롭게 해석할 때, 필연적으로 도달하게 되는 귀결인 것이다. 독일에서 활동하던 재 침례교도들을 심판한 가톨릭의 종교재판의 판결문에서도 성서적인 침례를 따른 사람들의 역사를 언급하고 있다.

재 침례교도들에 대한 증언

스페이어 (Speyer) 의회 결과 쿨른 대주교가 찰스 5세 (Charles) 황제에게 보낸 '재 침례파' 보고서에 "재침례교도들은 스스로를 '진정한 그리스도인'이라고 부르고, 역사와 법률이 증명해 주듯이 천년 이상 동안이나 그들의 선조들이 지켜왔던 대로 자기 것을 주장하지 않고 물건을 통용하는 공동체를 소망하였다. '새로운 재 침례교도'는 사실상 수 백 년 전부터 정죄를 당해왔고, 관습법으로 금지되었다"[245]는 증거를 기억하자. 사실 신약에서 가르치고 기술한 대로 유아세례를 거부하고 신자의 침례를 베푸는 일은 1200년 동안이나 가톨릭에 대한 도전으로 간주되어 사형으로 다스려 왔던 것이다.

위의 내용은 재 침례교도의 역사가 당시에 벌써 1200년 동안이나 지속되었다고 증언해 주는 것이다. 이 회의가 1500년 초에 있었던 회의이니 1200년 전이라면 언제를 말하는가? 바로 콘스탄틴 대제가 기독교 관용령을 내린 직후 대부분의 교회들이 국가교회의 길을 따라서 넓은 길을 갈 때 그들에게서 돌아서서 외롭고 힘들었지만 주님께서 세우신 신약교회의 신앙을 따라 좁은 길을 걸으며 스페이어 제국회의가 열리는 1500년 초까지 왔다는 증언이 아닌가!

다음의 기록은 그들이 신약교회의 신앙을 어떻게 계승해 왔는가를 증거하고 있다. "리용의 어떤 형제단을 향해 발표되었던 종교회의의 칙령에는 '왈도의 잿더미에서 불씨가 되살아났으므로 가혹하고 무거운 형벌로써 본보기를 삼을 필요가 있다'는 구절이 있다. 또한 스위스의 계곡지역에도 많은 믿는 자들이 등장했다. 그들은 서로를 형제, 자매라고 불렀고, 순교의 역사가 보여주듯이 새로운 교회를 시작하려는 것이 아니라 수 세기 동안 이단으로 박해 당해왔던 사람들의 증거를 계속 이어가고 있었다."[246]

---

244) 세계교회사, P. 313, 재 침례교도의 역사, P. 135.
245) 순례하는 교회, P. 203.

스위스 재 침례교도들에 대한 박해

1526년 그들(그레벨, 만쯔, 블라우록)은 체포되어 종신형을 선고 받았으나 그레벨은 탈출하여 잠시 설교를 계속하다 전염병으로 28세의 젊은 나이로 그의 사역을 마감했다. 1526년 시의회는 재침례를 베푸는 자는 사형에 처하는 규정을 채택하여 1527년 1월 5일 만쯔를 묶어 림마트 강에서 수장시켰고[247], 블라우록(George Blaurock)은 취리히 시민이 아니었기 때문에 처벌할 수 없어 추방시켰다.

추방당한 후 스위스 주변 도시를 다니며 설교하는 블라우록을 다시 체포하여 스위스 밖으로 추방 했지만 그는 초대교회 사도들처럼 "예수는 그리스도라 가르치기와 전도하기를 쉬지 아니하니" (행5:42) 1529년 9월 독일 크라우센(Claussen)에서 체포하여 참수한다. 쯔윙글리가!

(3) 최초의 침례교 신앙고백서

1525년 취리히에서 추방된 미카엘 새틀러(Michael Sattler)는 여러 지역에서 복음을 전파하고, 1527년 2월 24일 스위스 북부 슈라이테임(Schleitheim) 회합에서 재 침례교도들의 신앙고백서를 작성했다.

슈라이테임 신앙고백(The Schleitheim Confession: 1527년)[248]
① 침례는 회개와 삶의 변화(amendment)와 그들의 죄가 예수 그리스도로 말미암아 사해졌다고 믿는 어른들에게 주어져야 한다.
② 하나님의 교회가 그리스도의 몸이며 머리라고 믿고, 침례로 지체가 되지 않는 사람은 떡을 나누는 데서 제외되어야 한다.
③ 이 세상의 악으로부터 구별, 술집과 사창가(civic affairs), 혐오스런 것들과의 구별되고, 권력과 무력의 사용을 금지한다.
④ 목사들은 공동체에서 구별된 자들로 신자들을 인도하며, 기도하고, 치리하고, 경계하고, 가르치고, 훈련하고···. 교회가 그들의 생활을 책임지고, 그들이 죄에 빠지면 교회가 바로잡으며, 순교자가 되었을 때는 다른 사람을 선출하여 계승하게 한다.
⑤ 치리와 연관하여 권력을 사용하지 못하며, 세속적인 논쟁을

---

246) 순례하는 교회, PP. 203-204.
247) 취리히 정부는 당시 재 침례를 주장하는 이들을 잡아들이도록 명령했고, 만츠가 첫 번째로 사형대에 올랐다. 취리히 시내를 가로지르는 리마트강에서 1527년 1월 5일 통나무에 손과 발이 묶인 채 강으로 던져졌다. 프로테스탄트에 의해 프로테스탄트가 순교한 첫 번째 사건이었다.
248) Baptist confession of faith, P. 22.

해결하는 판사, 통치자, 권력을 사용하는 제후 등을 거부한다.
⑥ 모든 맹세의 금지 등이다."[249]

(4) 발타자르 휘브마이어의 사역
(Balthasar Hubmaier, 1480 - 1528년 3월 10일)

1480년 독일남부 프라이버그(Freiburg) 출생, 프라이버그 대학에서 수학한 후 레젠스버그(Regensburg) 대성당의 설교자와 신학교수로 있을 때 많은 청중들이 몰렸다.

3년 후 발드슈트(Waldchut)로 옮겨가서 루터의 가르침과 전술한 보헤미아 형제단의 영향을 받게 된다. 이때 휘브마이어는 재침례교도들의 신앙에 합류하여 적극적으로 활동했다. 그는 성경공부 모임에서 자신들에게 제시된 질문들을 성경으로 답하려고 노력했다.

1524년 여러 재 침례교 그룹 대표들이 독일 발트슈트(Waldshut)에 모여서 성서를 공부하고 신앙적 질문을 다루기 위해 의견을 모으는 관습은 사도 시대부터 있었음을 상기하고, 성서로 돌아가 진지하게 문제들에 대한 해답을 얻어서 침례교 최초로 '그리스도인의 삶을 위한 규칙'을 1524년 발표했다.

목적은 신앙적 문제에 대하여 성서적으로 해답하는 것과 가톨릭에서 분리하였음을 공식화 하는 것이었다. 이 규칙서는 침례교도의 신앙고백(Baptist confession of Faith) 페이지 19-20에 "전체 그리스도인 생활과 구성에 관한 18편의 논문, Balthasr Friedberger 박사 외"[250]에서 18개 조항으로 나와 있다.

휘브마이어는 1427년[251] 모라비아에서 형제단 회의가 개최되었을 때 그곳에 참석했다. 이 회의는 레온 하르트(Leon Hard) 백작과

---

249) 세계교회사, PP. 318-319,

250) Eighteen Dissertations concerning the entire christian life and of what it consists. propositions upheld at waldshut by
Dr. Balthasr Friedberger, and other. 1524

251) 독일 지기스문드와 교황 군이 연합하여 후스의 신앙을 따르는 모라비안들과 전쟁하고 있는 기간

한스 백작의 보호를 받았는데 이 모임에서 하르트 백작은 휘브마이어에게 침례를 받았는데 휘브마이어 자신도 2년 전 이 모임에서 침례를 받은 바 있었다. 그 회의에서 많은 사람들에게 침례를 베풀었다. 이 일이 알려져서 오스트리아 군대에 쫓겨 취리히로 도망하지만 쯔윙글리에게 잡혀 투옥 되었다가 쯔윙글리와 타협하고 출옥한 후 저술 활동을 계속했다.

휘브마이어의 순교

휘브마이어는 모라비안 형제단에서 침례를 받았고, 모라비아 지방[252]에 머무는 동안 6,000여 명에게 침례를 베풀고, 15,000명으로 증가한 교인들을 가르친다.

후에 신성로마제국의 황제가 된 페르디난도(Ferdinand I) 독일 황제에게 체포되어 아내의 격려를 받으며 1528년 3월 10일 화형을 당하고, 아내도 사흘 후에 돌에 묶어 다뉴브강에 던져져 순교한다.

스위스 침례교회는 모라비아 형제단과 밀접한 신앙으로 연결되어 있었고, 후에도 독일의 귀족들은 진젠도르프 백작이 인도하는 모라비안 형제단과 연대를 가지고 있었다.

그들은 잔혹한 또 다른 핍박자를 만나게 되었으니 곧 개혁자들이었다. 재 침례교도들은 교회와 국가의 분리를 주장했는데 이것을 개혁자들이 오해를 했다. 침례교도들의 주장은 교회의 치리는 독립되어야 하고, 국가 권력으로 교회를 치리하지 않는 신앙의 자유가 있어야 하며, 교회 회원은 시민의 자격으로 국가의 주권에 복종하는 것을 말했다. 하지만 그들은 국가의 주권을 거부하는 파괴주의자, 무정부주의자(anarchist)들이라고 오해를 받았다.

당시 가톨릭의 형태에만 익숙해 있던 국가와 개혁자들이 후대에 가서 미국에서 실현된 국가와 교회의 분리와 신앙의 자유를 이해한다는 것은 실로 무리였을 것이다. 그것은 마치 수백 년 후에나 가능한 사회적 문화적 정치적으로 발전된 선진 사회에서나 실현 가능한 신앙의 자유를 당시에 주장하는 것이 얼마나 이해시키기 어려운 일이었을까? 신자들이 하나님의 말씀을 지킬 수 있다는 그들의 신념은 신교의 중심 교리인 의지의 속박과 예정론을 거부하게 했다. [253]

---

252) 체코의 동남지역(체코는 프라하를 중심으로 보헤미아와 브르노를 중심으로 모라비아 지방으로 구분)

2. 네덜란드의 침례교회

루터를 추종하는 전도자였던 모피상인 멜히오르 호프만(Melchior Hofmann)은 1495년 독일 슈바벤 할(Schwäbisch-Hall)에서 출생하여 1543년 프랑스 스트라스버그(Strassburg) 감옥에서 순교했다.

그는 루터교의 평신도 설교자로 스웨덴, 독일 북부에서 열정적인 설교 활동을 했다. 그의 설교는 결국 교육받은 루터교 성직자들에 의해 무자격 설교자로 지목되어 1524년에 월마르(Wolmar, 현:라트비아 발미에라/Valmiera, Latvia)와 1526년에 '도르파트'(Dorpat/현:에스토니아 타르투/Tartu, Estonia)에서 강제로 추방 되었다.

호프만(Hofmann)은 루터교 개혁자들에게 주의 만찬에 관한 루터교 교리를 거부함으로써 경고를 받았고, 1530년 루터와 결별을 선언하고 잠시 스트라스버그(프:Strasbourg)에 있는 쯔윙글리 파와 합세했으나 그와도 결별하고, 4월 23일 그 지역에 있던 재 침례교 형제단에 들어갔다. 그는 그곳에 있는 재 침례교 형제단에게서 자신을 서슴없이 바칠 수 있는 신앙을 발견하고 재 침례를 받는다. 그 후 네덜란드 건너편 엠덴(Emden)에 도착하여 그 도시의 교회당 중 하나를 허가 받아 분명한 침례교의 메시지로 많은 결실을 거두고, 300명이나 되는 사람들에게 공개적으로 침례를 베풀었다. (그때 이미 재 침례교 형제들 중 몇몇은 스트라스버그에서 핍박을 피해 네덜란드로 갔다.)

그는 네덜란드 암스테르담(Amsterdam)과 리우와덴(Leeuwarden)에서 많은 시간을 보내며 전도했고, 건너편 현재 독일 북부의 엠덴(Emden) 등지에서 네덜란드에 침례교회를 세우는데 기초적 역할을 감당했다. 그 후 모두들 핍박으로 피난을 떠나는 스트라스버그로 다시 돌아가서 체포되어 1543년 옥중에서 순교했다.

멜히오르 호프만(Melchior Hofmann)은 신자의 침례(Believer's Baptism)를 옹호하는 북부 독일과 네덜란드 지역에 재 침례교의 선지자요 비전을 품은 지도자였다(Anabaptist prophet and a visionary leader in northern Germany and the Netherlands). 극단적 종말론자로 알려지기도 했으나 폄훼하려는 억지였다.

---

253) 세계교회사, P. 323.

(1) 메노 시몬과 네덜란드 침례교회

메노 시몬은 네덜란드 침례교회의 지도자로 알려져 있지만 그가 침례교의 지도자가 되기 전부터 여러 경로를 통해 네덜란드에는 침례교도들이 흩어져 있었다. 침례교도라 함은 왈덴시안과 형제단 그리고 개혁운동에 동참하다가 개혁자들에게 실망하여 초대교회의 신앙으로 돌아가려는 자들을 모두 같은 부류로 취급하여 '재침례파'라 불렀다. 실상 그들에게는 공통적인 부분이 있었으니, 신자의 침례와 개혁이란 초대교회 신앙을 회복하는 것이라는 믿음이었다.

네덜란드에 전부터 있었던 재침례파가 '메노파'라 불리는 것은 메노 시몬의 탁월한 신앙과 지도력을 인정하고 그를 중심으로 활동했기 때문이지만 당시에는 확정된 이름이 없이 이웃들이 보는 대로 일면만 보고 별명처럼 불렀기 때문이다. '같은 사람들, 다른 이름들' 사람들이 다르기 때문이 아니라 주변 사람들이 다르기 때문이었다.

1) 메노 시몬 (Menno Sinons, 1492-1559)

그는 네덜란드 프리슬랜드(Fries-land) 위트마르슘(Witmarsum)에서 출생하였고, 1515년 위트마르슘 본당 사제가 되었다. 신부가 된지 3년째 되던 어느 날 미사를 집전하며 떡과 포도주를 다루고 있을 때 갑자기 떡과 포도주가 예수님의 살과 피가 될 수 없다는 생각을 갖게 되어 신약성서를 열심히 공부했다.

성서를 읽을수록 그에게는 밝은 빛이 비치고 새로운 것을 깨닫게 되었다. 그후 성서를 열심히 읽으면서 개혁자들의 글도 접하게 되었다. 메노 시몬이 가톨릭의 성체성사에 회의를 가지고 성서를 공부하는 중에 동네에서 일어난 놀라운 광경을 보게 된다.

네덜란드의 최초의 재침례교 순교자

1531년 3월 20일 네덜란드 프리슬란트주 리우와덴(Leeuwarden)에서 재침례교 순교자 시케 프리어크(Sicke Freerks, 혹은 시케 스니더/Sicke Snyder)가 유아세례를 거부하고 '재침례'[254]를 받았다는 죄목으로 참수 당했다. 시케는 리우와덴에서 정직하고 조용한 재단사였는데 이단 혐의를 받고 재판을 받았다. 반대 심문에서 시케는 스스로 재 침례교 교리를 고백했을 뿐만 아니라 '신앙이 침례를 받기 위한 전제 조건'이라 것을 천명한다. 뿐만 아니라 시케 프리어크는 크리스마스 2주 전에 자신의 신앙을 고백하고 엠덴에서 침례를 받았다는 것을 고백했다. 그는 자신의 신앙을 고수했기 때문에 프리슬란트 법정에서 사형을 선고 받고, 참수 당하므로 '시케 프리어크'는 네덜란드의 최초의 재 침례교 순교자가 되었다.

시케 프리어크(Sicke Freerks)

어떻게 재 침례교도가 되었을까? 암스테르담과 북부 홀란드(North Holland)에서 선교 활동을 하고 있던 호른(Hoorn)의 '쟌 폭커즈'(Jan Volkertsz, Trypmaker)255)와 초기 네덜란드 침례교 지도자였던 멜히오르 호프만(Melchior Hofmann)의 전도로 거듭난다. 그후 가톨릭을 떠나 1530년 11월 15일, 엠덴(Emden)에서 쟌 폭커즈에게 침례를 받고, 새로운 신앙을 전파하기 위해 자기 동네 리우와덴으로 돌아왔던 것이다.

쟌 폭커즈(Jan Volkertsz, Trypmaker/여행자라는 폭커즈의 별명)

암스테르담 교회를 설립한 네덜란드 재 침례교 지도자이다. 1530년 트립메이커(Trypmaker)는 남부 프리슬란트의 엠덴(East Friesland, Emden)에 있었는데 폭카즈가 돌보던 회중으로 멜히오르 호프만(Melchior Hoffman)이 최초의 네덜란드 재 침례(Anabaptist) 교회를 설립했다. 이 교회는 300명에게 침례를 주었다.

몇 달 후인 1530년 11월경 Trypmaker는 개혁주의자들에게 쫓겨서 엠덴을 떠나 암스테르담으로 이사하여 약 1년 동안 활동했다. 폭커즈는 멜히오르 호프만에게서 배운 평화로운 재 침례교 원칙에 따라 회중을 모아서 암스테르담에서 교회를 세웠다. 헤이그의 네덜란드 법원이 그의 활동을 알게 된 1531년 가을, 암스테르담 시 행정관이 '트립메이커'를 소환했다. 당시 암스테르담의 '부르고마스터'256)였던

---

254) 유아세례를 받은 카톨릭 신자가 '신자의 침례'가 성경적임을 확신하고 받은 재침례(Ana-Baptism)

255) Trypmaker는 영어 trip-maker인데, '나무샌들'이라는 뜻도 있다.
나무 샌들은 '사보트/Sabot'라고 왈덴시안 전도자의 직책이었다.
쟌 폭커즈는 왈덴시안 전도자로 네덜란드에서 활동한 듯하다.
Jan Volkertsz, Trypmaker(Tripmaker; he was a maker of 'trips' a kind of wooden shoes), born at Hoorn, a Dutch Anabaptist leader, who founded the Amsterdam congregation.

쟌 허부렉츠(Jan Hubrechts)는 헤이그의 명령에 복종해야 하지만 '트립메이커'를 구하려고 박해에 반대하면서 노력했다. 하지만 '트립메이커' 자신이 재 침례를 받았다고 당당히 고백해서 같이 체포된 재 침례교도 7명과 함께 1531년 12월 5일에 참수형으로 순교했다.

네덜란드에는 엠덴에서 호프만이, 암스테르담에서 폭커즈가 재 침례교회(Ana-Baptist Church)를 세워서 활동하고 있었다.

순교자의 거울

순교자 '시케'는 누구에게 빛을 비춰주었을까? 바로 가톨릭 사제인 메노 시몬이었다. 순교의 광경을 보고 충격을 받은 메노 시몬은 이 일에 대해 다음과 같이 글을 남겼다. "형제의 존재에 대해 들어본 적이 없었는데 시케 스니더(Sicke Snyder)라는 하나님을 두려워하는 경건한 사람이 재 침례를 받았다는 이유로 리우와덴에서 참수당하는 일이 일어났다. 나는 재 침례(rebaptize)에 대해서는 들어본 적이 없어서 성서를 열심히 연구하고 진지하게 묵상했지만 성서에서 유아세례에 대한 말씀은 찾을 수 없었다."

2) 메노 시몬의 개종(Transfer of own belief)

1535년 4월 300여 명의 재 침례교도들이 제국의 군대에 추격당해 무차별 살해당하고, 몇 명은 메노의 집 근처 수도원에 숨어 있다가 체포되어 수장 형을 당하는 중에 자기 형제들도 있었다. 그는 곧 여러 해 동안 연구한 결론에 도달했는데 로마교회가 큰 잘못을 범하고 있다고 단정하고, 1536년 1월 12일 그의 나의 40세 되던 해에 로마교회의 모든 지위를 포기하고 자기 교구를 떠났다.

1531년 재 침례교도인 시케 스니더가 리우와덴에서 처형된 사건은 메노 시몬이 재 침례교의 신앙을 따르기로 결단하는 결정적인 계기가 되었다. 시케 스니더는 메노 시몬에게 진리의 불빛을 비춰 그를 인도하는 불빛이 되었다.

메노 시몬은 개혁자들도 연구했으나 "루터나 칼빈, 쯔윙글리 같은 사람들도 잘못이 있다고 생각하고, 그래도 재 침례파의 교리가 성서에 가깝다고 생각했다."[257] 그는 그 지방의 저명한 재 침례교도인 옵베 필립에게 상담을 통해 구원의 확신을 얻고 침례를 받았다. 그 후 2개월쯤 지난 뒤 북부 독일과 네덜란드 지방에 침체된

---

256) burgomaster; the mayor of a Dutch(네덜란드의 시장)
257) 인물중심의 교회사, P. 334.

재 침례교의 지도자가 되어 달라는 청원을 받아드려 침례를 받은 옵베 필립에게 안수를 받고 재 침례교 사역자로 활동했다. 그 후
　　1537년에는 그로닝겐에서
　　1541년 까지는 동부 프리즐란드에서
　　1543년 까지는 암스테르담과 북부에서
　　1545년 까지는 다시 프리즐란드에서
　　1547년 까지는 쾰른 근방에 살았고
　　그 후 뤼벡 근처에 살며 사역을 했다.

　그는 그의 사역을 시작하는 날부터 죽는 날까지 순교 당할 위험이 떠날 날이 없었으나 아주 능숙하게 피신하며 사역을 감당했다. 1542년에는 찰스 5세[258]가 그를 죽이기만 해도 상금을 주겠노라고 포고문을 붙일 정도였다.

그의 사역에 대하여
　"메노 시몬이 한 사업은 여러 면에 있어서 국교회의 지도자[259]들이 한 사업보다 어려운 것이었다. 국교회 지도자들은 정부와 교회의 연합한 힘을 의지하고, 또한 그들의 제도를 유지하는 데도 세상의 강한 권세의 힘을 입을 수 있었다. 그러나 메노는 진정한 교회를 영구히 지속하려면 사랑의 힘과 단순한 복음의 진리만 있으면 넉넉하다 생각하고,"[260] 오직 사랑과 복음으로만 동력을 삼았다.

3) 그의 저술 활동
　그는 추적과 체포의 위험 속에서 숨어야 할 때는 숨어서도 용이한 저술에 힘썼다. 주로 밤에 설교하고, 호수와 개울에서 신자들에게 침례를 베풀다가 피해 있을 때는 저술 활동을 하는 활동을 했다. 그는 1539년부터 세 권의 책을 출간했다.
　　1) 그리스도인의 침례/ Christian Baptism (1539)
　　2) 교리의 기초/ Foundation of Christian Doctrine (1540)
　　3) 참된 그리스도인의 믿음/ True Christian Faith (1541)

　가장 널리 읽혀진 '교리의 기초'(Foundation of Christian Doctrine)에서 메노는 독자들에게 다음과 같이 말하고 있다:

---

258) 카를 5세(독: Karl V; 라:Carolus V; 프: Charles V;
　　1519년-1558까지) 신성 로마 제국 황제.
259) 개혁을 하여 국가교회가 된 교회들
260) 인물중심의 교회사, P. 335.

"오직 그리스도와 그의 말씀을 의뢰하며 그의 거룩한 사도들이 행한 확실한 사역과 행실을 의지하라. 그리하면 하나님의 은혜로 모든 거짓 교리와 마귀의 세력을 벗어나 너희는 안전할 것이며, 하나님 앞에서 자유롭고 경건한 마음을 갖고 행할 수 있으리라."

메노 시몬의 신앙의 기초는 '그리스도와 그의 말씀, 그리고 사도들의 모범'이었다. 초대교회로 돌아간 신약교회의 모범을 계승하는 정도(正道)를 찾았던 것이다.

"그리스도인의 진정한 징표는 침례가 아니라 거듭남이라는 사실이라고 주장하고, 주의 만찬(Lord's supper)은 성례전(Sacrament)이 아니라 단순한 기념 의식으로서 간주되고 있다."

침례에 대한 시몬의 신앙은 가톨릭에서는 사형에 해당한다.
  a. 침례는 신앙을 따르고, 유아는 신앙이나 회개를 할 수 없으며,
  b. 침례는 신자가 제자의 삶을 시작하는 공개적인 시작이다.
  c. 유아세례를 받았더라도 믿은 후에 당연히 침례를 받아야 한다.

형제라 불리는 용어에 대해서도
"가톨릭은 그리스도께서 우리의 육신을 몸소 입으셨다는 사실로 우리가 그리스도의 형제들이라고 가르쳤으나 거듭난 자들만이 그리스도의 형제들이라고 할 수 있다. 그 이유는 거듭난 자들만이 그리스도와 마찬가지로 하나님께로부터 난 자들이기 때문이다."[261]고 했다.

우리가 거듭난 성도들끼리 형제, 자매라고 부르는 것은 단지 교회에서 서로 부르는 호칭인 양 쓰는데, 이 호칭이 내포하고 있는 의미는 나도 거듭나서 하나님의 자녀가 되었고, 너도 거듭나서 하나님의 자녀가 되었으니 우리는 영적 촌수로 형제, 자매가 되었다는 것이다. 한 아버지의 자녀들이니 형제, 자매인 것이 당연하다. 구원해 주신 하나님께 감사한 마음으로 불러야 하리라.

개혁자들과 다른 점이 바로 여기에 있다. 다니던 교회(가톨릭, 개혁교회)가 잘못하고 있다고 확신이 들 때, 그 교회를 개혁하려고 다른 이들과 투쟁하는 대신 스스로 하나님의 뜻이라고 믿는 믿음의 길을 홀연히 가는 것이다. 가다 보면 같은 길을 걷는 사람들을 만나게 될 것이고, 믿음의 순례의 길을 함께 가는 길동무가 되는 것이다.

---

261) 기독교 대 백과사전 5권, P. 1119.

(2) 그들의 신앙

1) 성서 관

루터는 "성서에 반대되지 않는 것은 성서적인 것이며, 성서가 바로 이런 사실을 인정하고 있다"고 하였으나 이들은 "기독교 교리에 있어서 신약성서에서 명료하게 가르치고 있고 인준되고 있는 것을 제외하고는 아무것도 인정될 수 없다"고 주장하며 교황이나 교부들의 유전을 거부했다.

그들의 성서관은 구약성서는 신약성서의 근원이자 기초이지만 기독교의 예배 의식과 실천 규범 및 생활 규범과 관련된 부분에 있어서는 신약성서만이 유일한 권위를 가진다. 루터, 칼빈, 쯔윙글리와 같은 개혁자들이 구약성서를 교회 의식과 생활 규범 및 실천 규범에 도입하여 교회와 국가의 연합과 신앙을 위한 전쟁, 사형 등을 정당화하는데 반해 이들은 신약성서에 입각해 거부했다.

2) 구원관

그들은 구원에 관하여 명백한 선언을 하고 있다.

"내 형제들이여, 중생이 세례의 결과라고 가르치고 믿는 것은 끔찍한 우상숭배이자 그리스도의 피에 대한 모독입니다. 왜냐하면 우리들의 죄는 악한 기질이나 허물로부터 기인된 것이기 때문에 그 죄에 대한 치료 수단은 하늘과 땅을 온통 찾아보아도 그리스도의 피 이외에 다른 것이 있을 수 없습니다."

"그리스도의 피는 하나님과 우리 사이의 화목의 유일하고 영원한 수단이다. 행위나 세례나 성만찬은 결코 그 수단이 될 수 없다. 그리스도만이 은혜의 유일한 수단이다."

3) 성별된 삶

메노는 핍박하는 당국자들에게 재 침례교도의 생활의 순결성을 시험해보라고 도전했다. 그들은 진정한 믿음과 순종하는 거룩한 삶에는 불가분의 관계가 있음을 강조하면서

"보시오, 사랑하는 독자들이여, 진정한 믿음은 사랑을 낳고, 사랑은 하나님의 계명에 대한 순종을 낳지 않습니까. 진정한 기독교 신앙이 있는 곳에는 동시에 죄에 대한 죽음과 새로운 피조물, 진실한 회개, 진정한 중생 및 비난할 것이 없는 그리스도인이 있다는 이 사실을 결코 변함이 있을 수 없기 때문이다."[262]

메노 시몬의 신앙은 교회관, 국가관, 기독론에 있어서 명쾌하고

분명한 성서적 신앙을 견지하고 있었다. 그들은 종교개혁자들의 노력은 인정하면서도 종교개혁이 국가교회주의를 지향하는 한 의미가 없으며, 사람들의 생활에 아무런 변화도 줄 수 없었으며 기초들도 성서적인 노선을 따라 놓인 것이 아니라고 했다.

4) 교회관

시몬은 참된 교회의 6가지 특징을 말하고 있다.
  a. 순수한 교리
  b. 성서적 성례
  c. 말씀에 순종
  d. 형제의 사랑
  e. 예수 그리스도에 대한 담대한 고백,
  f. 그리스도의 사명을 위한 고난을 제시했다.

국가와 교회의 분리와 교회 자치

메노 시몬은 교회는 하나님 말씀의 교훈들을 듣고 믿고 받아들이고, 적절하게 성취해 나가는 사람들의 모임이라고 규정하고 있다. 참 교회는 필수적으로 자발적인 원칙 위에 세워져야 한다.

"믿음은 하나님의 선물이다. 그러므로 믿음은 그 누구에게도, 국가의 당국자들이나 무력에 의해서 강요될 수 없다."

교회에 주어진 선교의 대 사명

메노는 선교에 대한 그리스도의 지상 명령이 교회에 주어졌다고 주장하였다. 또한 궁핍하고 빈곤한 신자들을 돌보아 주어야 하는 교회의 의무를 강력하게 주장하였다. 메노가 주장한 교회의 사명을 간결하나 무겁게 '선교와 구제'라고 표현하고 있다.

성결함을 유지하는 교회

메노는 교회에서는 적극적인 죄나 거짓된 교리를 용납하면 안 된다고 했다. 규범이나 출교 령이 없는 교회는 담장이나 울타리가 없는 포도원과 성벽 없는 도시와 같다. 그러나 주의할 것은 경건의 모양은 있으나 경건의 능력을 부인하는 사람들이 있을 수 있다는 사실이다. 죄는 하나님께 회개하고, 사람에게 용서할 때까지 용서를 구하고, 용서를 받았거든 감사하고, 배상할 것이 있거든 호리

---

262) Ibid, P. 1121.

라도 남김없이 철저히 배상하고, 그리고 반복하지 않으므로 용서해
주신 하나님께 감사의 표가 되게 하라. 형제가 용서를 구하면 용서
하고, 용서했거든 죄를 지은 적이 없는 형제, 자매처럼 대하라라는
말씀이다.

초대교회를 회복하려는 노력

메노와 그의 후계자들은 제자들에게 종파를 형성하지 말고 오히
려 진정한 그리스도 교회를 세우라고 끊임없이 주의시켰다.

메노파 사람들은 중세의 세속화 된 가톨릭이나 국가교회 화 하려
는 개신교(Reformed Church)를 본받지 않고, 사도들의 가르침을
재수립하고 사도시대의 신약교회를 회복시키려는 장로들의 부단한 노
력과 형제들의 매력적인 경건생활에 의해 상당한 성과를 거두었다.

(3) 메노 시몬의 '자서전'

"나는 사람들을 가톨릭의 사악한 손에 인도하던 사람이었다. 악
이 무엇인지 알면서도 불의한 생활을 계속하는 이유는 다름 아니라
육신적인 안락을 좋아하고 그리스도의 십자가를 피하려고 하는데
있었다. 이런 생각 때문에 내 영혼은 괴로워서 견디지 못할 지경에
이르렀다. 나는 나의 하나님께 하소연과 눈물로 이 고통스런 죄인
에게 하나님의 은혜를 허락하셔서 내 속에 정한 마음을 창조하시
고, 그리스도의 피 공로로 불의한 걸음과 헛되고 불의한 삶을 용서
하시고, 지혜와 용기와 남자다운 강건함을 주셔서 그분의 고귀하신
이름과 거룩한 말씀을 진실 되게 전파하고 그분을 찬양하도록 해달
라고 간구했다….

이제 나는 주님의 이름으로 공개적으로 강단에서 회개의 말씀을
전하고 사람들이 좁은 길을 가도록 권유하며, 하나님과 상관없는
방법과 모든 죄악과 우상숭배와 거짓된 예배를 비난하고, 지금까지
하나님의 은혜로 알게 된 그리스도의 마음과 가르침을 따라 무엇이
참된 침례이고, 무엇이 올바른 주님의 만찬인지 공개적으로 증거
하기 시작하였다….

이제 나는 기꺼이 그리스도의 무거운 십자가 아래서 궁핍과 가난
을 감내할 수 있었고, 연약한 부분은 하나님께 맡길 수 있게 되었
다. 그리고 참된 열심과 교훈을 가진 몇몇 하나님을 두려워하는 사

람들을 찾아내었다. 나는 하나님의 도우심과 능력으로(Through The Help And Power of God) 잘못된 길에 있는 사람들에게 도를 전함으로써 그들 중 일부를 예수 그리스도께로 인도하였다. 그리고 고집 세고 완고한 사람들은 그리스도께 맡겼다….

나는 나의 사랑하는 아내와 어린 자식과 함께 엄청난 두려움과 압력과 슬픔과 곤고와 박해를 28년 동안이나 당해야 했고, 지금도 가난과 두려움과 위험 속에서 살아가고 있다.

다른 설교가들이 푹신푹신한 침대 위에서 편안히 잠잘 때, 우리는 길모퉁이 집으로 몰래 다가가야 한다. 그들이 결혼식장에서 피리 소리와 드럼 및 플루트 연주를 들으면서 즐기고 있을 때, 우리는 매번 우리를 잡으려는 사람이 있을까 두려워서 개 짖는 소리에도 주위를 두리번거린다. …

주님의 은혜로 나는 이 세상을 여행하는 한 하나님께 영광이 되도록 이 일을 계속하기를 소원할 따름입니다."

세상은 방탕한 길에서 돌아온 어거스틴의 참회록을 가장 귀한 글이라고 하지만 필자는 메노 시몬 형제의 자서전에서 가톨릭 사제 생활을 사악한 생활이라 규정하고, 버리고 돌아온 참회가 더 대단한 참회록이라 평하고 싶다.

어거스틴의 참회는 자신의 방탕한 생활을 참회한 것이지만 시몬 형제의 참회는 사람들을 가톨릭으로 인도한 일을 사악한 일이었다고 참회한 일이 더 대단한 참회가 아닌가?

우리나라에 어떤 종교에 적(籍)을 두고 있던 '건강한 식생활'에 대해 많은 사람들에게 유익을 주던 유명한 분이 개종하면서 말한 사과의 말씀이 생각난다.

"나를 믿고 내가 추종하던 종교에 따라오신 분들께 잘못된 길로 인도한 죄가 큽니다."

참 어려운 고백을 용기 있게 한 그분이 오히려 존경스러웠다. 메노 시몬도 "나는 사람들을 로마 가톨릭의 사악한 손에 인도하던 사람이었다"라고 참회했으니 그 참회가 더 감동이고 귀하다.

사명으로 불타는 하나님의 사람이지만 한 가정의 가장으로서 아내와 어린 자식을 데리고 숨어 사는 인간의 고단한 삶을 토로한 진솔한 글이 내 마음을 울려 눈에 이슬이 맺히는 것을 어쩌랴…

(4) 메노나이트(Mennonites)들의 핍박

독자들께서는 그리스도인의 핍박이 로마시대, 중세 카톨릭의 박해 그리고 선교사들에게 행해지는 이방종교와 적대감으로 받는 박해가 있다고 알고 계시지는 않는지요.

메노나이트들이 활동할 때는 가톨릭 개혁운동이 상당히 진전되어 여러 나라에서는 루터 파, 칼빈 파가 인정을 받고 활동하던 종교개혁의 아침이었는데, 메노나이트들에게 계속된 잔혹한 박해는 가톨릭과 개신교들에게 이중으로 받았기 때문에 더 가혹했던 것이었다.

1530년 이후 네덜란드에는 5천여 명의 개신교도들이 가톨릭에 의해 처형되었다. 그중에 메노나이트들이 3,700명이나 포함되었다. 개혁 초기였고, 가톨릭이 신성로마제국 황제 카롤 5세의 위세로 잔혹한 살육을 자행했다. 계속되는 박해로 수많은 메노나이트들이 네덜란드의 남부에서 북부 프리슬란트(Friesland)로, 베스트팔렌(Westphalen), 올덴베르크(Oldenburg), 쾰른(Köln) 등지로 피난했다. 그러나 피난지에서도 개신교의 핍박을 받아 이후에는 스위스, 독일, 러시아로 옮겼다가 미국과 캐나다 쪽으로 이주하여 정착하게 되었다. 신앙을 지키기 위한 유랑은 길고도 험했지만 그들은 굴하지 않고 좁은 길, 험한 길을 주님과 동행한다는 확신으로 걸었다.

(5) 그들의 영향

스페이어 회의로 가톨릭이 종교개혁을 진압하지 못하게 되면서 힘을 잃었다. 하지만 네덜란드와 엠스(Ams)강 건너편 북부 독일의 경우, 17세기 전반에 걸쳐 개혁교회들이 메노나이트들은 '교회를 경멸하고 기독교 교리들(원죄, 예정론 등)을 부정한다'고 적대시 했다. 가톨릭과 개신교의 박해에도 불구하고 메노나이트들은 넓게 펴져 나갔으며, 그들이 가지고 있는 부와 사회적 지위 때문에 네덜란드에서는 영향력 있는 단체가 되었다.

1580~1660년 어간(於間)에 네덜란드에는 메노나이트들이 최소한 2십만 명에 달했는데 이는 네덜란드 인구의 10분의 1이 넘는 숫자였다. 그리고 그들 중 몇몇 사람들은 네덜란드 전성기의 가장 위대한 예술가들, 시인들 그리고 기술자들이기도 했다.

개혁파 교회의 신학교는 들어갈 수 없었기 때문에 그들은 주로 의학과 과학에 전념하여 사회에 유용한 인력이 되었다. 마치 프랑스의 위그노가 프랑스 건축과 예술에 큰 영향을 끼쳤던 것처럼….

현재 네덜란드 메노파는 134개의 공동체들에 126명의 설교자들과 6만 명의 메노나이트들이 있다. 그중에 1만여 명은 암스테르담에 있고, 지금은 다른 개신교들도 더 이상 적대적일 수 없다. 현재 메노나이트들은 국가 공무원으로도 일하고 있다. 그들은 진지함과 도덕적 경건이 두드러진 특징을 가진 기독교도들로 대표된다.

잔인하고 혹독한 박해 속에서 400여 년의 세월을 어찌 이기고 살아남았을까? 사람의 한평생도 한 권의 책으로 부족한데 그들의 유랑의 역사는 눈물겨웠다.

필자는 연말이 되면 '지붕 위의 바이올린(Fiddler on the roof)이라는 영화가 생각난다. 러시아에 살던 유태인 마을에 그해 말일까지 러시아를 떠나라는 퇴거 령이 내렸다. 떠나야하는 유태인들은 갈 곳도 없이 무작정 초라한 가제도구를 실은 수레들을 끌고, 어려웠지만 정들었던 눈 덮인 마을을 떠난다. 이 서글픈 행렬들을 떠나보내며 석양노을에 한 바이올린 연주자가 빈집 지붕에서 연주를 한다. 후렴부만 옮겨본다.

> 해는 뜨고 해는 지네(Sunrise Sunset).
> 해는 뜨고 해는 지네(Sunrise Sunset).
> 세월이 살같이 흘러가고(Swifty fly the years),
> 계절이 지나면(one season following)
> 행복과 눈물이 쌓인 또 다른 계절이 오겠지.
> (Another laden with happiness and tears.)

사람이 겪을 수 있는 서글픈 쓸쓸함은 섣달 그믐날 해지는 저녁, 그림자가 길게 드리워지는데 눈 덮인 벌판에 서있는 갈 곳이 없는 나그네의 마음이리라. 메노 시몬의 자서전에 아내와 자녀들을 데리고 숨어 다니면서 잠자리를 찾는데, 동네에서 개 짖는 소리가 두려웠다지 않았는가?
왜 이런, 슬픈 얘기를 늘어놓는가?
왜냐하면 메노나이트들의 유랑생활도 유대인과 다를 바 없는 이 땅에서는 서글픈 행로였기 때문이다.

유랑하는 메노나이트(Mennonites)
박해를 피해 유랑하던 메노나이트들에게 1770년경 러시아의 예카테리나 여제(영:Catherine the Great)[263]가 터키전쟁에서 흑해 북쪽

(현재 우크라이나)의 많은 땅을 획득했는데, 주민이 없어서 러시아 정부는 신앙의 자유와 군복무 면제를 조건으로 대초원을 경작하도록 유랑하는 메노나이트들을 초청했고, 수년에 걸쳐 메노나이트 농부와 기업은 매우 성공적으로 러시아에 정착했다.

그로부터 100여 년 후, 1874년과 1880년 사이에 약 45,000명의 메노나이트 중, 약 16,000명이 러시아를 떠나서 9천여 명은 미국 (주로 캔자스와 네브래스카)으로, 7천여 명은 캐나다(매니토바)로 가서 정착했다.

1920년대에 러시아에 살던 메노나이트들은 라틴 아메리카(멕시코와 파라과이)로 이주하기 시작했으며, 곧 소련이 공산화 되면서 더 많은 사람이 남미지역으로 옮기기 시작하여 브라질, 우루과이, 벨리즈, 볼리비아 및 아르헨티나에 정착했다.

러시아 공산화와 러시아 메노나이트

러시아가 공산화되기 전까지 메노나이트들은 대규모 농업 단지를 소유했고, 일부는 도시의 기업가로 성공했다. 1917년 러시아 혁명과 러시아 내전(1917-1921) 이후 이 모든 농장과 기업은 지역 농민이나 러시아 정부에 의해 몰수되었다.

공산 혁명과 우크라이나와의 전쟁 와중에 메노나이트들을 특권 상류층 외국인 즉, 자본가로 간주하고 그들을 표적으로 삼은 '네스토르 마흐노'(Nestor Ivanovich Makhno)[264]의 박해로 어린이를 포함한 수백 명의 메노나이트(Mennonite)들이 무차별 살해당했다.

볼셰비키(Bolsheviks)가 우크라이나를 점령한 후, 종교인들을 박해하기 시작하니 메노나이트들은 200여 년 동안 정착하여 살던 우크라이나 땅을 떠날 수밖에 없었다. 이 일로 미국, 캐나다, 파라과이 등지로 메노나이트 이민의 물결이 흘러 들어갔다.

제2차 대전과 러시아 메노나이트

공산 혁명의 박해를 극복하며 러시아에 남아있던 메노나이트들은 또 세계대전의 직격탄을 맞았다. 제2차 세계대전 중 1941년 여름, 독일군이 소련을 침공했을 때 대부분 독일 계통의 메노나이트 공동체는 공산주의 정권에 박해를 받다가 동족인 독일군을 해방자로 환영했는데, 전쟁의 흐름이 독일군의 패배로 바뀌자 많은 메노나이트

---

263) 러시아 로마노프 왕조의 8번째 황제. 예카테리나 대제(女帝) 동양의 측천무후처럼 황후가 황제를 폐위시키고 스스로 황제로 즉위한 여인.
264) 마흐노, 10월 혁명 이후 볼셰비키에 협조를 거부한 우크라이나 혁명가

들은 독일군과 함께 독일로 돌아와 독일민족(Volksdeutsche) [265]으로 환영받았다. 우리나라 일사후퇴와 같이….

그러나 소련에 남아있던 메노나이트들은 전쟁 중에 독일에 부역했다고 강제로 시베리아와 카자흐스탄으로 이주시켰다. 러시아가 독일과 전쟁을 하면 메노나이트들이 주로 독일인이라서 독일에 부역할까봐 이미 독일 침공 전에 영향력 있는 많은 메노나이트들을 시베리아에 강제 이주 시켜서 살고 있었다.

러시아가 개방되기 시작했을 때 시베리아에 이주했던 메노나이트들은 전에 살던 우크라이나와 서부 러시아로 돌아올 수 있었다.

고국 독일로 귀환하는 메노나이트들

1990년대에 카자흐스탄, 러시아, 우크라이나 정부는 메노나이트들에게 이민의 기회를 주었고, 대부분 독일로 이주했다. 1770년경 핍박을 피해 러시아로 떠난 메노나이트들이 200여 년을 유랑하다 본국으로 돌아올 수 있었다. 1990년대부터 독일로 돌아온 러시아 메노나이트들이 더해져서 독일의 메노나이트 공동체는 갑절도 넘는 부흥을 했다.

(6) 퀘이커교도 윌리암 펜(Quaker William Penn)

William Penn, 그림:Frederick S. Lamb

윌리암 펜은 퀘이커 순회 설교자인 Thomas Loe를 아버지가 가족 예배에 설교자로 초대했을 때 그의 설교를 듣고, 퀘이커 신앙(Quakerism) [266]을 인정하고 퀘이커 교도가 되었다. 성공회를 거부하고 퀘이커 신앙을 주장한다고 추방되었다가 아버지의 중재로 돌아왔으나, 퀘이커 신앙을 포기하지 않아서 1669년 런던 타워에 감금되었다.

윌리암 펜이 런던 타워에 감금되어 있는 동안 그리스도인들이 자주 쓰는 "십자가 없이는 면류관도 없다"(no cross no crown)와 여러

---

265) 독일과 오스트리아 이외의 지역에 거주하는 국외 거주 독일인
266) 17세기 중엽 영국 George Fox가 창설한 형제회, Society of Friends.

편의 글을 저술 했다. 아버지인 Penn 제독은 1670년에 사망하면서 마침내 아들의 퀘이커 신앙(Quakerism)과 화해하게 되었다.

Penn제독은 아들 William에게 북미에 있는 영지를 증여했다. 윌리암 펜에게 증여한 펜 제독의 영지는 1681년 2월 28일, 영국 국왕 찰스 2세가 펜 제독에게 진 부채(£16,000/2008년 £2,100,000가치)를 아들 William Penn에게 상환하는 형식으로 영지 증여를 승인한다. 그 땅이 바로 '펜실베이니아', 윌리암은 그 땅의 이름을 '실베이니아'라고 정하려 했는데, 펜 제독을 존경하던 국왕 찰스 2세가 Penn제독을 위해 영지를 펜의 실베이니아(Pennsylvania/펜의 숲/'Penn's Woods')라고 명명했다. 증여 받은 영지는 2,900만 에이커(대략 한국 영토)였다.

윌리암 펜의 "거룩한 실험"
(William Penn's "holy experiment" 1682년)

1682년, 영지를 증여받은 윌리암 펜267)이 영지를 찾았고, 이미 살고 있던 레나페(Lenape) 인디언268) 부족을 추방하지 않고 그들과 토지 구매 협상을 다시 완료한 후, 펜(Penn)은 1682년 7월 15일 그레이스톤스(Graystones)에서 꿈꾸던 이상적인 정부를 지향하는 헌장을 발표하고, '거룩한 실험'(holy experiment)을 시작했다.

윌리암 펜(Penn)은 신세계를 개척하면서 두 가지 혁신적인 정부를 시도했다. 첫째는 국회에 해당하는 '카운티위원회'를 이주민의 선거에 의해 구성한다는 것, 그리고 둘째는 이주민의 '종교적 신념의 자유'였다. 후에 미국의 모든 주에서 이 제도를 차입해서 미국의 종교 자유의 기초가 되기도 했다.

윌리암 펜의 '이상'을 "거룩한 실험/holy experiment"이라 부른 것은 시도하려는 제도가 아무도 예상치 못하는 제도였기 때문이었다. 자기 영지의 지배자가 이런 정치를 생각했다는 것은 당시 영주들로서는 상상 불가능한 '이상'(ideal governor)이었다.

---

267) 아버지의 이름을 이어 받은 윌리암 펜 2세, William Penn II, 혹은 Jr.
268) 레나페 족(Lenape) 또는 델라웨어 족(Delaware), 레나페는 '진정한 인간'이라는 뜻. 델라웨어 강과 포코노 산지 뉴욕 뉴저지 북부에 살던 옥수수 농사와 수렵을 하던 인디안.

1699년, 펜실베이니아 헌법 반포.

1682년부터 시작된 거룩한 실험은 윌리암 Penn이 영국에 다녀온 1699년에 펜실베이니아 '특권 헌장/Charter of Privileges'을 반포해서 1776년 독립 전쟁까지 실행했는데 다음과 같았다.

① 종교의 자유(Freedom of religion)

모든 사람이 신앙을 선택한대로 자유롭게 예배 할 수 있다. 펜실베이니아는 퀘이커뿐만 아니라 모든 종교적 신념을 가진 사람들에게 개방 될 것이다. 그 후, 펜실베이니아는 종교의 자유의 안식처가 되었고, 많은 새로운 정착민들이 이주했다.

② 계몽된 형법(An enlightened penal code)

교도소는 처벌하는 곳이 아니라 교도(矯導)하는 곳이다. 감옥에 있는 사람들은 석방될 때 유익하게 고용 될 수 있도록 교육한다. 사형은 살인과 반역에 국한되어야 한다.

한국도 형무소(刑務所)라고 하다가 얼마 전에 교도소(矯導所)라고 변경된 기억이 있는데, 윌리암 펜(William Penn)의 생각이 당시에는 '이상'이 아닌가!

③ 모두에게 직업(Work for everyone)

그는 농업, 공예 및 다양한 직업군을 개발하여 직장을 쉽게 얻을 수 있도록 만들었다. 그래서 펜실베이니아는 '가장 가난한 사람의 나라'(the best poor man's country)로 알려졌다. 왜, 이런 별명이 생겼을까? 모든 사람이 일했기 때문이다.

④ 의무 교육제도(Education for everyone)

소년 소녀는 모두 교육을 받아야했다. 대부분의 아이들, 특히 소녀들도 교육한다는 혁신적 '이상'이었다. 교육은 유용하고 실용적이어서 취업 교육 중심이었다. 이것은 퀘이커교도(Quakers)들의 특징이기도 했다.

⑤ 평등한 투표권(widened franchise)

모든 남성에게 투표권이 주어졌다. 당시 유럽에서 평민에게 투표권이 주어진다는 것은 '이상'이었다. 윌리암의 이런 이상은 처음부터 침례교회는 모든 회원들은 동일한 자격을 가진 회중 민주주의 교회 체제와 일맥상통한 내용이었다.

⑥ 친환경적인 도시 계획(Town planning for healthy living)

광장과 공원이 있는 격자 패턴으로 필라델피아를 디자인했다는데 필자는 필라델피아를 가서 잠만 자고 왔으니….

영지에 사는 사람들을 '농노(農奴)'라고 여기던 유럽 귀족이 자신이 지배하는 영지에 사는 사람들에게 '주민'의 개념을 최초로 도입한 지배자가 되었다. 이런 '이상'은 어디서 왔을까? 그리스도인이 하나님의 말씀대로 다스리려고 한다면 이런 지배자가 되지 않겠는가?

미국의 독립 선언문의 핵심 저자인 3대 대통령 제퍼슨(Thomas Jefferson)은 펜(Penn)을 '세계에서 가장 위대한 입법자'라고 불렀고, 그의 '이상'을 미국 수정 헌법에 많이 도입했다.

> 모라비안들에게 진젠도르프(Zinzendorf)가 있었다면,
> 메노나이트들에게는 윌리암 펜(William Penn)이 있다.

윌리암 펜의 글

"No Cross, No Crown"   십자가 없다면 면류관도 없고
"No Thorns, No Throne"   가시 없으면 보좌도 없다.
"No Gall,   No Glory"   쓴 잔 없다면 영광도 없고
"No Pain,   No Palm"   고통 없으면 칭송도 없다.

1683년 메노나이트는 많은 소수 종교와 함께 유럽의 라인 강 근처에서 윌리암 펜이 실험적으로 시도하는 종교의 자유가 있는 식민지 펜실베이니아로 이주하여 윌리암 펜(William Penn)의 "거룩한 실험"에 참여하면서 한 세기에 걸친 박해를 피했다.

1683년에 네덜란드어를 사용하는 메노나이트 13가족들과 퀘이커(Quaker)들이 현재 필라델피아 '독일인 마을'(Germantown)로 알려진 지역에 정착하여 이 지역을 식민지화한 최초의 유럽인이 되었고, 신대륙에 정착한 최초의 독일인이 되었다.

메노나이트 중에 미국 최초의 린넨 종이 제조공장을 건설한 '윌리엄 리튼하우스'(William Rittenhouse)는 북미에서 종이를 만든 최초의 인물 되었고, 메노나이트 식민지의 초대 장관을 역임했다. 또한 메노나이트 신학과 양심은 1688년에 기록된 미국 최초의 노예제도 반대 서면 청원을 한 것으로 기록되었다.

18세기 초, 독일 남서부 팔츠(라인란트-팔츠/Rheinland-Pfalz)에 살던 메노나이트 독일인 10만 명이 펜실베니아로 이주했으며, 그곳에서 그들은 (독일어 또는 독일어의 영국화에서) 펜실베이니아 네덜란드인으로 통칭되었다.

Germantown Mennonite Meetinghouse, built 1770(집회소)
주소: 6133 Germantown Avenue, Philadelphia PA

(http://www.meetinghouse.info)

메노나이트 공동 묘지 Millersville, Lancaster, PA.

메노나이트(Mennonite)들도 세월이 흐르면서 신앙과 실천면에서 많은 변화가 있었고, 여러 분파로 분화되었다. 아미쉬(Amish) 같이 현대 문명을 거부하고 메노나이트들의 생활을 고수하는 이들도 있고, 여성 목사제도와 평화와 관용이라는 메노나이트의 특징적인 신앙생활을 강조하여 동성애자들을 옹호하는 교회도 있다. 미국에만 해도 현대적인 신학교와 큰 교회당으로 사역하는 메노나이트들도 있으나 세계 메노나이트 협회라는 이름 아래 하나로 협력하고 있다.

버지니아 해러슨버그에 있는 Mennonite 신학대학과 일반 대학교

미국 켄사스 주에 있는 Mennonite 일반대학
Bethel College, North Newton Kansas

학교 소개

메노나이트 유산: 베델의 메노나이트 전통 유산이 캠퍼스에서 신앙과 공동체를 경험하는 방법을 결정하지만 특별한 종교적 관점 없이도 선택을 연구하고 공부할 수 있다.

"Mennonite Heritage: Explore choices and determine life commitments without a particular religious perspective required, though Bethel's Mennonite heritage will shape how you will experience faith and community on campus."

(7) 그들의 분파

그들은 오랜 유랑생활 중에 나라와 풍습이 다른 지역에서 200여 년 동안이나 떨어져 살다가 모여 보니 몇 가지 차이가 났을 것이다. 그들이 분파해도 세계 메노나이트 총회로 서로 함께하고 있다.

세계 메노나이트 협회(Mennonite World Conference)

(참조: www.mwc-cmm.org)

1) 옛 메노파

미국과 캐나다에 약 2만 9천 명의 회원을 가지고 있다. 그중 약 8천 명은 펜실베니아의 랭카스타에 있다. 그들은 주의 만찬, 사랑의 입맞춤, 발 씻김의 의식이 있고, 예배에서 기악은 허용되지 않는다. 목사들 중에서 재정적 지원을 받는 사람은 거의 없다.

2) 총회

메노파 중에서 가장 진보적인 분파. 원래 러시아에서 서부의 주들로 이민 온 독일 회중들로 1만 3천여 명의 회원들을 가지고 있으나 초기의 Mennonite들의 특성들을 지키지 못한 듯하다.

한 교회를 보고 모든 Mennonite 신앙을 판단하려는 것은 아니지만 펜실베이니아에 있는 여 목사가 목회하는 교회의 홈페이지에서 스스로를 소개하는 글을 옮겨본다.

"We seek to be a community of grace and reconciliation and so welcome into membership all who confess faith in Jesus Christ, including those in same-gender covenant relationships. We are committed to engaging in God's mission in a broken world through an Anabaptist-Mennonite faith perspective"

번역: "우리는 은혜와 화해의 공동체가 되기 위해 동성 언약 관계에 있는 사람들을 포함하여 예수 그리스도를 믿는 신앙을 고백하는 모든 사람을 회원으로 환영합니다."(이하 생략)

에크로 메노나이트 교회(Akron Mennonite Church)

1311 Diamond Street Akron, PA

3) 그리스도 형제단

약 6천 명의 회원을 가지고 있으며, 대단히 활동적이다. 그들은 세족례를 한다. 그들은 약 30명의 외국선교사들을 지원하고 있다.

4) 개혁 메노파

창설자 헤르(John Herr)의 이름을 따서 헤르파라고도 불려진다. 약 1,700명의 회원이 있고, 그들은 주로 펜실베니아에서 살고 있다.

5) 아미쉬(Amish)

1680년 스위스의 재 침례교도로 개종한 제이콥 아망(Ammann)[269]의 지도로 1690년경 스위스와 알사스의 메노나이트들로부터 분리하

---

269) 암만(Jakob Ammann:1644 - 1712경) 재침례교 지도자로 활동했고, 아미쉬(Amish)란 이름은 암만(Ammann)을 따르는 이들이 붙인 것.

여 성별된 생활을 강조하는 단체이다. 교회당이라고 더 신성할 수 없다고 회합 장소를 건축하지 않고, 예배는 주택이나 창고에서 모인다. 통상 독일어로 4시간 정도 예배를 드린다. 모임 후에는 그 모임이 개최된 가정에서 전체 회중을 위하여 저녁이 대접한다. 고전적인 찬송가, 투박한 장의자들 그리고 예배자들을 위해 소박한 저녁을 준비하는데 필요한 식기류를 제외하고는 교회재산은 없다. 그들은 자발적으로 문명의 이기로부터 떠난 삶을 고수하며 살았다고 할 수 있을 것이다. 그들의 복장은 18세기 독일인들의 복장을 유지하며, 집과 가구는 소박하다. 그들의 정착지들은 펜실베니아, 오하이오, 인디애나 등이다. 미국 오하이오 주에는 홀름(Holmes) 웨인(Wayne) 등 5개 카운티 지역에 Amish들이 분포되어 있다. 펜실베이니아 Amish들 보다는 현대 문명에 적응하고 있다.

펜실베이니아 Lancaster에 있는 아미쉬 마을

예배드리러 가는 아미쉬 가족들

아미쉬 마을에서 자체 생산한 무공해 농산물들로 운영하는 식당

소망침례교회 김현규 목사님의 교회와 가까워 우리 가족이 귀한 대접을 받았다. 성시를 이루는 엄청난 규모의 식당을 보고, 필자는 또 걱정이 됐다. 잘 돼서 장사로 빠지는 건 아니겠지?

캐나다 메노나이트 (2017년 보고서)

캐나다에는 두 길(route)로 메노나이트들이 이주했다. 스위스-남부 독일 메노나이트들은 펜실베이니아를 통해 왔고, 네덜란드-북부 독일 메노나이트들은 러시아(우크라이나)를 통해 왔다. 1700년대 말과 1800년대 초, 펜실베이니아에서 온 스위스 메노나이트들은 남부 온타리오에, 1870년대 우크라이나에서 온 러시아인 아미쉬들은 매니토바주 남부 위니펙호 근처로 이주했다. 1920년대와 1940년대에 러시아인 메노나이트들이 캐나다로 왔고, 지난 50년 동안에는 메노나이트들이 멕시코에서 캐나다로 이주해 와서 오랜 유랑을 멈추고 정착된 신앙생활을 하고 있다. 현재 캐나다에는 20여만 명으로 추산되는 메노나이트들이 정착하고 있다.

한국에 있는 메노나이트

한국에서는 자신들을 아나뱁티스트(Anabaptist)라고 소개하고 있다. KAC(Korean Anabaptist Center) 홈페이지의 글을 옮긴다. (필자)

"KAC의 탄생은 역사적으로 두 가지 사건에 기인하고 있습니다. 첫 번째는 1952년 6.25전쟁이 한창일 당시 수십 명의 메노나이트 선교사들이 당시의 황폐해진 한국 땅에서의 물자 원조, 교육, 사회 복지 등을 위해서 그리스도의 사랑과 섬김, 봉사의 정신으로 경상도 땅에 처음 발을 내딛었습니다.

그들은 대구, 경산, 부산 등을 중심으로 다양한 구제, 교육, 지역개발 사업들을 활발하게 전개하였습니다. 지금까지도 기억할 수 있는 메노나이트 선교사들의 가장 두드러진 사역은 경북 경산에서 시작한 메노나이트 직업 중고등학교라고 할 수 있습니다.

그 후 경산에서의 메노나이트 직업학교가 1971년까지 20년간을 당시의 열악한 환경에 처한 한국의 청소년들에게 진실된 신앙교육과 배움의 기회를 동시에 제공했던 것은 지금까지도 잊지 못할 아름다운 사역으로 기억되고 있습니다." 이하 생략

출처: 한국 아나뱁티스트 센터 (http://www. kac. or. kr/anabaptism.)

메노나이트 현황

세계 메노나이트 협의회 (MWC: Mennonite World Conference)

"2018년 MWC 회원은 1개의 국제 협회와 58개국에서 온 107개의 메노나이트 및 그리스도 교회의 메노나이트 (Mennonite) 및 형제단 (Brethren)이 포함되었으며, 약 1만 교회에 약 147만 명의 침례 받은 신자들이 있습니다. MWC 회원 교회의 침례 받은 신자의 약 81%는 아프리카인, 아시아인 또는 라틴 아메리카인이며, 19%는 유럽과 북미에 있습니다."(참조: www. mwc-cmm. org)

메노파는 '네덜란드' '재침례교/Anabaptist'를 지칭하는 말로 그 후 그들을 메노나이트 (Mennonite)라 부른다. 미국에만 50여만 명이 여러 주에 산재해 있다. (참조: www. MennoniteUSA. org)

메노나이트 소고 (小考)

왈덴시안이 전도자들에게 붙여줬던 샤보트 (sabot/나무 샌들)라는 이름으로 불렸던 쟌 폭커즈 (Jan Volkertsz)가 터 닦고, 루터교에서 평신도 무자격 설교자라고 추방당한 후 재침례교도들에게서 온 마음을 다해 받아드릴 신앙을 발견하고 재침례교도가 된 멜히오르 호프만 (Melchior Hofmann)이 북부 네덜란드와 엠스강 건너 북부 독일에 전도하여 신자의 침례를 베풀며 교회를 세우는 동안, '시케 스니이더'의 담대한 순교로 가톨릭 사제였던 메노 시몬이 가톨릭에서 떠나 네덜란드 재침례교를 이끌며 또 다른 이름으로 불렸으니 바로 메노나이트 (Mennonite)였다.

400여 년을 유랑하며 네덜란드에서 독일로 스위스로 우크라이나로 러시아로 미국으로 캐나다로 남미로 아프리카로, 메노나이트는 6개 대륙 87개국의 지역사회에 흩어져 오늘날까지 신앙생활을 하고 있다는 것은 신앙의 기적이고 능력이었다.

얼마나 많은 순교자들이 시베리아의 눈 속에 묻혔으며, 얼마나 많은 메노나이트들이 가족들 앞에서 순교했으랴? 그래서 그들은 어디에 살든지 쉽게 떠날 수 있는 준비를 지금도 하고 산단다.

부록 5: 분리주의(Schism)와 분파주의(Sectarianism)

분리주의자라는 용어는 가톨릭이 종교재판에서 전가의 보도(傳家의 寶刀)처럼 가톨릭의 교황이 베드로의 사도권을 계승한 예수님의 대리자라는 권위를 인정하지 않고, 가톨릭이 주님께서 세우신 유일한 교회라는 사실을 인정하지 않는 이들을 이단으로 처벌하기 위한 목적으로 붙인 죄목이 분리주의자(Schismatist)였다.

분파주의란 두 가지 즉, 교황의 베드로 사도의 수장 권과 가톨릭이 유일한 교회라는 사실은 인정하고, 자기들의 특징적인 신앙생활을 교황의 승인을 얻어서 운영하는 파(Sect)들이다. 예를 들면 가톨릭도 여러 분파가 있다. 크게는 초기에 정한 다섯 구역 '로마, 예루살렘, 알렉산드리아, 안디옥, 콘스탄티노플'을 '메트로폴리탄'(metro- politan)이라고 칭한다. 주변 지역의 모(母)교회로서 감독을 초기에는 대감독(archbishop), 중기에는 대주교(大主教, 그리스어:Αρχιεπίσκοπος, 라틴어:archiepiscopus, 영어:archbishop)라 한다.

역사가 흐르는 동안 다섯 대교구가 영고성쇠(榮枯盛衰)를 거듭하다가 콘스탄티노플은 동방정교회로, 다른 지역은 이슬람의 정복 전쟁으로 지리멸렬하고, 알렉산드리아는 이집트 꼽트(Copts)교회로 이집트 지역에 중심교회로 자리 잡고 있다. 로마교회, 가톨릭에서는 이 모든 교회들을 분파 정도로 치부하는 것 같다.

가톨릭에서 신앙의 특징을 따라 신앙집단을 구성해서 교황청의 승인을 받은 집단은 별도의 파벌이 생겼는데, 청빈한 삶과 설교로 복음의 진리에 대한 철저한 탐구를 강조하는 도미니칸, 기도와 가난과 더욱 작음을 강조하는 프란체스코, 1539년 이냐시오 데 로욜라에 의해 창립된 선교사 지원 활동, 복음화, 연구와 교육의 분야에서의 활동으로 명성이 높은 예수회 등이 있다.

3. 영국의 침례교회

영국처럼 복잡한 과정을 거쳐 종교개혁을 한 나라는 없을 것이다. 대부분의 나라가 가톨릭에서 개신교로 개혁하는데 영국은 가톨릭 - 영국 국교 - 가톨릭 - 영국 국교(성공회) - 개신교로 개혁하는 과정에서 더 많은 수난이 있었다.

이러한 역사의 와류 속에서 영국 침례교는 태동하게 된다. 다른 개신교와는 달리 영국의 침례교도 그 자체가 독립적이고 개혁적으로 시작된 것이 아니라 오랜 신앙의 전승을 통하여 신약교회의 신앙을 지켜오던 무리들이 영국에 상존하고 있었고, 그들의 영향으로 영국에 역사적 침례교가 태동하게 된 것이다. 그러므로 영국 침례교는 신약교회의 신앙이 영국 침례교로 계승되었다고 할 수 있다.

(1) 영국 침례교회가 신약교회를 계승한 증거

1) 위클리프에 의해서 일어났던 재 침례교 운동이 이미 영국의 기독교의 표면 밑에 넓게 흐르고 있었다. 위클리프의 신앙이 쟌 후스를 통해 체코로 건너가서 그렇게 큰 파장을 일으키고, 신·구교 전선으로 확대되어 세계사적인 30년 전쟁이 발발하게 되었다. 모라비안 선교사들이 그린 랜드에서 희망봉까지, 대서양 건너 캐나다와 미국과 아메리카 인디안들에게 복음을 전하며 오늘날까지 활동하고 있는데, 그 진원지인 영국은 잠들었겠는가?
정수유심(靜水流深), '깊은 물은 소리 없이 흐른다.'

2) 전술한 바와 같이 네덜란드에서 많은 재침례교도들이 핍박으로 잉글랜드로 이주하여 살고 있었다.
"반면에 메노파의 역사를 다루는 비교적 근대의 학자들의 주장에 의하면 재 침례교의 교훈은 16세기의 아주 이른 시기에 영국에서 발견된 것으로 1528년에 이 종파에 속한 다수의 사람이 영국으로 이주해 왔으며, 그 후 잇달아 1573년에 가서는 약 오만 명의 재 침례교인이 영국에 있었던 것으로 추산한다."[270]

그들의 핍박에 관한 기록을 여러 곳에서 찾을 수 있다.
"1535년 5월 25일에 25명의 네덜란드 재 침례교인(메노나이트)들이 성 바울 성당에서 체포되었다. 이들 중 14명은 유죄 판결을 받고,

---

270) 침례교회사 PP 29-30.

1535년 6월 4일 런던에서 화형 당했다."

호스트(Horst)는 헨리 8세에 의해 화형당한 재 침례교인들 수효가 전 세기에 화형당한 롤라드 파의 수효보다 많았다고 기록하였다.

"메리 여왕의 재위 기간(1547-1558)에 사형당한 사람들 가운데 아마 80퍼센트 정도는 재 침례교였을 것이다."[271]

3) 알비젠시안들의 활동

필자가 알비젠시안(카타리)들이 프랑스에서 발견되기 전에 벌써 영국에서 발견되었다고 한 것을 다시 한 번 확인해 보자

"1160년에 옥스퍼드에서 30명의 카타리들이 이마에 낙인이 찍히고 태형을 당했다. 영국에서 헨리 2세는 카타리를 믿는 이들을 장님으로 만들어 버렸으며…"[272]

아르메니아 남부 터키에서 시작된 파울리시안들이 콘스탄티노플을 지나 아시아와 유럽을 잇는 보스포러스(Bosporus) 해협을 건너 트리케 지방을 지나갔다. 일부는 남진하여 마케도니아 지방으로, 일부는 도나우 강을 따라 불가리아, 보스니아 헝가리를 지나면서 '보고밀'로 개명이 되어 북진했고, 일부는 알프스 기슭을 따라 프랑스 남부지방에 확산되면서 중심도시인 '알비'에 얼마나 많았으면 그들을 '알비 사람들'이라는 뜻으로 '알비젠시안'이라 불렀겠는가?

그들이 프랑스 남부 랑그도그 지방에서 소문이 나기 전에 이미 일부는 영불해협을 건너 영국까지 갔으니, '그들의 걸음이 왜 그리 빠른가'라고 하겠지만, 우리가 간과하는 것은 그 기간이 100여 년의 세월이었다는 것이다.

필자는 헨리 2세의 박해로 알비젠시안들이 영국에서 진멸되었으리라고는 생각지 않는다. 신앙의 불길은 박해로는 절대로 완전히 진화되지 않는다는 것은 교회사의 정설이다. 분명히 살아남은 '카타리'들이 영국의 저변에서 활동했을 것이 자명하다. 즉, 영국의 모든 개혁운동에 어떤 모양으로라도 영향을 미쳤을 것이다.

4) 로랄드(Lollard)의 활약

신앙적 이유로는 영국에서 영어로 번역된 위클리프의 신약성서가 로랄드에 의해 반포되고(영어로 번역된), 성서를 접한 사람들이 녹

---

271) 재 침례교도의 역사, P. 308.
272) 세계교회사, P. 220.

는 땅에 새싹처럼 돋아났을 것이다. 왜냐하면 번역된 성서가 집중
적으로 반포된 동부지방에서 침례교가 발생했기 때문이다.

"자기들의 언어로 된 신약성서가 흘러 다니는데, 성경을 믿는 그
리스도인들이 생긴다는 것은 당연한 귀결이다."[273]

"침례교인을 구별 짓는 성서적 신앙은 어느 시대나 하나님의 남
은 자들의 심령 안에 성령께서 역사했을 때에 계속 살아왔던 것이
다. 침례교도의 영적인 선조는 신약성서에서 직접 발생했지만 침례
교도란 이름 아래 영국에서의 그들의 시작은 17세기였다. 모본과
권위로서의 신약성서의 재발견은 영국교회(Anglican Church)로부터
사람들을 이끌어내어 신약성서의 원리들을 보존하는 것으로 혈통을
특정 지은 사람들의 대열에 가담하게 한 것이다."[274]

성서가 열려 있는 곳에는 성령의 역사하심이 있고, 성령의 인도
를 따르는 사람들에게는 신약교회의 열망으로 불붙는 것이다. 그러
므로 영국의 개혁운동에서도 침례교도들이 독일에서 루터, 스위스
에서 쯔윙글리를 거부했던 것처럼 거부하고, 국교회의 권위가 개
교회와는 무관하다고 주장하며, 오직 성서의 절대 권위만 인정하는
무리들이 나타나기 시작했는데 그들을 분리주의자들(Schismatist)이
라 불렀다. 이 이름이 생소한 이름이 아닌 것은 역사를 통하여 가
톨릭에게 정죄되고 핍박을 받았던 동일한 믿음의 선조들에게도 붙
여졌던 이름이기 때문이다.

(2) 영국 침례교의 태동

1606년 건강이 안 좋아 보이는 젊은 남자가 분리주의자인 토마
스와 제인 헬위스(Thomas & Jane Helwys)의 집에 왔다. 그 사람
은 존 스미스(John Smyth)로 그의 어린 시절은 잘 알 수 없지만
그리스도 대학과 캐임브리지 대학에서 공부했다. 그리스도 대학에
서 프란시스 존슨(Francis Johnson)[275]의 제자였다. 존 스미스는
프란시스 존슨의 신앙적 영향을 받았다.[276]

---

273) "It is difficult to see how the circulation of the New Testament in the
    language of the people could fail to produce New Testament
    Christians" ≪ Robert Baker, The Baptist March in History, P. 42. ≫
274) 침례교 발전사, P. 65.
275) 프란시스 존슨은 장로교의 신앙에서 분리주의자가 된 사람
276) 프랜시스 존슨에 대한 설명 - 침례교도의 역사, P. 317;
    순례하는 교회, P. 286.

그 후 존 스미스는 1600년 9월 27일 8대 7의 표결로 링컨시의 자치구에서 성경교사로 선임 되었다. 책임을 탁월하게 수행하는 스미스에게 1602년 8월 1일 연 40파운드의 급료와 일생동안 살 주택비를 지급 받는 종신 설교자로 선임하는 파격적인 조건으로 재신임했다. 그러나 그는 10월 13일 그의 설교로 인해 파당적인 인물이 되어 고위직에 있는 이들의 미움을 사서 그 모든 자리에서 면직되고 결의도 취소되었다. 그 후 여러 곳을 다니며 설교하다 여러 번 투옥되기도 했다.

　그 후 1년간 주의 깊게 신약성서를 연구한 결과 내면적으로 심한 영적인 투쟁을 겪은 후 1606년 영국교회는 성서적이 아니라는 결론에 도달하고 분리해 나왔다.

　스미스가 고향인 게인스보로에 있을 때 그 마을에는 1602년에 조직된 회중교회(congregation church)가 있었는데 그 교회는 둘로 나누어져 있었다. 한 무리는 중부 노팅햄셔어(Nottinghamshire)의 작은 마을 스크루비(Scrooby)에 있는 윌리암 브레어스터(William Brewster)의 메노(대저택)에서 예배하는 교회로 지도자는 리차드 크리프톤(Richard Clyfton)이었다.

　이 교회는 후에 존 로빈슨(John Robinson), 윌리암 브래드포드(William Bradford), 윌리암 브레어스터(William Brewster) 등에 의해서 1608년 네덜란드 라이덴(Leyden)으로 이주했다가 후에 신대륙으로 건너가 1620년에 미국의 프리머스 식민지(Plymouth Colony)에 정착한 필그림 교회(Pilgrim Church)가 된 미국 땅에 세워진 최초의 회중교회(congregation church)이다.

　브래드포드(William Bradford), 브레어스터(William Brewster)는 1620년 11월 11일 메이플라워 언약(The Mayflower Compect)을 작성한 서명자 41인 중 두 번째와 네 번째 서명자로 표시되어 있다.

　또 한 무리는 게인스보로에 잔존했는데 바로 1606년 성서연구를 통해 성서적인 교회를 찾아 방황하던 죤 스미스가 방문하게 되는 교회로 헬위즈와 토마스가 있던 교회였다. 그 후 그 교회는 스미스를 지도자로 추대하였다.

　스미스가 인도하던 교회는 비국교도에 대한 박해로 말미암아 1607년 후반에 상당수의 영국의 분리주의자들이 암스테르담으로 이주하여 정착하게 된 것이다. 네덜란드에 일어난 박해(메노나이트 박해)로 재 침례교도들이 영국으로 피난했다가 이제는 영국에서 다시 네덜란드로 이주하는 모습은 우리가 이 땅에서는 나그네임을 확연히 보여주는 역사의 아이러니라고 할 수 있겠다. 이들이 네덜란드로 이주한 것은 단순히 피난지를 찾아간 것이라기보다는 박해 중에도 신앙을 지켜오는 네덜란드 침례교회(Mennonites)에 대한 친교의 그리움으로 이주한 것이라 보아도 될 것이다.

그러나 스미스는 그때까지도 침례교도가 되었다고 볼 수는 없다. 존 스미스는 1608년에서 1609년 2년 어간에 워터랜드 메노파(The Waterland Mennonites)의 영향을 받아 재 침례교인이 되었음이 분명하다.

네덜란드에서 다시 조직된 침례교회(1609년)

"일단 새로운 입장의 정당성을 확신하자 그는 지체 없이 그의 회중들을 가르쳤다. 그리고 그 교회는 개인적 신앙고백과 침례에 근거해 재조직 되었다. 스미스는 단호하게 신약과 그리스도 및 사도들의 선례에 기초하여 가르쳤다. 1608년 말이나 1609년 초에 스미스와 그의 회중은 스스로 교회를 해체하고, 교회의 계약 대신에 신자의 침례에 기초한 교회를 재조직 하였다."

스미스는 침례에 대한 명백한 견해를 예전의 동역 자였던 리차트 클립튼에게 편지로 밝혔다.

"침례 요한이나 그리스도의 제자들이 아이들에게 침례를 주었다는 선례도, 명령도 신약에서는 찾아볼 수 없다. 오직 자기 죄를 자복하고 신앙을 고백하는 자들만이 침례를 받았다. 또한 유아세례 실시는 지상명령(Great Commission)에 근거해서도 부인되었다. 그리고 침례는 오직 신자들에게만 적용 되는 새로운 계약의 인침으로 여겨졌다. 유아들은 신앙을 가질 수 없으므로 새 계약은 그들에게 적용될 수 없다. 따라서 유아세례는 '신성모독'인 것이다."[277]

스미스는 동료였던 토마스 헬위즈(Thomas Helwys), 윌리암 피고트(William Piggott), 토마스 시머(Thomas Seamer), 존 멀튼(John Murton) 등과 분쟁하여 결별하고, 메노파 침례교회와 결합 요청하여 한 교회가 되고, 1612년 8월말 결핵으로 사망하여 암스테르담의 노이베케르케(Nieuwekerke/Nesselande)에 안장되었다.

---

277) 재 침례교도의 역사, PP. 322-323.

(3) 영국의 최초 침례교회 (1611년)

1610년 2월 스미스의 회중은 메노파 침례교회에 통합되었으나 그 일에 동조하지 않은 8~10명은 스미스와 결별하고 1611-1612년에 영국으로 귀국한다. 그들이 바로 전술한 바 있는 토마스 헬위스, 윌리엄 피고트, 토마스 시버, 존 멀튼이었다. 이들은 스미스와 결별하고 자신들의 신앙을 선언하는 신앙 고백문을 1611년에 발표하고(참고: Baptist Confessions of Faith, P. 114), 영국으로 돌아와 런던 교외에 있는 스피탈필드(Spitalfield)에서 영국 침례교회를 설립하게 되는데 이 교회가 역사적인 영국 침례교회인 것이다.

헬위즈의 활동

그의 신앙은 그가 발표한 신앙선언문에서 칼뱅의 예정론을 배격했고, 죄와 의지에 대하여는 알메니안을 반대했다.[278]

토마스 헬위즈의 최초 영국 침례교회(현재 모습)

"헬위즈의 고백은 칼뱅주의에서 벗어난 신학적 입장을 나타내는 몇 가지 교리를 보여준다. 그 중에 속죄에 관한 그들의 신앙으로 그의 무리는 일반침례교(General Baptists)이라는 이름을 갖게 되었다. 그들은 예수께서 선택한 자만이 아니라 모든 사람들을 위하여 돌아가셨다고 주장했다. 이러한 견해를 일반 속죄의 교리라고 한다. 그들은 성도의 견인(the Perseverance of the Saints)에 관한 교리는 부인하였는데 사람이 구원을 받은 다음에도 하나님의 은혜로부터 떨어져 나갈 수 있다고 하였다."[279]

그는 완전한 신앙의 자유를 주장하며 인간의 영혼에 대한 권위는 군주가 아니라 하나님이라는 "불법의 신비에 대한 간단한 선언(A

---

278) Lampkin, P. 115.
279) 침례교인과 성경, P. 49.

Short Declaration of the Mystery of Iniquity)"이라는 저서를 통해 분명히 확인했다.

그 내용을 인용해 보면

"작은 것에 충성하라고 우리에게 엄격하게 분부하시는 하나님의 말씀이 우리를 재촉한다(마25:19-30). 우리는 하나님의 은혜를 입어 이전에도 우리가 해왔던 그 작은 일(전도하는 일)을 계속할 것이며… 앞으로도 계속할 것이다. 이제 만약 그것이 진리의 말씀에 의하여 보여질 수 있다면 암흑의 그 길은 두 가지 종말을 맞게 된다. 애통하지 않는 자는 엄중한 정죄를 받고, 긍휼 없는 심판을 받아 사망에 떨어질 것이다(Mistery of Iniquity, P. 2.)."[280]

"왕이시여, 들으소서.

그리고 가난한 자들의 충언을 무시하지 말며 그들의 탄식에 귀를 기울여 주소서. 왕은 결국에 죽어야 할 인간이지 하나님은 아니옵니다. 따라서 왕은 자신의 백성들에게 규약과 법규를 부과하며, 그들을 영적인 지도자들에게 일임하기 위하여 백성들의 불멸의 영혼에게 어떠한 권한도 행사할 수 없습니다. 왕이 영적인 지도자들과 율법을 세울 권한을 갖고 있다면 왕은 불후의 하나님이지 죽어야 할 인간이 아닙니다.

왕이시여, 기만하는 자들에게 현혹당함으로 말미암아 당신이 복종할 하나님을 거역하여 죄를 범하지 마시옵고, 몸과 생명과 재산을 갖고 모든 일에 당신을 섬기려는 가난한 백성들에게도 죄를 범하지 마옵소서. 그러나 그럴 수 없다면 그들을 이 땅으로부터 거두어 가시기 바랍니다. 하나님이여 왕을 지키소서(God, Save the King!). 런던의 근교 스피트필드에서 토마스 헬위즈 "[281]

이 저서는 당시 국왕이었던 제임스 1세(James I)에게 봉정했다. 즉시 헬위즈는 투옥되었고, 1616년 순교한다. 영국 침례교회는 침례요한과 같이 담대한 헬위즈에 의해 설립되고, 침례요한 때와 같이 하나님의 권위를 장악하여 교회까지도 통치하려는 왕에 의해 순교를 당하게 된 것이다.

그 후 존 멀튼(John Murton)[282]이 영국 침례교회를 인도했다.

---

280) Mistery of Iniquity, F. W. Clonts, Review & Expositor. Oct. 1944
281) 침례교인과 성경, PP. 51-52.
282) John Murton(1585 - 1626), also known as a co-founder of the Baptist faith in Great Britain.

1644년에는 영국에 이미 40개의 일반 침례교회가 있었다. 이 교회를 일반 침례교회라 하는 것은 후에 일어난 특수 침례교회와 구분하기 위해서다.

(4) 영국 침례교회의 분파

1) 일반침례교회 (General Baptist)

영국에 시작되어 활동하는 재침례교회 중에 신앙의 차이를 표방하여 분파되어 다른 이름으로 불리게 되었기 때문에 기존 재침례교회들은 일반침례교회 (General Baptist) 라는 이름을 갖게 되었다.

2) 특수침례교회 (Particular Baptists)

근본적인 침례교회와 신앙을 달리하는 침례교회의 발생이라고 보아야 할 것이다. 그것은 1616년 헨리 제이콥 (Henry Jacob) 이 설립한 교회가 모체가 되는데 헨리 제이콥은 존 로빈슨 (회중교회[283]) 인 필그림 교회의 지도자로 네덜란드에 이주했다가 신대륙으로 이주한 교회의 지도자) 의 영향아래 라이덴 (Lyden) 에서 6년간 피신생활을 한 후 돌아와 교회를 설립했다. 그는 1624년 미국으로 이주하면서 교회를 사임했다. 이 교회가 바로 칼빈의 예정론을 따르는 칼빈주의 침례교 혹은 제한 속죄설을 지지하므로 특수 침례교 (Particular Baptists) 가 되었다.

헨리 제이콥은 회중교회 존 로빈슨의 영향을 받았다면 당연히 칼빈주의의 선택론을 지지했을 것이다. 회중교회란 영국의 성공회가 국교가 되자 성공회를 거부한 칼빈파 개신교도들을 말한다.

1625년 제이콥의 후임자인 존 라트롭 (John Lathrop) 은 1632년 투옥되었다가 1633년 석방되자 40명을 데리고 신대륙으로 이주한다. 잔류한 교인들은 프레이즈 - 갓 - 베어본 (Praise-God-Barebone : 크롬웰 통치 때 의회 회원) 소유의 큰 집에서 모였고, 그는 그 교회 목사가 되었다. 잔류한 교인들을 지도하는 또 다른 목사는 제세이 목사로 양자는 서로 양해하여 두 교회로 나누게 되었다.

1638년 제세이가 시무하는 교회 (제이콥 교회) 에서 성서에 입각하여 오직 중생한 자에게만 침례를 주어야 한다는 침례 문제를 거부한

---

283) 헨리 제이콥이 회중교회 지도자인 존 로빈슨의 영향을 받았다니 당연히 칼빈주의를 따랐다. 회중교회는 영국의 성공회에서 분리한 칼빈 파 개신교였다.

몇몇이 탈퇴하여 조합교회[284] 목사인 존 스필즈버리와 통합했다.

같은 해 그들이 믿는 침례양식에 대한 입장을 천명하기 위해 스필즈버리, 윌리암 키핀(William Kiffin), 헨서드 놀리즈(Hanserd Knollys)등 15명의 특수 침례교 목사가 50개조의 신앙 고백서에 서명했다. 영국에서 신교 자유 령(the Act of Toleration)이 몇 가지만 수정하고 신앙고백을 서로 채택한 것으로 보아 그들의 신앙과 방향을 알 수 있다.

"이 신앙 고백서는 칼빈주의 신학을 표명하고, 침례(immersion)를 규정하고 신앙의 자유를 옹호하고 있다. 침례(immersion)를 옹호하지만 그들의 선구자인 재 침례교와는 믿음을 달리하는 제 일보를 내딛게 된 것이다."[285]

"'특수 침례교'(Particular Baptists)라는 명칭은 그렇게 불릴만한 충분한 이유가 있다. 특수 침례교는 청교도들로부터 물려받은 칼빈주의 신학을 견지(堅持)하였다. 1644년 특수 침례교의 최초의 신앙고백 속에 포함되어 있다."[286]

특수 침례교가 발표한 '런던 신앙고백'(The London Confession, 1644)[287] 5조에 의하면 간결하지만 칼빈의 선택론의 5가지 요점을 잘 표현하고 있다. 원문을 번역하여 실어본다.

"모든 인류는 이렇게 타락하여 죄와 허물로 완전히 죽어 가고 (Total Depravity. 전적인 타락), 범법함으로 인해 위대한 하나님의 영원한 진노를 받게 된다. 하나님께서 영원한 사랑으로 사랑하신 택하신 자(Unconditional Election. 무조건적 선택)는 구속되고 살리며 구원 받았으며(Limited Atonement. 제한적 속죄) …"

오해의 요인이 되다.

필자가 장로교, 혹은 다른 개신교 지도자들을 만나 대담을 해 본 결과 많은 분들이 침례교 중에 극히 일부 인 특수 침례교회의 신앙 중에 선택론(Predestination)을 보고, '대부분의 침례교회는 예정론

---

284) 회중교회(會衆敎會, Congregational Church) 조합교회(組合敎會)라고도 한다. 장로교회와 같은 신앙이지만, 회중교회는 전체 회중들의 의견에 따라서 교회의 결정과 정치가 실행된다. 청교도인 존 오웬이 대표적인 인물이다. 회중교회주의(Congregationalism)는 청교도들의 미국 식민지의 주류 신앙이 되었다.
285) 침례교회사, P. 51.
286) 침례교인과 성경, P. 73.
287) Lampkin, Baptist Confession of Firth, P. 144.

을 따른다' 는 주장을 펴는 것을 보면서 사람들은 자기에게 좋게 들리는 것만을 취하는 확증편향(confirmation bias)에 놀랐다. 필자도 그런 경향이 있는지 다시 한 번 돌아보는 기회가 되었다.

3) 제7일 안식교 일반 침례교회

뿌리는 확실하게 알려져 있지 않지만 존 제임스(John James)의 지도 아래 런던의 불-스테이크-알리(Bull-Stake-alley)에서 토요일에 공중예배를 위하여 모인 이들이 있었는데 이들은 안식일 일반 침례교 (the Sabbatarian General Baptist), 혹은 제7일 침례교(The Seventh day Baptists)라 불렀다. 1661년 10월 19일 그들의 지도자인 제임스는 강단에서 체포되어 그리스도를 잉글랜드, 스코틀랜드와 아일랜드의 왕이라고 전파했다는 죄목으로 11월 26일 교수형을 당했다.

(5) 영국 침례교회의 신앙

1) 교회

"교회란 합당하게 선정된 지도권을 지니고, 복음을 선포하며, 정규적으로 성례를 지키는 하나님의 말씀의 연단 아래 동행하기로 성약한 구속받은 남녀가 모인 공동체로 간주했다. 신자의 침례는 개인의 회심의 체험을 통하여 부활하신 그리스도와 자기를 동일시하는 상징이 되었다."[288]

2) 교회 회원권에 대한 두 가지 전통

스미스-놀리 전통(The Smyth-Knolly Tradition): 신자의 침례의 중요성을 강조하고, 침례를 통하여 회원으로 인정하며, 침례를 회개와 신앙의 체험을 공적으로 간증하는 행위로 본 것이다.

제세이, 하드게슬, 번연의 전통(Tradition of Jessey, Hardcarthe and Bunyan): 이들은 회개와 신앙의 공적 간증과 교회 서약을 강조했다. 전자는 유아침례를 배격했고, 입교를 원하는 자들에게 재침례를 베풀었으나 후자는 유아침례를 거부하지만 유아세례자들을 교회 회원으로 받아드렸다.

3) 목사

"교역자는 그들의 특별한 은사에 따라 말씀을 증거하는 신자의

---

288) 침례교회사, P. 64.

공동체에서 선택되었으며, 설교를 하고, 성례를 집행하며, 징계를 하고 목양을 하도록 기름 부음을 받았다. 교역(敎役)은 대개의 경우 무급이었으며, 비직업적이다.

교회의 목자는 그 자체 회중에 의하여 안수나 혹은 성직을 위탁 받았는데 '독립 개 교회(Independent Local Church)'의 개념에서 발상된 것이었다."[289]

국교회의 입장에서 보면 침례교 전도자들은 모두 평교인으로 설교자로서는 무자격자라고 보았으나 침례교인의 입장은 모든 그리스도인은 복음을 증거 해야 하며, 하나님으로부터 전도의 사명을 받았다고 주장했다.

개혁시대의 전통적인 침례교도들은 "모든 침례교인은 수도사요 모두 다 선교사"라는 평을 받았다. 그들의 생활은 검소하고 경건하며 성별된 생활을 살았기 때문에 어떤 왕은 그들의 집단 거주지를 수도원으로 생각한 적도 있었다.

스위스의 한 역사가는 그들을 평하기를

"이들의 생활 태도는 참으로 경건하며, 거룩하고, 책잡을 데가 없다. 이들은 값비싼 의복을 입지 않으며, 값진 음식물과 마실 것은 경멸한다. 이들의 행동거지는 한 마디로 겸손하고, 무기를 지니고 다니지 않는다. 무기가 될 만한 검은 없으며, 단지 빵을 자르기 위해 날이 무딘 칼이 있을 뿐이다. 무기들은 양들이 걸치기엔 적당치 못한 늑대의 의복이라 생각한다. 정부에서 강요할 때에도 절대 맹세하지 않는다. 만약 규범을 어기는 자가 있을 때에는 자기들 중에서 축출해서 스스로 성별된 삶을 유지한다."[290]

그들은 삶의 전체를 말씀을 묵상하고 전도하는 일에 보냈기 때문에 모든 침례 교인이 선교사라는 평은 적절하다. 소아시아에서부터 시작된 파울리시안들은 걸어서 유럽 전역에 복음을 전하며 살았다. 그들의 삶은 간단하고 전기(傳記, biography)도 간단했다. 즉 "30년 동안 전도하며 살았다, 40년 동안 전도하다 죽었다"가 그들의 전기였다. 왈덴시안들, 로랄드(Lollard)들도 사람을 만나면 전도하고 혼자 걸을 때는 암송했기 때문에 중얼거리는 자(Murmur)라는 별명, 혹은 열심히 전도했기 때문에 수다쟁이란 별명을 받지 않았는가?

---

289) Ibid, P. 65.
290) 16세기 종교개혁, P. 121.

이와 같은 사명감으로 남녀 구분 없이 복음 활동에 참여하는 침례교도들을 보고 가톨릭은 물론 개신교들도 질리고 말았다.

영국에서는 이와 같은 활동으로 교인 수가 1688년에는 20만-30만으로 증가한 것으로 추산되었다. 복음전도와 무자격자 시비는 그 유명한 존 번연의 사건을 남기게 된다.

(6) 존 번연(John Bunyan, 1628~1688, 8, 31)
특수침례교 목회자, 천로역정의 작가

존 번연은 놋쇠 세공장이 토마스 번연과 그의 둘째 부인 사이에서 태어났다. 1628년 11월 28일 유아 세례를 받았다고 기록되어있는 것을 볼 때 그 해가 그의 출생연도인 듯하다. 그의 어린 시절은 동네 아이들이 그런 것처럼 개구쟁이로 자랐다. 1644년 의회파 군인으로 복무하는 중에 자신의 보초 시간에 대신 선 병사가 총에 맞아 죽는 경우를 당했다.

결혼한 번연의 아내는 가난했으나 두 권의 책을 가지고 있었는데 '하늘 가는 평탄한 길'(The plain man's pathway to heaven)과 '경건의 연습'(the practice of piety)이라는 책이었다.

이러한 책들이 그에게 영향을 주어 자기 혁신을 추구하고 구원을 위해 계명에 복종하려고 힘쓰게 되었다. 그가 이런 생활을 추구하는 데에는 교회의 무거운 종(鐘)이 자신에게도 떨어질 것 같은 공포와 죄의 형벌에 대한 두려움이 작용하기도 했다. 그는 곧 자기 의에 빠져 "영국에서 나보다 더 하나님을 기쁘시게 할 수 있는 사람은 없다"고 생각하게 되었다. 그러나 그가 거듭나게 된 것은 메드포드에 있던 거듭난 자매들의 생활을 통하여 거듭나게 되었다.

1653년 그의 나이 스물다섯 되던 해 존 기포드(John Gifford)가 목회하던 교회에 가입한 후 침 수례를 받고 평생 침례교도가 되었다. 침례교도가 된 후 설교 면허 없이 설교한 죄로 1660년에 투옥되어 10여 년간 수감되었는데, 그때 그 유명한 작품 "전로역정"(Pilgrim's Progress)을 탈고하게 된다.

출옥한 후 1671년 베드포드 교회 목사가 되었다. 그에게 있어서 감옥생활은 신앙 훈련의 장소였고, 출옥은 신학교를 졸업하고 목사가 되는 과정이었다. 1675년 다시 투옥되어 6개월간 수감된 뒤 1688년 호흡기 질환으로 세상을 떠난다. 그는 침수례를 믿었으나 "물 침례에 대한 판단의 차이가 성도의 교제의 장애가 될 수 없다."(Differences in Judgement About Water Baptism No to Communion)라는 책을 출간하여 자신의 침례에 대한 견해를 피력했다.

    존 번연의 기도에 대한 명언
    "기도는 인간으로 하여금 죄를 그만 짓도록 한다.
    그렇게 하지 않으면 죄가 인간으로하여금
    기도를 그만두도록 할 것이다.
    왜냐하면
    기도는 영혼의 방패요,
    하나님께는 희생제물이요,
    사탄에게는 채찍이 되기 때문이다."

영국에는 1500년 중간부터 1700년까지 존 멀튼(John Murton)이 인도하는 일반 침례교회와 칼뱅주의 신앙을 차입한 특수 침례교회, 그리고 안식일 침례교로 분파되어 활동하게 되었다.

(7) 영국침례교회의 수난과 신앙의 자유를 위한 투쟁

영국의 왕정이 붕괴하고 크롬웰이 집권하자 장로교를 국교로 하려는 움직임이 있자 침례교회는 이 일을 저지한다. 이 일이 가능했던 것은 침례교도들은 크롬웰의 군대에서 큰 활약을 했기 때문이었다. 크롬웰 치하에서 심사원이란 기관이 있었는데 이 기관은 교회의 목회자의 자격과 성분을 심사하여 인준하는 기관이었다. 이 기관에 대한 반대 항의서를 1654년 제세이, 베어본 등이 제출했다.

그 결과로 침례교회는 크롬웰의 종교정책에 반대하여 강단에서 담대히 도전했다. 크롬웰은 침례교도들을 공직에서 해직시켰다.

이 일로 당시 침례교도였던 헤리슨 장군(Thomas Harrison)[291]과 토마스 베너(Thomas Venner)가 주동으로 임박한 재림을 대비하고 다니엘의 제5국가를 건설하기 위한 제5군주 국민(Fifth Monarchy Men) 운동이라는 무력 운동이었다.

이 무력 운동의 여파로

1) 침례교회의 극심한 분열상을 보였는데 일반 침례교회는 이 운동을 공식적으로 거부했고, 특수 침례교회는 지지했으나 그 중에서 몇몇은 반대하는 결과를 가져왔다.

2) 1661년 1월 10일 왕권에 복귀한 찰스 II세에 의해 무력봉기가 실패로 끝나자 재 침례교회 및 다른 분파들에 대한 예배 금지령이 선포되었다.

3) 엄청난 박해가 따랐다. 침례교 지도자들과 많은 침례교인들이 투옥되어 지방의 감옥이 만원을 이루었다.

4) 연이은 박해의 법령 발표

① 자치령(The Corporation Act : 1661)
모든 비국교도의 공직 금지법.

② 통일령(The Act of Uniformity : 1662)
비국교도에게 교회와 학교를 금지한 법.

③ 비밀 집회령(The Conventicle Act : 1661) 등의 발표로 국교회 예배 외의 예배를 금지했다.

④ 5마일 법(The Five Mile Act : 1665)
비국교도의 활동을 마을에서 5마일 안에는 금지.

(8) 신앙 자유 령 통과

신교 자유 령(Declaration of Indulgence)이 1672년 3월 15일 통과되었는데 프로테스탄트 중심의 불완전한 법령이었으나 오렌지 공 윌리암(William and Mary of Orange)이 1688년 명예혁명에 의해 영국의 입헌군주로 즉위하자 1689년 신교 자유 령을 통과하여 침례교의 목회자는 유아침례를 주장하는 국교회의 신앙조례에 동의하지 않아도 되었다.

전도자들도 설교 면허 없이 설교할 수는 있었으나 집회는 확인을 받아야 했고, 국교회를 위한 세금은 납부해야만 했다.

권리장전(Bill of Rights)이 1688년 의회에서 윌리엄 3세의 서명을

---

291) Major-General Thomas Harrison (1616 - 13 October 1660)

통해 공포되었다. 이런 과정을 거치며 영국 침례교회는 바울 사도께서 그리스도인들에게 권고한 "그리스도 예수의 좋은 군사로 나와 함께 고난을 받으라."(딤후2:3)는 말씀이 그리스도인들에 대한 수식어가 아니라 삶이란 것을 체험을 통해 배웠다."[292]

(9) 영국 침례교회의 쇠퇴

일반 침례교회는 중앙 집권 조직을 지향하는 변질이 가속화되었다. 총회조직은 1654년에 결성되었고, 1678년에 신앙 고백서가 채택 되었는데 그 내용에는 "일반 침례교회 대표자들로 구성되는 총회는 개교회의 권위를 대신하는 권한을 가졌다"고 했으며, 총회가 권위를 가지므로 개 교회들의 독립성은 파괴되어 버렸다.

특수 침례교회는 1689년 총회를 조직했으나 개교회의 독립을 침해하지 않는 범위 내에서 유지되었으나 예정론의 결과로 전도하려는 아무런 노력도 기울이지 않았으며, 영적 무기력과 쇠퇴가 계속되어 윌리엄 캐리의 도전 때까지 계속되었다.

(10) 찰스 해돈 스펄전(Charles Hadden Spurgeon)
1834년 6월 19일~1892년 1월 31일, 영국 침례교 목사

1850년 1월 6일 눈보라가 몹시 심한 날 눈보라 때문에 자신의 교회에 도저히 갈 수 없어 길가에 있는 작은 교회를 방문한 16살의 젊은이가 있었다. 그 교회는 작은 감리교회였다. 마침 눈에 길이 막혀 그 교회 목사님도 예배에 출석하지 못한 듯 구두 수선공 같이 보이는 깡마른 사람이 일어나 설교하기 시작했다.

그는 준비되지 않아서인지 자신이 읽은 성경 구절에 집착하여 큰 소리로 반복해서 외쳤다. "땅의 모든 끝이여, 내게로 돌이켜 구원을 받으라. 나는 하나님이라. 다른 이가 없느니라."(사45:22). 이 말씀을 반복하면서 사람들이 예수님을

---

292) 침례교 발전사, P. 65.

바라보아야 한다는 설교를 10여분 쯤 한 뒤에 회중석 앉아 있는 젊은이를 보고 느닷없이 말했다.

"젊은이, 당신은 매우 불행해 보이는 구료. 당신은 앞으로도 불행할 것이요, 살아서나 죽어서도 비참할 것이오. 만일 당신이 내가 말한 성경본문에 순종치 않는다면…, 젊은이 예수를 바라보시오. 당신이 해야 할 일은 예수를 바라보는 것이오!"

이 말을 들은 젊은이가 그 순간 구원의 길을 깨닫게 되었는데 이 사람이 바로 영국 침례교의 위대한 설교자 찰스 스펄전이었다.
스펄전은 그의 자서전에서 회상하기를
"나는 순식간에 구원의 길을 보았다…
나의 해방의 때와 시간을 알리는 자비의 시계가
하늘에서 울렸다. 때가 이르렀다"라고 했다.

그 길로 성경공부를 통해 침례가 성서적임을 확신하고, 1850년 5월 3일 그의 어머니 생일이기도 한 그날 자메이카 선교사로 활약한 바 있는 캔들로(W. W. Cantlow) 목사로부터 라크강에서 침례를 받고, 성경적인 확신 가운데 침례교인이 되었다.

스펄전은 할아버지와 아버지가 다 독립회중교회 목사인 가정에서 1834년 태어났다. 그는 탁월한 설교자로서 자질과 체격과 성대를 가지고 있었다. 1852년 워터비치(Waterbeach)에 소재한 작은 교회 목사가 되었다가 1854년 런던에 있는 뉴 파크 스트리트(New Park Street) 침례교회의 목사가 되어 평생 사역했다.
교회는 밀려드는 청중을 인해 '엘리펀트 캐슬' 지역으로 옮겨 (Elephant and Castle) 당시로는 상상할 수 없는 좌석 6,000석의 메트로폴리탄(Metropolitan Tabernacle)을 준공했다.
이 건물은 1898년에 소실되었으나 남아있던 앞 현관과 지하실을 기준으로 비슷하게 복원했다. 하지만 2차 세계 대전(1941년 5월)의 공습으로 두 번째로 소실되었다. 전후 1957년에 외곽 벽이 재건되었지만 다른 디자인으로 재건되었다.

1887년 신앙적으로 타락하고 있는 침례교 연맹과 관계를 끊고, 자신이 발행하던 월간지 「검과 흙손」을 통하여 합리주의 신학이 침투해 들어오는 교회를 경계하고, 이러한 교리를 가르치는 교회들 속에서 '다윈의 올챙이들이 부화되고 있다'고 주장했다.

당시의 신학의 조류를 "거룩한 성서의 신성한 영감에 대한 올바른 신앙의 결핍"이라고 보았으며, 반면에 성경을 신앙과 실천에 있어서 절대적인 권위와 규범으로 간주하는 자는 역사적인 그리스도의 진리로부터 심각하게 이탈하는 법이 결코 없다고 했다. 그는 당시 신학적으로 좌경화되어가는 영국 침례교를 탈퇴하고 진정한 침례교도로 남을 것을 선언하였다.

"우리의 신앙이라든지 교단적 입장에 대해 결코 다른 태도를 가질 수 없다. 우리는 침례 받은 성도로서 과거나 지금이나 우리의 위치는 그대로다."(Sword and Trowel, Nov. 1887)

그는 타락한 교회에서 스스로 성서가 가르치는 신앙을 위해 굳게 선 진정한 침례교회 목사로 침례교 역사에 거대한 산봉우리를 이룬 사람이다.

스펄전은 설교에 있어서 후대의 설교자들에게 큰 영향을 주었는데 사람들을 그를 '설교자의 왕'으로 부른다. 그는 침례교 전통에 굳게 서서 1689년 런던 침례교 신앙고백에 동의하고 방어하였는데 자유주의와 실용주의적 신학적 경향에 대해서 반대하였다. 세기의 영적 지도자였다.

1865년 3월에 스펄전은 월간 잡지(검과 흙손/The Sword & Trowel magazine)를 창간했다. 당시 교회에 스며드는 자유주의 현상을 '다윈의 올챙이들'이라고 분노한 스펄전은 그들의 공격에서 하나님의 말씀을 지키기 위해 느헤미야 4장 17절의 "성을 건축하는 자와 짐을 나르는 자는 다 각각 한 손으로 일을 하며 한 손에는 병기를 잡았는데"라는 말씀을 인용하여 '하나님의 진리의 성을 말씀의 검(Sword)으로 지키며 흙손(Trowel)을 들고 건축하자'는 강력한 설교와 글로 졸음에 빠진 세상을 흔들어 깨웠다.

현재 Metropolitan Tabernacle, :Elephant & Castle, London, SE1 6SD
https://www.metropolitantabernacle.org 담임목사: Peter Masters

찰스 스펄전의 약사

1854년: 런던 뉴 파크 스트리트 침례교회의 목사로 취임.

1856년: 서리가든 음악당의 예배에서 설교. 12,000명이 출석함.

1857년: 런던 수정궁[293]에서 설교. 23,654명이 출석함.

1861년: 런던 남부 뉴잉턴에 메트로폴리탄 태버너클 건립.

1892년: 프랑스 남부 망통에서 요양 중 서거.

만국박람회장(수정궁)

---

293) 수정궁(The Crystal Palace) 1851년 런던 만국박람회를 열기 위해 지
은 건물.

(11) 태버네클 친교회와 영국 일반침례교회 지도자들

인생사에서 족보(계보)를 따지게 되는 것은 조상이 유명하신 분이라서, 유명한 조상들을 자랑하고 싶어서인데 재미있게도 그 반대의 경우도 있다. 후손 중에 훌륭한 자손이 나면 역으로 그 계보를 따지는 것이다. 영국 침례교회도 영국 침례교 역사에 가장 큰 인물이 있다면 바로 스펄전일 것이다.

필자가 영국 침례교회를 공부하면서 알려진 몇몇 인물들을 소개하면서 스펄전을 기준으로 전임자는 '스펄전이 목회한 교회의 전임목사였다'고 소개하고, 후임자는 '스펄전이 목회한 교회의 목사가되었다'는 식으로 본인의 의향과는 상관없이 역사가들이 스펄전을 중심으로 소개하고 있었다.

태버네클 친교회 (The Tabernacle Fellowship)

영국 침례교회에 '태버네클'(The Tabernacle Fellowship)이라는 친교회를 소개하는 글이 있다.

이 말은 스펄전의 교회 이름(Metropolitan Tabernacle)을 따서 붙인 용어라고 할 수 있으니 후대 역사가들이 명명한 것이다.

이 친교회는 1620년에 필그림(Pilgrim)들이 미국으로 건너간 이후 30여년이 지난 1650년경부터 시작된다. 짧은 영국 침례교 역사 중에 장로교를 국교로 하려는 크롬웰의 정책에 침례교회가 반대하는 항의서를 1654년에 전달했고, 토마스 헤리슨 장군(Thomas Harrison)이 주도한 제5군주 국민(Fifth Monarchy Men)운동이라는 무력 운동으로 1661년 찰스 2세가 침례교회 예배를 금지시켰다.

Tabernacle Fellowship의 기원은 이때 시작되었다. 집회 금지를 당한 침례교도들이 케닝톤(Kennington)에 있는 콜프(Colfe) 자매집에 모여서 예배를 지속하면서 쓴 용어였다. 초대 목사로는 윌리엄 라이더(William Rider)였는데, 열심 있는 목회로 박해 중에도 큰성장을 이루었다. 라이더 목사는 전염병으로 서거했다.

태버네클 친교회(The Tabernacle Fellowship)의 2대 목사로 벤자민 키이치(Benjamin Keach)가 부임했는데(사진) 18세의 나이에 설교자가 되었다. '성경의 기적, 비유 및 은유의 해석'(explaining the miracles, parables and metaphors of the Bible) 저술로 유명하고,

런던 대화재가 발생한 1666년에 아들이 태어났다. 엘리아스(Elias Keach)였다.

필자가 키이치 목사의 아들 엘리아스 이야기를 왜 하는가 하면 어차피 역사는 옛날 얘기니까? 엘리아스 이야기는 나중에 미국 침례교회 역사에서 뜬금없이 나타난다. 벤자민 키이치 목사는 박해 중에 교회를 인도하다가 박해가 끝나자마자 1688년에 지금 타워 브리지 근처에 첫 예배당을 건축했다.

3대 목사로 존 길 박사(Dr. John Gill)가 1720년 부임하여 51년 동안 봉직했다. 그는 성경 주석가로 성경 전권의 주석을 남겼다. 그의 저술은 고대 유대인의 저술을 제외하고는 어디에도 없는 업적이라는 평을 받는다.

그의 재임 중에 조지 화이트필드(George Whitefield)와 함께 1739년에 영국의 대각성의 역사를 일으켜 수천 명이 거듭나게 된다.

4대 목사로 존 리폰(Dr John Rippon) 박사가 1771년 부임하여 63년 동안 목회하면서 한때 세계 최대 침례교회를 이루었다. 1833년에 카터 레인에서 뉴 파크 스트리트로 이전했다. 뉴 파크 스트리트 예배당은 1,200명을 수용할 수 있는 대형 교회당이었다.

리폰(Rippon)은 또한 12년 동안 '침례교 연감'(Baptist Annual Register)을 발행했고, 찬송가 작가로도 많은 활동을 해서 이삭 왓츠(Isaac Watts)[294]의 찬송가에서 최고의 권위자로 간주되었다. 후에 스펄전이 1866년 출판하여 사용한 찬송가(Our Own Hymn Book)에 많이 수록 되었다.

이삭 왓츠의 찬송 시,
"웬 말인가 날 위하여 주 돌아 가셨나"
(Alas and did my savior breed and my sovereign die.)
이 찬송가는 후에 미국의 대 각성 기간에 찬송 작가로 은혜를 끼친 페니 크로스비(Fenny J. Closby)를 감동시켰고, 크로스비는 D.

---

294) 아이작 왓츠(1674~1748) - 영국 찬송가의 아버지, 700편의 찬송가를 지었고 141장 '웬 말인가 날 위하여'는 유명한 곡이다.

L. 무디의 찬송 인도자 쌩키(Ira David Sankey)를 격려하게 되는 찬송 작가들의 족보가 형성되었다.

스펄젼이 교회를 사우스와크(Southwark)로 옮긴 것은 그곳이 비국교도들이 화형 당한 순교자들의 순교의 터였기 때문이다. 교회의 기초 석에는 '순교자의 피는 교회의 씨앗'이라는 터툴리안의 경구를 새겼다고 한다.

그 후에 스펄젼이 목회한 이야기는 너무 잘 알려져 있으니 생략하면서 영국 침례교 발전을 기원한다.

현재 테버네클 교회의 내부

제10장 미 대륙의 식민지 개척 역사
(The Pioneers in the American Continent)

아메리카 북부 Plymouth에 도착하는 청교도(Pilgrims)

　중세교회의 중심이 유럽이라면 근세의 중심은 미국이라고 할 수 있을 만큼 미국 교회가 끼친 영향은 크고 넓다. 종교적, 사회적, 문화적, 정치적으로 그 영향이 골고루 스며들어있는 것을 느낀다. 그것은 미국이라는 국가의 건설이 신앙의 자유를 찾아 이주한 이들로 시작된 나라이기 때문이리라. 미국은 영국의 청교도들에 의해서 시작되었으므로 영국이 성공회 이외 신앙인들을 비국교도라고 박해할 때 박해를 피해 이주한 회중교회 중심의 청교도들이 기초가 되어 탄생한 나라다. 지금도 미국의 모든 분야에 흐르는 거대한 청교도 정신이라는 점에는 동의할 수밖에 없다.

　The fact that we say that the focal point of modern day churches is the USA, just like how the center of the medieval church was in Europe, proves the influences that the American churches have exercised over the world.

　This influence spans over different realms, such as religious, social, cultural, political, etc. This is perhaps because the USA has begun as a nation with those that have come to find their religious freedom. The pilgrims from England have come to America to escape the oppression from the Church of England and they have been the foundation for the new nation. This foundation is still considered to be influencing various aspects of American life.

1. 북미 대륙의 식민지 개척

　최초의 미 대륙의 식민지를 개척한 사람들은 스페인과 포르투갈 인들로 1565년 플로리다의 세인트 어거스틴(St. Augustine)을 영주 지로 정했다.

(1) 영국의 식민지 개척

　영국은 험프리 길버트(Humphrey Gilbert)경과 그의 동생 월터 롤리(Walter Raleigh)경이 버지니아에 식민지를 건설하려 시도했으 나 길버트 경이 풍랑에 실종되고 말았다. 그 후 1607년 동생 롤리 (Raleigh)경이 재 시도해서 지금의 버지니아 지역을 탐사하고, 당 시 영국 여왕인 엘리자베스 1세를 기려 버지니아(Virginia/Virgin Queen)라고 명명하고 돌아갔다.

1) 잃어버린 식민지(Lost Colony)

　월터 롤리(Walter Raleigh)경이 자금을 지원하고, 조카인 랄프 레 인 경(Ralph Lane/1532-1603)이 이끄는 2차 탐험대가 1585년 버지 니아 남쪽으로 내려와서 지금의 북 캐롤라이나(North Carolina) 로 아노크(Roanoke) 섬에 식민지를 개척하고 117명의 이주민을 정착 시킨다. 탐험대장인 존 화이트(John White)가 보급을 위해 영국에 왔다가 3년 후 돌아갔을 때는 식민지에 거주민의 자취를 찾을 수 없는 폐허가 되어 있었다. 이 식민지를 '잃어버린 식민지'(Lost Colony)라 부른다. 지금도 살아진 로아노크의 미스터리는 여러 가 능성으로 회자되고 있다. 한 가지 남은 것이 있다면 북 캐롤라이나 의 중심도시 이름이 '롤리'(Raleigh)[295]로 명명되었다는 것뿐이다.

2) 토마스 해리엇(Thomas Harriot)과 인디안 전도

　이때 잃어버린 식민지에서 중요한 시도를 했었는데 식민지 개척 에만 몰두한 사람들에게는 관심 밖이지만 하나님은 중요한 시도를 하셨다. 당대에 최고의 수학자요 천문학자요 항해술 전문가인 토마 스 해리엇(Thomas Harriot/1560 - 1621. 7. 2.)의 일이다.

　2차 탐험대가 1585년 로아노크 섬에 식민지를 건설할 때, 이때

---

295) 지금의 북 캐롤라이나 Raleigh시는 잃어버린 Roanoke Colony를 설립 한 Walter Raleigh의 이름으로 명명되었다.

해리엇이 동행했다. 해리엇은 원주민인 완체스(Wanchese)와 만테오(Manteo)에게 캐롤라이나 지역 인디안어(Carolina Algonquian)를 배워서 미 대륙의 인디언들을 위한 열렬한 전도활동은 유명하다.

후대에 매사추세츠(Massachusetts)주 보스톤에서 인디안 선교와 교육에 힘쓴 존 엘리엇(John Eliot)[296]과 혼동하는데, 토마스 해리엇(Thomas Harriot)은 최초의 잃어버린 식민지 북 캐롤라이나 로아노크 섬에서 1580년대 활동했고, 존 엘리엇은 1660년대 보스톤 지역에서 활동한 미국의 유력한 가문의 조상이 된 인물이다.

3) 최초의 영국 식민지 제임스타운(James Town)

로아노크 식민지 개척에 실패한 영국은 한동안 식민지 개척에 잠잠하다가 1606년 런던 회사가 이주민 114명을 인솔하여 '체스피크

만'(Chesapeake Bay)을 통해 강을 따라 내륙으로 들어가 영국의 첫 식민지를 세웠다. 체스피크 만에서 올라간 강을 당시 왕이었던 제임스(James)의 이름으로 '제임스 강'이라고 명명했고, 최초의 식민지도 '제임스타운'(James Town)이라고 해서 지금까지 존속하고 있다.

제임스타운 요새(Fort James Town)

(2) 프랑스의 아메리카 식민지 개척

1608년 프랑스는 생쁠랭(Champlain)이 몬트리올을 거쳐 퀘백 지방을 중심으로 로마 가톨릭이 자리 잡게 된다. 퀘백 지방은 지금도 유럽풍의 독특한 지방으로 남아있고, 캐나다에서 독립하려고 가끔 주민투표를 하지만 아직은 다수의 지지를 받지 못하고 있다.

---

296) John Eliot(1604, May, 1690/A Puritan missionary to the American Indians who some called "the apostle to the Indians"
'인디언의 사도'로 불리는 짐 엘리옷은 인디언어로 성경을 번역하였다. 인디언 단어 중 가장 긴 마가복음 1장 40절("와서 꿇어 엎드리어: Wutappesittukqussunnoohwehtunkquoh)(기독교회사, PP. 299, 385)

곧 이어서 라 살르(La Salle)가 5대호 지역과 미시시피 강 전체를 탐험하고, 중앙 계곡에 대한 권리를 확보하게 되었다. 이 지역이 루이지애나 지역으로 오대호를 시작으로 미국 중부의 큰 땅이다.

(3) 네덜란드 개척지

1626년 네덜란드의 이주자들이 뉴 네덜란드(New Netherlands)를 건설하였다. 주요 정착지는 뉴 암스테르담(New Amsterdam)이었으며, 후에 영국인들이 뉴욕(New York)으로 개칭한 곳이다.

(4) 스웨덴 개척지

1629년 스웨덴 사람들이 델라웨어 강(the Delaware River/현재 델라웨어와 뉴저지 남부) 입구에 뉴 스웨덴(New Sweden)을 세웠으나 네덜란드 사람들에게 빼앗겨 식민지를 잃었다. 후에 네덜란드는 영국에 빼앗겨 영국이 동부 해안지역을 장악하게 되었다.

1681년 퀘이커 교도인 윌리엄 펜(William Penn)이 박해받는 퀘이커 교도와 메노나이트들을 위해 피난처로 펜실베이니아로 이주하여 펜실베이니아 주를 세운 것은 메노나이트 난에 전술했다.
(참조: 메노나이트 이주와 '거룩한 실험')

2. 신앙의 자유를 위한 이주

식민지 정책을 위한 이주도 있었지만 종교적 박해로 많은 사람들이 이주했다. 1688년 메노파 침례교도들이 이주해서 필라델피아에 독일 마을(Germen Town)을 세웠다. 루이 14세가 1685년 낭트칙령을 철회하고 1685년 10월 퐁텐블로 칙령(Edict of Fontainebleau)을 반포하고 개신교도들을 박해하자, 수많은 위그노(프랑스 개신교도)들과 후에 알프스 계곡에 살던 왈덴시안(지금은 발데제)들이 북 캐롤라이나 주로 이주했다. 그 중에 중요한 사건은 청교도 이주민들이다.

(1) 청교도들의 이주

영국 침례교 초기에 네덜란드의 라이덴에서 많은 청교도들이 미국으로 이주했다는 사실은 전술한 바와 같다. 그들이 바로 '필그림 파더스'(Pilgrim Fathers)로 뉴 잉글랜드 지방(New England)에 정착한 사람들이다. 그들은 나중에 플리머스(Plymouth) 식민지의 총독이 된 지도자 윌리엄 브래드포드(William Bradford)의 인도로 네덜란드를 떠나 신대륙으로 이주할 때 그들의 목사인 존 로빈슨(John Robinson)은 무릎을 꿇고 그들에게 축복하고, 모두 서로 얼싸안고 눈물로 뺨을 부비면서 작별하였다.

그들은 1620년 8월 역사적인 항해를 시작했다. 102명이 메이플라워(May Flower)호를 타고 폭풍에 시달리면서 11월 9일 황량한 케이프 코드(Cape Code)에 도착했다. 그들은 버지니아에 정착지를 얻어 두었지만 대서양의 폭풍우에 밀려 북쪽에 도착하게 된 것이다. 이들은 즉시 그 유명한 메이플라워 협정(the mayflower compact)을 체결했는데 이것은 미국의 최초 협정문서가 되었다. 이들은 집사인 존 카버(John Carver)를 주지사로 선출하고 플리머스(Plymouth)에 정착한다.

그들은 곧 닥치는 겨울을 맞아 통나무집을 세우고 우호적인 원주민들의 도움을 받았으나 그 겨울에 절반이 죽는 비참한 겨울을 보냈다. 다음 해 11월 포춘(Fortune)호가 식량을 싣고 도착하자 첫 추수감사절 축제를 가졌다. 1621년의 일이었다. 그들은 여행과 정착에 필요한 비용을 런던회사로부터 대부(貸付)받았는데 부채를 지불하고 20에이커 씩의 땅을 받아 자유인으로 정착하게 되었다. 그후 20년이 지나자 20,000여명의 청교도들이 이주해와 그들과 합류하여 식민지를 이루게 되었다.

개척된 매사추세츠 식민지로 이주하는 이주민들

퍽그런 조상들의 땅

펠러시아 도로시 허맨

"그들이 무엇을 찾아 이처럼 멀리 왔던가?
광산의 빛나는 보석이었던가?
바다의 보물, 아니면 전리품이던가?
그들은 순수한 믿음을 찾아 헤매었던 것이다.

그래,
이곳을 거룩한 땅이라 부르자.
그들은 첫발을 내디딘 곳,
그곳에서 찾은 것을
더럽히지 않고 지켜 왔다.
그 찾은 것은 다름 아닌
하나님을 경배할 수 있는 자유였다."

LANDING OF THE PILGRIM FATHERS

by: Felicia Dorothea Hemans
(1793-1835)

What sought they thus afar?
Bright jewels of the mine?
The wealth of seas, the spoils of war?
They sought a faith's pure shrine!

Ay, call it holy ground,
The soil where first they trod;
They have left unstained what there they found --
Freedom to worship God. (생략)

(2) 청교도들의 국교 회중교회
(Congregational Church)

그들은 신앙의 자유를 찾아 미 대륙으로 건너왔지만 영국을 거부한 것이 아니라 영국 국교회의 교리를 거부한 것이기 때문에 영국식민지를 정착시켰고 영국인으로서 남아있었다.

윌리엄 브래드포드는 「History of Plymouth Plantation」에서 순례자들은 예수의 교훈을 근거로 한 식민지를 건설하기 위해서 사탄과 싸우도록 하나님이 파송된 성도들로 묘사하고 있다.

1628년에 존 엔디콭(John Endicott)은 살렘으로 그의 추종자들의 무리를 이끌어서 그곳에 자치구를 설립하고, 교회와 식민지가 하나가 되도록 하려고 1646년 '이단 대적 법령'(The Act Against Heresy)을 발표하였다. 내용은 그리스도로 말미암은 구속, 이신득의, 유아세례, 부활과 영혼불멸을 부인하는 사람들은 추방하도록 한 것이다.

"성직자나 성서에 대한 불손한 행동, 예배 불참 그리고 신에 대한 불경과 무신론자는 엄한 처벌을 받았는데, 그 처벌 가운데는 뜨거운 인두로 혀를 지지는 벌도 있었다. 사람들은 그들 자신의 목사를 선출할 수 있었다. 선거권은 선한 삶을 사는 교회 구성원들에게 한정되었다(신앙은 장로교회, 체제는 회중주의).

Mayflower Compact

IN THE NAME OF GOD, AMEN. We, whose names are under-written, the Loyal Subjects of our dread Sovereign Lord King James, by the Grace of God, of Great Britain, France, and Ireland, King, Defender of the Faith, &c. Having undertaken for the Glory of God, and Advancement of the Christian Faith, and the Honour of our King and Country, a Voyage to plant the first Colony in the north-ern Parts of Virginia; Do by these Presents, solemnly and mutually, in the Presence of God and one another, covenant and combine our-selves together into a civil Body Politick, for our better Ordering and Preservation, and Furtherance of the Ends aforesaid: And by Virtue hereof do enact, constitute, and frame, such just and equal Laws, Ordinances, Acts, Constitutions, and Officers, from time to time, as shall be thought most meet and convenient for the general Good of the Colony; unto which we promise all due Submission and Obedience.

IN WITNESS whereof we have hereunto subscribed our names at Cape-Cod the eleventh of November, in the Reign of our Sovereign Lord King James, of England, France, and Ireland, the eighteenth, and of Scotland the fifty-fourth, Anno Domini; 1620.

메이 플라워호 언약(The Mayflower Compact)

청교도들은 '신정'(神政) 국가를 건설했다. 경제적인 이유들뿐만 아니라 종교적인 이유들 때문에 매사추세츠 청교도주의는 다른 식민지들에 큰 영향을 미치게 되었다. 초기에는 뉴햄프셔와 매사추세츠만 식민지(New Hampshire와 Massachusetts Bay Colony)가 거점들이었다."[297] 그들은 법을 제정하여 매사추세츠(Massachusetts, 인디안 어 '높은 산들의 땅': 필자 주)와 커네티컷(Connecticut) 그리고 뉴 헤븐(New Haven) 지역을 회중교회(Congregational Church) 근거지로 삼았다.

---

297) 세계교회사, P. 480.

미국 식민지에서는 회중교회를 국교로 하는 교회관이었다는 사실을 이해하지 못해서 혼란을 겪는다. 당시의 신앙의 자유란 공인된 교회만 신앙의 자유가 인정되는 것이었다. 예를 들면, 독일에서는 루터교, 스위스에서는 칼빈의 장로교, 영국에서는 성공회였는데 영국에서 일어난 개신교 운동은 루터교도, 장로교도 아닌 회중교회(Congregational Church)였고, 비국교도라고 해서 박해를 했다.

그들이 신앙의 자유를 찾아 신대륙으로 건너와서는 자기들의 신앙으로 회중교회(congregational Church)라고 부르고, 식민지의 모든 거주민은 회중교회 회원으로 식민지에서 살게 되는 것이다. 영국의 침례교회 중에 처음 둘로 나누어진 한 교회는 회중교회였는데 미국으로 이주한 청교도들 대부분이 그들이었다.

'영국의 침례교회 난'을 자체 인용하면,
"교회는 후에 존 로빈슨(John Robinson), 윌리암 브래드포드(William Bradford), 윌리암 브레어스터(William Brewster) 등에 의해서 인도되다가 네덜란드로 이주했고, 마침내는 신대륙으로 건너가서 1620년에 미국의 프리머스 식민지(Plymouth Colony)에 정착한 필그림 교회(Pilgrim Church)가 된 교회다."

윌리암 브레어스터(William Brewster)는 1629년까지 초대 식민지 회중교회의 목사로, 윌리암 브래드포드(William Bradford)는 청교도의 역사(History Plymouth Plantation) 집필자로 알려져 있다.

버지니아 제임스타운은 영국에 의해 세워진 식민지로 영국 국교회(성공회) 신앙을 가진 이주민들이고, 매사추세츠(Massachusetts) 살렘(Salem)에는 청교도들에 의해 세워진 식민지로 회중교회의 신앙 이주민들이었다. 소수의 침례교도들도 같이 이주했다.

제11장 미 대륙 침례교회 개척역사

자유의 여인(miss liberty)이 로저 윌리암스 동상 기단에 '신앙의 자유의
아버지' 라고 쓰는 장면. 주소: Rose Ave. Providence Rhode Island

1636년 1월 추운 겨울 식민지로부터 추방당한 그는 인디언들에게
정당한 금액을 주고 땅을 사서 지금의 로드아일랜드의 나라간셀 만
(Narragansett Bay)에 '하나님의 긍휼로 예비한 곳'(God's merciful
Providence)이라는 '프로비던스'(Providence, Rhode Island)라는 정
착지를 건설한다. 프로비던스는 미국에서 건설된 최초의 침례교도
들의 도시가 되었고, 미국에 최초로 침례교회를 세웠다.

Roger Williams, who was evicted out of the colony in January, 1636,
with the help of the Indians, buys a plot of land at Narragansett Bay,
in Rhode Island. He names the place Providence, Rhode Island, saying
that it is God's merciful providence. Providence became the first place
for the Baptists to settle in the USA and the very first Baptist church
was built there.

1. 로저 윌리암스와 미국 최초의 침례교회

회중교회가 미국 매사추세츠(Massachusetts) 식민지에 정착되어 갈 때 "미국의 신앙의 자유의 아버지"로 알려진 로저 윌리암스가 매사추세츠 식민지(1631년 3월 5일)에 왔다.

로저 윌리암스(Roger Williams, 1603/12/21 - 1683/1/27?)

그는 침례교도로 미 대륙에 온 것이 아니라 영국 국교인 성공회를 거부하는 청교도적 신앙을 가지고 영국 식민지 매사추세츠로 건너 왔기 때문에 최초의 침례교인의 이주라 볼 수는 없다. 하지만 그가 미국에 와서 신앙에 강압적인 회중교회에 실망하여 침례교 신앙을 받아드리고 침례를 받은 후 미국 침례교회의 지도자가 되었기 때문에 침례교회가 미국에 정착하는데 선구자 역할을 했다 할 것이다.

유명한 법학자인 에드워드 코크 경(Sir Edward Coke)밑에서 견습생을 했고, Coke의 후원으로 차터 하우스 스쿨(Charter house School)과 캠브리지 펨브록 대학(Pembroke College)에서 1627년 학사 학위를 받고, 공부는 계속 했으나 더 이상 학위는 받지 않았다. 신앙적 입장을 바꾸면서 수업을 중단한 듯하다. 영국 국교를 떠난 윌리암스는 충실한 청교도인 윌리암 마샴 경(Sir William Masham)의 가정 목사가 되었다. 윌리암스는 청교도 지도자들이 신세계로 이주할 계획이라는 것을 알고 있었지만 첫 번째 항해에는 참여하지 않았다. 하지만 그는 영국 교회를 타락하고 거짓된 것으로 여겼다. 청교도 신앙을 가진 마샴 경이 영국국교로부터 큰 박해를 받을 것을 예측하고, 영국 국교회에서 떠나 분리주의 신앙을 가지고 1630년 12월 초에 아내와 함께 리옹에서 출항하여 1631년 3월 5일 보스톤에 도착한다.

도착하여 보스톤 교회의 목사로 청빙되었으나 거절하고, 살렘으로 갔으나 환영을 받지 못했다. (When offered an appointment to be the minister of the Boston church, Williams refused unless it completely cut its ties to the Church of England)

결국 필그림 파더스(Pilgrim Fathers)들과 같이 지내려고 프리머스(Plymouth)로 가서 2년간 농사일을 하며 주일마다 설교하곤 했다. 다시 살렘으로 돌아가 그곳 교회에서 부목사로 활동하다 담임 목사가 서거하자 목사로 청빙을 받았다. 그는 강단에서 신앙의 소신을 따라 "양심의 자유와 권력이 개인의 신앙을 간섭할 수 없다"는 설교를 했다. [298] 곧이어 그의 신앙 때문에 마찰이 있었고, 교회에 대한 사법권을 거부했다. 영국에서 교권적 압제에 반대해 모든 것을 버리고 식민지로 왔던 그가 뉴잉글랜드에 있는 교권적 압제에 복종하려 들지 않았던 것이다. [299]

(1) 미국 최초의 침례교회 (1638년)

위키페디아(Wikiphedia/Roger Williams)에서 소개한 글을 보면, "그는 신앙의 자유, 교회와 국가의 분리, 아메리카 원주민과의 공정한 거래에 대한 옹호자였다. 후에 최초의 노예 폐지론자 중 한 명으로 윌리엄스는 '새롭고 위험한 아이디어'를 전파한 이유로 매사추세츠 식민지 청교도 지도자들에 의해 추방되었으며, 1636년에 '양심의 자유'를 보장하는 피난처로 프로비던스 플랜테이션을 설립했다. 1638년에 '프로비던스 제일침례교회'(First Baptist Church of Providence)라고 알려진 미국 최초의 침례교회를 세웠으며, 아메리카 원주민 언어를 공부하고 프로비던스 지역에 살던 인디언 나라간셑(Narragansett) 언어에 관한 첫 번째 책을 썼다."

미국 원주민 인디언에 대한 그의 생각은 '공존하며 전도해야 할 대상'으로 존중했기 때문에 그들의 도움으로 프로비던스를 개척할 수 있었다.

1636년 1월 추운 겨울 식민지로부터 추방당한 그는 인디언들의 도움으로 정당한 금액으로 그들의 땅을 사서 지금의 로드아일랜드의 나라간셑 만(Narragansett Bay)에 "하나님이 긍휼로 예비한 곳(God's merciful Providence)"이라는 프로비던스(Providence, Rhode Island) [300] 라는 정착지를 건설한다. 프로비던스는 미국에서 건설된

---

298) In late 1633 Williams returned to Salem and became the assistant to the elderly minster of the church. When the old man died, the church called Williams to be its new pastor. He began to preach his concept of "soul liberty" which rejected the idea that the civil authorities

299) 침례교 발전사, P. 87.

300) one of the oldest cities in the United States. It was founded in 1636 by Roger Williams, a Reformed Baptist theologian and religious exile from the Massachusetts Colony. He named the area in honor of "God's merciful Providence" which he believed was responsible for revealing such a haven for him and his followers. The city is situated at the mouth of the Providence River at the head of Narragansett Bay.

최초의 침례교도들의 도시가 되었고, 최초로 미국에 침례교회가 세워진 곳이었다. 매사추세츠(Massachusetts) 총독인 존 윈드롭(John Winthrop)의 1639년 3월 16일 일지에 보면,

"프로비던스에서 일은 계속 악화되어 갔다. 허친슨 부인의 자매이며, '스코트'라는 사람의 아내인 한 여자가 재 침례파에 감염되어 작년에 프로비던스로 떠나가 살고 있었는데, 윌리엄스는 그 여자에게 붙들려(그 여자로부터 용기를 얻어서) 공개적으로 신앙 고백을 하고 뒤이어 전에 살렘에 살던 홀리만(Holyman)이라는 가난뱅이로부터 재 침례를 받았다. 그리고 윌리엄스는 홀리만을 비롯해 열 명의 사람에게 재 침례를 베풀었다. 그들은 유아 세례를 거부하며, 어떠한 정부도 인정치 않으려 했다. (Winthrop, 1: P. 297)"[301]

로저 윌리엄스 기념 공원에 있는 박물관에서 필자

1638년 그의 정착지에서 침례를 베풀며 시작된 교회는 미 대륙에 세워진 최초의 침례교회가 확실하다. 침례교도로서 윌리엄스의 중요한 의의는 신앙의 자유에 대한 그의 확신과 침례교의 복음 증거가 가능 할 수 있는 풍토를 조성하였다는데 있다. 즉, 미 대륙의 침례교회의 선구자였다.[302] 이 교회는 프로비던스 제일침례교회(The First Baptist Church of Providence)가 되었고, 후에 토마스 올네이(Thomas Olney)가 목사가 되었다.

---

301) 침례교인과 성경, P. 110.
302) 침례교 유래, PP. 26-32.

토마스 올네이 (Thomas Olney) 목사

"토마스 올네이 가족은 신앙적 차이로 매사추세츠 식민지를 떠나라는 요청을 받았으며, 로저 윌리암스를 따라 1638년 프로비던스로 이사했다"는 기록으로 봐서 살렘에서 로저 윌리암스를 따라 곧 프로비던스로 이주한 듯하다.

First Baptist Church의 홈페이지에 자체 교회 소개를 옮긴다.

역사(History) : "윌리엄스는 곧 집에서 정기 예배에 신자들을 모아 일주일에 여러 번 예배를 드렸습니다. 약 2년 후에 이 작은 회중은 신세계에서 최초의 침례교회가 되었습니다. 윌리엄스는 신자의 침례가 침례의 유일한 개념이라고 결론지었습니다. 그와 그의 모든 회중이 유아기에 침례를 받았기 때문에 1638년 말에 그는 자신이 다시 침례를 받고(매사추세츠 총독인 존 윈드롭/John Winthrop이 가난뱅이 홀리만/Holyman이라고 지칭한 형제에게 침례를 받고: 필자 주), 그리고 그는 양떼들에게 다시 침례를 주었습니다. 그러나 윌리엄스의 영적 여정은 여기서 끝나지 않았습니다. 몇 달 만에 그는 현존하는 어떤 기관도 스스로를 교회라고 부를 수 있을지 의심하게 되었습니다. 그는 로마 황제 테오도시우스가 AD. 385년경에 기독교를 제국의 국교(가톨릭)로 만들었을 때 교회가 죽었다고 결론지었습니다.

그가 세운 교회가 성경에 근거하고 있다는 믿음을 죽기까지 (1683) 소중히 여겼습니다. 그는 종교의 자유를 옹호하는데 확고부동했으며, 그의 영향으로 인해 17세기에 로드아일랜드는 신앙의 자유의 독특한 안식처가 되었습니다. 침례교회는 1639년부터 1771년까지 임직된 장로(목사)들의 지도 아래 있었습니다. 그들은 1700년까지 집회소가 없었습니다. 그해에 Pardon Tillinghast 목사는 그가 소유한 20x20 피트 부지에 작은 건물을 세웠습니다(노스 메인 스트리트). 교회가 성장함에 따라 40x40 피트 크기의 두 번째 집회소가 첫 번째 건물 옆에 세워졌습니다. 프로비던스는 18세기까지 계속해서 성장했고, 대각성운동은 뉴 잉글랜드 전역에 침례교회의 수를 증가시켰습니다. 마침내 현재의 집회소가 지어졌습니다(1775년). 그 크기와 아름다움은 프로비던스에서 침례교 사업의 방향이 제임스 매닝의 지도 아래 있었습니다."

Jamie Washam(2021년 현재 담임목사)

미국 최초 침례교회당 모습 First Baptist Church of Providence
현재 건물은 1775년 건축된 1200석(first Baptist meeting house)집회소
주소: 75 North Main Street Providence, RI. 02803

(2) 존 클라크(John Clarke)와 뉴포트 침례교회

　영국인 의사인 존 클라크는 영국에서 비국교도인 앤 허친슨 부인이 당한 수난에 충격을 받고, 양심의 권리를 주장하며 작은 무리의 지도자가 되었다. 이제 그들과 함께 미국으로 이주하여 로저 윌

리암스의 도움으로 프로비던스 입구에 있는 아퀴드넥 (Aquidneck) 섬의 북쪽 포츠머스 (Portsmouth)에 정착했다. 그 이듬해 섬의 남쪽인 뉴포트 (Newport)로 옮겨서 그들의 삶을 통하여 주 예수 그리스도를 영화롭게 하며 경건한 사람들이 될 것을 약속하고, 1638년 로드 아일랜드 남쪽 뉴포트에 미국에서 두 번째 침례교회를 세운다.

주소: 30 Spring Street, Newport, RI 02840

지금은 유나이티드 침례교회 (United Baptist Churh)로 불리는 교회의 역사 소개에 의하면 (참조 : https://unitedbaptistnewport. com),

"클라크 (John Clarke)와 그의 아내는 1637년 영국에서 미국에 도착했습니다. 그들은 Aquidneck Island (이후에 Rhode Island가 됨)의 Portsmouth에 정착했으며, 다음 해에 Clarke와 다른 사람들은 Portsmouth를 떠나 Newport의 초기 정착민이 되어 그가 우리 교회를 세웠습니다. 1644년 존 클라크는 자신의 회중이 신자들의 침례 (believers' baptism)를 받아들이도록 인도했습니다."

1663년 영국 웨일즈에서 침례교회를 설립한 존 메일즈 (John Myles[303])는 통합 령을 피해 교인들을 이끌고 미국으로 이주하여

---

303) John Myles, (1621 - 1683) was the founder of Swansea, MA.

프로비던스 리호보드(Rehoboth)에 침례교회를 설립하였다. 4년 후 스완시(Swansea)로 이주하여 1678년 고울드(Thomas Gould)[304]의 가정에서 많은 박해에도 불구하고 교회를 설립했다.

당시에 이민들은 주로 북동부 지역을 시작으로 대서양을 따라 뉴욕, 뉴저지 지방에 집중되어 있었다. 자연적으로 교회도 북동부지역에 집중될 수 밖에 없었다. 전술한 바와 같이 최초의 침례교회들은 지금의 로드 아일랜드(Rhode Island)에 집중되었다. 하나님은 그의 복음을 전파하고 확산 시키는데 관심을 가지고 역사하신다. 그러므로 함께 하는 사람들의 생각과 반대되는 역사를 하실 때가 많다.

(3) 스크레븐과 남부에 세워진 최초의 침례교회

윌리엄 스크레븐(William Screven)

침례교도들이 새로운 세상을 개척하는 선구자(Pioneer)정신이 남다른 것은 오랜 박해와 추방으로 갈 곳이 없어도 떠나야 하는 침례교도들의 단련된 영적 습관(Spiritual DNA)인가?

남캐롤라이나(South Carolina) 찰스톤(Charleston : 미국 남부지역의 중심지가 되었다)에 세워진 남부지역 최초의 침례교회의 설립은 좋은 예가 된다.

북부 메인주 피스카타쿠아강 (Piscataqua River) 북쪽에 있는 키터리(Kittery)에 번창하는 사업을 경영하는 상인이 있었는데 그는 키터리의 개척자의 딸인 브리짓 캇츠(Bridget Cutts)와 결혼한 윌리엄 스크레븐(William Screven)이었다. 1668년에 영국을 떠나 미국에 도착하여 매사추세츠 정부로부터 1673년 11월 키터리에 땅을 사서 이주했다. 그는 유능한 상인이었을 뿐 아니라 신앙의 자유에 대한 열망으로 영국 국왕에게 청원하기도 한 사람이었다.

---

304) 자기 자녀들에게 유아세례를 거부하고 분파적 행동을 했다는 이유로 1668년 10월 20일자로 된 영장에는 의회가 이미 금한 일을 계속하고 있었기 때문에 소환한 기록이 있다. 침례교회사, P. 235.

1681년 7월 21일 처제 메리 캇츠와 험프리 처치우드(Mary Cutts & Humphrey Churchwood)와 함께 보스톤 침례교회에서 침례를 받고, 키터리 지역에 전도하여 작은 침례교회의 회중을 이루었다. (보스톤 침례교회는 회중교회 틈에서 어떻게 견뎠는지? 지금까지 든든히 서있다.)

목사 안수를 받은 윌리암 스크레븐

1682년 1월 11일 키터리의 회중이 윌리암 스크래븐을 보스톤 침례교회에 보내어 목사로 안수해 줄 것을 요청하여 안수를 받았다. 이 일로 보스톤 침례교회도 처벌을 받고, 3월 13일에는 스크레븐도 법에 따라 공중 예배에 참석하지 않고 모독적인 성향을 가졌다는 죄목으로 투옥되었다.

4월 12일 메인주 욕(York)에 있는 시의회에서 부과한 벌금형에 불복하고, 그 지역을 떠날 것을 동의하여 자진 이주하기로 한다. 이주를 잠시 미룬 채 보스톤 침례교회에 요청하여 1682년 9월 25일 키터리 침례교회를 조직했다. 집회는 스프루스 크리크(Spruce Creek) 근처 키터리에 있는 스크레븐의 집에서 모였다. 여러 번 재판소에 소환되는 일을 반복하면서도 1695년까지는 그곳에 머물러 있었다.[305]

남 캐롤라이나 주로 이주

1696년 7월 남 캐롤라이나에서 땅을 구입한 기록으로 보아 이때 이주했다고 보아야 할 것이다. 그가 이주한 이유는 식민지의 국교라 할 수 있는 회중교회(Congregational Church) 예배에 참석할 수 없었고, 자신이 믿는 대로 전도해서 교회를 세우고 함께 신앙생활을 할 수 없는 상황을 간파하고, 진정한 신앙의 자유를 위해 새로운 개척지를 찾아 떠나는 사명감이 작용했다는 것이 타당할 것이다.

찰스턴 제일침례교회(First Baptist Church in Charleston)

키터리에서 수 명의 침례교도들이 1000마일이 넘는 길을 이주하여 지금 남 캐롤라이나, 쿠퍼 강(Cooper River) 주변에 804에이커(100만여 평)의 땅을 사서 가족, 친척들을 중심으로 교회를 시작했다.

"초기 찰스톤 협의회(Charleston Association)의 역사는, 메인(Maine) 주로부터 온 침례교도들이 오늘날의 찰스톤(Charleston)에서 가까운

---

305) 침례교회사, P. 238.

쿠퍼 강 상류 메리언 호수(Lake Marion) 변에 있는 소머톤
(Somerton) 에 정착했으며, 이곳에서 그들은 윌리암 스크레븐
(William Sereven) 목사의 인도로 하나의 교회를 세웠다. 윌리암 스
크레븐은 다년간 목사로 섬기다가 만년에 근처에 설립된 죠지타운
(Georgetown)에서 1713년 10월 10일에 향년 84세로 서거했다."
(Wood Rurman, A History on the Charleston Association of Baptist
Churches in the State of South Carolina, Charleston, 1811)"306)

이렇게 미국의 최북단에 이주했던 사람이 신앙의 자유를 찾아 당시
최남단까지 여행해서 남부지역에 최초로 찰스톤 제일 침례교회가
세워지게 되었던 것이다. 어느 누구도 상상도 할 수 없는 의지와
비전으로 1000마일도 넘는 거리를 길도 없는 미지의 땅으로 가족과
동행들을 이끌고 와서 정착하고 교회를 세운 첫걸음이 후대에 남
침례교회의 모교회가 되는 역사가 되었다.

찰스톤 제일침례교회(Charleston First Baptist Church)
주소: 61 Church Street, Charleston, SC. 29401
홈페이지: www.fbcharleston.org
교회 소개: "남부에서 가장 오래된 침례교회, 찰스턴 제일침례교
회는 보스턴 제일 침례교회의 후원 하에 1682년 9월 25일 메인주
키터리에서 조직되었습니다. 1696년 말 윌리암 스크레븐(William
Screven) 목사와 28명의 키터리 교회는 남캐롤라이나 찰스턴으로
이주했습니다. 이 무렵, 두 그룹의 이주민이 찰스턴에 왔는데 영국
남부와 스코틀랜드에서 온 침례교도 이주민이었습니다. 이 두 그룹은
곧 윌리암 스크레븐 목사가 인도하는 찰스턴 제일침례교회에 가입
했습니다. 1708년 교회의 회원 수는 98명이라고 보고되었습니다."
(참조: 찰스턴제일침례교회 홈페이지)

---

306) 침례교회사, P. 239.

찰스턴 제일침례교회 현재 예배 모습

(4) 펜실베니아의 침례교회 시작

이 지역은 다른 식민지보다 침례교회가 성장하기에는 좋은 환경
이었다. 퀘이커 교도인 윌리암 펜(William Penn)에 의해 세워진 식
민지로 자신들도 박해를 피해 이주했으므로 신앙의 자유가 보장된
지역이었다. 국교회나 조합교회의 조직이 없었고, 그 지역에는 침
례교 신앙을 가진 이주민들이 매사추세츠에서 옮겨와 정착하고 있
었다고 볼 수 있다.

1684년 아일랜드 출신 침례교도인 토마스 던간(Thomas Dungan)
이 찰스 2세의 치하에서 신앙의 자유를 찾아 신대륙으로 왔다. 그
러나 식민지에서도 영국과 똑같이 침례교도에 대한 박해에 실망하
여 뉴포트 교회에서 나온 무리와 더불어 펜실베이니아 콜드 스프링
(Cold Spring)으로 와서 교회를 세웠다. 콜드 스프링은 지금 메노
파 아미쉬들이 살고 있는 랭케스타와 가깝다.

펜실베이니아는 이미 미국 최초로 세계 최초라고도 할 수 있는
완전한 신앙의 자유가 보장된 주였다. 때문에 신앙의 자유를 찾아
신대륙에 이주한 침례교도들은 제임스타운에서는 성공회의 박해로,
매사추세츠 식민지는 조합교회(회중교회)의 박해로 어려움을 겪자
신앙의 자유가 보장된다는 좋은 소문을 듣고 펜실베이니아에 정착
해서 살고 있었다. 그 때문에 이미 많은 침례교도들이 흩어져 살고
있었다(많다고 해도 1700년까지 교인이 46명에 불과했지만).

젊은 방문 설교자

1688년 어느 날, 런던의 유명한 침례교 목사인 벤자민 키이치 (Benjamin Keach)의 아들인 엘리아스 키이치(Elias Keach)에 대한 소문이 들렸다. 런던 대화재(1666년)때 태어났으니 그때 나이 22세 였을 것이다. 필라델피아 마을의 북동쪽에 사는 웨일즈 농부들과 영국인들은 영국에서 유명하신 키이치(Benjamin Keach) 목사님의 아들인 엘리아스 키이치(Elias Keach)가 바로 여기 신세계에 왔다 는 소식을 듣고 기쁘게 설교를 부탁하는 초청을 했다.

엘리아스는 익숙한 자세로 담대히 설교하기 시작했는데 설교 중 놀라운 일이 설교자 자신에게 일어났다. 엘리아스는 자신의 설교에 영혼이 비췸을 받아 자신이 아직 하나님 앞에 죄인이라는 사실을 깨닫고, 강단 앞에 쓰러져 통회하며 교회 앞에 회개하는 역사가 일 어났던 것이다. 엘리아스 키이치는 목사 아버지 슬하에서 당연히 목사가 되었지만 실상은 아직 거듭나지 못한 설교자였다. 마치 요한 웨슬리가 거듭난 경험도 없이 신앙적인 열정으로 활동한 것처럼···. 놀라운 일을 만난 회원들이 엘리아스를 상담해서 예수님을 구주 로 영접하여 구원 받게 했고, 콜드스프링 교회의 토마스 던간 (Thomas Dungan) 목사에게 침례를 다시 받고(재 침례) 영국 아버 지에게로 돌아갔다. 소식을 들은 아버지 벤쟈민 키이치 목사는 돌 아온 탕자를 맞는 기쁨으로 아들을 훌륭한 목사로 지도했다.

펜니펙 침례교회 (Pennepack Baptist Church)

1688년 엘리아스 키이치 일이 계기가 되어 토마스 던간(Thomas Dungan)이 콜드스프링에 세운 교회와 필라델피아 지방의 침례교회 가 합해서 펜니펙 침례교회(Pennepack Baptist Church)가 조직되어 펜실베이니아 최초의 침례교회가 조직 되었다.

이듬해에 펜니펙 교회로 돌아온 엘리아스(Elias)는 주변 여러 지 역을 순회 전도하여 많은 결실을 얻었다. 필라델피아 주변 델라웨 어강 건너 뉴저지 남부 지역에 몇 교회를 세울 수 있었다. 엘리아 스가 개척한 교회들을 중심으로 교회들이 1년에 두 차례 서로 다른 장소에서 회합을 갖고 설교를 듣고 서로 교제했다(친교회의 시효). 1707년에 그들은 공식적으로 주님의 사업에 연합하기로 합의했다.

2013년 교회 설립 325년 기념 예배 준비하는 펜니팩 침례교회

필라델피아 침례교 협의회(Philadelphia Baptist Association)

펜니팩 침례교회는 4개의 다른 선교사 지향 교회인 뉴저지(New Jersey)주에 위치한 코헨시(Cohansey), 미들타운(Middletown), 피스카타웨이(Piscataway)의 스텔턴 침례교회(Stelten Baptist) 및 델라웨어 주의 웰스 트랙 교회(Welsh Tract Church)와 함께 미국 최초의 침례교 협회인 필라델피아 침례교 협의회(Philadelphia Baptist Association)를 결성했다. 필자가 목회하던 교회 근처들이라 몇 교회는 확인했는데 그들은 협의회 창립 회원교회인 것을 자랑스럽게 여겨서 꼭 표시해 놓은 것을 보았다. 후에 이 협의회는 최초의 선교사 후원을 위해 협력하는 조직이 되었다. 스텔턴 침례교회(Stelten Baptist)는 주변에 6개 교회를 개척하는 성장을 이루었다.

2. 침례교회의 신앙의 자유를 위한 노력

신앙의 자유란 모든 사람은 자신의 양심에 따라 자기가 믿을 신앙을 자유롭게 선택할 수 있다는 본질적인 원리뿐만 아니라 다른 이의 신앙을 억압하거나 탄압하지 않는다는 것을 의미하며, 더하여 무력으로 즉 세속적 권력으로 자신의 신앙을 강요하거나 옹호하지 않는 일체의 행위를 의미한다.

침례교도들이 믿는 바는 국가가 개인의 신앙을 통제하거나 강요할 수 없다는 것이지, 국가를 부정하거나 자신이 속한 국가의 국민으로서의 의무를 거부하는 것이 아니다.

(1) 신앙의 자유를 위한 조약들에 올바른 이해

개혁시대 신앙의 자유를 위한 가톨릭과 개혁교회 간에 이뤄진 조약들이 있다. 역사적인 상황을 보면 교황권이 약화되어 신성로마제국이라는 영토 안에서도 개신교로 개종한 영주나 국가들이 개신교를 옹호하여 가톨릭 국가들과 충돌하는 상황이 야기되었다.

데살로니카 칙령 (The Edict of Thessalonica)

로마의 황제 데오도시우스 1세가 380년 2월 27일 반포한 가톨릭 (christianorum catholicorum)을 유일한 교회로 로마제국의 국교로 선포한 칙령이다. 가톨릭이 유일한 교회라고 주장하며 가톨릭과 다른 신앙을 가진 이들을 이단이라고 살해했는데 후에 이단이라던 개신교를 교회라고 인정한다면 그동안 저질렀던 가공할 살육과 박해를 어떻게 사죄하고 보상하려는지…. 하지만 신앙의 자유를 보장하는 조약들이 침례교도들의 신앙의 자유를 보장하는 조약들이 아니었다. 신앙의 자유를 위한 조약이 침례교도들에게는 더 많은 핍박자를 직면하게 했을 뿐이었다.

아우크스부르크 화의 (和議)

(영: The Peace of Augsburg, 프: Paix d'Augsbourg)

1555년 아우크스부르크 국회에서 맺은 프랑스 카를 5세와 개신교 제후 간에 맺은 화해의 조약이었다.

내용: 가톨릭과 개신교 간의 갈등을 화해하고, 군주(제후)들은 종교를 자유롭게 선택할 수 있는 권리를 인정했다. 개인이 종교를

자유롭게 선택할 수는 없고, 백성은 군주(제후)의 선택에 따라야만
했다. 즉, 군주들에게 가톨릭과 루터교의 선택의 자유가 주어졌다.
이 조약으로 침례교도들은 가톨릭과 루터교의 이중 박해를 받았으
야만 했다.

재 침례교도들에게 루터 교 총회의 사죄

다행스럽게도 루터교는 재침례교도들을 박해한 역사적인 사실을
인정하고, 11차 슈투트가르트 루터란(Lutheran) 총회에서 재침례교
도(Anabaptist)들을 핍박했던 것을 사과하고 회개를 선포했다. 잘못
했다고 사과하면 어떤 죄라도 용서해야 하니까, 그들의 행위는 용
서하지만 그들의 신앙은 용납할 수 없는 것….

베스트팔렌 조약(Peace of Westphalia)

보헤미아를 중심으로 발발한 30년 전쟁 종전 후, 1648년 신성
로마제국령 독일 북부지방의 오스나브뤼크(Osnabrück)와 뮌스터
(Münster)에서 체결된 평화 조약. 양 진영의 모든 국가와 영지의
대표들의 국제회의(참가국과 조약 내용은 30년 전쟁을 참조).

우리의 관심은 종교에 대한 합의인데 두 가지 합의에 도달했다.
1) All parties would recognise the 'Peace of Augsburg of 1555', in
which each prince would have the right to determine the religion
of his own state. (the principle of cuius regio, eius religio). The
options were Catholicism, Lutheranism, and now Calvinism.
번역: 모든 영주는 1555년에 체결한 아우구스부르크 화의를 인정
하고, 자기의 영지에서 다음의 종교들 중에 선택할 자유를 갖는다.
가톨릭, 루터주의, 칼빈주의.

2) Christians living in principalities where their denomination was
not the established church were guaranteed the right to practice
their faith in private, as well as in public during allotted hours.
번역: 종교가 정해지지 않은 영지의 주민은 자기의 신앙에 따라
정해진 시간에 신앙생활을 한다.

이때부터 침례교도들의 신앙의 자유는 국교가 없는 나라(영지)에
서는 가능했다. 그러나 영주들이 국교였던 가톨릭 체제에서 개혁
한다는 것은 자기가 통치하는 나라(영지)의 종교를 바꾼다는 것이

지 백성들에게 신앙의 자유를 준다는 것은 아니었다. 조약에도 명시된 아우구스부르그 조약의 핵심인 '영주는 백성의 종교를 선택한다'(cuius regio, eius religio)는 내용은 종교와 정치의 원리가 된 '국교주의'(state religion)가 1100여 년간 뿌리내려온 관습이 되어 개혁자들도, 군주들도 다른 생각을 할 수 없었다.

그러나 침례교도들은 로마가 380년에 기독교를 국교로 정한 즉시, "국가가 교회와 무슨 상관이냐"라며 신앙은 개인이 하나님 앞에 결정하는 양심의 자유라는 사실을 주장했다. 그 주장을 했던 도나티안(Donatian)들, 그들의 신앙은 반 국가주의가 아니라 주님께서 "가이사의 것은 가이사에게 하나님의 것은 하나님께", "내 나라는 이 세상에 속한 것이 아니라"(요18:38)고 하신 말씀에 대한 신앙고백이었다.

하나님의 말씀에서 받은 영감이기 때문에 사람들은 상상도 할 수 없는 옛날에 하나님의 지혜인 '교회와 국가의 분리'라는 현대에는 너무나 보편화되고 당연시되는 '이상(ideal)'을 실현할 수 있었던 것이다. 하나님께서 너무 일찍 너무 귀한 진리를 조상들에게 알려 주셔서 조상님들께서 고생 많으셨다.

(2) 신앙의 자유는 교회 론에 기인한다.

침례교회와 국가교회들 사이에는 근본적인 차이가 있다. 교회론과도 일맥상통하는 것으로 침례교회는 교회는 '거듭난 사람들의 모임'이라는 주장을 굽히지 않는 반면, 국가교회는 '통치영역이 교회'라고 보았다. 오늘날에 와서는 보편화되어 있는 신앙의 자유가 중세시대는 물론 개혁시대까지도 감히 생각하지 못할 영역이었다.

"아나 뱁티스트(재 침례교도)들을 제외하고는 16세기 신앙고백들은 각 개인들이 각자 자기가 원하는 대로 예배할 수 있는 자유를 구가하기 위하여 투쟁했던 것은 아니다."[307]

가톨릭에서는 종교의 자유를 보장하는 것은 영혼에 대한 가장 죄악된 무관심이라고 했다. 칼빈주의자였던 베자(Beza)도 종교의 자유를 가리켜 이렇게 주장했다. "가장 악마적인 교리다. 왜냐하면 이는 모든 이들이 자기들이 원하는 길을 좇아 지옥에 떨어지는 것

---

307) 16세기 종교개혁, P. 248.

을 허용해야 한다는 것을 의미하기 때문이다."[308] 종교개혁이란 신앙의 자유를 위한 투쟁이 아니라 각 종파가 오직 자기들만의 존재와 신앙을 위한 투쟁이었다. 종교개혁의 정치적 의미는 "퀴우스 레기오 에이우스 렐리기오"(cuius regio eius religio) 즉, '군주는 다스리는 영지의 종교를 결정한다'는 것이다. 그러므로 영역 안에서는 인정된 종교 외에는 종교의 자유가 없었던 것이다.

그런 예는 종교개혁 이후에도 유지 되었는데 예컨대 취리히에는 쯔윙글리가, 제네바에서는 칼빈이, 독일에서는 루터교가 재침례교도들을 박해하여 수없이 많은 재침례교도들을 처형했다. 개혁자들도 신앙의 자유에 대해서는 가톨릭과 다른 점이 없었다. 미 대륙의 초기 이민시대에도 이와 같은 형태의 식민지가 세워진 것이다.

미국의 뉴 잉글랜드지역[309] 중, 매사추세츠 식민지는 칼뱅의 신정사상에 바탕을 둔 회중교회가 식민지의 국교가 되었고, 버지니아 제임스타운에는 영국 성공회가 국교회였기 때문에 식민지의 신앙에 따라 공공예배에 출석할 의무를 규정하여 침례교도들은 가톨릭이나 영국 국교회 치하나 마찬가지로 회중교회의 혹독한 핍박을 받았다. 다만 메노나이트들이 세운 펜실베이니아에서는 신앙의 자유가 보장되고, 인디언들과도 평화를 유지하는 발전된 사회와 종교 체제를 유지하고 있었다. 필자가 발전된 사회라는 것은 현대사회에서는 당연시 되는 사회와 종교와 정치체제이기 때문이다.

개혁자들의 개혁은 신앙의 내용이지 체제는 아니었다. 그러나 침례교도들의 모본은 신약교회였으므로 교회와 국가의 분리와 신앙의 자유를 지키기 위해 줄기차게 '국가와 교회의 분리'를 주장했다.
개혁주의자들이 교회와 국가의 일치를 유지했던 것은 그들의 교회관에 차이가 있기 때문이다. 그들 교회는 구약에 기초를 두고 계약신학 적 입장에서 개혁을 했기 때문에 하나님 나라의 범주를 교회의 영역에 있는 세속사회를 의미한다. 그러나 침례교회는 신약에 기초를 두고 하나님의 나라의 범주를 하나님이 다스리시는 영적 영역으로 한정하므로 세상에서 하나님이 친히 다스리는 '거듭난 자들의 모임', 즉 '교회'라고 믿었다. 개혁자들은 신앙의 정치적 확대가 교회를 확장하는 것으로 보지만 침례교도는 교회는 전도를 통하여

---

308) Ibid, P. 248.
309) 초기 동북부 식민지, 매사추세츠, 로드아일랜드, 코네티컷 3주.

거듭난 자들로 구성된다고 믿었기 때문에 전도를 열심히 하게 되었다. 그러나 신앙적 정치력의 확대가 교회의 확장이라는 등식은 실로 무의미한 정책이라는 사실을 인정해야할 것이다.

이 문제에 대하여 카스텔리오는 다음과 같은 관찰을 남겼다.

"누구든지 수효에 치중하여 이를 위해 인간에게 강제력을 행사하고자하는 이가 있다면 그는 실제로는 아무 것도 성취할 수 없을 뿐 아니라 오히려 참으로 우둔한 자라고 평가할 수밖에 없다. 포도주가 조금 밖에 없는 큰 술통에 포도주의 양을 늘려보겠다고 물을 붓는 어리석음을 연상시킨다. 포도주의 양은 늘어나지 않을 뿐 아니라 원래 있던 것 마저 못쓰게 만드는 것이다."[310]

(3) 개혁자들의 침례교회에 대한 두 가지 오해

1) 무정부주의(anarchism)라는 것

교회와 국가의 분리를 주장하는 침례교도에 대한 악의적인 오해가 역사 속에 간간히 나타난다. 이것은 침례교도는 국가나 정부를 인정하지 않는 무정부주의자(아나키즘 anarchism)라거나, 혹은 성서에서 말씀하는 천년왕국(Millenium Kingdom)을 침례교도들은 '그리스도의 나라(His Kingdom)'로 믿는데 그들은 '그리스도인의 나라(Christian Kingdom)'로 오해하고 이 땅에서 이루려고 국가 전복을 시도하는 무리들이라는 오해인 것이다.

이러한 생각이 침례교회의 증가를 두려워하여 정권유지 차원에서도 철저히 분쇄되었다. 그러나 "대부분의 재침례교도들은 신앙에 정면으로 배치되지 않은 한 국가의 명령에 순응하였다.[311]

2) 세계 복음화의 비전이 없다는 것

그들이 볼 때 한 사람 한 사람 전도하여 영혼을 얻는 일이 '전도의 미련한 것'으로 보였을 것이다. 전생애를 통하여 전도의 삶을 산 침례교도들을 세계 복음화의 비전이 없다고 비난했다. 침례교도들의 관심은 '세계 복음화'가 아니다. '영혼의 구원'일 뿐이다.

---

310) 16세기 종교개혁, PP. 266-267.
311) 16세기 종교개혁, P. 122.

(4) 신앙의 자유에 대한 역사의 반전

312년에 발표된 밀라노 칙령 (라:Edictum Mediolanense)이었다. 다른 종교는 자유롭게 종교 활동을 할 수 있었던 로마에서 기독교를 불법으로 금했던 것을 기독교도 합법으로 인정한 칙령이었다.

"어느 누구도 자신의 마음을 기독교나 자신이 생각하는 종교를 준수할 기회를 막아서는 안 된다. 마음을 다하여 숭배하는 최고신은 모든 일에 평소의 은혜와 자비를 나타내실 수 있다. 기독교인들의 신앙을 제약했던 모든 조건들을 제거하고, 기독교 예배도 방해 받지 않고 자유롭게 예배하며, 압수된 모든 재산과 시설들을 반환하고 박탈된 직업도 복구하고 보상이 요구되는 경우 국가에서 보상한다. 이 법령은 모든 사람에게 모든 지역에 공포하라. 어떤 경우나 어떤 신분이나 어떤 종교나 차별하지 않는다."[312]

역사의 아이러니는 곧, 가톨릭이 지배하는 제국에서 종교의 자유는 없었다. 그리스도인들은 로마제국에서 하나님을 믿을 수 있는 자유를 원했는데 가톨릭이 로마제국의 국교가 된 후에는 다른 종교는 박해를 받고 하나님만 믿어야 한다고, 그리고 기독교라도 자기들의 방법으로만 하나님을 믿어야 한다는 철권을 휘두르게 되었다.

기독교는 밀라노 칙령으로 신앙의 자유를 얻었는데 데살로니가 칙령으로 가톨릭과 신앙을 같이하지 않는 기독교는 다시 신앙의 자유를 잃고 박해를 받게 되었다. 아우그스버그 화의로 루터교는 자유를 얻었으나 침례교도는 가톨릭과 루터교의 핍박을 받게 되었으며, 베스트팔렌 조약으로 칼빈 파는 종교의 자유를 얻었으나 침례교도는 가톨릭과 루터파와 칼빈 파의 박해를 받게 되었다. 미국 식민지에서 회중교회는 영국 성공회로부터 신앙의 자유를 얻었으나 침례교도는 회중교회의 박해를 받게 되었다.

(5) 신앙의 자유를 위한 침례교회의 꾸준한 노력

침례교회의 가장 뚜렷한 투쟁 중 한 가지는 교회와 국가의 분리였다. 시종일관 이 원리를 주장하며 이 일을 위해 노력해 왔다.

1) 화란 (네덜란드) 침례교회

화란 침례교회의 영향을 받아 로버트 브라운 (Robert Brown)은

---

312) 기독교 대 백과사전 13권, P. 443.

"민간 행정관들은 종교 범죄자들을 처벌해서는 안 되고, 어떤 방식으로도 양심의 권리를 방해하면 안 된다는 신념에 도달했다. 이는 메노파의 영향으로 생긴 신념이었을 가능성이 농후하다(1580-1584년경)"[313]고 했다. 영국 분리주의자[314]들이 메노파의 이 원리를 채택했다.

1681년 윌리엄 펜이 펜실베이니아에 정착지를 세웠을 때 '신앙의 자유'를 실현한 것은 정치적으로 최초라 할 수 있다.

2) 영국 침례교회

1644년 런던 신앙고백서(The London Confession)를 스필즈 버리, 키핀, 놀리즈를 비롯한 15명의 목사가 서명하여 채택하는데 칼빈주의의 신학을 표명하는 부분도 있었으나 신앙의 자유를 명백히 했다. 1689년 오렌지공(公) 윌리암에 의해 부분적인 신앙의 자유가 시행되었다.

3) 미국 침례교회

초기 미 대륙의 식민지에서는 많은 침례교도들이 회중교회에게 혹독한 수난을 당했다. 그중에 존 클라크, 오바댜 호름즈(Obadiah Holmes), 존 크랜달(John Crandall)과 하버드 대학(Harvard University) 초대 총장으로 알려진 헨리 둔스터의 수난은 끔찍했다.

하버드 대학과 헨리 둔스터(Harvard Yard and Henry Dunster)
하버드 대학은 1636년에 설립되어 1639년 하버드 대학(Harvard College)으로 명명하여 1638년까지 나다나엘 에튼(Nathaniel Eaton) 초대 총장(Master)에 의해 운영되다가 1640년 폐교되었다.

헨리 둔스터 (임기 : 1640-1654)
1640년 8월 헨리 둔스터(1609-1659)가 영국에서 보스턴에 도착하고 3주 후에 매사추세츠 당국이 하버드 대학 운영을 위임했다. 그는 탁월한 학자요 행정가로 대학의 첫 번째 건물을 완공하여 하버드 야드(Harvard Yard)를 세우고 대학의 모토(사진)를 정했다.

---

313) 기독교 대 백과사전 13권, P. 444.
314) 영국 분리주의자란, 성공회를 거부하는 침례교와 모든 개신교

1641년 엘리자베스 글로버(Elizabeth Glover)와 결혼하였고, 학교에 인쇄기를 설치했다. 650년 7인 이사회(Harvard Corporation)를 구성, 1952년 학제를 4년으로 변경했다. "둔스터(Dunster)의 조직에 대한 천재성은 그의 총장 재직 중에 작성한 커리큘럼, 형식 및 기관이 그의 시대를 지나 백년도 넘게 오래 지속되었다"(Harvard의 역사가 사무엘 엘리오트 모리슨)315). 필자도 대학 행정 경험자로 하버드 대학의 실제 설립자인 둔스터가 이해된다.

그런데 예기치 못한 상황이 일어난다. 1653년 그의 넷째 아이가 태어나자 법이 정한 유아세례를 거부하고, 침례는 믿는 자에게 행해야 한다는 신앙을 공개적으로 선포한다. 식민지 대법원은 두 가지 판결은 공개한 신앙을 철회하거나 총장직의 사임이었다.

둔스터는 신앙을 지키기 위해 열과 성을 다해 세운 하버드 대학 총장직을 1654년에 사직하고, 가족들을 마차에 싣고 눈 덮인 매사추세츠를 떠나 남쪽으로 내려와 침례교도들이 있는 지역에 정착했다.

하버드 초대 총장 헨리 둔스터 기념 기숙사

1651년 미 대륙의 초대 지도자들인 로저 윌리암스와 존 클라크 박사는 신앙의 자유를 위한 법령을 협상하러 영국으로 떠났다. 미 대륙의 신앙의 자유는 물론 미국의 민주주의에 커다란 영향을 미치는 거보(Giant step)였다. 노력의 결과로 1663년, 영국왕 찰스 2세로부터 기적적으로 신앙의 자유를 허락하는 법을 얻는다.

---

315) Samuel Eliot Morison, 미국의 역사가, 미국 해군 소장, 1912년에 하버드 대학에서 박사 학위를 받고, 40년 동안 동 대학에서 교수로 지냈다.

"이제부터는 어느 때든지 그리고 누구든지 이 식민지에서 식민지의 평화를 방해하지 않는 한, 종교적 견해가 다르다고 해서 간섭을 받거나 형벌을 받거나 부당한 대우를 받거나 소환을 당하지 않을 것이다. 지금까지는 모든 사람이 때때로 그러한 일을 당했지만 이제부터는 언제든지 자신의 양심과 판단에 따라 충분히 그리고 자유롭게 종교적인 결단을 내릴 수 있다."[316]

이 법령은 미국의 정치적 특성상 전국에 시행되지는 않았으나 뉴잉글랜드 지역에서는 침례교회에 신앙의 자유가 보장되었다. 그러나 국교회를 위한 세금은 납부해야만 했다. 이 일로 로저 윌리암스와 존 클라크는 미국의 종교 자유의 선구자가 되었다.

1687년 신교 자유 령 (Declaration for the Liberty of Conscience)

영국 왕 제임스 2세에 의해 대영제국에서 종교의 자유를 위해서 행해진 첫 번째 신교 자유 령이 시발점이었다.

1777년 뉴욕 주는 인종과 신앙의 차별 없이 예배를 드릴 수 있는 새로운 헌법을 제정했다.

1785년 토마스 제퍼슨(Thomas Jefferson)에 의해 버지니아 주에서 신앙의 자유를 법으로 제정했다.

1789년 미국 연방 헌법 제1차 수정안이 가결되면서 완성되었다.

"Congress shall make no law respecting an establishment of religion, or prohibiting the free exercise thereof; or abridging the freedom of speech, or of the press; or the right of the people peaceably to assemble, and to petition the Government for a redress of grievances"

번역: "의회는 종교를 만들거나(국교를 정하거나), 자유로운 종교 활동을 금지하거나, 발언의 자유를 저해하거나, 출판의 자유, 평화로운 집회의 권리, 그리고 정부에 탄원할 수 있는 권리를 제한하는 어떠한 법률도 만들 수 없다"(미국 수정 헌법 제1조).

침례교도가 예루살렘교회 이후 일관되게 주장해 온 '국가와 교회의 분리'라는 보편적인 원리를 회복하기 위해 얼마나 많은 희생을 감당했는가? 강물은 결국 바다에 도달해야 흐름이 끝나는 것, 미시시피 강처럼 하나님의 말씀으로 얻은 확신이 막는다고 막히겠는가?

---

316) 침례교 유래, P. 33.

4) 민주주의와 침례교회

민주주의의 발달은 국가의 절대권을 부인하는 데서 왔다고 할 수 있다. 그것은 국가의 권력의 한계를 세속적 통치 행위에 한정하고, 인간의 신앙과 양심의 자유는 사람이 가지고 있는 신앙의 확신에 의해 통치된다는 개념이 종교와 국가의 원리이다.

이러한 원리에 분명했던 교회가 침례교회였다. 루터는 영주, 기사, 농노로 구성된 사회 계급제도를 유지했고, 칼빈은 신자에게만 참정권이 주어졌기 때문에 택한 자들의 정치라 할 수 있다. 그러나 침례교회는 국가와 교회를 분리하여 국가의 법 앞에 종교 여하를 막론하고 평등함을 주장했고, 또 침례교도가 가지고 있는 성도 제사장직과 성도는 하나님 앞에서 평등하다는 전체 '회중주의'가 민주주의를 위해 가장 영향을 미쳤다.

국가와 교회의 일치는 그 권력이 구분되지 않으므로 신앙과 양심까지도 국가에 의해 지배받는 것이 당연하게 되는 것이다. 그러므로 침례교회의 신앙 원리로 한 신앙의 자유는 이 땅에 참다운 민주주의를 꽃피게 하는데 햇빛과 같은 역할을 했다고 볼 수 있다. 사실 오늘날 꽃피운 민주주의는 초대교회에서부터 실현되어 왔고, 변개 없이 유지해 온 침례회 속에서 실현되고 있었다.

3. 침례교회의 성장

(1) 신자의 침례와 회중의 정치
(believer's baptism & congregational autonomy)

교회와 국가의 분리(the separation of church and state)에 대한 원리로 다른 교회들과 구별되는 침례교도들은 Roger Williams가 1638년 로드아일랜드 프로비던스에 미국 최초의 침례교회를 설립한 이래, 존 클라크(John Clarke)와 뉴포트 침례교회, 보스턴의 첫 침례교회는 1665년에 설립되었다. 펜실베이니아 필라델피아에 있는 펜니팩(Pennepack)침례교회는 1688년에 조직되었고, 1690년대 후반에 남 캐롤라이나 찰스턴에 있는 첫 침례교회의 창립은 침례교회가 남부로 확산되는 기폭제가 되었다.

어렵게 창립하고 정착한 교회들은 짐을 풀자마자 주변을 돌아보며 복음전도와 교회 개척에 우선순위(Priority)를 두었다. 그 때문에 교회가 정착하고 수년 내에 자(子)교회, 수년 내에 손(孫)교회로 뻗어나갔다. 미 대륙의 침례교회는 수난과 박해 속에서도 성장하였다. 처음에는 그 성장이 극히 미미했고, 초기 100년 동안에는 100명의 회원을 가진 교회를 찾기 어려웠다. 그러나 한 곳에 세워진 교회는 근처 지역에 지(支)교회를 세우는 일을 계속하여 성장하고 있었다.

영국의 존 웨슬리(Jonh Wesley) 형제와 죠지 화이트필드(George Whitefield)가 부흥의 역사를 일으키고 있을 때 1726년부터 네덜란드 개혁교회의 부흥 전도인 프레링 하이젠(Freling Huysen), 뉴 브런즈윅의 젊은 장로교 목사 길버트 테넌트(Gilbert Tennent)에 의해 부흥운동이 일어났고, 곧 조나단 에드워드(Johnathan Edwards)의 동참으로 하나의 부흥의 물결(대각성 운동/Great Awakening)을 이루어 전국 방방곡곡으로 퍼져나갔다.

이러한 부흥 운동이 침례교회에 미친 직접적인 결과는 복음 전도의 촉진이었다. 그 결과 각 지역에서 큰 성장이 있었다.

(2) 북 캐롤라이나에 침례교회 개척

대각성 운동의 결과로 1751년 슈바엘 스탄스(Shubael Stearns)는 회중교회 집안이었는데 침례교도가 된 뒤 남부로 가라는 소명을 받고, 남부로 가는 이민단에 합류하여 현재 북 캐롤라이나, 리버티에 샌디크릭 침례교회(Sandy creek Baptist Church)를 세웠다.

샌디크릭 침례교회 소개(홈페이지); "샌디 크릭은 북 캐롤라이나 리버티에 있는 성경을 믿고 성경을 가르치는 역사적인 침례교회입니다. 1755년에 설립된 오랜 역사와 풍부한 전통을 가진 교회로 오늘날의 세대가 그리스도를 위해 세계에 영향을 미치는 신앙을 가지도록 격려하는 교회입니다."

이 교회는 17년 동안 42개의 교회를 세웠고, 125명의 목회자가 배출되었다. 이들의 열정적인 전도는 남부지역에 계속적인 성장을 가져오며, 서부를 향하여 뻗어나가고 있었다. 샌디 크릭 침례교회는 서쪽으로 조지아 주, 북쪽으로는 포토맥 강[317], 동쪽으로는 체스피크만까지 교회를 개척했다. 1775년까지 침례교회는 북 캐롤라이나의 모든 카운티에 하나의 교회를 세운 가장 큰 교단이었다.

샌디크릭 교회: 주소 4765 Sandy Creek Church Road, Liberty, NC.

---

317) 미국의 수도 워싱턴 DC를 감싸고 흐르는 강

1700년대 미국 남부에 개척된 침례교회의 대략의 수는 버지니아
주 151, 켄터키주 40, 북캐롤라이나주 43, 남캐롤라이나주 27, 그
리고 조지아주에 6개 교회가 남부지역에 개척되었다.

　　　　　　　　남부지역의 최초의
교회는 남캐롤라이나
찰스톤에 세워진 찰
스톤 제일 침례교회,
다음으로 북캐롤라이
나 중앙에 있는 샌디
크릭 침례교회가 중
심이 되어 남부지역
에 많은 교회가 세워
진다.

　　　　　　　　남부지역은 어느 교
파보다 강력한 침례교 벨트(Baptist Belt)와 건전한 신앙으로 생활하
는 바이블 벨트(Bible Belt)를 형성하는 중심 역할을 하게 된다.
(붉은 지역이 강력한 남 침례교 지역)

제12장 침례교 세계 선교를 열다
(The Baptists Opens a Way for the World Missions)

당시 개신교도들이 침례교도들의 생활을 보고는 수도사로, 전도 활동을 보고는 선교사로 불릴만한 생활을 했다. 나무 샌달(Sabot/ Sabotati)을 신고, 도가(주머니 없는 사도복)를 입은 '가난한 자'들 이 험준한 계곡을 넘어가는 모습에서 소아시아의 험준한 길을 걸어 가는 선교사 바울 사도를 연상케 한다.

얼음산으로 덮인 그린란드에서 아프리카 끝 희망봉까지 스스로 선교사가 되어 최초의 아메리카 인디언에게 복음을 전하기 위해 시 도했던 진젠도르프 백작과 모라비안들의 선교 활동은 대 교단들의 선교 활동에 묻혀가지만 그들의 선교 활동은 당시의 사회 구조로 볼 때 상상을 초월하는 선교열이었다는 것은 잊지 말아야 한다. 지 금도 헤른 휴트에 있는 교회에서는 골드 섬머 이후에 계속되는 세 계 선교를 위한 기도가 계속되고 있을 것이다. 48명으로 시작된 기 도의 용사들이 '100년간 그리고 계속'이라 했으니….

The Protestants saw the Baptists of those eras that they were living like monks in terms of their living, and missionaries in terms of their evangelizing effort. When we see those "poor ones" crossing over the mountains preaching the Word, it reminds us of Apostle Paul going over the rough terrains of Asia Minor.

The acts of the early missionaries and Moravians that have traversed from the icy lands of Greenland to the ends of Africa, the Cape of Good Hope, including the efforts to win the first American-Indians, may be forgotten due to the mission efforts of other large denominations. But we should not forget that their mission efforts of that time was way beyond imagination, given the limitations of the societal restrictions that they were bound with. The church at Hernhut has been praying for the world missions, starting from the original 48, with the motto, "For hundreds years and beyond."

1. 윌리엄 캐리(William Carey, 1761년 8월 17일)

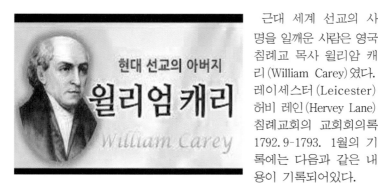

근대 세계 선교의 사명을 일깨운 사람은 영국 침례교 목사 윌리엄 캐리(William Carey)였다. 레이세스터(Leicester) 허비 레인(Hervey Lane) 침례교회의 교회회의록 1792. 9-1793. 1월의 기록에는 다음과 같은 내용이 기록되어있다.

"우리 목사님이 동인도 제도의 벵갈에 선교사로 가겠다고 결정하였기 때문에 3월에 우리를 떠나게 된다고 알려 주신 것 외에는 중요한 사항이 없음." 현대 선교의 출발을 조용히 기록한 내용이다.

1791년 클립스톤(Clipston, Nottinghamshire)에서 열린 목회자 친교회의 설교 요청을 받은 윌리엄 캐리 목사는 목사들이 생각도 못한 "이방인을 개종시키기 위한 수단들을 사용해야 할 그리스도인들의 의무들에 대한 연구"(A Inquiry Into the Obligation of Christians to use Means for the Conversion of the Heathen)를 발표한다.

1792년 5월 노팅험(Nottingham)에서는 선교를 위한 열정으로 온 마음과 영혼을 다해 유명한 주제의 설교를 했다.
"하나님으로부터 위대한 것들을 기대하라!
하나님을 위하여 위대한 것들을 시도하라!
(Expect great things from God!, Attempt great things for God!)".
그러나 당시 영국 침례교회 중 일부는 칼빈주의적 신앙을 견지하고 있었기 때문에 선교에 대해서는 냉담했고, 심지어 전도란 하나님의 주권을 침해하는 행위라고까지 하는 특수 침례교회(Particular Baptist)였는데 이런 상황 속에서도 캐리의 세계선교를 위한 열정은 꺼지지 않는 불길이 되어 타오르고 있었다.

(1) 최초에 설립된 영국 침례교 선교 협회

이방인에 대한 복음 전도를 위한 특수 침례교 협회
(Particular Baptist Society for Propagation of the Gospel Amongst the Heathen, 1792년 10월 2일)

당시 선교에 냉담한 영국 침례교회들을 일깨우기 위한 노력의 결과로 1792년 10월 2일 영국의 한 시골 침례교도들의 모임에서 선교협회를 세울 것을 결정한다. 이 미미한 시도가 세계 선교사역의 문을 여는 한 걸음이 되었다. 그 모임에서 선교를 위해 모금된 헌금은 약속 헌금을 포함하여 13파운드 2실링 6펜스였다. 당시 캐리가 받고 있던 연봉은 75파운드였다(당시 1파운드는 현재 120,000원). 이러한 악조건 속에서도 선교협회 총무로 앤드류 풀러가 선출되었고, 윌리암 캐리를 인도의 선교사로 파송하기로 결정했다.

(2) 세계선교 첫 발 인도 도착(1793. 6. 12)

1793년 선교협회 설립 때 인도 선교사역에 동참한 의사인 토마스 가족과 함께 덴마크 상선을 타고, 같은 해 6월 12일 인도의 동북부 벵골에 도착하여 침례교회 최초의 선교사로 사역을 시작한다.

윌리암 캐리, 그는 1761년 8월 17일 직조공인 윌리암 에드문드(William Edmund)의 5남매의 장남으로 태어나 구두 만드는 일을 배웠다. 동료 중에 경건한 신앙을 가진 존 와드의 인도로 어떤 기도회에 참석했고, 결국 엄격한 국교의 신자였던 캐리에게 거듭나는 역사가 일어난다. 그는 단지 제화공일 뿐 아니라 지리학을 즐겨 공부하는 중에 읽은 「쿡 선장의 항해」(The voyager of Captain Cook)라는 책이 미래 사역에 큰 토대가 되었다. 성서에 대한 열정은 헬라어, 히브리어를 공부하게 했을 뿐 아니라 라틴어, 프랑스어, 네덜란드어도 공부했다. 장래 사역에 큰 유익이 되었을 뿐 아니라 후에 성서를 깊이 연구하여 성서 번역 사역에 쓰이게 되었다.

인도 벵골 역 신약성서의 출판

1797년 3월 그가 보낸 편지에는 "이 세상 어느 지역에서든지 복음 전파를 방해하는 것은 단지 두 가지 뿐이다. 첫째 방해물은 성서가 부족하다는 것이요, 그 다음 방해물은 인간 마음의 타락"[318] 이라고 했다. 그는 성서번역을 시작했고, 1801년 3월 5일 벵골어로 인쇄된 신약성서가 완성되었다.

"세람포르 삼총사"(Serampre Trio)로 불리는 성서번역 선교사, 조쉬아 머시먼(Joshua Marshman, 1768-1837)과 번역 성서의 인쇄를 책임졌던 윌리엄 워드(William Ward, 1769-1823)와의 협력관계는

---

318) 침례교인과 성경, P. 177.

인도 선교 공동체의 모범적인 선례를 남겼다. 성서번역을 통한 인도와 아시아 선교의 기초를 놓았다는 평가를 받고 있다. 그들은 언어연구와 출판에 힘써서 선교협회에 놀라운 보고를 했다. "머지않아 신약성서는 34개 언어로 구약성서는 8개의 언어로 출판될 것이며, 3종류의 힌두어 신약성서의 번역본이 출판될 것입니다."

최초의 인도 선교의 열매 '크리쉬나 팔'

선교사역은 인도의 카스트제도 속에서 말할 수 없는 어려움과 위험 속에서도 전도한 결과 1800년 12월 22일, 마침내 크리쉬나 팔과 고쿨이라는 두 형제가 그리스도를 영접했다.

침례식을 한다는 소식을 들은 힌두교도들의 위협으로 모두 위축되었으나 '크리쉬나 팔'(Krishna Pal)은 믿음에 흔들림 없이 침례를 받아서 윌리암 캐리의 인도 선교에 첫 열매가 되었다. 곧 그의 가족과 친구가 침례를 받는 인도 선교 7년 만에 결실이 시작되었다. 캐리는 일로 분주한 중에도 자신의 사명인 선교사역을 항상 중심에 두고, 자기 집 근처에 조그만 집을 지어 전도처로 활용했다.

1818년 세람포르 대학 설립 (Serampore College)

윌리암 캐리는 선교사보다 현지인들을 훈련해서 자국민들에게 선교하는 것이 훨씬 더 중요하다는 선교 철학이 있었기 때문에 '세람포르 삼총사'(Serampre Trio)와 함께 대학을 설립한다. 이미 윌리암 캐리는 언어학자로서 명성이 있어서 외부의 지원을 받을 수 있었다. 덴마크의 총독도 참여했고, 덴마크 국왕은 세람포르에 있는 대저택을 기부하기도 했다. 세람포르 대학은 교육의 혜택을 받지 못하는 여자들과 신분과 인종의 차별을 두지 않았다. 5년 후에 덴마크 국왕이 학교를 보장하기 위해 설립인가를 내 주었다.

세람포르 대학(Serampore College)본관

영국 식민지 경영자들은 동인도 회사의 모든 직원(인도 공무원)을 "옥스퍼드와 케임브리지 대학 수준과 맞먹는" 3년 기간의 교육과정을 거치도록 하려고 1800년 포트 윌리엄 대학을 설립한다."

포트 윌리엄 대학

1801년 4월 8일 인도 총독이 설립한 포트 윌리엄 대학(세람포르 지역)에 윌리암 캐리를 언어학자로서 명성을 인정하고, 벵골어와 산스크리트어 교수로 청빙을 했다.

이 대학에서 벵골어와 산스크리트어 교수로 언어 연구와 교수 일에 열정을 다했다. 이 시기에 브라운 대학(Brown University, Providence)이 캐리에게 신학박사(D. D.) 학위를 수여한다.

세계 선교의 아버지 윌리암 케리 묘비

윌리암 캐리의 서

불같은 열정의 선교사, 아내와 아들도 묻힌 인도 땅에서 "하나님이 그리스도의 측량 못할 부유함을 이방인에게 전파하도록 이처럼 큰 은혜를 내게 베풀어 주신 것을 너무나 기쁘게 생각합니다." 감사하며 1834년 6월 9일 72세의 나이로 인도의 선교사로 겸손하게 섬긴 종, 하나님의 아들 윌리엄 캐리는 평온한 모습으로 이 세상을 떠나 주님 곁으로 갔다.

2. 아도니람 져드슨과 루터 라이스
(Adoniram Judson & Luther Rice)

배안에서 바뀐 선교사

1812년 2월 19일 미국의 살렘항을 떠나 인도로 향하는 카라반 호배 안에는 미국 회중교회 선교사로 파송된 아도니람 져드슨(Adoniram Judson)과 부인 앤(Ann), 그리고 같은 교단에서 파송된 루터 라이스(Luther Rice)가 타고 있었다. 그들은 인도로 파송된 선교사들로 인도에 도착하면 먼저 사역하고 있는 침례교 선교사 윌리암 캐리를 만날 것을 생각하고 있었다. 그들은 오랜 항해 기간을 이용하여 자기들이 만날 동료가 믿는 침례가 과연 성서적인가 하는 문제를 성서적으로 연구해 보기로 했다. 모든 전제와 선입관을 버리고 철저하고 엄격하게 성서를 연구한 결과 그들이 믿었던 세례에 대하여 오류가 있음을 발견하고, 두 선교사는 배안에서 침례교 선교사가 되기로 결단하게 된다. 그들이 승선할 때는 회중교회 선교사로 승선했으나 인도에 하선할 때는 침례교 선교사로 하선한 것이다. 즉, 배안에서 바뀐 선교사가 된 것이다.

아도니람 져드슨(Adoniram Judson)은 1788년 매사추세츠에서 한 회중교회 목사의 아들로 태어났다. 그는 16세에 브라운 대학교에 입학해 4년 과정을 3년 만에 수석으로 졸업할 정도로 수재였지만 범신론자 친구에게 설득되어 하나님을 떠나게 되었고, 졸업 후에 회중교회 목사인 아버지 집을 떠나 방랑자처럼 살았다.

하나님의 역사는 신묘하셨다. 져드슨이 주님께 돌아오게 된 동기도 그 친구 때문이었다. 방랑 중에 머문 여관에서 옆방에 한 투숙객이 죽어가는 신음소리를 들으면서 죽음 이후를 생각하다 다시 잠이 들었는데 아침에 소문을 듣고 져드슨은 소스라치게 놀랐다. 간밤에 죽은 투숙객이 자기를 설득했던 친구였기 때문이었다. 큰 충격을 받은 져드슨은 자신이 하나님을 떠난 사실을 깨닫게 되어 회개하고, 예수님을 구세주로 주님으로 영접한 후 방황을 마치고 눈물로 기도하는 부모님께로 돌아왔다.

져드슨은 잃어버려진 영혼들을 위한 복음전도자가 되기로 헌신하고, 엔도버 신학교에 입학해서 훈련을 받았다. 재학 중에 한 영국 선교사(윌리암 캐리)의 선교 보고서를 읽는 중에 크게 감동되어 미국 최초의 해외 선교사가 되기로 결심하고, 구원의 복음을 듣지 못한 민족들이 구원받게 해달라고 전심으로 기도했고, 선교사로 갈 수 있도록 문을 열어 주시도록 하나님께 간구했다. 저드슨이 기도하던 곳이 바로 미국 선교의 발원지가 되었다.

1807년까지 북미에서 파송된 선교사가 한 사람도 없었다는 것과 해외선교를 후원하는 어떤 선교단체도 없다는 것을 알게 된 저드슨의 요청과 앤도버 신학교의 소수의 학생들의 선교에 대한 높은 관심으로 미국 회중교회 선교사 파송 위원회가 결성되기에 이르렀다.

미국 최초의 선교사 아도니람 저드슨

1810년 선교사로 인준을 받고 파송을 준비하던 과정에서 만난 이방인 선교에 헌신한 앤 헤셀틴(Ann Hasseltine)과 1812년 2월 5일 결혼하고, 13일 뒤 2월 19일 인도로 출항하여 6월 중순 캘커타에 도착했는데 항해 기간을 신혼여행으로 여기며 성경공부에 힘썼다.

미국 회중교회의 선교사로 인도 캘커타에 입국했으나 저드슨과 루터 라이스는 윌리엄 캐리의 영향으로 침례교 선교사로 옮긴다. 이때 일을 좀 자세히 기록한 내용을 옮겨본다

"회중교회의 선교사 자격으로 미국 최초의 해외 선교사라는 영예를 안고 파송 받은 이들은 인도로 가는 선상에서 세례에 관해 연구와 토론을 한 뒤 캘커타에 도착하여 세람포르에서 저드슨 부부, 그리고 함께 파송됐던 루터 라이스까지 와드(Ward)에게 침례를 받고 침례교도가 된다. 루터 라이스를 다시 미국으로 돌려보내며 사임의사를 적은 편지와 함께 선교사역을 지원해 주도록 미국침례교단을 설득하는 임무를 부탁하였다." ≪출처: 이동현 선교사/미얀마 선교사회에서 발제한 자료/미얀마 선교 역사≫

저드슨은 자기들을 파송한 선교회의 지시에 따를 수 없음을 알린 뒤 친구에게 자신들의 신앙의 변화를 다음과 같이 알렸다.

"나의 연구는 미국에서 오는 여행 기간 동안에 시작되었습니다. 많은 연구와 고심 끝에 신앙을 고백하는 자의 침수례(immersion)만이 유일한 침례라는 철저한 확신이 생겼습니다. 그러므로 우리는 침례 받지 않은 상태에 있다고 믿고, 그리스도의 거룩한 명령에 따라 침례를 받음으로써 그리스도에 대한 우리의 신앙을 고백하기 원합니다."(Massachusetts Baptist 3. March 1813: 266-267)[319]

윌리엄 캐리도 미국에 있는 침례교회에 편지를 보내 배안에서 바뀌어 온 선교사를 하나님이 주신 선물로 받을 것을 촉구하였다.

---

319) 침례교인과 성경, P. 189.

아도니람 저드슨의 선교

저드슨은 그의 첫 번째 선교지를 버마의 랭군으로 정하고, 1813년에 사역을 시작하여 6년이란 긴 세월이 지난 1819년에야 한 사람, 멍 나우 (Moung Nau)의 영혼을 구령했고, 같은 해 6월 27일 첫 번째 침례식이 있었다.

7년째 되는 1820년에는 10명의 미얀마(버마)인들이 침례를 받게 되었다. 그렇게 위대한 저드슨의 선교 사역은 시작 되었다.

저드슨(Adoniram Judson)

저드슨의 투옥

1820년대 초반, 미얀마와 영국의 전쟁이 시작되면서 미얀마 정부는 모든 외국인들을 영국의 첩자로 단정하였고, 이로 인해 저드슨도 1년 반 동안 족쇄를 차고 투옥 되었다. 영국군이 북상할 때는 후퇴하는 버마 군에게 죄수로 끌려가게 되는 고초도 겪었다. 그의 가족사에 있었던 비극들은 천국이 없다면 설명이 불가능하다.

자야트(zayat: 사진) 중심의 선교

저드슨 부부는 미얀마인들과의 접촉을 쉽게 하려고 미얀마의 문화인 자야트를 세우게 되었다. 자야트는 정자 같은 곳으로 누구든지 와서 쉬며 토론하고, 가끔 쉬어가는 승려들에게 설법도 듣는 장소였다. 저드슨 부부는 선교기지에서 가까운 도로 주변에 자야트를 세워서 대성공을 거두었다. 많은 사람들이 자야트에 쉽게 들렸고, 이곳에서 자연스럽게 전도할 수 있었다. 호응이 늘어 자야트에서 드리는 예배에 참석하게 되면서 많은 결실을 얻었다.

저드슨이 미얀마 유일의 개신교 선교사로 활동을 시작한 후, 얼마 있다가 인쇄공인 조지 휴 가족이 선교사로 입국하여 져드슨의 성서번역 사역과 출판이 활기를 띄었다. 조지 휴와 함께 미얀마에서 37년을 보낸 저드슨은 성서를 미얀마어로 번역하였고, 그의 기념비적인 미얀마 영어사전까지 완성하였다.

저드슨이 사역을 마친 직후, 정부 통계에 의하면 버마에 210,000명의 그리스도인들이 있는 것으로 보고되었다. 그의 말년에 미얀마 교회는 7,000명의 회중이 있었고, 163명의 선교사들이 활동했다.

루터 라이스(Luther Rice)

1783년 3월 25일 매사추세츠 노스보로(Northborough, MA.) 출생. 1812년 회중교회 선교사로 아도니람 저드슨과 함께 인도로 가는 여객선 안에서 침례에 대한 확신으로 침례교 선교사가 된 후 미국으로 돌아와 필라델피아 침례교 3년차 친교회에서 침례교 선교사로 인준을 요청한다. 인도 선교사 윌리암 캐리가 보낸 편지를 근거로 3년차 친교회는 선교협회(Foreign Misson)로 전환하고, 아도니람 저드슨과 루터 라이스를 침례교 선교사로 인준하고 후원하게 된다.

루터 라이스는 선교 기금을 모아서 아도니람 저드슨을 후원하고 자신은 미국에 남아서 선교사 양성을 위해 컬럼비아 대학(The Columbian College: 현재 The George Washington University)을 설립하고, 미국 전역을 말을 타고 다니며 선교사역을 고취시켜서 생애 동안 3년차 선교협회는 회원 수가 8,000명에서 600,000명으로 증가했으며 112명의 선교사를 지원했다. 그의 생애 동안 15개의 침례교 대학을 세웠고, 1962년 조지아 스톤그레스트(Stonecrest)에 세운 Luther Rice College & Seminary는 루터 라이스의 선교활동을 기리기 위해 그의 이름으로 명명했다.

루터 라이스는 아도니람 저드슨과 윌리암 대학의 동문이며, 학생들의 세계선교를 위한 건초더미 기도회(헤이스택 기도회/Haystack Prayer Meeting)의 일원이기도 했다. 이 기도회는 영국의 옥스퍼드 대학 학생들의 기도회(Holy Club)에 비견되는 기도회로 미국 해외선교위원회(ABCFM)의 모체가 되었다. 루터 라이스의 선교와 교육 사역을 인정하여 브라운 대학에서 명예박사 학위를 수여했다. 남캐롤라이나 살루다 파인 프리아센트 묘지에 안장되었다.
(Pine Pleasant Cemetery Saluda, SC.)

3. 미국에서 결성된 최초의 침례교 선교협회

미국 침례교회는 개 교회(Local Independent Church)의 내적 생활에 대한 자치권을 보호하고, 개 교회에 대한 그리스도의 주권을 인정하기 위한 노력으로 개 교회를 중심으로 사역해왔다. 그들은 신앙적인 이유뿐 아니라 영국의 중앙 집권적 교회제도에 대한 나쁜 경험 때문에 중앙 집권화 되는 것을 거부했다.

다만 인근 지역에 교회 설립을 위해 도움을 주는 방법으로 사역을 수행해 왔고, 펜실베이니아 지방의 교회들이 모 교회에 모여 친목을 도모하고 격려하기 위해 주기적으로 모이곤 했던 것이 미 대륙의 침례교회의 일반적인 모임이었다. 펜펙 교회의 관계는 1707년 필라델피아 협의회(Philadelphia Association)의 조직을 가졌으나 활동은 아주 한정되었으니 그것은 연합회가 개 교회들에게 속한 권위를 가로채지 않을까 하는 우려로 피차 조심했다.

해외 선교를 위한 미국 침례교회 선교협회
(The General Baptist in the United States for Foreign Misson)

1812년 침례교회 선교사로 인도에 도착한 저드슨과 루터 라이스는 침례교 선교사로 인준 받기 위해 루터 라이스가 미국으로 돌아와 전국에 있는 침례교회들을 방문하며 선교협의회 조직을 호소했다.

1814년 5월 필라델피아 제일 침례교회(The First Baptist church of Philadelphia) [320]에서 33명의 목사들이 선교사 후원을 목적으로 하는 '해외 선교를 위한 미국 침례교회 선교연맹'(The General Convention of the Baptist Denomination in the United States for Foreign Missions)을 창설한다.

1814년 9월에 1차 회의에서 중요한 세 가지를 확정한다.
① 인도에 있는 아도니람 저드슨 목사를 본 위원회의 후원과 지침 아래 있는 선교사로 인준한다.
② 선교지를 선교사 스스로 가장 가능성 높은 곳으로 정한다.
③ 이 위원회는 3년에 한 번씩 열린다.
이 모임은 3년에 한 번씩 모였기 때문에 '3년차 총회(the Triennial Convention)'라 불렸다. 이 조직은 교단의 총회와는 다른 순수한 선교후원회였다.

---

320) 필라델피아에 있던 교회를 Pennepack Baptist Church의 목사가 인도하다가 1746년 필라델피아 제일침례교회로 독립했다.

4. 미시시피 강 서부지역 선교사
존 맨숀 펙(John Muson Peck)

존 맨숀 펙(사진:John Muson Peck, 1789-1858)은 1817년 제2차 침례교 선교협회(3년 총회/the Triennial Convention)에서 미시시피 서부 선교사로 임명 받고, 숱한 난관을 극복하고 세인트루이스(St. Luise)에 도착하여 30여 년 동안 동역자 제임스 엘리 웰치(James Ely Welch)와 팀을 이루어 50여 개의 학교와 많은 교회를 세웠다.

펙은 코네티컷, 리치필드(Litchfield)에서 농부의 아들로 태어나서 정식 교육을 거의 받지 못했지만 1807년부터 학교 교사가 되었다. 그는 회중교회의 부흥회 때 기독교인이 되었다.

첫째 아들이 태어난 직후, 펙의 가족은 뉴햄프셔 침례교회의 뉴 더함 선교처(Mission in New Durham)에 침례교도로 가입했다. 펙은 교사로 가르치면서 뉴욕 캐츠킬(Catskill)과 아메니아(Amenia) 침례교회의 목회자가 되었다.

펙은 루터 라이스 선교사가 침례교 선교사로 인준 받기 위해 미국에 돌아왔을 때 루터 라이스를 만날 수 있었고, 그 후 선교 사업에 관심을 갖게 되었다. 윌리엄 스토튼 밑에서 공부하기 위해 필라델피아로 갔다. 그곳에서 펙(Peck)은 그의 선교사 파트너가 된 제임스 엘리 웰치(James Ely Welch)를 만나게 된다.

'미주리 지역의 선교사'(missionaries to the Missouri Territory)로 인준을 받은 펙과 웰치 가족은 서쪽으로 여행하여 1817년 12월에 세인트루이스에 도착했다. 펙과 웰치는 최초로 세인트루이스 제일 침례교회를 개척하여 1818년 2월 미시시피 강에서 두 명에게 침례를 행할 수 있었다.

1820년 선교비 지원이 중단 되었지만 원주민들의 사역을 포기할 수 없어서 이삭 멕코이(Isaac McCoy)와 함께 순회사역과 교회 개척을 계속했다. 2년 후 매사추세츠 침례교 선교협회는 선교 사업을 수행하는 동안 주당 5달러의 선교비를 지원했다.

펙은 성서협회와 주일학교협회를 설립하는데 적극적으로 참여했고, 성서 반포에 노력했다. 1822년에 일리노이 록 스프링스로 이주하여 농장을 운영했고, 4년 후 세인트루이스의 흑인 침례교인들은 펙의 도움으로 아프리칸 세인트루이스 제일 침례교회를 창립했다. 이 교회는 220명 중 200명이 노예였다.

교육을 잘 받은 설교자 없이는 침례교회들이 일어날 수 없다고 확신한 펙은 일리노이 주 오팔론(O, Fallon) 근처의 록 스프링스 농장에 신학교를 세웠다가 학교를 일리노이 주 어퍼 알튼(Alton)으로 옮겼다(세인트루이스/St. Louis, 주변들: 필자 주). 펙이 세운 신학교는 1957년 Southern Illinois University에 편입 되었다. 1843년 미국 침례교 출판협회(American Baptist Publication Society)를 설립했고, 주간 종교 저널인 Western Pioneer를 발행했다.

하버드 대학교는 1852년에 펙에게 명예 박사학위를 수여했다. 40년간 펙은 900여 침례교회 설립에 기여했고, 600명이 목사 안수를 했으며 32,000명을 주께 인도했다. 초기 미국 중부지역 선교에서 존 맨숀 펙(John Muson Peck)의 업적은 켄터키, 미쥬리, 일리노이 지역을 개척한 침례교 선교사였다.

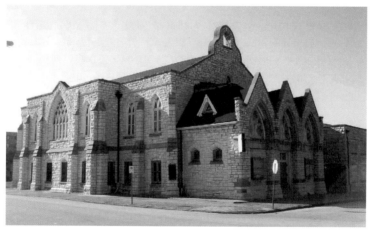

존 맨숀 펙이 세운 최초의 흑인 침례교회, 현재 모습

The First Baptist Church Story:
"First Baptist Church traces its origin to the First African Baptist Church, organized in 1817. First African Baptist Church was the first Protestant congregation established for African Americans in St. Louis. All of the city's Black Baptist churches developed from it. The church grew out of Sunday School and religious services organized in 1817 by two Baptist missionaries: Reverend John Mason Peck and Reverend James Welch."

번역: "제일침례교회는 1817년 시작된 아프리칸(흑인) 침례교회다. 세인트루이스에서 처음 세워진 아프리칸 침례교회는 후에 흑인 교회들이 설립되는 효시가 되었고, 예배와 주일학교로 성장해 갔다. 침례교 선교사인 존 멘숀 펙과 제임스 웰치 두 분이 설립했다." (주소: 3100 Bell Avenue, St. Louis, MO. 63106)

필자가 미주리 스프링필드에서 공부하면서 받은 미주리 주의 보수적인 침례교의 신앙과 경건한 생활의 토양이 펙의 사역의 영향인 듯하다. 최초 흑인 침례교회를 세운 업적은 역사가 기억할 일이다.

펙의 동료 웰치는 1858년 일리노이 록 스프링스에서 주님의 부르심을 받고, 세인트루이스 벨포테인 묘지에 묻혔다.

존 맨션 팩의 동역자
제임스 웰치 묘비

Rev James Ely Welch
BIRTH 28 Feb 1789
DEATH 18 Jul 1876(aged 87)
BURIAL
Burlington Baptist Cemetery
Burlington Co, New Jersey,

5. 남북 침례교회의 분리

(1) 원인

침례교회는 영국과 미국을 막론하고 구원론에 있어 예정론과 만민구원론의 신앙적 차이가 있었다. 이러한 배경 속에 1817년 모인 2회 3년차 총회에서 논쟁이 야기되었다.

모인 대표자들 중 몇몇은 선교와 전도사역의 효율을 위해 중앙집권식 통제 방식을 요구하는 반면, 다른 대표자들은 이미 조직된 협회나 조직이 자치적으로 운영할 것을 주장하였다.

공교롭게도 의견 대립은 지리적인 선을 따라 형성되었는데 남부지역 침례교 목사들은 중앙 통제적인 기구를 반대하고 개교회의 책임을 강조하게 되었다.

또, 한 가지 이유는 노예제도에 대한 견해차였다. 북부지역 침례교회들을 노예제도를 반대하고 노예해방을 주장한 반면, 남부지역 침례교회는 노예제도는 반대하지만 신중론을 폈다. 현실적으로 북부지역은 산업화가 진행되고 있어서 노예제도에서 자유로울 수 있었으나 남부지역은 농업이 대부분이라서 노예제도에 의존하고 있었기 때문에 점진적인 방법을 모색하려 했을 것이다.

서로가 자제하는 가운데 문제의 발단은 조지아 침례교회 총회에서 체로키(Cherokee Indians) 인디언을 위한 선교사로 제임스 리브스(James Reeves) 목사를 추천하도록 임원들에게 지시했는데 투표 결과 부결되었다. 제임스 목사는 노예를 거느리고 있는 목사였다.

또, 하나의 문제는 국내 선교부가 인디언 선교사역을 성공적으로 감당하고 있는 제세 부쉬헤드(Jesse Bushyhead) 목사를 노예를 거느렸다는 이유로 은퇴시켜 버렸다. 노예제도가 남북 침례교회가 분리하는 중요한 원인이 되었던 것이다.

(2) 분열

1845년 5월 드디어 남침례교 연맹이 설립되었다. 그들은 분리가 끊임없는 불화보다 나을 것이라는 의견을 따라 분리했으므로 초기에는 분열을 아쉬워했다. 버지니아 침례교 외국 선교협회는 조지아 오거스타에서 남부 교회들의 회의를 소집하였고, 300명의 대표자들이 모여서 1845년 5월에 드디어 남 침례교 총회((Southern Baptist

Southern Baptist Convention

Convention)가 설립되었다. [321] 그러나 남 침례교 연맹은 중앙 집권적인 단체가 되므로 침례교 조직체의 새로운 한 형태를 보여준다.

남 침례교 연맹이 분리해 나간 후 3년차 총회는 이름을 바꾸어 미국 침례교 선교사연맹(American Baptist Missionary Union)으로 계속 유지되다가 1907년 5월 16일에 가서야 워싱톤 DC에서 북 침례교 연맹을 조직했다.

AMERICAN BAPTIST CHURCHES USA
Serving as the hands and feet of Christ

1950년 그 이름을 미국 침례교연맹(American Baptist Convention 약자 ABC)로 1973년 미국 침례교회연맹(American Baptist Churches of the USA)로 고쳤다.

(3) 노예제도 폐지 문제에 대한 논쟁

노예제도 폐지 문제는 미국 내에서 남북전쟁을 일으킨 미국 역사상 가장 비극적인 문제였지만 침례교 내에서도 남북전쟁에 버금가는 전반적인 분야에서 대립과 갈등이 있었다.

펜실베이니아에 있던 메노파와 퀘이커교도 등이 같은 형제로 여기고 침례교도들에게 18세기 후반에서 19세기 초에 걸친 노예제도를 반대하는 언질을 계속 주어왔고, 1787년 버지니아 케톡톤 연합회 후부터 1845년 남북 침례교가 분열되기까지 근 60여 년간 이 길고도 먼 대립과 타협, 논쟁이 계속되었다. 오랜 논쟁이 끝에 미국 침례교는 남, 북으로 분열되었다. [322]

노예제도를 둘러싼 침례교의 갈등은 너무나 심했는데 실상을 돌아보면 노예제도의 찬반 논쟁이 아니었다. 모두 노예제도는 반대하지만 노예제도에 의존한 산업기반을 고려해서 점진적으로 대체 수단을 모색하자는 남부지역과 노예제도의 즉각 해체를 주장하는 북부지방 목사들이 남부지방 목사들을 경원시하는 태도에 남부지방이 감정적으로 대처한 결과가 아니었을까? 역사란 사람들이 살아온 이야기란 점을 생각할 때 유추(類推)해 본다.

---

321) 침례교의 유래, P. 55.
322) 침례교회사, PP. 325-342.

6. 침례교회의 분파

침례교회는 영국에서 이주해온 경우와 미국에 이주해온 후에 침례교도가 된 경우를 막론하고 영국 침례교회의 세 가지 신앙적 부류의 영향을 받았다. 그 하나는 만민 구원론을 주장하는 일반 침례교회와 예정론을 주장하는 특수 침례교회, 그리고 제7일 안식일을 지키는 안식일 침례교회였다. 초기에는 소수의 무리로 한 교회에서 섬길 수 있었으나 숫자가 증가함에 따라 신앙적인 차이로 세분된 침례교회의 분파를 살펴보자.

(1) 일반 침례교회

일반 침례교회란 칼빈주의 예정론을 주장하는 침례교가 특수 침례교회(Particular Baptist)라고 해서 하나님은 '모든 믿는 자를 구원하신다'고 믿는 침례교회가 일반 침례교회가 된 것이다.

침례교회의 '구원론'(Soteriology)은 칼빈주의(Calvinism)나 알미니안주의(Arminianism)와 같은 신학 이론의 범주에 속하지 않는다. 하나님은 모든 사람이 회개하여 구원에 이르기를 원하신다. 이 말씀을 신학적 이론으로 하나님의 뜻을 제한하지 말라!

만민이 구원받기 원하시는 것은 하나님의 뜻, 만민이 믿고 구원받도록 하나님의 자녀들은 온 천하에 다니며 만민에게 복음을 전파하는 것이 말씀에 순종하는 성도의 사명이다.

1) 일반 6원리 침례교회(General Six-principle Baptists)

1670년 로드아일랜드의 초기 침례교회들, 프로비덴스 제일침례교회, 뉴 포트침례교회에서 특히 안수(Ordinations)를 강조했다. 히브리서 6:1-2에 말씀하는 여섯 가지 원리 즉,
   ① 죽은 행위로부터의 회개
   ② 하나님에 대한 믿음
   ③ 침례
   ④ 안수
   ⑤ 죽은 자의 부활
   ⑥ 영원한 심판을 기초한 신앙 고백을 가진 침례교회이다.
이런 특징은 침례교의 보편적인 신앙의 중요한 내용으로 회개, 믿음은 구원받아 하나님의 자녀로 거듭나는 과정이고, 침례, 안수는 교회의 지체가 되어 은사를 따라 섬기는 삶을 살고, 부활, 심판은 성경이 적시하는 종말론으로 거듭난 자의 소망이다.

2) 원 자유의지 침례교(Original Free will Baptists)

1729년 버지니아와 북 캐롤라이나에서 조직되었다. 이들은 초기 영국의 일반 침례교회(헬위즈가 설립)를 계승해온 교회라고 주장하며, 칼빈주의 침례교를 거부하고 조직되어 참신한 성장을 계속하여 왔다. 칼빈의 '제한 속죄'를 강력하게 거부하는 교회이다.

3) 분리 침례교(The Separate Baptists)

대 각성 기간에 발생하였다. 1743년 매사추세츠 보스턴 제일침례교회에서 분리된 회중에 의해 시작되었다. 식별 가능한 최초의 분리 침례교 회중이 형성되었다. 특징은 교회 의식을 침례, 주의 만찬, 애찬, 안수, 세족, 병자 도유(塗油), 친교의 악수(갈2:9), 사랑의 입맞춤, 헌아(獻兒) 의식을 행한다. 이후에 많은 교회들이 일반 침례교회와 통합하기도 했다. 1945년경 6,500명의 회원이 인디애나, 켄터키, 테네시, 메릴랜드 및 일리노이 주에 산재해 있었다.

4) 자유의지 침례교회(Free will Baptists)

1780년 뉴잉글랜드에서 발생하여 전국에 확장되었다가 1911년에 북 침례회 총회(Northern Baptists Convention)와 통합하였다. 자유의지 침례교회는 침례교 분파 중에서 그들의 지도자인 벤자민 랜달(Benjamin Randall)의 옥수수 밭에서의 체험은 유명하다. [323]

(2) 칼빈주의 계열의 침례교

예정론을 주장하는 침례교회로 영국에서 시작된 특수 침례교회(particular Baptist)들이다. 심지어 선교와 인위적인 전도는 '신성모독'이라고까지 주장하며 반대한 경우도 있었다.

1) 영내 이종 예정침례교(Two-seed-in-Spirit Predestination)

1820년 다니엘 파커(Elder Daniel Parker)에 의해서 조직되었다. 주장하는 예정론은 이중 예정으로 고등 칼빈주의(Higher Calvinism)라 한다. 하와에게 심어진 두 종류의 씨앗 중 하나는 구원받을 씨앗, 또 하나는 멸망 받을 씨앗으로 예정되었다는 이론이다.

2) 반 선교 침례교(Old School or Anti-mission Baptists)

선교하는 교회들로부터 분리한 1835년을 창립 연대로 본다.

---

323) 침례교회사, PP. 295-297을 참조.

3) 원시 침례교(Primitive Baptists)
　이들은 영국의 특수 침례교회의 영향을 받은 침례교로 극단적인 칼빈주의의 신앙을 견지한 침례교회 중 하나다. 선교적인 남 침례회와 맞선 침례교였다.

　그 외에 안식일을 주장하는 제7일 침례교(Seventh Day Baptist)가 있었는데 1671년에 스데반 멈퍼드(Stephen Mumford)라는 영국의 안식일 침례교도가 로드아일랜드 뉴포트에 교회를 세운 것이 시작이 되어 꾸준히 성장했고, 같은 계열의 독일계 제7일 침례교회(German Seventh Day Baptist Church)가 1728년에 펜실베이니아 독일인 촌에 세워졌다.
　이러한 분파 과정 중에도 침례교회는 미국 전역에 꾸준히 성장하였다. 미국 침례교회는 여러 분파 속에서도 큰 두 줄기가 있었으니, 그것은 곧 북 침례교 연맹과 남 침례교 연맹이었다. 두 침례교 연맹의 분리는 전술한 바 있다.

세계 침례교회 현황(출처: 침례신학대학교 홈페이지 국제교류)

　＊ 세계 침례교회수:220,000.　＊ 세계침례교도수:62,557,000.

　세계 침례교회와 회원수는 세계 최대 수를 유지하고 있다. 그러나 아직도 가톨릭 계열이 월등하고 생명의 길을 모르고 사망의 넓은 길로 가는 사람들이 더 많다. 이 현상을 보시는 주님께서 오늘도 간절한 마음으로 추수할 때가 지나가고 있는 영혼 추수의 들판으로 나갈 일군을 부르고 계신다. 이 주님의 음성을 듣고 나가는 복 있는 일군이 더 많이 일어나야 하겠다.

제13장 도전과 응전(근본주의 운동)

미국의 현대 교회사를 논함에 있어 근본주의 운동을 빼고는 역사의 평면 구성은 가능할지 몰라도 내면은 이해하지 못할 것이다.

침례교는 급속한 성장을 통하여 전국에 확산되었고, 넓은 땅에 편만이 퍼져가는 동안 신앙적인 변질과 분파가 계속되고, 핍박과 시련에서 해방된 교회는 급속히 퇴조해 가고 있었다.

퇴조란 숫자의 감소를 의미하는 것이 아니라 신앙적인 퇴조를 의미하며, 교회의 경직성의 가속을 의미하는 것이다. 이러한 때는 항상 신앙적 도전을 받게 되는데 현대 기독교의 가장 큰 도전은 성경의 무오성에 도전하는 다윈의 진화론과 이성주의와 사회적으로 침투하는 자유주의였다.

세기의 원숭이 재판이 열린 테네시의 레아 카운티 법정
(Rhea County Court House)

1. 도전 (자유주의의 침투)

교회는 19세기 후반에 들어서면서 여러 측면에서 도전을 받게 된다. 급격히 팽창하는 교회들이 영적으로 허약하여 신앙적 저항력과 죄에 대한 거부감이 약해진 이유라고 아니할 수 없다.

1865년에서 1917년 어간에 교회는 심각한 도전에 직면하게 된다. 이러한 도전은 영적으로 허약해진 미국 교회의 균열을 예고하는 화산 폭발의 예진과도 같은 것이었다.

(1) 다윈주의 (Darwinism)

1859년 찰스 다윈이 발표한 「종의 기원」은 현대사에 던진 커다란 충격이 아닐 수 없었다. 특히 학문에 대한 의존도가 성경에 대한 절대 신앙에 비해 우위를 점하고 있는 세속화 시대에는 더욱 심각한 충격이 되었다.

교회사 (教會史) 적인 3대 충격
① 코페르니쿠스의 지동설 (The Heliocentric Theory)
   당시 천동설을 주장하던 가톨릭, 거룩한 교회와 인간이 사는 지구가 우주의 한 별에 불과하다는 학설은 당시 가톨릭은 도저히 용납되지 않는 학설이었다.
② 다윈의 진화론 (The Evolution Theory)
   이 학설은 하나님의 창조의 면류관이며, 그의 형상 (Image of God) 으로 지은 인간 존엄성을 여지없이 부정한 것이다.
③ 프로이드의 심층심리학 (The Depth Psychology)
   이 학설은 궁극적으로 인간의 영혼을 부정하고, 영혼을 정신의 한 부분으로 간주한 학설이다.

이러한 도전 속에 다윈주의 (Darwinism) 는 당시 교회를 논쟁과 혼란 속으로 몰아넣었다. 많은 성경학자들은 창조와 진화를 타협적인 자세로 수용하는 쪽으로 기울어 가고 있었다. 즉, 「종의 기원」이 나타났을 때, 성경학자들 사이에 통용되던 견해는 "창세기 1장의 창조의 6일은 무궁한 시간을 가리킨다는 것이었다. 뿐만 아니라 창세기에 있는 종들의 창조 순서는 대략 다윈주의의 순서에 들어맞는다는 것이었다"[324]라며 진화론과 화해했다. 오늘날은 더 타협적인 이론이 나타났으니, 곧 영국의 생물학자 찰스 로버트 다윈 (Charles

---

324) 미국의 근본주의와 복음주의 이해. P. 162.

Robert Darwin 1809-1892)이 주창한 지적설계론(Intelligent Design)이다. 지적 설계론 자들은 진화론이 설명할 수 없는 중대한 난점들 즉, 각 종(Kind)은 일정한 의도에 따라 지적으로 설계되었다는 이론은 지적 설계자가 하나님이라고 소개하지 않았지만 다윈주의자들에게 진화론적 유신론(Evolutionary theism)이라고 비판을 받는다.

다윈주의에 대한 논쟁은 격렬했다. 1874년 프린스톤 신학교의 교수 찰스 핫지(Charles Hodge)는 그의 저서 「다윈주의는 무엇인가」에서 '그것은 무신론이다'라고 명료하게 요약하고 있다. "만약 다윈의 진화론을 받아들이면 우리에게 남는 것은 우연의 지배를 받는 우주뿐이기 때문이다"라고 공박하며, 비타협적인 자세를 견지하여 근본주의자들의 대표적인 견해가 되었다.

영국 찰스 스펄전도 1865년 3월호 '검과 흙손'(Sword and Trowel)에서 교회에 침투하는 자유주의와 실용주의를 '다윈의 올챙이'들이라고 갈파하며, 진화론에서 기인했다고 다윈에게 죄를 물었다.

1) 진화론 교육 금지 법안(John W. Butler Act.)

1925년 진화론 교육을 경범죄에 포함시키는 법안을 버틀러(John W. Butler)에 의해 테네시 하원에서 상정되었을 때, 이른바 버틀러법은 6일 후 수정 제안 없이 거의 만장일치로 통과되었다.

미국 시민자유연합(ACLU: American Civil Liberties Union)은 법안 통과 소식을 듣자 즉시 버틀러 법에 반대하는 반대 보도를 냈다.

2) 스코프의 원숭이 재판(Scopes Monkey Trial)

당시는 교회에 자유주의가 침투하는 민감한 때라 기독교 신앙을 지키려는 근본주의자들은 공립학교에서의 진화론 교육을 반대하는 운동을 전개하고 있을 때였다. 진화론 문제는 정치적으로 중요한 논제였다. 모든 공직 후보자들은 어느 쪽을 지지하는가를 질문을 받는 시대였다. 오늘날의 동성애 문제와 비교 되려나….

내용은 테네시 데이톤 타운(Town of Dayton, Tennessee) 공립고등학교에서 24세의 물리학, 화학 및 수학 교사인 존 T. 스코프(John T. Scopes)가 진화론 교육을 금한 법률이 제정된 테네시주에서 진화론을 가르친 문제였다. 이 재판은 한 교사의 교육 내용에 대한 재판에서 두 진영 간에 상징적인 재판이 되었기 때문에 또 다른 세계대전의 양상을 띠었다. 마치 후스주의와 가톨릭과 보헤미아 지역 전쟁이 개신교 지지 국가와 가톨릭 지지 국가 간에 30년 전쟁으로 비화된 것과 같다고 할 수 있다.

이 재판이 중요하게 부각되었기에 아까운 지면을 할애해서 그 당시 현장의 상황을 보도해 보겠다.

1925년 5월 25일 유명한 '원숭이 재판'의 피고인 John Scopes는 고등학교 과학수업에서 진화론을 가르친 혐의로 '내쉬빌 대배심'(grand jury in Nashville)은 "불법하고 고의적으로 가르치고…, 성경에서 가르치는 인간의 신성한 창조에 대해 부정하고, 인간이 더 낮은 계급의 동물의 후손이라는 특정한 이론을 가르쳤다"고 기소했다.

중심에 서게 된 교사 스코프스

이 일을 데이톤 타운의 사업가 중 한 사람이 미국 전역에 동네를 홍보할 수 있는 기회로 여겨 언론사에 알리고, 진화론을 반대하는 진영과 진화론을 지지하는 진영(미국 시민 자유연합/ACLU)에 통지하여 판을 키웠다. 사업가다운 발상인데 어찌 탓하랴.

다음날 스코프가 버틀러 법을 위반한 혐의로 기소되었다는 소식이 신문에 발표되었으며, 마을은 ACLU에 취재 편의를 위해 전화선을 연결해 주었다. 테네시 언론은 이 도시가 홍보를 목적으로 재판을 준비했다고 비난했지만, 사업가의 예측대로 당시 미국 전역에 잘 알려진 두 진영의 거두(巨頭)에 해당하는 두 사람이 변론을 자처하게 되었다.

윌리엄 제닝스 브라이언
(William Jennings Bryan)

클라렌스 다로우
(Clarence Darrow)

검찰 팀을 이끌었던 윌리엄 제닝스 브라이언(William Jennings Bryan)은 세 번이나 민주당 대통령 후보로 선거에 나왔던 성서의 가르침에 대해 열정적이고 공개적으로 창조론 지지 연설을 한 독실한 기독교인이었다. 피고 스코프의 대표 변호인은 노동조합을 지지하고 사형제도 반대로 유명한 ACLU의 일원이기도 한 시카고의 저명한 변호사 클라렌스 다로우(Clarence Darrow)가 이끌었다.

두 사람은 실상 반진화론과 진화론의 양대 진영에 중심인물이 되어 있었기 때문에 사건을 전한 멘켄(H. L. Mancken) 기자에게 은퇴 준비에 들어간 변호사 다로우는 처음에는 거절했는데, 검사 측을 이끄는 대표가 질 수 없는 브라이언(Bryan)이라는 말을 듣고는 자원하여 스코프 재판 변호에 나서게 된 것이다.

이 일은 다분히 동네 홍보를 위한 사업적인 음모와 진화론 찬반 양진영의 자존심 대결로 발전해서 방청객도, 언론사도, 법정도 스코프는 관심 밖의 일이 되었다.

브라이언(Bryan)과 다로우(Darrow)는 이미 진화론과 성경을 문자 그대로 받아들이는 근본주의 신앙에 대해 언론과 공개 토론에서 대결했던 경력이 있었다. 다로우는 이번 재판을 통해 기독교와 성서에 대한 근본주의적 해석의 편협함을 폭로하기 위해 생애 처음으로 무료 변론을 하겠다고 자청한 것이다.

희대의 대사건을 주요 언론들이 다투어 중계했고, 브라이언과 다로우는 언론을 통해 노련하게 서로를 공격하여 분위기를 조성했다.

브라이언은 정치인답게 재판이 있기 3일 전에 데이톤 타운에 기차로 도착하여 마을 절반의 환영을 받았다. 그는 사진 촬영 기회를 위해 포즈를 취하고 두 차례의 공개 연설을 통해 반 진화론 법을 옹호할 뿐만 아니라 진화론을 완전히 폭로하기 위해 재판에 임하겠다고 선언했다. 한편 다로우도 재판 전날 데이톤에 지지자들의 팡파레를 받으며 도착했다.

재판은 1925년 7월 데이톤이 속한 레아 카운티(Rhea county) 법정에서 관할하게 되었다. 재판 전부터 진화론과 창조론, 농촌 근본주의와 근대 도시의 자유주의가 충돌하는 분위기가 연출 되었다.

언론사의 취재 경쟁과 많은 방청객, 그리고 양측 변호인들의 일행으로 테네시 주의 작은 읍을 뜨겁게 달구었다.

예비 청문회 (재판 기일 지정)

1925년 5월 9일, 예비 청문회에서 공식적으로 배심 재판을 위해 스코프를 보석금 없이 불구속 기소를 했다. 준비 과정에서 스코프의 교육에 대해 학생들의 증언이 있었다. 참석한 7명의 학생 중 3명은 각각 진화에 대한 대략적인 이해를 보여주는 증언을 했다. 즉, 스코프의 진화론 교육을 증명하는 과정이었다.

재판 개정

7월 10일 재판이 시작되었다. 시작 예정 2시간 전에 관계자와 방청객과 언론사 기자들이 법원으로 쏟아져 들어와 가득 채우고, 브라이언이 법정에 들어가서 다로우와 악수를 했을 때 방청객이 박수로 환호했다. 시대의 양대 거물들이 시골 작은 법정에서 어찌 보면 대수롭지 않은 일로 조우한 것에 대한 환호였을까?

재판장 존 라울스톤(John T. Raulston)이 기도로 개정했다. 재판은 7일간 심리가 진행되었으며, 법정이 너무 붐비고 더워서 판사는 법정을 마당으로 옮겨서 속행했다.

다로우 변호인이 진화론 과학자를 증인 신청한 것을 판사가 불허하니, 다로우(Darrow)가 검사 측 브라이언(Bryan)은 '성경 전문가'라고 지적하며 불공정하다고 하는 해프닝(happening)이 있었다.
클라렌스 다로우는 스코프의 변론보다 진화론 교육을 불법으로 만든 버틀러 법(John W. Butler Act)이 미국의 헌법에 위배되는 위헌이라는 점을 부각하여 진화론 자체를 자유롭게 교육할 수 있도록 하려는 본질적인 면에 치중했다.

재판 종료

브라이언과 다로우의 대결은 재판 7일 동안 계속되었고, 7일 오후 2시가 넘어서 종료되었다. 다음날 오전에 속개될 상황이었지만 재판장 Raulston 판사가 다른 변론들은 사건과 무관하다고 간주하고 기록에서 '말소'되어야 한다고 결정하고 재판을 종료했다.
브라이언은 재판 후 다로우의 종교적 입장(religious attitude)을 드러내기 위해 언론에 9개의 질문을 배포했는데, 판사가 변호인에게 공개 질문을 언론에 배부했기 때문에 변호인에게 반대 심문할 기회가 거부되었다.

브라이언의 공개 질문에 다음 날 신문(The New York Times)에 바로우의 답변이 실렸다. "불가지론자의 신조, 글쎄요, 모르겠어요" (with his agnostic's creed, 'I don't know,)라고 답했다.

재판 8일 되는 날, 배심원들의 심의는 9분밖에 걸리지 않았다. 스코프는 7월 21일 유죄 평결을 받았으며, 라울스톤(Raulston) 판사는 100달러(2019년 1,500달러에 해당) 벌금형에 처했다.

테네시 주 대법원은 버틀러 법의 위헌은 기각했으나 과도한 처벌을 받았다는 이유로 스코프를 무죄 판결했다. 그 후 스코프는 교직을 떠나 석유 산업의 화학 엔지니어가 되었다.

1925년 7월 21일, 미국 테네시 주의 작은 동네에서 있었던 세기의 재판은 그렇게 종결되었다.

준비했다가 발표하지 못한 브라이언의 검사측 최종 논고문
(William Jennings Bryan's summation of the Scopes trial)

"과학은 대단한 힘이지만 도덕 교사는 아닙니다. 그것은 기계를 완벽하게 만들 수 있지만 기계의 오용으로부터 사회를 보호하기 위해 도덕적 제약을 추가하지 않습니다. 그것은 또한 거대한 지적 선박을 만들 수 있지만 폭풍에 휩싸인 인간 선박을 제어하기 위한 도덕적 방향타를 만들지 않습니다. 필요한 영적 요소를 제공하지 못할 뿐만 아니라 입증되지 않은 가설 중 일부가 배의 나침반을 빼앗아 화물을 위험에 빠뜨립니다.

전쟁에서 과학은 그 자체로 사악한 천재임을 입증했습니다. 그것은 그 어느 때보다 전쟁을 더 끔찍하게 만들었습니다. 인간은 지구 표면의 단일 평면에서 동료들을 학살하는데 만족했습니다. 과학은 그에게 물속으로 내려가서 아래에서 쏘고, 구름 속으로 올라가서 위에서 쏘라고 가르쳤고, 따라서 전장을 예전보다 세 배나 피투성이로 만들었습니다. 그러나 과학은 형제애를 가르치지 않습니다.

과학은 전쟁을 지옥으로 만들어 문명이 자살을 하려고 했습니다. 그리고 이제 우리는 새로 발견된 파괴 도구가 미래에 올 수 있는 전쟁의 잔인함과 비교할 때 말기 전쟁의 잔인함을 간과하도록 할 것이라고 들었습니다. 사랑으로 봉헌되지 않은 지성에 의해 위협받는 잔해에서 문명이 구원받으려면 온유하고 겸손한 나사렛인의 도덕 규범으로 구원받아야 합니다. 그분의 가르침만으로도 마음을 괴롭히고 세상을 혼란스럽게 하는 문제를 해결할 수 있습니다."

(2) 자유주의와 고등비판

독일의 계몽주의가 낳은 또 하나의 학문은 모든 가치를 그 기초부터 이성적 판단으로 재구성한다는 것이다. 그들의 기준은 성서가 아니라 "이성은 만물의 척도"라는 절대 기준을 이성으로 삼고 성서도 재해석해야 한다고 주장하며, 결국 성서도 고대 한 민족의 종교적 체험에 관한 기록으로 보았다. 이러한 사상은 필연적으로 성서의 본문비평(Textual criticism)과 고등비평(High Criticism)으로 연결되었다. 기독교도 진화론의 입장에서 사회과학적 측면으로 해석했다. 인간의 종교는 사회적 진화의 산물로서 위협적인 환경에 적응하기 위한 인류의 노력의 결과로, 인간은 두려워서 종교를 만들고 외로워서 사회를 만들었다는 논리다.

불트만의 비 신화화(Rudolf Bultmann 1884-1974)

성서의 비신화화(Demythologizing)는 성서가 기록된 당시는 삼층 세계관에 살던 사람들에게 성경 말씀을 전하기 위해서는 신화적인 전달이 필요해서 사실에 신화적인 요소가 포함되었다. 현대인들에게는 반대로 신화적인 요소를 제거하고 사실만을 전해야 하기 때문에 성경에 포함되어 있는 신화적 요소를 제거해야 한다는 이론이다.

스트라우스(David Friedrich Strauss, 1808-1874)의 1835년에 쓴 예수전(The life of Jesus)은 예수님을 인간 예수로 재구성해서 인간이라면 어떻게 살았을까를 주제로 위인으로서의 예수를 소개하고 있다. 예수님의 부활을 "마음이 불안한 제자들이 환각을 일으켜 예수님의 부활의 모습을 착각 속에 보았다"고 했다.

이러한 학설들은 '인간은 만물의 척도다'(man is the measure of all)라는 인본주의(humanism)의 해방이 가져온 합리주의(合理主義/rationalism)가 인간의 한계를 벗어난 이성의 방종이라 할 수 있다. 마치 높이 올라간 연이 끈 떨어진 현상이라 하겠다. 곧 곤두박질할까 아찔하다.

신학적 자유주의는 곧 미국의 신학교를 장악하게 되었다. 1900년대 초 자유주의 신학자들이 미 북부의 대부분의 신학교들은 장악하게 되었다. 시카고 대학과 프린스턴 신학교도 결국은 자유주의 신학교로 변했다. 프린스턴은 보수주의자들의 통제로부터 신학교를 빼앗기 위해 조직을 개편하면서 성서의 무오성과 축자(縮字) 영감을 주장하는 근본주의자 교수인 메이첸(Gresham Machen)을 승진에서 누락시키는 등으로 배제하고 자유주의자들이 장악하게 되었다.

웨스트민스터 신학대학원 (Westminster Theological Seminary)

1929년 메이첸은 프린스턴을 떠나 로버트 딕 윌슨 (Robert Dick Wilson), 오스왈드 알리스 (Oswald T. Allis), 코넬리우스 반 틸 (Cornelius Van Till) 교수들과 필라델피아에서 웨스트민스터 신학교를 세웠다. 1929년 9월 25일, 메이첸은 웨스터민스터 신학교 개교 기념사에서 "프린스턴 신학교는 죽었지만 프린스턴 신학교의 고귀한 전통은 살아 있습니다. 오늘 개교하는 웨스터민스터 신학교가 하나님의 은혜로 프린스턴의 고귀한 전통을 이어나가려 합니다. '주여! 영생의 말씀이 주께 있으니 우리가 누구에게 가겠나이까?'라고 말했다.

선교사역에 대해서도 복음보다 물질을 우선해야 한다는 펄 벅 (Pearl S. Buck, 허드슨 테일러 선교사의 딸)과도 충돌하며, 모든 선교사들은 기독교 5대 교리에 서명하게 해야 한다고 주장했다.

(3) 교회의 세속화

제 1차 세계대전이 종전된 후 미국은 '도덕에 있어서의 혁명'을 맞는다. 타블로이드판 신문이 1919년에 발행되기 시작하면서 선정적인 이야기와 광고들이 대중문화를 주도하고, 흡연과 여성의 노출 그리고 춤이 사회는 물론 교회에까지 도입되었다.

(4) 공산주의

1920년대 세계 공산당이 창립되고 소련이 공산화되면서 공산주의 사상이 세계를 잠식해 들어오고 있었다. 이와 같은 도전은 필연적인 응전을 가져오게 한다. 역사는 도전과 응전이라는 말이 교회사에도 예외는 아니다.

2. 응전 (근본주의 운동)

1900년대에 들어서서 자유주의가 교회에 침투해 들어오므로 이미 교회는 교파를 망라하여 자유주의와 근본주의로 대립하고 있었다. 1919년 세계 기독교 근본주의 연합이 결성되었고, 자유주의와 싸우기 위해 '근본주의자' 협회를 구성하였다.

'근본주의자' (Fundamentalist)

침례교 신문인 'The Watchman-Examiner'의 편집자인 커티스 리로스(Curtis Lee Laws:1868-1946)가 근본적인 것들을 사수하기 위해 준비된 자들 '근본주의자'(Fundamentalist)라는 말을 처음 사용했다.

초기의 근본주의는 범 교단적으로 자유주의를 대항하는 무리들을 통칭하였기 때문에 그 힘은 대단했다. 근본주의 운동의 대변인이요 지도자라 할 사람은 프린스턴 신학교의 신약학 교수였던 J. 그레샴 메이첸(John Gresham Machen:1881-1937)이었다. 그의 저서 「기독교와 자유주의」(1923, Christianity and Liberalism)에서;

"새로운 자유주의가 인간의 구원이 그리스도께서 인간의 죄를 위한 속죄의 죽음을 죽으셨다는 역사적 사실에 의거한다는 사실을 부인했으므로 그와 같은 자유주의는 기독교가 아니라 전혀 다른 새로운 종교일 뿐이다. 그것은 기독교적인 언어와 상징을 사용한다고 할지라도 근본적으로 '인간에 대한 믿음'(Humanism)이었다. 자유주의자들은 성서적 기독교의 기초 위에 세워진 교회로부터 물러나야 한다."[325]고 했다.

미국의 교회가 자유주의(Liberalism)와 다윈주의(Darwinism)와 공산주의(Communism)와 세속화의 도전을 받을 때 응전하여 일어선 이들이 바로 근본주의자들이었다. 근본주의란 '분노하는 복음주의자'를 말한다. 특히 미국에서 일어난 근본주의자란 교회 안에 침투한 '자유주의 신학'과 '세속적 인문주의', '도덕적인 타락'에 전투적으로 반대하는 복음주의를 가리킨다. 근본주의자들이 지키려는 대표적인 성서의 진리는 다음의 내용들이었다.

(1) 성경의 무오 성 (Biblical inerrancy)

고등비평의 결과로 성경에 오류가 있다는 주장에 대해 성서의 절대 무오 성을 주장했다. 성서의 무오성은 역사적 침례교도들의

---

325) Ibid, P. 75.

한결같은 신앙이었다. 교회는 신약성서의 기초 위에 세워진 기관으로 성서의 무오성은 기본교리요 신앙의 시금석이다.

성서의 무오 성을 주장하는 프린스턴의 아치볼드 알렉산더 하지 (Archibald Alexander Hodge, 1823-1886)와 벤자민 B. 워필드(Benjamin B. Warfield, 1851-1921)가 체계화한 교리를 1891년 뉴욕의 유니온 신학교에 재직한 찰스 A. 브릭스(Charles A. Briggs, 1841-1913) 교수가 성서의 오류를 지적하고 무오성에 도전했다.

이러한 도전에 대응하여 그들은 성서를 연구하고 열심으로 전했다. 정기적인 여름 성서 사경회로 나이아가라[326]에서 모이면서 성서연구에 전념하여 스코필드 성서를 탄생시킨다.

(2) 전 천년설(Pre millennium)

세대주의는 근본주의의 토양에서 자란 신학이라고 하지만 그것은 어디까지나 신학적 용어와 근대 학문의 결과로 체계화된 세대주의를 말하는 것이고, 그 신앙은 신약성서와 초대교회, 터틀리안, 노바티안, 재 침례교도들이 맥맥(脈脈)이 지켜온 신앙이다. 세대주의의 세대 구분의 마지막 시대인 그리스도의 나라에 대한 신앙의 차이는 엄청난 결과를 가져왔다.

당시 유행하던 후 천년설 신앙에 입각하여 현시대의 영적이고 도덕적인 진보를 통하여 기독교 문명이 자라서 결국은 그리스도의 나라가 된다는 신앙에 반하여, 이 세상은 멸망할 것이고 멸망할 세상에서 구원해야 할 것은 정치도, 문화도, 철학도 아닌 바로 사람의 영혼이라는 신앙으로 그들은 영혼 구령에 전력을 다했다.

"근본주의자들의 입장에서 볼 때, 이 법칙들의 근거는 세대주의적 전 천년설이었다. 이 입장에 의하면 현시대는 점점 쇠퇴하면서 마지막의 세계적인 대재난을 향하여 가고 있으며, 이 재난의 종말은 다만 성도들과 함께 이 땅에 강림하시는 그리스도의 인격적 재림에 의하여 이루어진다고 믿는 신앙이다."[327]

(3) 복음적 부흥운동

자유주의의 도전에 근본주의 운동의 또 다른 응전은 복음적 부흥운동이었다. 복음 전도에 주력하면서 지역교회를 세웠다. 복음

---

326) 기독교 대 백과사전 3권, P. 391을 참조.
327) 미국의 근본주의와 복음주의 이해, P. 135.

전도의 방법 중 하나인 대중 매체를 오랫동안 장악했고, 신속하게 라디오 방송에 익숙해졌다. 근본주의자들은 사회복음을 전하는 이들에게 곧 "물에 잠길 응접실을 청소하면 뭘 하는가?"라고 반문하며 오직 영혼 구령에 열심을 다했다. 전 천년설은 성서를 최대한 문자적으로 해석한 결과적인 신앙으로 성서를 문자적, 문법적, 역사적으로 해석하는 성서해석 원리를 지켰다.

(4) 신학교 운동

대부분의 신학대학원(Seminary)들이 자유주의 경향으로 흐르게 되자 지도자들이 성경 중심의 연구와 복음 설교자와 전도자를 훈련하는 신학교(College) 운동에 치중하게 되었다. 탁월한 지도자에 의해 성경 연구, 복음 전도, 신학교 운동이 전개되었다.
당시 지도자들을 열거해 보면 ;

- A. B. 심프슨(Albert Benjamin Simpson, 1843-1919년 10월 29일)
  나약 신학교(Nyack College). 심프슨은 한국 성결교의 4대 복음인 '중생, 성결, 신유, 재림'의 기초를 이룬 것으로 알려져 있으나 신유 부분은 '성령 충만의 증거는 성령의 열매(갈 5:22-23)이며, 결실한 사역은 성령의 내주의 증거'라 했으나 성령세례의 증거가 방언이라는 것은 부정했다.
- D. L. 무디(Dwight Lyman Moody, 1837-1899년 12월 22일)
  무디 성경학교(Moody Bible Institute)
- R. A. 토레이(Reuben Archer Torrey, 1856-1928년 10월 26일)
  엘에이 성경학교(Bible Institute of LA. / BIOLA)
- J. M. 그레이(James Martin Gray), 1851-1935년 9월 21일)
  무디의 조력자로 부흥집회를 인도했으며, 무디 신학교 교장을 역임했다. 찬송 작가이기도 했다.
- C. I. 스코필드(Cyrus Ingerson Scofield, (1843-1921년 7월 24일)
  스코필드 관주 성경의 편집자
- A. J. 고든(Adoniram Judson Gordon, 1836-1895년 2월 2일)
  선교사 훈련학교(Boston Missionary Training School
  콘웰 신학교(Conwell Theological Seminary, GCTS)
- A. C. 딕슨(Amzi Clarence Dixin 1854-1925년 6월 14일)
  그는 무디 교회와 영국의 스펄전 후임으로 테버네클 침례교회를 목회하면서 주요 신문에 기고하는 근본주의 기독교의 확고한 옹호자였다. 다양한 형태의 개신교 배도, 가톨릭, 자유주의, 로버트 잉거솔의 불가지론, 성경에 대한 고등비판에 맞선 전도자였다.

- 1889년 텍사스 포트워스에 캐롤(B. H. Carroll)이 서남침례신학교(Southwestern Theological Seminary)를 세웠다.

- 대학 과정을 마친 학생들의 교육적 요구를 위해 신학대학원(Seminary)들이 설립되었는데, 1924년 달라스 신학대학원(DTS)이 1929년 웨스트민스터 신학대학원(WTS)들이 세워졌다. 많은 신학교(College)들이, 침례교 신학교만 100여 교에 달했다. 328) 신학교 운동은 교회의 확장과 선교 사역의 확장을 가져와 세계 선교의 황금기를 이루었다.

(5) 성결 운동

사회와 교회에 침투하는 도덕적 타락에 대한 근본주의자들의 견해는 이를 단지 도덕적 타락으로만 보지 않고 도덕적 타락은 미국의 멸망을 초래하는 심대한 원인으로 보았으며, 신앙적 차원에서 뿐만 아니라 애국적 차원에서 성결 운동을 전개했다.

"미국은 선했기 때문에 위대했다"(Falwell, Listen America!)

근본주의자들은 진화론이 미국의 쇠퇴를 가져오게 되는 원인이 될 것으로 보고 극도로 경계했다. 왜냐하면 독일의 쇠퇴를 프리드리히 니이체의 '힘이 곧 정의'라는 진화론적인 철학에 의한 결과로 보았기 때문이다.

"미국의 도덕적 위기와 국제적인 치욕은 인과관계가 있었다."329) 는 논리는 1930년대의 대공황을 예로 들고 있다. 즉, 미국의 국내 문제는 미국의 영적인 상황의 직접적인 결과라고 강조했다. 이들은 도덕적 회복을 위한 노력에 대해서도 자유주의자들과 그 방법론을 달리했다. 자유주의자들은 사람 속에 있는 선을 향하는 의지를 계발하여 열매 맺게 하는 것이라는데 반해 근본주의자들은 성령의 능력으로 거듭남을 통해서만이 선한 생활이 가능하다는 성서적 근거를 바탕으로 하고 있었다. 그러므로 성결 운동은 자연스럽게 복음 전도로 확산되었다.

청교도적 근검절약하는 생활과 실천을 강조하여 단정한 머리, 옷

---

328) Roots and Origins of Baptist Fundamentalism, P. 51.
329) Ibid, P. 137.

차림 등을 그리스도인의 외모로 보았다. 자유와 개성의 시대에도 이와 같은 생활을 통하여 교회는 의외의 결과를 가져왔으니 엄청난 성장이었다. 근본주의자들은 성령이 사람들 속에서 역사함으로 성도를 죄의 권능에서 해방시키는 '제2의 축복'을 강조했다.

이런 배경 속에 나타난 대표적 인물이 제리 포웰(Jerry Falwell)이고, 그가 인도한 '도덕적 다수'(Moral Majority) 운동이다. 제리 포웰은 버지니아 린치버그에서 태어나 미조리 주 스프링필드에 있는 성서침례신학대학을 졸업하고 자기의 고향에 돌아와 토마스 로드 침례교회를 세웠으며, 미국 전역에 연결되는 '옛 복음'(Old Time Gospel Hour)이라는 라디오와 텔레비전 방송을 했다.

토마스 로드 침례교회는 70년대 미국의 10대 대교회로 성장했다. 그의 사역을 셋으로 구분하면 목회(토마스 로드 침례교회), 교육(리버티 대학교), 근본주의 운동(도덕적 다수)이라 할 수 있다.

그의 '도덕적 다수' 운동은 도덕적 회복 운동이지만 그 운동의 캐치 프레이즈는 "I love America"(나는 미국을 사랑한다)로 보수적이며 청교도적 애국심과 병행되는 운동이었다. 자신은 정치성을 배제하고 근본주의자임을 표명하지만[330] 근본주의자들에게는 신근본주의자(Neo-Fundamentalist)라고 불리기도 했다.

330) 미국의 근본주의와 복음주의 이해, P. 126.

(6) 오순절 운동

자유주의와 오순절 운동이 종교적 체험을 주장하는 면에서 다른 것 같으나 미상불(未嘗不) 같은 것이다. 자유주의가 말하는 종교적 체험이라는 것은 성경말씀보다 체험을 기독교의 증거로 강조하는 것이고, 오순절 운동은 성경 말씀 안에 있는 성령의 은사로서의 체험을 강조하고 있다. 자유주의는 자연적인 것 안에 있는 신적인 요소를 강조한 반면, 오순절 운동은 초자연적인 하나님의 능력을 강조한 것이다. 그러므로 오순절 운동은 자유주의의 주장에 대한 반사운동으로 성령의 능력의 확실한 표징들, 신유와 방언 등을 성경 말씀의 증거로 강조하고 있다.

하나님의 말씀은 말씀 자체가 분명하고 확실한 증거가 되는 것으로 모든 계시가 완료되어 기록된 말씀에 더 이상의 증거가 요구되는 것은 아니다. 말씀이 믿어지는 것, 그것이 믿음이다. 표징을 말씀의 증거로 삼는 것은 실상 불신앙이다. 이성주의로 흘러갈 때 나타나는 또 다른 모양의 경건주의이다.

1906년 하나님의 성회[331] 출신 흑인 부흥사 윌리암 J. 세이모어가 로스앤젤레스 아주사 거리에서 있었던 부흥회로 교단들이 생겨났는데 하나님의 교회와 하나님의 성회라는 교단이다.

3. 근본주의 운동의 분열

근본주의 운동은 자유주의의 반사체로 생겨난 운동으로 운동 초기에는 보수적인 범 교단 운동으로 시작했으나 근본주의자들 사이에서 부합할 수 없는 문제들이 제기되어 근본주의로 좁혀졌다.

(1) 교회의 분리 문제

"근본주의 기독교인들이 반기독교적인 교리를 가르치는 교단을 계속 지원해야 하며, 복음을 전하지 않는 선교사를 파송하는 데 동참해야 하는가?"라는 문제에 부딪힌다. 이런 문제에서 일부는 교단에 그대로 머물러 있고, 일부는 교단을 나와 새로운 단체를 구성함으로 분리가 되었다. 이 결과 여러 단체들이 결성되었는데,

---

331) 하나님의 성회(聖會, 영어: Assemblies of God)는 오순절 계통교회, 한국의 대표적인 교회는 순복음교회(純福音敎會)1914년 미국 아칸소 주 핫 스프링스에서 설립되었으며 본부는 미주리 주 스프링필드에 있다.

"근본주의 단체로는

1925년 조직된(American Baptist Association),

1930년 조직된(Independent Fundamental Churches of America),

1932년 조직된(General Association of Regular Baptist Churches),

1947년 조직된(Conservative Baptist Association) 등이 있으며,

BBFI(Baptist Bible Fellowship International) 성서침례 국제친교회는 이러한 배경 하에서 태동하게 되었다. "332)

(2) 정치 참여의 문제

정치 참여에 대한 정도의 차이에 따라 또 다른 분열이 있었다. 존 R. 라이스(John R. Rice) 등과 같은 이들은 정치와는 거리를 유지했다. 세대주의는 기독교인들의 정치적 노력이 대부분 무익한 것이라고 주장했다. 신자들은 '기독교 문명이라는 환상'333)을 포기해야 한다. 그들은 분리하여 순결한 교회들을 세워야 하며, 거듭난 영혼은 영원히 구원받는다는 더 높은 대의를 위해 복음을 전해야 한다고 생각했다. 1965년 제리 포웰은 여전히 반정치적인 근본주의를 표명하면서 이렇게 선언했다. "나는 예수 그리스도의 순수한 구속의 복음을 선포하는 일을 멈추고 이 이외의 다른 일-그것이 공산주의 반대 운동이든, 인권개혁 운동에 참여하는 일이든-을 시작할 수 없다. "334)고 선언했다.

1941년 메이첸의 제자였던 칼 맥킨타이어는 교파 연합을 주장하는 WCC. (World Christian Council/세계 교회협의회)에 대한 대응을 위해 ICCC. (International Council Christian Churches/국제 기독교협의회)를 창립하며 헌장 전문에서 자신들의 신앙의 방향을 다음과 같이 선언했다.

"배교의 암흑시대를 당하여 많은 기성교회가 전 교파적으로 개교회적으로 배교운동을 정식으로 하여 이교적인 현대주의 사조가 각계각층으로 휩쓸려오는 이때에 주 예수 그리스도의 진정한 모든 교회의 의무는 주를 믿는 신앙을 명확히 증거 하는 것이다. 주님의 백성을 향한 하나님의 절대적인 명령은 이 모든 불신앙과 타락에서 떠나라 하는 것이다. "335) 그러나 그의 연합운동을 근본주의자들은

---

332) 성침 학보 10호(1989년), P. 6.

333) 미국의 근본주의와 복음주의 이해, P 124.

334) Ibid, P. 126.

335) 두길, P. 21.

함께하지 않았다. 그리하여 근본주의자들은 WCC. 와 ICCC. 와도 결별을 선언하며 더욱 좁은 길을 가고 있었다. 근본주의자들에게 자주 쓰이는 말은 '타협 불가'(No Compromise!)라는 용어였다.

(3) 분리 운동

소속 교단이 자유주의자들 아래 놓이게 되자 비타협적인 신앙을 견지하고 분리하게 된다. 현대 교회사에 또다시 분리(Schismatic), 혹은 분리주의자(Schismatist)라는 용어가 나타나기 시작한다. 150년경부터 침례교도들에게 붙여진 별명이며. 가톨릭의 종교재판 아래서는 사형에 해당하는 죄목이었다. 그러나 분리를 통하여 또 다른 신약교회의 탄생을 가능케 하는 것이다. 마치 허물을 벗고 새 모습으로 다시 나는 매미처럼….

4. 근본주의 연합체의 결성

1920년대 당시 대부분의 침례교 자유주의자들은 북침례교(ABC)와 연관을 맺고 있었고, 북 침례교는 돌이킬 수 없는 자유주의에 물들어가고 있었다. 근본주의자들은 1920년 뉴욕 버펄로(Buffalo)에 모여서 북 침례교 근본주의 친교회(Fundamental Fellowship of the Northern Baptist Convention)을 결성하기에 이른다. 이 모임에서 프랭크 굳차일드(Frank M. Goodchild)는 1921년 간단한 신앙고백문(The fundamental principle of the Baptists)을 북 침례교 총회에서 채택하려 했으나 지도자였던 울프킨(Cornelius Woelfkin)이 주장한 "신약성서가 우리의 신앙 실천의 충분한 기초"라는 말로 반대하여 표결 결과 1264대 634로 고백문의 채택에 실패했다.

1933년 몇 개의 근본주의 교회들이 북 침례회를 탈퇴하여 일반 침례교 연합회(General Association of Regular Baptist Church)를 결성한다. 1943년 12월 남아있던 보수주의자들이 탈퇴하여 굳 차일드의 고백 문을 채택하고, '보수침례교 해외 선교협회'(Conservative Baptist Foreign Mission Society)를 결성했다.
1947년 5월 보수주의자들이 아틀란틱 시티(Atlantic City, in NJ.)에 모여 미국 보수 침례교 연합회(Conservative Baptist Association of America)를 결성하기에 이른다.
이와는 별도로 1919년 세계 그리스도인 근본주의 연합회(World's Christian Fundamentals Association)을 결성할 때 포트워스 출신의 근본주의 지도자인 프랭크 노리스가 참여했다. 그는 진화론과 자유주의를 용납하는 총회를 공격한 일로 1924년 남 침례교 총회에서 추방되었다.

(1) 침례교 성서 연맹(Baptist Bible Union)

1933년 북 침례교 연맹에서 있었던 뉴햄프셔 고백문[336]의 여파로 북 침례교 연맹에서 나온 130여 명의 지도급 목사들로 5월 10일 캔사스 시티에서 '침례교 성서 연맹'(Baptist Bible Union)을 결성했는데, 프랭크 노리스도 이 모임의 결성을 도왔고 지도자로 활동했다. 이 연맹의 지도자들은 미국의 대교회의 목사들로 구성되어 있었다.

당시 북 침례교 연맹은 칼빈주의 예정론을 믿는 특수 침례교(Particular Baptist)와 자유의지 침례교(Free Will Baptist) 사이에서 양자가 받아드릴 수 있는 문장으로 표현하려는 고민이 보인다. 원문을 올려본다. 독자들은 어떻게 해석 하시려나….

1833년 뉴햄프셔 신앙고백(The New Hampshire Confession),
4. 구원의 길(IV. OF THE WAY OF SALVATION)
We believe that the salvation of sinners is wholly of grace;
(죄인의 구원은 오직 은혜로만)[337]

에베소서 2장 8절 "그 은혜에 의하여 믿음으로 말미암아 구원을 받았으니" 믿음을 주신 것이 은혜인가? 믿음으로 구원을 얻은 것이 은혜인가? "너는 진리의 말씀을 옳게 분변하며"(딤 후 2:15) 재단사가 옷감을 잘 재단해서 줄과 무늬를 잘 표현하는 것처럼…. 믿음을 주신 것이 은혜라면 왜 성서는 믿으라는 권고의 말씀으로 가득할까? 결과적으로는 뉴햄프셔 신앙고백으로 상당히 많은 선택론을 반대하는 자유의지 침례교가 탈퇴하는 일이 있었다.

사실 침례교의 오랜 갈등은 구원에 있어 믿는 자를 구원하기로 예수 안에서 택하셨다는 믿음과 창세전에 구원하실 자를 택하셔서 믿게 하셨다는 예정론의 갈등이었지만 예수님은 유일한 구세주, 사람은 의지든 선택이든 예수님을 구세주로 영접하면 구원을 얻는다는 한 가지 일치하는 믿음 때문에 봉합되어 있었다.

침례교 성서 연맹(Baptist Bible Union)은 출판 협회를 설립하고, 디 모인 대학교(De Moines University)를 인수하였다. 그들은 자유

---

336) 1833년에 New Hampshire Confession of Faith는 John Newton Brown 이 작성했고 New Hampshire Baptist Convention에 의해 채택되었다.
337) Baptist Confession of faith, P. 362.

주의는 물론 생물학적 진화론과 사회 복음주의에 대항하여 싸웠고, "침례교단의 현대주의와의 전쟁"(War on Modernism within the Baptist Denomination)을 선포하기도 했다. 338) 지도자들로는 당대 영적 거장들인 라일리(Riley), 실드(Shield), 노리스(Norris) 등이다.

라일리(William Bell Riley, 1861-1947)

장신으로 미네아폴리스에 있는 제일침례교회를 45년간 목회했고, '가장 위대한 복음 전도자'(one of the greatest evangelical orators of his day) 339)로 알려졌다. 1902년 서북성서훈련학교(Northwestern Bible Training School: 후에 빌리 그래함이 운영)를 설립하고 80여 권의 책을 저술한 저술가이며 3종의 신문 발행인이기도 했으며, 현

대주의에 대항하는 세계적인 범 교단 근본주의자 모임을 꿈꾼 사람이었다. 1918년 세계 기독인 근본주의 연합 (World's Christian Funda- mental Association)을 결성했다.

열렬한 진화론 반대자로 1923년 '미네소타 반진화론 운동'(Anti Evolution League)을 조직했다. 미국 전역에 호응을 얻어 다음 해는 '미국 반진화 운동 (anti-Evolution League of America)'을 결성하게 되었다. 세계 근본주의 기독인 연합의 '스코프 monkey 재판

대책협의회'에 윌리엄 제닝 브라이언에게 합류하도록 촉구한 인물이 라일리(Riley)였다. 340)

쉴드(Thomas Todhunter Shields, 1873-1955)

1933년 겨울 BBU에 가입한 영국 출신으로 토론토와 그 지역 최대 교회인 자비스 가(街) 침례교회의 목사였다.

1926년 쉴드(Shields)는 토론토 침례신학교(Toronto Baptist Seminary)를 설립하고 근본주의 활동에 열심이었다. 1926년에 온타리오와 퀘벡의 침례교 연맹(the Baptists convention of Ontario and

338) A History of Baptist Separatism, by Billy Vick Bartlett P. 5.
339) Ibid, P. 6.
340) It was Riley's World Christian Fundamentals Association that wired William Jennings Bryan urging him to act as counsel for the association in the Scopes Trial. (wikipedia/William Bell Riley)

Québec)에서 1927년 제명당한다. 그를 따르는 70개의 교회와 함께 일반 침례교 연합(the Union of Regular Baptist Churches of Ontario and Quebec)을 설립했다. 그는 세계 16개국에 3만 명의 정기 구독자를 가진 '복음의 증인'(The Gospel Witness)의 주간이었고, 라디오 복음 방송국 (CJBC: Jarvis Street Baptist Church)을 세워 복음을 전하고 목회하는 교회의 모든 예배를 중계했다.

"주님은 여성이 이발소에 가는 것을 의도한 적이 없다/The Lord never intended women to go the barber shop"고 강조할 만큼 사회에 물드는 퇴폐풍조를 강력하게 공격했다.

(2) 프랭크 노리스(John Franklyn Norris, 1877-1952)

그는 침례교 성서 연맹의 일원으로 소개되지만 침례교 근본주의 운동을 논할 때 프랭크 노리스를 거론하지 않을 수 없다. 아마도 20세기 미국 교회지도자 가운데 논쟁의 중심의 대상이 되는 인물은 프랭크 노리스가 아닌가 생각된다.

13세 때 부흥회에 참석했다가 구원받고 텍사스 웨이코(Waco)에 있는 베일러 대학교(Baylor)에서 1903년에 BA. 학위를 받았고, 켄터키주 남침례신학대학원(SBTS)에서 ThM. 학위를 받았다. [341]

그는 뱁티스트 스텐다드(Baptist Standard) 잡지의 발행인으로 자유주의를 극렬하게 공격해서 별명이 '텍사스 토내이도'(The Texas Tornado), '투쟁하는 근본주의자'(The Fighting Fundamentalist), '따발총 설교자'(Machine Gun Preacher)라 불리기도 했다. 당대 최대 교회(The First Baptist Church, Fort Worth, Texas)의 목사로 강력한 근본주의자로 전 생애를 살았다.

---

341) 성침학보 10호(1989년), P. 6. 장두만 저

1) 그의 목회 활동

1909년 텍사스 포트워스 제일침례교회(First Baptist Church)에 부임했을 때 출석 500명에서 1928년에는 5,200명으로 성장하는 대교회를 이루었다. 1934년에는 포트워스에서 1200마일 떨어진 디트로이트(Detroit) 템플 침례교회(Temple)를 겸임한다. 템플 침례교회는 800명에서 1943년에는 8,600명으로 성장한다. 이후 두 번의 증축으로 미시간 최대의 교회를 이루었다. 포트워스 교회 조력자는 엔츠밍거(Louis Entzminger)였고, 템플 교회는 빅(Vick)이었다.

템플 교회 옛 건물과 프랭크 노리스와 빅(Vick)

2) 문서 운동

주간지 '탐조등'(The Searchlight)를 창간하여 자유주의, 진화론, 공산주의, 세속화를 맹렬히 공격했다. 1927년 '근본주의자' (Fundamentalist)로 개칭했다. 그는 라디오 방송국을 설립하여 운영하기도 했다. 이 방송국은 미국 최초의 복음 방송국이 되었다.

3) 친교회 결성

1931년 노리스는 100여 명의 목사들과 함께 '전천년 근본주의 선교사 친교회'(Premillennial Fundamental, Missionary Fellowship)를 조직한다. '세계 근본주의 침례교 선교사 친교회(World Fundamental Baptist Missionary Fellowship)로 개칭하고 남 침례교와 결별한다.

4) 신학교

1939년 루이스 엔츠밍거와 함께 근본주의 침례 성서신학교 (Fundamental Baptist Bible Institute)를 설립한다. 1944년 성서침례신학교(Baptist Bible Seminary)로 개칭하고, 교장은 엔츠밍거였다. 1948년 템플 침례교회의 조력자인 G. B. 빅을 교장으로 임명한다. 현제 알링톤 침례대학교(Arlington Baptist University)로 개칭했다.

언덕 위에 테라스('Top O' Hill Terrace')

현재 알링톤 침례대학교가 위치한 지역은 달라스 지역에서 유명한 곳이었다. 언덕 위에 테라스('Top O' Hill Terrace')라는 교외의 작은 언덕이었다. 고속도로변에 위치한 언덕이라서 사람들의 휴식처가 되는 곳이었다. 지역 유력인사가 구입하여 겉으로는 기품 있는 차와 식사를 겸한 레스토랑으로 개업을 했지만 실상은 비밀 통로를 갖춘 카지노로 운영했다. 이와 같은 부도덕에 따발총 쏘듯 공격하는 노리스의 설교로 결국 카지노 사업은 폐업하고, 교회에서 구입하여 신학교를 세웠다. 이 일은 달라스 지역의 일대 사건으로 'Top O' Hill Terrace'는 프랭크 노리스의 사역에 기념비가 되었다.

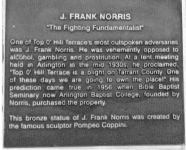

텍사스 100년사에 4절로 접은 제일침례교회(프랭크 노리스)침례식 광경

제14장 성서침례친교회의 결성

성서침례교의 태동은 미국의 근본주의 운동과 신약교회를 지향하는 분리주의와 프랭크 노리스의 활동을 통하여 오랫동안 배태(胚胎)되어 있었다. 이 운동은 단순히 하나의 또 다른 분파를 의미하는 것이 아니라 새로움을 위한 '허물벗기'라 할 수 있다. 새로움, 그것은 원형에서 발전하는 과정이 아니라 손상된 외형을 벗어 버리고, 처음의 원형으로 돌아가는 회복의 과정이다. 짐승들의 털갈이처럼 오랜 풍상에 낡고 더럽혀진 털이 벗어진 자리에 새털이 나는 것과 같다.

성서침례교회는 J. F. 노리스가 인도하는 세계 근본주의 침례교 선교사 친교회(World fundamental Baptist Missionary Fellowship)에서 분리한 것으로 지도력의 문제였다. 전술한 바와 같이 노리스는 두 개의 세계적인 교회를 동시에 목회하는 거인이었다. 그러나 디트로이트에 있는 템플 침례교회는 G. B. 빅이 실무책임자(General Superintendent)로 사역하여 큰 성장을 가져왔다. 4,000여 명의 출석하는 대교회로 성장했을 때 노리스는 1948년 빅(Vick)을 불러서 신학교 학장을 맡겼다. 빅은 우드워스(R. O. Woodworth)를 신학교 사무처장(business manager)으로 임명하여 함께 신학교 운영을 했다. 그 결과 학교 설립을 위해 지게 된 많은 부채를 상당히 상환하는 성과를 거두었다.

프랭크 노리스는 애석하게도 이 기간에 두 가지 시련을 겪었다. 즉, 아들인 루이스 노리스(George Lewis Norris)가 400명을 이끌고 나가서 같은 지역에 기드온 침례교회를 세운 일과 노리스가 주일 아침 예배를 인도하는 중 독재적인 지도력에 대한 항의를 받은 일이 있었다.

1950년 봄, 투쟁하는 근본주의자 노리스도 72세의 노장이 되었고 관록에 비례한 독선도 늘어갔다. 당시 학장인 빅과 의논하지도 않고 두 명의 교수(Aubrey Martin & Harry G. Hamilton)을 해고해 버린 것이다. 위원회도 있었고 학생들에게 나누어준 카탈로그(catalog)에 있는 정관까지도 무시한 처사였다. 이 문제로 학생들 간에도 소요가 일어나고 논쟁이 있었다. 결국 5월의 졸업 친교회에서 G. B. 빅을 학장직에서 해임하고, 스코틀랜드에서 갓 미국에 온 조크 트롭(Jock Troup)을 학장에 임명했다.

(1) 성서침례친교회(Baptist Bible Fellowship) 창립

당시 친교회 회장은 도웰(W. E. Dowell)이었는데 이들이 중심이 되어 프랭크 노리스가 결성한 세계 근본주의 침례교 선교사 친교회(World fundamental Baptist Missionary Fellowship)를 떠나서 성서침례친교회(Baptist Bible Fellowship)를 결성하기로 하고, 1950년 5월 24일 수요일에 텍사스 호텔(Taxas Hotel)에 모였다.

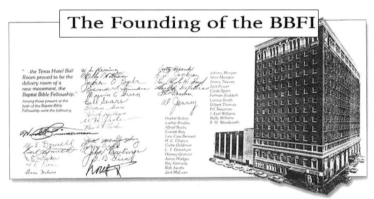

120명의 목사들과 신학생들이 모여서 성서침례친교회를 창립하는 역사적 순간을 갖는다. 그 모임에서 신학교의 설립을 결의했는데 교명은 성서침례신학교(Baptist Bible College:교명은 후에 트리뷴지의 주간이 된 제임스 콤(James O. Comb)이 제안했다)로, 장소는 미

국의 중심지라 여기고 미주리주 스프링필드(Springfield, Missouri)로 정했다. 그 모임은 오찬을 겸하여 열렸는데 웬델 지머만(Wendell Zimmerman)이 친교회의 발기인이 되고, 도웰(W. E. Dowell)이 회장으로 피선되었다. 성서침례친교회는 3대 사업을 확정하고 추진하기로 했다.

창립 친교회장 도웰:William E. Dowell)

(2) 3대 중점 사역

1) 선교 사역

당시 중국 선교사로 활동했던 프레드 도널슨(Fred Donnelson)이 일어나 "우리의 사역 중에 선교는 우리의 강한 오른팔이다"(Let missions be our strong right arm) 342)라고 주장하여, 선교위원회를 창립하고 세계선교에 주력하기로 했다. 도널슨은 옛 BBU의 파송을 받아 중국 선교사로 상해에 가서 근본주의 침례교회를 세우고, 신학교를 세운 위대한 선교사였다.

미스터 선교(Mr. Missions: 사진)

일본군이 점령하고 추방령을 내렸으나 그는 옥고를 치르며 투쟁하다가 1941년 미국으로 돌아왔다. 그 후 성서침례친교회 선교위원회 초대 총재로 선교사역에 큰 역할을 감당했다. 그의 별명은 'Mr. Missions'였다. 후임으로 칼 분스트라(Carl Boonstra), 밥 베어드(Bob Baird)에 이어 현재는 코너럽(Jon Konnerup)이며, 부총재로는 33년간 한국 선교사로 많은 교회를 세우고 한국 성서침례신학교 교장을 역임한 라스터(F. C. Lasater)에 이어 신학생 시절 세계 순회 찬양집회의 일원으로 한국을 방문했던 스티브 벤더(Steve Bender)가 한국 선교사로 수년간 헌신한 후 지금은 부총재로 재직하고 있다. 현재 세계 72개국에 800여 명의 선교사가 나가 복음을 전하고 있고, 5년마다 선교지에서 국제 친교회(Baptist Bible Global Fellowship)를 개최하고 있다. 국제 선교본부 건물을 초대 선교총재였던 도널슨 내외분(Fred & Effie Donnelson)의 이름으로 헌당했다.

성서침례교회 국제 선교 지원 센타(Springfield, MO. USA)

---

342) Roots and origin of Baptist Fundamentalism, J. O. Combs, P. 94.

선교 총재 Jon Konnerup

선교 부총재 Steve Bender

2) 문서 사역

노엘 스미스(Noel Smith) 가 주간이 되어 공식 기관지로 트리뷴(Baptist Bible Tribune)을 발간하여 오늘에 이른다. 노엘 스미스 사후에는 지머먼(Wendell Zimmerman), 제임스 코옴 (James O. Combs)을 거쳐 마이크 랜달(Mike Randall) 이 주간으로 일하고 있다.

3) 신학교 사역

선교사와 목사를 훈련할 신학교 를 설립하고 초대 학장에 빅 (George Beauchamp Vick)박사를 선출하여 스프링필드, 미주리 스프링필드에서 개교한다. 처음에는 하이스트리트 침례교회 에서 107 명의 학생으로 시작했다.

1950년 여름, 친교회장 도웰과 초대학장인 빅이 학교 부지를 위해 미주리 주 스프링필드를 답사했다. 그때 두 사람은 지금의 부지를 확정하고 건축을 착공한다. 하이스트리트(High Street) 침례교회에서 시작한 신학교는 1964년에 학생 748명, 1971년에는 2,000명이, 1978-79년에는 약 2,500명까지 되었으나 현재에는 1,000명 정도의 재학생이 있다.

1961년에는 4년으로 학제를 개편하고 BA. 학위를 수여하기 시작했고, 1978년 신학대학 인가단체인 AABC(American Association of Bible Colleges)에 의해서 정식 인가를 받게 되었다. 1985년 9월에는 신학대학원이 석사(MA. Mdiv. ThM.) 학위 과정을 개설했다.

성서 침례친교회에서 운영하거나 인준된 학교로는 동부성서침례대학(BBC East), 서부성서침례대학(BBC West), 대서양성서침례대학(Atlantic BBC), 태평양성서침례대학(Pacific Coast BBC), 미국침례대학교(BUA), 침례교 크리스챤 대학교(BCU) 등이 있다.

성서침례친교회(Baptist Bible Fellowship, 약 BBF.)는 1950년 창립 이래 개교회의 강력한 독립성을 유지하면서 공동사역343)의 협력을 위한 목회자들의 친교회다.

성서침례친교회의 발전

1950년 달라스 호텔에서 창립한 BBF.는 구령의 열정과 세계선교의 열정으로 그들의 눈이 항상 젖어 있었다. 그 결과 지금 현재 미국에 4,000여 교회가 있으며, 해외 선교사역을 통해 세워진 교회들이 87개국에 4000여 교회를 이룬다. 1970년대에는 미국의 10대 교회 중 8개 교회가 BBF.를 통해 친교하며, 공동사역을 감당하고 있다. (참조: '미국의 10대 교회' 엘머타운즈 저, 조해수 역).

---

343) 성서침례교회 친교회의 공동사역
　1. 세계 선교를 위한 협력이다. 선교사 훈련과 후원을 위해 협력하는 것
　2. 하나님의 사람들을 훈련하는 신학교 사역에 후원하고 협력하는 것
친교회는 교회연합이 아니라 신앙을 같이 하는 목회자들의 친교회이다.
초기 미국의 침례교회들이 선교사들 후원을 위해 결성했던 3년차 모임 (The Triennial Baptist Convention)과 같은 모임의 맥을 이어오고 있다.

1975년 신시내티 오하이오 랜드마크(Landmark) 침례교회
(담임목사: 존 로링스)에서 모인 친교회 광경이다.

(3) 예기치 못한 일

1920년 근본주의와 자유주의가 대립할 때 자유주의자들이 호언하기를 "근본주의는 주로 시골 문화의 산물이었으며, 현대적인 교육이 확산되면 사회적 기반을 상실할 것"[344]이라고 했다. 그 주장은 잉거솔이 성경은 이 지구상에서 없어져 버릴 것이라고 호언했지만 그의 집이 성경 출판사가 된 것을 생각나게 한다.

근본주의 운동에 대한 이러한 생각들과 다르게 예기치 못한 일이 일어났다.

근본주의 운동의 지속이다.

그 후 근본주의는 세계교회의 주류를 이루며 계속해서 확장되어왔다. 역사적 과정에서 극단적 근본주의 운동의 여파로 인해 복음주의로 나뉘어 온 일은 있었으나 그들도 여전히 신앙면에서는 근본주의이며, 자신이 근본주의라고 표방한다. 예를 들면 풀러 신학교이다. 근본주의의 반 지성주의에 대응하여 촬스 E. 풀러의 후원으로 기라성 같은 지성인들에 의해 세워진 학교도 근본주의 유산을 버리지 않았으며, 성서의 무오성을 신조로 동의할 것을 요구함으로 여전히 근본주의의 신앙을 고수하고 있다.

---

344) 미국의 근본주의와 복음주의 이해, P. 78.

제15장 한국 선교의 시작

미국에서 BBF.가 창립되고 불과 두 달이 채 되기도 전에 한국에서는 6.25 전쟁이 터져서 미증유의 동족상잔의 아수라장이 되었다. 파괴와 살상, 헐벗음과 배고픔, 불안과 절망이 당시 한국의 모습이었다.

1. 최초의 한국 선교사 포스타(Foster)

한국 선교의 시작은 의외의 방법으로 시작되었다. 1949년 일본 지바현에 있던 미 공군기지에 선교사로 파송되어 임시 군목으로 있던 Issac F. Foster가 있었다. 그는 1923년 9월 2일 켄사스(Kansas)에서 태어났다. 1941년 4월 27일 구원을 받은 18살의 포스타 소년은 그해 7월 4일 침례를 받고, 포트워스에 있던 Bible Baptist Seminary에 입학한다. 하나님께서 1944년 10월 어느 선교학 강의 시간에 그를 선교사로 부르셨고, 하나님의 부름에 순종하여 선교사 훈련을 마치고 1949년에 프랭크 노리스가 설립한 '세계근본주의 침례교 선교사친교회'(World Fundament Baptist Missionary Fellowship)의 파송을 받아 일본에 파송되었다. 일본에 머무는 동안 특히 공군기지에서 사역할 때 특별한 사건이 있었는데 그것은 하나님께서 포스타 선교사를 한국으로 부르는 소리였다. 전쟁 중 잠시 휴가나 외출을 할 때 미 공군들은 가까운 일본기지에 와서 쉬곤 했다. 그때 몇몇 그리스도인 미 공군들이 한국의 상황을 말하고, 한국에 침례교 선교의 필요성을 강조했다. 이 말에 가슴이 움직인 포스타 선교사는 한국 선교사로 가기 위해 1952년 미국으로 돌아간다.

1) 변한 미국 상황

그가 돌아가서 본 것은 그를 파송했던 '선교사 친교회'(WFBMF)가 분리되어 '성서침례친교회'(BBF)가 창립된 것이었다. 기록에 보면 WFBMF 선교사 중 BBF로 옮긴 몇 사람이 있는데 그 이름 중에 Ike & Jane Foster가 있는 것을 볼 때 분리할 때 BBF. 선교사로 옮긴 것이었다. [345] 포스타는 BBF 한국선교사로 인준 받았다.

---

345) Roots and Origins of Baptist Fundamentalism, P. 102.

2) 한국 선교의 첫발을 디딘 성서침례교회 선교사

BBF에서 한국 선교사로 파송 준비를 마친 포스타(한국명:표수다) 선교사 내외는 배편으로 태평양을 건너 일본 도쿄를 경유해 인천에 도착한다. 6.25 전쟁의 상흔이 채 아물지도 않은 피폐해진 한국의 정황이 어떠했을까?

그날이 바로 바닷바람이 차가워 지는 1954년 11월 18일, 이날은 한 국 선교의 거보를 내디딘 날이다.

표수다 선교사 부부(1950년대)

3) 한국 최초 성서침례교회

그 다음해(1955년) 8월 15일 서울 서대문구 충정로 선교사 자택에서 미국 군인 6명이 모여 한국에서 최초의 교회를 조직하고, 교회명을 '성서침례교회'라고 정했다. 같은 해 9월 1일 성동구 행당동 267-9에 722평의 부지를 구입하여 선교사 주택을 건축하고, 다락방에서 예배를 드리게 된 것이 현재 이층세 목사가 담임하는 성서침례교회(행당동)이다. 이 교회는 한국 성서침례교회들의 모교회로 사역자 훈련과 국내선교에 큰 기여를 하는 교회로 우뚝 섰다.

한국에 세워진 성서침례교회 최초의 건물

4) 한국 최초의 성서침례교회 목사 안수

표수다 선교사는 초기에 좋은 한국 사역자들을 만나 자체 훈련하여 김대현, 송종석, 유승각 등 3인을 1965년 1월 6일 최초로 목사로 안수했다. 한국 선교 11년 만에 얻은 결실이었다.

포스타(한국명:표수다) 선교사 내외분은 평생 한국선교사로 일생을 보내고, 2010년 6월 4일 주님의 부르심을 받고 한국 땅에 묻히셨다.

2. 하나님의 정찰병 배스킨(Jack Baskin)선교사

1953년 겨울 한국의 산야는 눈으로 덮여있었고, 눈 녹은 진흙탕 길에 무거운 장비를 메고 묵묵히 걷는 한 백인 미군 병사가 있었다. 우방의 자유를 위해 고향을 떠나 수만리 한국 전장으로 달려온 것이다. 길에서 간혹 마주치는 피난민들의 몰골은 헐벗음, 굶주림, 추위, 불안으로 초점 잃은 모습들이었다. 혹독한 추위에 떨며 제대로 지원되지 않는 보급 때문에 고생스런 남의 나라 전쟁에 참가한 그는 고향에 돌아갈 날만 기다리며 버텼다. 드디어 귀국 특명이 나고, 그리던 고국으로 돌아가기 위해 인천항에서 승선한 그 병사는 '다시는 생각도 말아야지' 하며 뒤도 돌아보지 않고 고향으로 무사히 귀환했다. 그런데 이상한 것은 본국에 도착해서 편안한 생활을 찾았는데 시간이 지날수록 돌아보지 않기로 했던 처참한 전쟁터에 흩어져 있는 한국 백성들이 뇌리에서 떠나지 않는 것이었다. 그의 싸움은 악몽 같았던 한국전쟁에서 보았던 기억들을 떨쳐 버리려는 자기와의 전쟁은 계속되었다. 시간이 갈수록 밀리는 자신을 발견하고 결국은 항복하고 말았는데 그 병사가 바로 1959년 선교사로 한국에 나온 잭 배스킨(Jack Baskin/한국명:배수길) 목사였다.

미주리 스프링필드에 있는 성서침례신학교를 졸업하고, 배스킨 선교사 가족은 한국에 도착하여 당시 조직되어 있던 한국 유일의 성서침례교회(행당동)에서 사역 준비를 하는 중 어느 혹독히도 추운 겨울 그 교회를 출석하는 여고생의 집 화재 사건을 접하게 되었다. 배스킨 선교사는 준비할 수 있는 물건들을 가지고 그 집을 방문했는데 그 집에는 당시 정치 외교 학을 전공하며 외교관의 꿈을 키우는 한껏 자신감에 차있던 젊은이가 있었다. 그가 바로 지금 불광동 성서침례교회를 담임하는 김우생 목사였다.

그들의 만남은 운명적이었다. 전쟁의 참전을 통해서 배스킨 목사는 한국을 알게 되었고, 김우생 목사는 집의 화재를 통해서 배스킨 선교사를 만난 것이다. 그날이 바로 1959년 12월 27일이었다. 두 사람은 한국말과 영어를 서로 가르치며 사역을 불태우기 시작했고, 드디어 1961년 1월 1일 불광동에 개척을 하고 첫 예배를 드림으로 불광동 성서침례교회가 이 땅에 서게 된 것이다. 불광동 성서침례교회는 한국에 성서침례교회를 뿌리 내리게 하는 선도적 역할을 했고, 한국 성서침례교회 선교사(宣敎史)에 중심교회로 사역하고 있다. 왜 하나님은 배스킨(한국명:배수길)을 한국전에 참전케 하셨을까? 선교지를 정탐하라고 보낸 하나님의 정찰병이었을까?

3. 한국 선교사들의 업적

1954년 표수다 선교사 입국, 1959년 배스킨 선교사 입국에 이어 많은 선교사들이 한국 사역에 헌신했다.
1960년 조지 패트릭(George & Fern Patrick)
1961년 안시 휘커(Onsy & Betty Whicker)
1962년 프랭크 샤이버(Frank & Betty Shiver)
1962년 알톤 차일스(Alton B. Chiles)
1965년 라서다(F. C. & Joe Lasater)
1967년 워스 월리(Worth & Hazel Worley)
1968년 마이크 페퍼(mike L. Peper)
1969년 크리프 머기(Cliff McGhee)
1973년 레이 레드몬(Ray Ledmon)
초기 헌신된 선교사들의 한국 사역은 이른 비와 같은 축복의 기간이었다. 그 후에도 많은 선교사들이 한국에 와서 귀한 사역을 감당하여 오늘의 한국 성서침례교회들이 한국 땅에 든든히 설 수 있었다.

패트릭 선교사 가족   알톤 차일스 선교사 내외분

라서다 선교사 내외분   마이크 페퍼 선교사

성서침례교회는 개교회 중심의 선교사 파송이고, 선교사 사역도 최초 침례교 선교사 후원회라 할 수 있는 필라델피아 '3년차 협회'(the Triennial Convention)에서 정한 "두 번 선교지를 선교사 스스로 가장 가능성 높은 곳으로 정하라"는 원칙에 따라 같은 선교국에 파송된 선교사라 할지라도 선교지 조정 기능은 없었다. 그런데도 돌아보니 누가 조정한 듯 지역과 사역이 분담되어 지역적으로 안배되었고, 기능적으로 분배되었다

지역적으로 표수다 선교사는 김대현 목사와 거점 교회로 행당동에 성서침례교회를 세우고, 경상도 지역으로 내려가 동아기독교에서 세운 역사적인 교회들을 인수해서 복원시키고 잠자던 많은 사역자들을 발굴했다.

동아기독교는 원산에서 시작하여 두만강을 건너 만주와 시베리아 지역으로 북진했고. 태백산 준령을 타고 남진하여 차령산맥으로 내려와 끝부분인 강경까지 내려왔다. 소백산맥으로 내려온 전도팀은 소백산 기슭에 문경, 점촌, 예천 등지에 교회를 세웠는데 그 교회 중에 1957년 마전교회, 1959년 검암교회를 찾아서 회복시키고, 그 지역에 여러 교회들을 세웠다. 그곳에서 얻은 초기 사역자들은 강인규, 이정범, 최병갑 등이었다.

배스킨 선교사는 김우생 목사와 불광동 성서침례교회를 세우고, 같은 해 전라도 지역으로 내려가 국토의 최남단인 장흥 관산에 1961년 성남성서침례교회와 근동에 다섯 교회를 세웠다. 김경주, 주견식, 김남주, 김철현 등의 사역자들이 발굴되었다.

안시 휘커 선교사는 평택지역을 거처 부산으로 내려가 1962년 부산 온천장에 제일 성서침례교회를 세우고, 함께 동역한 샤이버 선교사는 서면에 중앙 성서침례교회를 세웠다. 알톤 차일스 선교사는 강인규 목사와 함께 거제리 성서침례교회(현 부산성서침례교회)를 세웠다. 세 선교사는 많은 초기 지도자들을 얻었는데 윤환익, 추인호, 장두천, 서영개, 김원배, 정상도 등이다.

패트릭 선교사는 화곡동에 지금의 강서침례교회를 세우고, 경기도 전방지역에 교회들을 세웠다. 워스 월리 선교사는 대전에 대흥교회를 세우고, 대구로 옮겨 추인호 목사와 함께 대구 성서침례교회를 세우고 주변에 교회들을 개척했다.

라서다 선교사는 배스킨 선교사, 김우생 전도사와 함께 강원도 영월지역 선교여행을 통해 김현규, 김종식, 김창환 목사를 전도하여 사역자로 인도했다. 라서다 선교사는 1967년에 서울 응암동에 지금 신광성서침례교회의 전신인 응암동성서침례교회를 세워서 여러 개척교회의 모교회가 되었다.

강원도 오지와 최남단 땅끝과 최전방 지역과 잃어버려진 초기 한국 침례교회의 원조 동아기독교를 찾아 복원시키는 사역들이 서로 의논 없이 이루어진 것을 보면서 성령께서 선교사들을 지휘하셨고, 그들은 겸손히 순종한 주님의 종이라 인정할 수밖에 없다.

선교사들과 초기 한국 사역자들의 헌신으로 선교 50주년이 되는 해에 출판된 "한국 성서침례교회 50년사"에 올린 교회가 164개 교회가 되었다. 많은 교회들이 누락되어 편집을 담당했던 필자로서 죄송한 마음이 있다.

4. 한국 성서침례교회 목회자 친교회 활동 (Korea Bible Baptist Fellowship)

침례교회의 오랜 전통으로 시작된 최초의 협의체인 '3년차 협회'(The Triennial Convention)와 같이 같은 신앙을 지키며 목회하는 목회자들의 말씀의 친교와 사역자 교육을 위한 신학교와 선교활동을 위한 협력을 목적으로 하는 친교회(Fellowship)를 조직해서 함께 협력하고 있다. '3년제 협회'가 가장 우려했던 개 교회(Local Church)를 간섭하고 통제하는 기관이 되지 않도록 주의 한 전통을 지금도 잘 지키고 있다.

1) 유지재단
1961년 11월 21일(단기 4294년) 성서침례교회들의 재산관리와 법률적인 요구에 부응하기 위해 선교 초기부터 '재단법인 성서침례교회 유지재단'을 설립하여 합법적인 선교, 구제 등의 활동을 하다.

2) 선교위원회
1982년 가을 친교회에서 김경주 목사 제안으로 선교위원회를 설립하고, 해외 선교사를 파송하기 시작하다.

5. 신학교 사역

신학교 사역은 당시 미국 성서침례교회의 지도적 교회인 G. B. 빅(George Beauchamp Vick) 박사가 목회하는 미시간 디트로이트 템플 침례교회에서 1961년 파송된 안시 B. 휘커(Onsy B. Wicker) 선교사의 주도적인 사역의 결과였다. 1965년에 템플교회에서 보내온 선교헌금 100,000불을 종자로 부산대학교 맞은편 산허리에 2,800평 부지를 매입하여 현대식 2층 교사를 건축하고, 기숙사와 교수 사택, 인쇄소 건물까지 완공해서 개교했다.

이전까지 선교사들이 전도인 훈련을 위해 행당동에서는 표수다 선교사가, 불광동에서는 배스킨과 라서다 선교사가 부산에서는 휘커와 차일스 선교사가 6개월 과정의 성경학교를 운영해서 많은 초기 지도자들을 배출했다.

'로마서의 구원의 길'(Roman Road to Salvation)을 중심으로 배워서 아침에는 공부, 오후에는 전도로 단련된 학생들은 전도의 열망으로 졸업하자마자 용수철이 튀어 오르듯 전도처로 달려 나갔다.

전도 처에서 오직 한 길, '로마서의 구원의 길'로 복음 전하던 전도사들에게 부산에서 개교한 신학교 소식이 들렸다. 대부분의 성경학교 출신들이 돌아와 재교육을 받았고, 선교사와 초기 지도자들도 함께 신학교 사역에 참여하여 성서침례교회 협력 사역이 되었다.

부산신학교 기공식

앞줄: 휘커, 달라스 딥슨, 빅 박사, 샤이버, 주인호, 윤환익(선그라스)
뒷줄 보이는 대로 이종순, 김석규, 최승호, 이재희, 박칠성

학장은 휘커 선교사였고, 전임 교수는 윤환익, 주인호 목사였다. 학생과장으로 교내 사택에 살면서 학생들의 영성과 생활을 잘 돌봐 주셨던 윤환익 목사가 교수로서는 칼날 같았지만 학생과장으로서는 다정다감했던 이중성이 고마웠다. 고마운 이중성(duality)!

안시 휘커 선교사는 신학교 사역에 주력했고, 주한 선교사들의 일치된 후원과 이제 자리 잡기 시작하는 교회들이 선교헌금으로 동참하는 좋은 전통을 이어오고 있다.

안시 휘커 선교사는 한국 선교에 각별한 애정이 있을 것이다. 어린 딸을 한국 땅에 묻고 본국으로 귀국했으니 그의 마음은 늘 한국을 향하지 않겠나? 휘커 선교사가 귀국하면서 신학교의 교장은 알톤 차일스, 실무(Executive)는 표수다 선교사가 담당했다.

오후 전도 나가는 재학생들   김남주, 김희옥, 김학수, 필자

그 후 1972년부터 1988년까지 신학교는 출애굽 여정보다 더 파란만장한 여정을 거치게 되었는데 그 역사를 한 문장으로 줄여 보려 한다. 옥천에 있는 수양회 부지로 옮기는 공사를 하면서 대전 교회 옆 임시 건물에서 수업했고, 옥천에 옮겨보지도 못하고 바로 서울로 옮겨 불광동 성서침례교회 교육관에서 수년을 지내게 된다.

1) 목동 신학교 기간

강서구 목동에 800평의 대지를 구입해서 교사와 기숙사를 건축하고 1974년 옮겼다. 이때 건축 실무는 초대 재단법인 성서침례교회 유지재단 사무국장이셨던 김대현 목사가 담당했다.

C. 라스터 학장

볼스 선교사에서 라서다 선교사가 학장으로 재임 중이었다. 이때부터 필자가 라서다 학장의 통역으로 신학교 사역에 참여했다.

이 기간이 무인가 신학교를 대대적으로 정리하던 혹독한 시절이었다. 부산 신학교 시절에는 문교부에서 인가를 받으라고 채근을 했지만 인가받으면 우리의 고유한 신앙과 전통을 지키지 못할까 미리 겁먹고 성서침례신학교라는 학교 간판을 판자로 가리고, '교육센타'라 부르며 오직 복음, 오직 전도의 외길을 걸었다. 목동 신학교 시절에는 무인가 학교 대표라고 죄 없는 라서다 학장이 경찰서에 불려 다니곤 했다.

1984년 라서다 학장이 신학교를 친교회의 산하 교육기관으로 제안하여 친교회에서 이사회를 구성하고, 초대 이사장에 불광동 성서침례교회 김우생 목사가 선출되어 이사회 시대가 시작되었다.

1985년에는 장두만 박사가 교무처장으로 부임하여 신학교를 정규과정의 4년제로 개편하고, 성서침례신학교로 교명을 변경했다.

1986년 필자가 교수와 사무처장으로 부임했다. 목동 신학교를 매각하고 학교 부지를 물색하던 중, 경기도 이천 근교에 48,000여 평의 산지를 교지로 매입했다. 그동안 학교는 장안평(장한평)으로 서초동으로 홍은동으로 전전했다.

신학교 시작도 템플교회의 거액의 헌금으로 시작 했는데 건축도 템플교회에서 200,000불을 헌금하고, 답임 목사인 트루만 달라 목사가 기공식에도 참석했다. 친교회 교회들도 힘을 다해 헌금으로 참여해서 경기도 이천 부지에 본관 건물(G. B. Vick 박사 기념 빌딩)을 완공하고, 1988년 가을 학기에 오랜 유랑을 마치고 이주했다.

기공식: 장두만, 라서다, 강인규, 김우생, 장두천, 트루만, 강교구

지면을 빌어 건축을 위해 헌신하신 한 분을 소개한다. 불광동교회 유진형 집사다. 건축기술사이며 국립대학 캠퍼스를 조성하신 최고의 기술로 최저가 건물을 완공했다. 그분의 후일담으로 "내 생애 제일 작은 건물을 건축했지만 가장 보람 있는 일을 했다"고 하셨단다. 그 후에 하나님께서 후히 갚아 주셨는지 궁금하다.

건축현장에서
시공 감리 자
유진형 집사
건축위원장
김우생 목사
저살바 목사
(Dr. Armie Jesalva)
필자.

2) 이천 신학교 시대

봉헌식 (1989. 3. 21)

본관 준공식(주께 부름 받은 분들: 패트릭, 강인규, 김경주 목사, 조붕헌 집사)

　학교는 그동안 라서다 학장이 미국으로 귀국하여 김우생 목사가
학장으로 취임하고, 강인규 목사가 이사장으로 이사회를 이끌게 되
어 선교지에서 현지 지도자들의 시대가 시작되었다.

이천 신학교에서 맞은 24회 졸업식

3) 성서침례대학원대학교 인가 추진

국가적으로 교육 수준이 향상되고, 교회 사역자들의 교육 열의가 증대하는 상황에 신학교도 더 이상 무인가(無認可)로 지속하기 어렵다는 이사회의 결의에 따라 학교 인가를 추진하게 된다. 1991년 김종식 사무처장이 대학 인가를 신청했으나 이란격석(以卵擊石)이었다.

2001년 국가 전문대학원 법령이 제정되고, 이사회에서 학교 인가를 다시 추진하기로 결의하여 실무로 이사회 대표로 김남주 이사가, 실무책임자로 김종식 목사를 행정실장으로 선임하여 친교회의 역량과 학교 행정력을 총동원하여 '대학원 대학교' 인가(認可)의 대장정에 돌입한다. 인가에 소용되는 교지, 교사, 교수, 시설과 운영 능력을 갖추기 위해 이사회와 친교회, 온 교회가 전력을 다해 헌금과 기도로 후원하고, 실무팀의 노력으로 인가 추진 원년 10월에 '학교법인 성서침례학원' 인가를 취득하는 기적 같은 일이 일어났다.

이어서, '성서침례대학원대학교' 인가추진위원회가 구성되어 초대 총장으로 선임된 김우생 목사가 추진 위원장이 되고, 학교법인 인가 팀과 교수, 학교 직원이 팀을 이루어 2차 활동에 들어갔다.

성서침례학원 법인인가 축하연 및 초대 이사장 장두천 목사 취임식

학교법인 성서침례학원 인가 취득 감사연과 장두천 설립 이사장

4) 초헌(草軒) 도서관

도서관 건축 문제로 기도하던 중 금비그룹 고병헌 회장(사진)이 기부 하여 현대 감각이 돋보이는 초헌 도서관을 완공한다.

5) 성서침례대학원대학교 인가(認可)
(Bible Baptist Theological Seminary)

2002년 10월 법인 인가 1년 만에 4개 과정의 석사와 2개 과정의 박사 학위 과정의 전문대학원(Seminary)의 인가를 취득하여 2003년 3월 개교하여 대학원대학교 시대가 되다.

6) 패트릭 채플(George Partrick Chapel)

건강 때문에 귀국하실 때까지 주한 선교사로 봉직하신 패트릭 선교사가 학교 채플 건축을 위해 건축기금을 기부하여 친교회는 그 뜻을 따라 교회들이 동참해서 건축을 완공하고, 패트릭 채플'이라 명명했다. 1층은 내벽을 흙벽돌로 지은 기숙사와 휴게실로 쓴다.

패트릭 채플(Patrick Chapel) 완공을 축하하는 학교법인 이사진

죠지 패트릭 선교사 기념 채플

패트릭 기념 채플에서 거행한 학위 수여식

6. 빅(George Beauchamp Vick)박사 초청 집회

서울: 1975년 4월 24-25일 　　장소: 유관순 기념관
부산: 1975년 4월 28-5월2일 　　장소: 부산 시민회관

　　미국 성서침례신학대학교 총장, 디트로이트 템플침례교회 목사로
서 한국 선교에 지대한 관심을 가지고, 초기부터 안시 B. 휘커 선
교사를 파송하여 신학교 설립을 지원하신 분으로 당대 미국의 영적
지도자로 존경받는 분이다. 템플침례교회(Baptist Temple)는 1970
년대 미국 10대 교회 중 한 교회였다.

유관순 기념관 집회에서 설교하는 빅(Vick) 박사와 통역하는 김우생 박사

Vick 박사가 담임하신 디트로이트 템플침례교회와 예배 전경

7. 포웰 (Jerry Falwell) 목사 초청 집회

* 장소: 올림픽 종합 경기장   * 일시: 1982년 5월 25-28일

한미 수교 100주년 기념으로 대한민국 정부에서 국민훈장 모란장 수훈 대상자로 국회의장 초청으로 한국을 방문하는 리버티 침례대학교(Liberty Baptist University) 설립자, 토마스 로드 침례교회 제리 폴웰(Jerry Falwell) 목사를 강사로 올림픽 종합 경기장에서 거국 집회(Nationwide Crusade)를 성황리에 개최해서 한국 땅에 성서침례교회의 복음 중심의 건전한 신앙을 널리 알리는 계기가 되었다.

포웰 목사는 성서침례신학대학 1회 졸업생으로 고향인 버지니아 린치버그로 돌아가 교회를 개척하고 곧이어 대학을 설립하여 학생들과 팀을 이루어 미국의 신앙과 윤리 회복을 위한 거국적인 캠페인 "I love America, Moral Majority"(미국 사랑, 도덕적 다수)를 미국 전역에 전개했다. 'Old Gospel hour'라는 주제로 거의 모든 라디오와 TV로 설교하는 당대 미국의 영적 지도자였다.

리버티대학교, 가운데 타워 빌딩이 the John Rawlings School of Divinity

8. 한국 성서침례교회 50주년 기념대회
(Golden Jubilee of Korea Bible Baptist)

1954년, 6.25의 상처가 채 아물지 않은 이 땅에 오직 그리스도의 사랑으로 복음을 들고 첫발을 디딘 표수다 선교사의 입국으로 시작된 한국 성서침례교회의 역사가 2004년으로 50주년을 맞았다. 성서침례교회 목회자 친교회(회장: 김남주) 주관으로 기념대회를 개최했다.

(1) 기념대회

(2) 성서침례교회 50년사 출판

한국 성서침례교회 50주년을 기록으로 남겨 후세에 전하기 위해 50주년 기념사업으로 50년사 편찬위원회를 구성하여 편찬 사업을 전개했다.

역사는 기록에 의해 보존되고 계승되는 것, 한국 성서침례교회 50년의 역사는 주님께서 우리와 이 땅에 허락하신 은혜의 간증이다. 이 책에 한국 성서침례교회의 지나온 발자취가 오롯이 담겨있다. 원하시는 분은 행당동 성서침례교회 엘림 출판부에 문의하시기 바란다.

주님 오시는 날, 그날까지 우리의 선조들이 지켜온 그 길을 걸으며, 영혼을 구령하고 주님과 동행하며 아브라함이 보았던 저 멀리 보이는 본향을 바라는 모두 주님 앞에서 만날 소망으로 순례자의 길을 갑시다.

좌로부터 편집위원: 필자, 전산: 서상복, 전국친교회장:김남주
뒤줄, 진행:이정범, 인쇄:김만홍, 위원장: 주인호, 사진,취재:이종근

결론: 신약교회의 표지(標識/Badge)

예수님께서 기초석이 되시고, 피로 값 주고 사신 성도들을 모아 교회를 세우셔서 신약성서를 신앙과 실천의 교범(Manuel)으로 주셨기 때문에 신약교회(New Testament Church)라고 부른다.

교회사의 시작부터 교회가 들림 받아 주님 앞에 모일 때까지 강고(强固)한 기둥이 되어 서 있는 "내가 이 반석 위에 내 교회를 세우리니, 음부의 권세가 이기지 못하리라"고 선언하신 이 말씀을 주님께서 지켜주셨고 성취해 오셨다. 주님께서 교회를 지켜 오시는 동안 많은 순교자들의 피가 교회사의 강을 흐르게 했다. 그들은 주님께서 '지키라' 하셨으니, 그 명령을 받은 충성된 군사로 두렴 없이 주변을 두리번거리지 않고 오직 주님만을 주목하며 지켜온 것이다.

필자는 수많은 순교자들이 지켜온 교회의 역사 앞에서 감히 지금 눈에 보이는 침례교회만이 신약교회라고 주장할 수는 없다. 신약성서가 가르치는 신앙과 실천을 지키느라 하늘의 별처럼 반짝이다 스러져 간 순교자들, 가톨릭이 사형에 해당하는 죄목으로 불렀던 여러 이름으로 믿음을 지킨 교회들, 그들이 지금 보이지 않는다고 없었다는 듯 부정할 수는 없다. 같은 믿음의 여정을 따라 오늘을 걷는 우리가 그들의 역사(History)를 고이 이어가야 하지 않겠는가!

예수님이 세우시고 사도들이 전파한 초대교회, 그들이 지켜온 동일한 신약성서의 신앙과 실천을 지키는 교회가 신약교회이다. 그 표지(標識/Badge)는 다음과 같다.

1. 성서만이 절대, 유일한 신앙과 실천의 교범
(The supreme authority of the Bible in all of faith and practice)
신약교회의 성서에 대한 표지(標識/Badge)는 무엇인가?

1) 성경을 대체하는 어떤 신조나 요약을 갖지 않고, 항상 성서를 직접 대한다. "침례교는 신조가 없는 사람들"(Baptists are a non-creedal people)이라 했다.

2) 모든 사람은 성서를 직접 대하고, 성령의 인도로 해석하고 받아야 한다. 역사 속에 신약교회들은 이 원칙을 지키기 위해 모든 사람들은 자기 언어로 된 성서를 가지도록 현지어로 성서를 번역하는 사업을 우선했다.

3) 성서 말씀을 믿을 뿐만 아니라 말씀대로 생활한다.

별도의 신조 없이 성서만을 신앙과 실천(Believing & Practice)의 유일한 교범인 교회가 신약교회의 첫째 표지(標識/Badge)다.

2. 신자의 침례 (Believer's Baptism)
(This is the most conspicuous conviction of Baptist)
'침례'에 대한 신약교회의 표지 (標識/Badge)는 무엇인가?

침례교도들이 가톨릭과 후에 개신교들에게 박해를 받은 신앙과 실천이 바로 신자의 침례였다.

411년에 카르타고 회의에서 어거스틴에 의해 공식적으로 결의된 유아세례 (Infants Baptism)에 저항한 노바티안과 도나티안들이 최초의 저항하는 자들 (Protestants)이 되었다. 그 후로 신약교회는 가톨릭이 강요하는 유아세례뿐 아니라 구원의 성사, 성상 숭배, 마리아 숭배, 연옥 등을 거부하는 프로테스탄트의 피가 흐르고 있었다.

유아세례를 거부 (Protestant)하고 신자의 침례 (Believer's Baptism)를 실천하는 것이 신약교회의 둘째 표지 (標識/Badge)다.

3. 교회 신자들의 모임 (Churches composed of believers only)
(Baptists reject the idea of a territorial parish church)
교회에 대한 신약교회의 표지 (標識/Badge)는 무엇인가?

1) 신자가 침례를 받고 함께 모여 이 땅에서 주님을 섬기는 것이 교회다. 교회는 이 땅에서 그리스도의 뜻을 이루는 주님의 몸이다.
2) 교회는 신자들의 가시적 (visible)인 모임이다. 과거, 현재, 미래, 죽은 자와 산 자가 다 한 교회라는 우주적인 교회는 주님께서 이 땅에 세우신 교회가 아니라 주님 앞에 모이게 될 천국이다.

교회는 구원 받고 침례를 받은 성도들의 모임이라는 믿음과 실천이 신약교회의 셋째 표지 (標識/Badge)다.

4. 신자는 교회에서 평등 (Equality of all Christian in the church)
(the doctrine of the priesthood of all believers)
신자는 교회에서 평등하다는 신약교회의 표지는 무엇인가?

1) 모든 신자는 주님의 제사장 (The priesthood all believers)이다. 신자는 예수님을 통해 하나님께 직접 나가는 담력을 받았다. 신자는 다른 이를 위해 하나님께 도고 (禱告:intercession딤전2:1) 하는 제사장의 직을 받았다.
2) 모든 신자는 교회에서 평등하며 은사와 직분은 섬기는 기능 (function)이다. 신약교회에서 지켜온 평등의 원리가 민주주의의 모범이 되었다.

모든 신자는 교회에서 평등하며 신자의 제사장직을 믿는 것이 신약교회의 넷째 표지(標識/Badge)다.

5. 지방 개 교회와 독립(Independence of the local church)
(this principle Baptists affirm that a properly constituted congregation fully equipped to minister Christ and need not derive its authority from any source)
지방 개 교회의 독립이라는 신약교회의 표지(標識/Badge)는 무엇인가?

1) 지방 개 교회란 실제로 신자들이 모여 사는 지역에 있는 교회를 의미한다. 신자들이 실제로 모일 수 있는 지역에 있는 교회로, 지역을 표방하는 것이 신약교회의 특징이다.
2) 교회는 왜 독립적으로 인도되어야 한다.
지방 개 교회는 그리스도의 완전한 몸이다.
지방 개 교회의 머리는 그리스도시다.
지방 개 교회를 인도하시는 분이 성령이시다.
주님이 인도하는 교회를 외부의 누가 인도하고 간섭할 수 있으랴? 누가 감히 대가의 명작에 덧칠을 시도하려는가? 주님이 교회의 목자 되셔서 인도하도록 주님의 인도에 의탁해야 하리라.

교회의 머리는 그리스도시고, 성령의 인도하심에 의탁하는 개 교회의 독립을 믿는 것이 신약교회의 다섯째 표지(標識/Badge)다.

6. 교회와 국가의 분리(Separation of church and state)
(Baptist have insisted that a church must be free to be Christ's church)
교회와 국가의 분리라는 신약교회 표지(標識/Badge)는 무엇인가?

예수님께서 교회를 세우실 때는 당연히 세상에 속한 사람들의 영적인 삶을 위해 세상에서 나와 성별된 삶을 계획하셨다. 교회는 세상에 존재하지만 세상에서 구분된 기관이어야 하는 원리를 잘못 적용해서 그리스도인들의 '탈 세속'적인 성별의 삶이 세상 사람들에게는 '탈 세상'으로 비난 받은 것도 사실이다.
교회는 이 세상에서 영혼을 구원하고, 국가에 대한 의무와 책임을 다하고 터툴리안이 장담한 '그리스도인들은 국가에 반역하지 않으며, 황제를 위해 기도하는 사람들이다'라는 국가관을 가지고 6일 동안 세상 사람들 7일 몫을 하고, 주일은 온전히 주님을 섬기는 삶을 사는 것이 그리스도인들이다.
신약교회는 이 세상에서 그리스도인의 나라를 이루려는 것이 아니라 이 세상에서 멸망할 영혼을 구원하는 사명을 이루는 것이 교회에 대한 하나님의 뜻이라고 믿는다.

침례교도는 영국과 미국에서 신앙의 자유를 위한 투쟁의 최전선에 있었고, 초기 미국 로드아일랜드에서 스스로 확립한 신앙의 자유를 소중히 여기며, 미국 헌법에서 "국가는 국교를 두지 않는다."[346]는 조항을 채택하는 데 중요한 역할을 했다. 침례교도가 아니면 성서에서 가르치신 교회와 국가와의 분리를 표방할 사람들이 없는 것은 모든 개신교는 시작을 국가 교회로 시작했기 때문이다.

교회는 교회에서 주님의 주권을 지키고, 국가와 분리하는 신앙과 실천이 신약교회의 여섯째 표지(標識/Badge)다.

본서의 표지인 ⟨IXΘYΣ⟩ 는 초대교회 표지(標識/Badge)였다. 박해 중에 그리스도인 신분을 숨겨야 하고, 모임에 초대하는 것은 엄청난 위험 부담을 각오하는 것이었다. 로마의 정탐꾼들이 몰래 그리스도인들에게 접근해서 모임 장소를 알아내는 것은 한때 큰 수입이 되었다. 그리스도인들은 원형극장에서 오락의 대상으로 살육하고, 그리스도인들의 재산은 밀고자에게 상이 되었기 때문이었다.

표지는 식별을 목적으로 한다. 필자는 신약교회 표지로 제시한 여섯 가지 기본 표지로 예수님께서 세우시고 지켜주시고 인도하신 교회를 찾는 표지로 삼아도 큰 착오는 없을 것이라 믿는다.

첫째, 이름이 아니라 신앙과 실천이 신약교회의 원형을 유지하고 있는가이다.
어렸을 때 재미있는 게임이 있었다. 두 팀으로 나눠 각각 한 줄로 선 다음에 맨 앞 사람에게 단어나 짧은 문장을 보여주고 다른 팀이 듣지 못하도록 아주 작게 귓속말로 다음 사람에게 전달하는 게임이다. 여러분도 해 보셨는지? 가끔 마지막 사람이 어이없이 변한 단어나 문장을 말할 때 웃으며 즐겼다. 신앙과 실천은 이렇게 전달되는 것이 아니다. 이렇게 하면 나중에는 터무니없이 변질된 모양이 생기게 되는 것을 가톨릭의 역사에서 보지 않았는가?
캐논(Canon)[347]이라는 단어가 있다. 단어의 어의적인 뜻은 정확

---

346) "Congress shall make no law respecting an establishment of religion, or prohibiting the free exercise thereof" 미국 수정헌법 1조 1항
347) (a general law, rule, principle, or criterion by which something is judged.)

한, 착오 없는 이라는 뜻이다. 웅장한 석조 건축을 하는 그리스의 석공들에게 중요한 것은 정확한 자(尺/ruler)였다. 대부분의 석재를 서로 다른 곳에서 만들어서 한곳에서 세우기 때문에 조금만 틀려도 건물 전체가 기운다. 그리스 아테네 파르테논 보물 금고에는 '백금으로 만든 자' 캐논(Canon)이 있다고 한다. 중요한 건축을 할 때는 지금까지 쓰던 모든 자를 버리고, 모든 건축자들이 캐논(Canon)에 맞추어 자를 다시 만들어서 건축을 시작한단다.

신약교회는 모든 교회가 주님께서 주신 신앙과 실천의 교범(FM: field manuel)인 신약성서에서 직접 본을 따라야 하겠다. 그렇게 해서 로마, 아프리카의 누미디아, 터키의 아르메니아, 트라케 지방을 지나 보스니아에서 알프스산맥을 휘돌아, 알비에서 리용에서 체코에서 영국에서 독일에서 스위스에서 네덜란드에서 미국에서 그리고 오늘날 한국에서 … 초대교회 이후 지금까지 서로 만난 적도 들은 적도 없는 이들이 주님 안에서 모여 보니 같은 배지를 달고 "주도 하나요, 믿음도 하나요, 침례도 하나요, 하나님도 한 분"이라고 고백하는 형제요 자매인 것을 확인하는 것은 감격이다.

둘째, 박해와 순교자의 피의 강을 건너며, 지금까지 그 배지를 달고 있는 형제자매들이 많이 있어서 그들을 기쁘게 소개한다.

1) 발데제(Valdese/800여 년 전부터 지금까지)

필자는 성지순례보다 1200년경 일어나 초대교회 신앙을 전파하기 위해 유럽 전역을 누비며 복음 전하던 사보트를 신은 센달리아트(Sandaliati)들이 말씀을 암송하며 돌아올 계획 없이 전도여행을 하는 왈덴시안들, 모진 핍박을 피해 알프스 깊은 골짜기에 숨어들어 신앙을 지키다가 지금은 내려와 토리노(Torino)를 중심으로 이태리에서 강한 교세로 확장된 이들을 만나러 가고 싶다.

미국 개척시대에 노동자를 구하는 인력회사(Morgenton)의 주선으로 알프스 계곡에서 나와 미국 북 캐롤라이나에 자신들의 이름인 발데제(Valdese)라는 신앙 타운을 이루고 있는 형제들을 만나러 가고 싶다.

2) 모라비안(Moravian/650여 년 전부터 지금까지)

위클리프의 영향을 받은 후스가 고향 체코에서 초대교회 신앙과 실천으로 돌아가려 하니 악독한 술책으로 꾀어 콘스탄츠 회의에서 불법적으로 후스를 화형에 처한 폭력에 저항(Protestants)하는 체코의 형제들, 모진 박해를 피해 진젠도르프 백작이 자신의 영지에 마련해준 주님이 지키신다는 '헤른 휴트'에 모여 모두들 잠들어 있는 선교의 새벽을 깨운 골드 썸머, 북방 얼음산 그린 랜드에서 아프리카 희망봉까지 수백 명의 선교사를 파송하던 모라비안들.

진젠도르프 백작이 마련해준 새로운 영지인 미국 펜실베이니아 베들레헴 타운과 북 캐롤라이나의 윈스톤 살렘(Winston Salem)을 찾아가 주님 오실 때를 기다리며, 수백 년 동안 믿음을 지키다 먼저 가신 성도들의 교회 묘지에서 매년 드리는 부활절 일출 예배(East Sunrise Service)에 함께 하고 싶다.

3) 메노나이트(500여 년 전부터 지금까지)

한 사람의 왈덴시안 형제와 유아세례를 거부한 한 명의 형제가 네덜란드와 북부 독일에서 전도하여 영혼을 구원하여 교회를 세우고, 밤에 호수에서 침례를 베풀며 활동하다가 가톨릭의 성체성사에 회의를 느끼고 성서를 다시 공부하던 유능한 가톨릭 사제 메노 시몬이 화형의 위험 속에서도 오히려 단순한 믿음을 공개적으로 고백하고 순교한 동네 주민의 신앙에 충격을 받고, 그의 신앙을 받아들이고 스스로 그들의 지도자가 된 메노 시몬 형제,

그와 함께 한 메노나이트 형제들. 400여 년 독일로 우크라이나로 시베리아로 유랑하다가 아버지가 영국 왕에게 영지로 받은 펜실베이니아를 물려받은 윌리암 펜이 시도한 '거룩한 실험'인 모든 이주민에게 부여한 신앙의 자유를 찾아 펜실베이니아에 정착한 메노나이트 형제와 자매들, 지금도 세상에 물들까, 옛 생활 방식과 신앙을 지키는 펜실베이니아 랑케스타의 아미쉬 형제들.

같은 신약교회 신앙과 실천의 표지(標識/Badge)를 달고 있는 그들이 형제요 자매가 아니겠는가?

2000여 년의 주님의 교회들의 역사를 지켜온 수많은 형제자매들이 무도한 자들의 칼에 목이 잘릴지언정 놓을 수 없어 피에 엉겨붙은 손으로 꼭 쥐고 있던 신약교회의 신앙과 실천의 바톤(Baton)을 우리 손에 넘겨주려고 손을 내밀어 받을 손을 찾는다.

필자가 졸저를 마무리하면서 또 하나의 부탁은 이 책의 부족한 부분, 생략된 부분, 잘못된 부분이 많으리라 자평한다. 수정하고 보완하는데, 자료가 되었으면 하는 마음이고, 출판한 책이니, 참고 서로 쓰다가 고치고 보완된 후속작이 출간되기를 바라며 둔필을 놓는다.

　　하나님의 망극하신 은혜로 홍안의 소년을 영광스러운 사명의 길로 불러주신 소명을 행복한 마음으로 좋은 벗들과 길동무하며 힘든 줄 모르고 왔는데….

　　하나님께서 몰고 가시듯 달라스 신학대학원 기숙사에 입사하게 하시더니 곧 유래 없는 코로나19로 갇혔는데, 곧 하나님의 큰 뜻을 곧 깨닫게 되었다. 그동안 배우고 가르쳐 왔던 당신의 교회사를 책으로 묶으라 하시는 줄로 믿고, 감사하며 스스로 갇힌 줄 모르고 집필에 몰두하다 보니 벌써 마무리하게 되었다.

　　마치고 나니, 코로나도 지나가는가? 이제 창문을 열어 볼까?

　　가르쳐 주신 스승께 감사드리고, 후원해 주신 친구들 고마웠소.

　　한없이 부족했던 목사의 은퇴 기념으로 출판을 주관해 주신 군포교회 이원철 목사님과 집사님들, 그리고 성도들께 감사드립니다. 또한 표지 도안을 위해 수고해 준 큰아들 내외와 각 장 서론을 영문으로 옮겨준 둘째 아들, 그리고 문맥을 살펴 주신 정샛별 자매님께도 고마움을 표합니다.

잭슨 목련이 만발한
달라스 신학대학원
Turpin 도서관에서

주후 2021년 5월
김 종 식

참고 서적

사전류

The Britanica Micropaedia Vol Ⅱ 1985년 발행.
Baptist PP. 713-717.

The Encyclopedia of Religion,　Micea Eliade.
Macmillan Publishing Company. New York.

Encycolpedia of Religion and Ethics,
James Hastings (Editer)
T. & T. Clark; New York

Encyclopedia of Religion Vol. IX.
Macmillan Publishing Co. , New York

Encyclopedia Americana, Vol. 19.
US. Constitution Bicentennial Commemorative Edition.

Encyclopedia of World Biography Vol. III.
McGraw-Hill, New York.

Encyclopedic Dictionary of Religion (A-E).
Corpus Publications, Washington, DC.

Baptist Encyclopedia. Cathcart, William.
Louis H. Everts, Philadelphia, 1881.

외국서적

Terrey. Robert J.　Baptist History.
Baptist Bible College Publication

Combs. James O. Roots and origins of Baptist
Fundamentalism. Tribune Publication.

Armitage, Thomas.　The History of the Baptists.
Bryan, Taylor & Co. , New York, 1887.

Christian, John T.　A History of the Baptists.
Bogard Press.

Gibbon, Edward. The Decline and Fall of the Roman Empire. Heritage Press, New York.

Vedder, Henry C. A Short History of the Baptists. The American Baptist Publication Society.

Melton, J. H. The Clergyman of the Century BBFI. Publications, Springfield, Missouri, 1976.

Bartlett, B. Vick A History of Baptist Separatism, Temple press, Springfield, Missouri, 1972.

Bartlett, B. Vick "The Beginnings. Baptist Bible College, Springfield, Missori

Allix, Peter. The Ecclesiastical History of the Ancient Churches of piedmont and of the Albigenses. Ecclesiastical, Histories, Tennessee, 1989.

Benedict, David. History of the Donatists. Ecclesiastical Histories, Tennessee, 1985.

Wylie, J. A. History of the Waldenses Ecclesiastical Histories, Tennessee, 1985.

Lumpskin, William L. Baptist Confessions of Faith Judson press, 1969, U.S.A.

Terrey, Robert J. American Fundamental Baptists in the North unpublished.

Wardin, Albert W. Jr. Baptist Atlas Brodman press, Tennessee.

Baker Robert A. The Baptist Match in History Convention Press, Nashville Tennessee

번역서
Torbet, Robert G. 침례교회사 허 긴 역 침례대학 출판부, 1982. 서울.

Manschreck, Clyde L. 세계교회사
최은수 역   총신대학 출판부,   1991, 서울.

Cole, Edward B.   침례교의 유래
임성택 역   생명의 말씀사,   1986, 서울.

Houghton, Sidney M. 기독교 교회사
정중은 역   나침반사,   1991, 서울.

Pamphilus, Eusebius 유세비우스의 교회사
임성옥 역   은성출판사,   1990, 서울.

Seeberg, Reinhold   기독교 교리사
김영배 역   엠마오,   1992, 서울.

Bush, L. Bussell & Nettles, Tom J. 침례교인과 성경
노창우 역   요단,   1986, 서울.

Bainton, Roland Herbert   16세기의 종교개혁
서영일 역   은성,   1992, 서울.

Foxe, John   위대한 순교자들
맹용길 역   보이스사,   1977, 서울.

Foxe, John   기독교 순교사화
양은순 역   생명의 말씀사,   1977, 서울.

Rayburn, Robert G.   예배학
김달생, 강귀용역   성광문화사,   1992, 서울.

Martin, Ralph   초대교회 예배
오창윤 역   은성,   1990, 서울.

Segler, Franklin M.   예배학 원론
정진황 역   요단출판사,   1992, 서울.

Webber, Robert E.   예배의 역사와 신학
정장복 역   예장총회출판국,   1988, 서울.

Estep, William R,   재 침례교도의 역사
정수영 역   요단 출판사   1990, 서울.

Aland, Kurt   인물로 본 초대 교회사
김성주 역   도서출판 엠마오   1992. 서울.

국내도서

김장배 저   <u>침례교회의 산 증인들</u>
                   침례회 출판사   1981. 서울.

이대섭 저   <u>초기 기독교의 역사적 배경</u>
                   성광문화사,   1992, 서울.

마 두원 저   <u>두 길</u>(국제기독교연합회 한국지부 편)
                   성청사,   1966, 서울.

김 의환 저   <u>기독교회사</u>
                   성광문화사,   1991, 서울.

정 수영 저   <u>새 교회사</u>
                   규장문화사,   1991, 서울.

신 내리 저   <u>초대교회 100년 성장사</u>
                   개혁주의 신행협회,   1991, 서울.